U0165853

傳播理論史
回歸勞動

Theorizing Communication:
A History

Dan Schiller 著

馮建三　羅世宏　譯

五南圖書出版公司 印行

Theorizing Communication
A History

Dan Schiller

Copyright © 1996 by Dan Schiller
"Theorizing Communication: A History" was originally published in English in 1996.
This translation is published by arrangement with Oxford University Press through
Andrew Nurnberg Associates International Ltd.
Complex Chinese translation rights © 2010 by Wu-Nan Book Inc.

傳播理論史

獻給Marcus與Vinny，他們廣開言路——

　　紅男綠女獻身戰鬥，終至鎩羽。即便挫敗，他們戮力爭取的目標終究得以實現；返身回顧，實現者卻又不是他們最先的願景，其他紅男綠女自得繼起再次投入，另以他名，獻身於戰鬥、戮力爭取……

　　　　　　威廉・莫里斯（Williams Morris），《約翰・巴爾之夢》

序

時至今日，傳播已經橫掃一切、無與倫比，觸角幾乎不受阻遏。傳播的研究不能畫地自限，不能僅只是限縮自己所關切的傳媒範疇，不能限縮於研究兒童或青年人的社會化，也不能只限縮於購物或投票決策的研究。現在，人們已經廣泛認知傳播研究不應該再有這些自我設限的眼光。傳播研究也不再只是關切現代國家究竟如何運用傳播，取得意識形態的正當性。不是只有提出這些問題、不再將自己限制在這些視角，傳播研究所應該從事者，是要提煉多種論點，說明及解釋社會文化究竟採取哪些形式、又受到哪些因素決定，以至於出現諸如此類面貌的發展。總而言之，傳播研究的潛能，就在聚合於傳播所賴以進展的當下社會，直接並從多重角度，分析與批判當下社會。

傳播研究的面貌並不是一向如此，而是歷經相當可觀的轉變，這本書要追蹤前述傳播研究面貌的來時路，筆者的努力有其來歷。這就是說，追蹤傳播研究思路的軌跡，當然早就有前輩在前從事，他們的成果相當有用──我們登時就想到了哈特（Hanno Hart）的《傳播批判研究》❶，以及齊傳（Dan Czitrom）的《美國大眾傳播思潮》❷。筆者不敏，希望再為這類著作添磚加瓦，主要有兩點理由。第一、這類學有專精的文獻具有良好的學術品質，為先前著作所不及，它們很快就讓我們對於過往的歷史，有了不一樣的想法；確實如此，透過這些著作，我們很快就能察覺，我們對於歷史紀錄的思考，應該重新來過。第二、筆者相信，鋪展歷史圖譜，釐清我們的知識傳承，可以幫助我們再以新的視角，觀照當前最為主要的議題與課題。

歷經轉變之後，傳播領域才在其結構中納入批判的探索，並進而成為一種具有決定性的社會力。顯然，這涉及相當繁複的過程，我的目標就是要釐清在此過程中，特定課題的選定、概念的分化，以及分析的綜合三者之間的關係。

---

❶ 譯按：本書有何道寬譯本（2008年，北京大學出版社）。
❷ 譯按：本書有陳世敏譯本（1996年，臺北：遠流出版公司）。

　　隨著後文的開展，我們將可看到過去一個世紀以來，許多論述以各有風味，甚至各異其趣的角度，已經體認到傳播是社會力量（social power）這個聲稱。有此認識之後，接下來，我們的工作就是要針對這股恣意橫生，又不受成規束縛的知識進展之行走路徑與範疇，有所評估。但是，我們又根據哪些理論原則，導引我們的評估呢？

　　提出這個問題，可能就讓人坐立不安。在很長一段時間裡，傳播這個領域耽溺於狹隘的工具提問；毫無疑問，這也就助長了傳播在理論上，原本可能開展的連繫與結盟對象，為之晦澀不明。「我們要怎麼樣研擬，才能發展更為可靠的民意調查方法？怎麼樣才能測量電視暴力的水平，我們要怎麼樣才能進行更為有效的政治或市場行銷選戰？」諸如此類的提問，太過現實、僅存當下，並且，這些再三反覆提出的問題，其目標又經常流於遭人操縱的下場，那麼，試問，這些問題還能列入人的求知歷史嗎？又有哪一種足以冠上知識研究的稱號，卻又鎮日輾轉於諸如此類的提問。傳播課程的自滿，還展現在莫頓（Robert K. Merton）謙沖為懷卻又自得的「中程理論之說」[1]。若說傳播之學，一方面自滿於中程之說，另一方面卻又要宣稱自己的傳承，來自於蘊含重要意義的社會理論，未免啟人疑竇。畢竟，這樣一來，我們豈非是要再次述說，傳播這個領域的發展，僅只是褊狹斗室的匍匐前進？

　　傳播研究成為建制的學術系所，還只是二十世紀中葉以後的發展——究竟我們應該如何看待、安置傳播研究與十九世紀主導學科的關係，同樣也並非那麼清楚：哲學、歷史與政治經濟學都是當時鼓舞人心的知識範疇。我們戮力以赴的目標，就是在於連結有關傳播的正規思考，我們要使其接筍於古典探索的思路，我們必須探詢社會生活的本質及其表現形式、經濟價值及其剩餘的起源，以及人的思想與行動的目標及性質，連結這兩端的工作，大多還有待完成。那麼，至今已經成就的歷史紀錄顯現的是些什麼？

　　透過本書，我將論稱這份歷史紀錄足以顯示，傳播研究並「沒有」忽略或放棄社會理論的廣袤天地，但是，傳播研究在關鍵時刻的確有所誤置。其存在許多理論化內涵，確實塑造與導引了傳播的正規思考，但這些理論大抵未曾言宣、大抵潛伏旁側；具有諷刺意味的是，人們至今未曾認知這些理論化內涵的存在，具

有同等份量的原因，是因為社會理論本身對於傳播研究的誤入歧途，袖手旁觀而長年漠視[2]。我們面對的挑戰因此有二，一是我們要搶救傳播探索賴以進行的理論基礎工程，二是我們要對傳播探索的歷史邏輯賦予意義。但是，我們再次得問，根據哪些原則而進行這些工作？

誠如高丁與梅鐸（Golding and Murdock）多年以前所說[3]，我們所遵循的原則可以是儘量闡述有關社會與社會關係的各種概念，不但如此，我們還可以努力讓這些概念更見明晰，畢竟這些社會與社會關係的概念早就在傳播領域之內起伏輾轉；若能如此，我們將有很大收穫。隨著本書後面章節的開展，讀者將會明瞭，以上現代社會理論的兩個核心主軸，同時也在我們探索傳播的路途，扮演了重要角色。這樣說來，一方面馬汀‧傑（Martin Jay）在另一種語境之下所提出的建言[4]，我們大可接受，也就是我們必須把梳並找出傳播領域當中，先後出現了哪些社會全體或整體（social whole or totality）的概念，透過這層功夫，我們就能定位潛伏的第一個主軸，追蹤它在傳播的理論認同及發展過程的軌跡。另一方面，我們必須同時試圖瞭解傳播與社會關係，存在哪些我們所認定的連結。假使以筆者寫就本書的旨趣為準，達成這個目標的最佳途徑，在於堅定地連繫與探索，有關傳播的正規思考是怎麼樣持續定位自己與「勞動」（labor）的關聯。筆者承認以上這些宣稱，多有內涵不清之處，因此，我們不會不加註一些說明，就逕自往前論述。

請容許我從社會整體（social totality）這個概念開始。我們這麼提問，先後相隨的各個學派，透過哪些基模（schemas）而思考傳播過程與廣如穹蒼的社會領域，產生關係？

這些正規的基模有三種；一整個世紀以來的傳播研究，各個基模各有奉行者。第一種，有些人認為社會整體（觀）早就存在，他們因此想要將傳播過程或功能加諸其上；如此一來，這個整體觀就是一種機械式的修正，透過引入新的成分甲或乙而調整。出於這種基模，我們經常聽到的說法有二。其一，我們經常聽到有人說，這種或那種傳播科技帶來迥然有別的新事物；其次，我們還經常聽到有人說，大眾傳媒具有獨特意義，它是控制當代社會的代理人。不過，我們應該可以看出，以上這些說法其實還透露了第二種傾向，也就是此刻的傳播變成具有

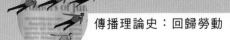

全盤取代的角色：在這個時候，人們有時候就讓傳播全面地取代或代理業已存在的社會整體觀。這類思考展現於「傳播是根本的社會過程」等等話語。最後，還有一種綜合式說法，這類企圖是想要將「傳播」導入「社會」，雖說最後一來是這兩個概念都因而改變。這類綜合模式的說法之標準例子，就是「傳播系統與政治的及經濟的系統相互依存」等等話語。

以上三種基模，無論是補充的（supplementary）、替代的（substitutive），或綜合的（synthetic）基模，並不是抽象的理論，它的關係也不是毫無章法。反之，三者在整體歷史的進展路途具有承繼的關係，但是，一般說來，學界還沒有充分地注意到它的意義與重要性質。我們將可看出，在傳播發展的各個新分水嶺，其所需面對的情境並不相同，因應這些情境，表面上似乎並不相干的各種傳播理論也就對於筆者的兩大概念之第二個（勞動），各自有其認知的方式，而傳播研究史的軌道形成，就是由這些認知所鋪設而成。

對於以上說明，原先還只是失望的讀者，現在或許會信任盡失。畢竟，「傳播」又能與「勞動」有何相干？答案是「一無關係」（Nothing）──因此也就完全相關（everything）。這本書大致就是要述說箇中道理，何以一無關係與完全相關的這個兩極化過程，竟能塑造傳播探索的各種風情與面貌。

人的活動本來就一直是、也只能是整體而密不可分，人的活動既包括腦力（mental）、也包括體力（physical）面向；但是，這個認知與理念從來未曾在社會理論中，占據支配地位──或者，我們甚至應當說，在很長時期裡，這個認知都還沒有一席之地。實況確實是反其道而行，學人無心、一點都不想要追求與建構單一的架構，藉此理解及掌握人的自我活動。我們可以說，傳播研究者也側身於無心的學人之列；雖說在一些特殊的、重要的活絡時刻，傳播研究者付出了心力，想要調和勞心與勞力，使其納入相同的架構。

勞心與勞力的概念分裂程度確實相當大，並非僅限於傳播的正規思考；在我看來，所有的社會思考都普遍出現了這個分裂的狀態。不過，我們或許可以說，傳播研究史最能讓人寄以厚望，因為後見之明告訴我們，傳播研究的一些重要發展時刻，再三顯示這個分裂產生了決定性作用，從傳播研究上個（譯按：十九）世紀以來的發展下手，我們就可以開採與探詢頭與手、勞心與勞力的古老分家，

呈現為哪些知識形式。

「傳播」若要在語言、意識形態與意義的展示平臺占有一席之地，就必須先要讓「勞動」與傳播產生一種互動關係，勞動必須在狀似遙遠的活力與行動（energy and action）之範疇，先行存在。換句話說，先要有「勞動」的存在，「傳播」才能自由地為人類巨大而面向廣泛的符號互動潛力，劃清畛域。長久以來，勞動就是一種人的投入，但勞動的對象必有限制：早先是指身體的辛勞苦役，稍晚則是薪資工作，或者，更為晚近的則是，指涉在重度勤勞工作後消散的力氣與付出[5]。關於傳播與勞動的這兩股思考，不只是同時存在，兩者其實更是交互滲透。正是在社會形構之內，「手」與「腦」──更精確地說，在概念構思（conception）與執行踐履（execution）──決然地分家的歷史時刻[6]，「勞心」（intellectual）與「勞力」（manual）的分離也同時出現，正也是在這個時候，傳播研究也開始擴張至心力分流所沈積出來的概念空間。

對於頑強堅持以勞動作為基石，藉此彰顯人的活動本質不能化作二元的人來說，難度似乎越來越大而難以超越。勞動這個概念似乎越來越不足以捕捉現代性（modernity）的明顯特徵。有人會說，我們又怎麼能夠運用「勞動」，測量坑坑洞洞的溝渠？畢竟這些溝渠是很明顯，區隔了當代與十九世紀社會的風貌。我們又怎麼可能運用「勞動」測量消費主義與娛樂這種新的文化支配現象？我們又怎麼可能運用「勞動」測量服務及白領工作這種越來越重要的經濟現象？不是這樣嗎？服務業及白領才是重要性日增的經濟範疇，與其對立的製造業及其產業勞工階級，江河日下。真是這樣嗎？一旦我們回首，必將驀然警覺，即便以另類眼光，想要尋求非二元對立的架構（稍後，我們將指出，是有一些人就此投入了心力），他們倒也沒有能夠營造足以垂之久遠的架構。

有了這些理解與說明後，《傳播理論史》還是要說，對於所有作此宣稱、認定人的活動可以作此二分的看法，筆者敬謝不敏；另外，還有人堅持主張雙元對立是本體的存在情境，不可變異也必定如此，這也是筆者所反對。我也並不同意後結構主義者的架構，他們使用的概念是「言說（論述）」（discourse）與「言說（論述）的實踐」（discursive practice），他們想要藉此重新統合的類目，似乎分立不相關聯，一方是語言，他方則是行動──或者，援引這裡所使用的術

語，也就是傳播與勞動；後結構主義者很有自覺，他們試圖透過這些概念，逃逸而不受限於「唯生產論者」（productivist）的偏倚，畢竟，這種偏倚似乎內在於業已過時的現代主義。但是，後結構論者的這些企圖與我的認知與立場，也並沒有更貼近一些。

我在這本書將會論證，諸如此類的提法與努力，源出於它們心有餘力不足，雖然聲稱要克服雙元主義，但到頭來卻很反諷，不但談不上逃逸，更是談不上超越。

前段看法所涉及的實質問題，容我留待後面章節再來討論；在此，我只想指出，如果我們對勞動提出不同的概念界定，就能衍生非常不同的結果。知識的歷史——這就是說，「各種概念與類目的歷史性質，我們藉此試圖瞭解自己與世局[7]。」讓我們有了視野，我們因此知道，假使有人斬釘截鐵地說，「勞動」已經是破產與過時的概念，這其實只是說「勞動」不再是一種流行的知識概念。然而，更為緊迫的問題還在於，「勞動」這個概念是怎麼樣，而又為什麼不再流行。面對這些問題，進而有所回應，我們或許可以從亞里斯多德的勞動概念著手，他說勞動就是「有才智的行動」（intelligent action），在黑格爾與馬克思[8]的思想中，這個概念也是相當凸出。跟隨這個傳統，我的起點就是將勞動作此界定，勞動不僅只是物理的生產或形體的勞役，勞動是人這個物種的特殊能力，是人之自我活動的能力（the spieces-specific capacity for human self-activity），因此，言談與思索（speaking and thinking）、行動與活力（action and energy）都是勞動所不能缺少的部分[9]。我們重新轉換視野之後，這一個新的認定（除了作為修辭與解說之用，「傳播」與「勞動」是一體的兩面，無法真正分離）又帶給我們什麼？又讓我們怎麼看待傳播研究的歷史？

事實上，這本書將試著闡述，這個新的認定可望以全新的方式，讓我們審視歷史，因為我們即將看出，許多傳播領域的過往著作，都是根據這個不當的二分類目，展開分析與研究。因此，我們首先必須面對及處理的第一批問題，就是這種二元對立的視角什麼時候、而又為什麼居然能夠同體異形，以至於對傳播領域的學人產生了重要的意義——我在這裡還得再次重複強調，這個二元對立觀出現在許多不同的知識領域，而不是僅在傳播這個領域作祟。

我的論點如下：唯有從具有生產力的勞動（productive labor）這個概念，也就是從人的自我活動具有兼容並蓄及整合的性質來構成自身的認知，傳播研究才能開始發展；但是，相當諷刺的是，傳播研究卻是在欠缺這個認知之下，開始發展。然而，在有機思考（organized thought）中，相當連貫——並且也造成致命傷害的情況卻是，人們持續無法整合，或無法將「勞動」與「傳播」包含在單一的概念整體。在長達一個世紀的時光，有關傳播理論化的工作持續進行，但都環繞「勞心」這個概念（intellectual labor）的不同面貌在衍展，這是一種物化的類目，它固然也是人的努力作為，雖然似乎也具有實質與自主的內涵，卻僅能是局部的。

制度化的傳播現象在美國人生活當中，應當占有什麼位置，從這個問題出發與孕育，有關傳播的正式研究，於焉開始。關切傳媒的垂注之聲連綿不絕，從學院及學者的耳目手鼻源源傳來，占有相當的優先地位——他們的知識感官，無不投入於掌握及理解傳播在社會的位置——這些努力可以說歷經了反覆的變化。我把《傳播理論史》定位在這個傳統之中，有其探索、發言與表述的脈絡，它強調這類探究的重要意義，持續存在。

本書第一章所要論稱的要點有二。首先是，美國社會歷來對於傳播制度都有大眾批評，並且是存在至今的強健有力、傳布深遠的傳統；其次，這個批評傳統來自於「生產者共和論」（producer republican）的思潮，一直到現在，這個傳統都還是非常地生猛鮮活。這個視野的企圖是要將手工藝工作的經驗推展至一般的工作，或至少是要提高手工藝的地位，因為它有機結合了工作的概念與執行面向；共和論的視野在整個南北戰爭年間都很重要，也都活力十足，到了1880年與1890年代，共和論的觀點還享有最後的風華，其後，在兩股力量夾殺之下，概念與執行的統合才開始崩解：一是工廠的「非技術」（unskilled）工作興起，二是白領雇員日漸成為龐大隊伍。這樣看來，諷刺畫面也就浮現眼前，雖然激進批判十九世紀晚期資本主義與傳播現象，並且試圖構思與想像一種「具有生產力的勞動」所創建的「生產者」共和國，但這些批判之士並沒有真正能夠提出全面及具有整合意義的「生產」或「勞動」類目。在現實工作中，既然頭與手都已經日漸大量分離，理論當中，心與力的日趨兩極，也就可知。

　　人的自我活動原本應該是一個統合的概念，如今卻極其不當地遭致二分，箇中情況可以舉杜威（John Dewey）作為說明，他是我所要討論的第一位主要傳播理論家，他占據的位置，頗見矛盾。杜威的重要意義，堪稱雙重。其他書寫傳播知識史的人，無不認為杜威非常重要，但還不僅於此，筆者以杜威為始，原因還在他的實用主義（pragmatism），或說他的工具哲學（instrumental philosophy），對於其後的傳播論者：比如，米爾士（C. Wright Mills）——產生了很大的影響。身為第一批大學訓練出身的知識分子之一員，杜威以提出其核心概念「經驗」（experience）而格外具有意義，他筆下的經驗，特別是指一種導航手段（means of steering），人們借助經驗，因此得以在深化的社會（及哲學閉關自守的）頭手雙元主義之間，穿梭來去。

　　不過，杜威雖然履作嘗試，但到了1890年代，他在其統整架構中，已經迴避了「勞動」。杜威提出以「經驗」為軸心的架構取代勞動，對於浸淫在激進改革傳統的杜威來說，「傳播」，或說「有機的才智」（organized intelligence）才是他所認定的本源手段，可以用來調和或舒緩社會分工之弊。這樣看來，即便是訓練有素的哲學家，其念茲在茲的用心盡力之處，雖然是要超越雙元主義，卻也免不了默默地成為雙元主義的俘虜。貫穿整個外在的更大社會，歷經了不均衡的運動，「知識的」（intellectual）功能最後也開始被系統化地重新納入組織，正就在這個時刻，「有機的才智」已經來到了杜威哲學的前端。如果以其內涵作為一種社會理論，我們也許可以說，杜威式的工具論是一種物化（reified），它並沒有以批判的角度，針對生發於當代的社會分工，將深邃的社會變化，有所揉合或轉用。

　　人的自我活動作為一個整體的概念，遭致誤植，已如前述，到了美國傳播研究歷史的第二階段發展，其情況又遠遠超出。在兩次世界大戰之間，分析家筆下的傳播，是以傳播作為無遠弗屆的概念，作為現存社會過程觀點的補充。這裡又是一場繁複的發展，我在第二章會就此論述。

　　從1930年代晚期開始，所有傳播研究者幾乎無分意識形態光譜的位置，他們在這段十年關鍵期間紛紛起而對於兩大議題大表關切；正是在這十年裡，傳播研究走進了正規的體制。第一、他們都能同意，宣傳的組織及社會意涵帶來了一些

讓人關切的政治的及道德的議題；至於宣傳，必然與「大眾說服的代理機構」，如電影、收音機與報紙，產生緊密的關係。第二、筆者先前已經指出，在他們看來，這些問題以及宣傳潛力的浮現，特別是與白領階層的持續增長，有所關聯，但這些白領在屬性上，與既有的階級還沒有固定的連帶。這樣看來，傳播研究者沒有能力，他們無法將這種逐漸具有核心意義的勞動，當作是另一種人的自我活動之形式，可見傳播理論史之時，這個能力一直欠缺。

不過，在經濟大蕭條與戰爭時期，關注宣傳的這些文人除了具有前面這些大抵相同的意識之外，他們還共同持有第三個相類的體認，他們都注意到了當時的特殊歷史情境：1930年代晚期的美國，民意與傳媒（更為精確地說，是報紙）意見之間，裂痕相當明顯。社會大眾力挺羅斯福總統的新政（New Deal）；報業主則幾乎以同等力道，堅決反對新政。1936年，羅斯福取得壓倒性勝利，在這個時候，任何書寫制度化傳播現象的人，幾乎沒有人是例外，再沒有任何人能夠否認這個裂隙確實存在。眼見大西洋與太平洋彼岸的各種進展，美國激進人士也就指出，傳播產業已經日益集中在工商行號與政治菁英之手；他們以此作為昭彰的借鑑，用以提醒美國這些積極活躍而且具有批判想法的公眾，「這種情景也可能出現在這裡」──這可是駭人的警示。與此對照，主流的分析家在有錢有勢的機構支持下，卻在用盡心力想要研擬方法，紓緩這個相同的民意與傳媒意見之落差，紓緩它對於政治選戰及整體商業領導所造成的挑戰與不便。這些主流陣營的人於是察覺，假使能夠進行多重面向的文宣，既有大眾傳媒作為中介，也有人際關係居間起其作用，則說服必然能夠最為有效。

進入冷戰年代後，批判派與主流派的歧異就更是清楚昭然了。主流論者總是預存多元的認定，他們物化報業與民意的裂隙，他們也系統地跨大傳播過程之中「人所扮演的角色」，至少他們在居家環境中，是大為低估大眾傳媒的社會組織與宣傳之潛力。另一方面，激進分子運用1930年代以來即廣受注目的大眾文化理論，他們是另一種物化，直稱裂隙已經密合，他們再三強調傳媒具有新的角色，充當了社會控制的工具。他們先設想資本主義有個整體性，然後在這個整體性身上，東接西加，如同謎一般的、具有效能的新東西，於焉出現：意識形態。不過，如同我在詳細分析米爾士的時候將會指陳，理論上很奇怪的各種白領職業之

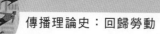
持續成長是這個新說法的核心；正是因為大舉出現了這類新興的、與既有階級還沒有固定連帶的社會主體，以及歷經一系列的轉移過程後，這才出現了大眾文化那種讓人窒息的效能。總而言之，傳播研究的身分與認同還是處於物化中，它還只是處理人的實踐面向之一。

第二次大戰結束之後，這兩個大的概念——對於大眾文化的激進批評，以及學院傳播研究的主流，也就是「有限效果」學派——很快就招致批評。對於後者的批評，大抵出自在此之前，與傳播研究並無連繫的志業：英國的文化研究及文化帝國主義的批判。我在第三章就會指出，這些激進派的努力彼此關聯，因為他們的共同立場就是拒絕接受行為學派作為正統，他們也都共享修正理念，他們都以「文化」作為統合頭與手、心與力的手段，要讓具有包容性的人之自我活動這個概念，統合兩者。

對於領導「第三世界」、具有革命情懷的知識分子來說，文化帝國主義的批判可以說是直接的回應：法農（Frantz Fanon）、卡瑞爾（Amilcar Cabral）及其他許多人。看在文化帝國主義論者眼中，「文化」就是新的關鍵戰略前沿，如今，主要是在美國企業財團與國家利益的羽翼下，跨國資本主義持續不斷的重組工作，已經進襲文化。說得更為真確一些，這股批判內涵表達了大眾文化理論的部分特徵，最為明顯者在於，後者總是認為，傳媒就是當前的主要社會控制與操弄的工具。但是，文化帝國主義的批判另外還蘊藏了兩個其他面向，最終（即便僅只是短暫地）使得它與大眾文化論，將會產生激進的差別：第一，服務建制權力的主流「行政」研究，它固然反對，但不僅如此，它還反對當代馬克思主義的主流，文化帝國主義批判企圖從理論層面，讓「文化」與「政治經濟學」攜手（雖然還不是完全調和）。因此，第二個（也是最重要的）批判就是努力要維持具有前景的統合概念，將人的社會動能（human social agency）整體看待，它表現為民族解放運動的形式，紛紛從許多貧窮國家之中，衍展而出。就這個意義、就這個層次來說，這個批判視野就讓我們將「文化」當作場域，是人的實踐活動得以重新整合的地方。然而，我們還得承認，這個理論化的工作雖然貼近與細緻，卻又還不完整，因此在1970年代民族解放運動遲緩下來的時候，批判文化帝國主義所仰仗的整體觀，就變成只是將資本看作是唯一具有重要意義的社會部門。如

此，批判文化帝國主義的人落得一個下場，很荒謬地，對於文化或其他帝國主義概念欠缺「任何」同理心的人，現在居然開始指控批判者，說他們「忽略」人類的動能。

在此，文化帝國主義理論給予人的社會動能一個短暫的優先位置，因此，它與早期的英國的文化研究，兩相和致。第三章的後半部針對早期英國的文化研究，提出詳細的知識歷史之考察，特別對於雷蒙‧威廉斯（Raymond Williams）的思想發展與沿革，有所著墨。我會表明，威廉斯與杜威相同，他用「文化」，杜威則用「經驗」，但兩人都想將其概念當作具有綜合性質的術語，是統合當代社會多樣面向的手段。「文化」特別是讓「勞心」與「勞力」的分裂，得以放置一旁。但是，這雖然是對於既成的激進思維，提出強有力的挑戰，但其自身卻另外包含了難以跨越的理論困境。

威廉斯的文化觀相當複雜，有些時候又顯現為截然的矛盾。一方面，威廉斯認定的「文化」，是一種統合經驗的整體概念，但在其論理過程，這個概念似乎又讓人想起杜威的例子，威廉斯又限縮了「文化」，這個時候，文化顯得有些局限，符合了常見的觀念，文化變成是人們所創造的共享意義。另一方面，威廉斯在早年的時候，又似乎不免將「文化」當作單一的、無法表述的原則，文化只能是無窮無盡地貫穿於社會領域，並在此過程自我再生產。無論是政黨、一齣戲劇，或幾近乎任何其他人的實踐活動或形式，對於威廉斯來說，都可以說是提供了證據，驗證他仍然稱之為獨特且單一的「感知結構」（structure of feeling）之存在。隨著1960年代新興社會運動的蓬勃開展，這個觀點也就越來越難以維持，這個情況毫不讓人意外，而我也即將論稱，威廉斯本人也逐漸有了這個看法。如此一來，人們就得提出另一套理論化「文化」及整體觀的說法。

在第四章，我將鳥瞰堪稱當代的三種說法，以及它們的若干衍生，這些原生及衍生的說法都企圖對這些課題開展議論。首先進入我筆端的是阿圖舍（Louis Althusser）的結構馬克思主義，其中我特別要指涉史都華‧霍爾（Stuart Hall）與英國伯明罕大學「當代文化研究中心」，以及緣此而生的文化研究流派。然後，我接著轉入後工業或資訊社會理論，它們似乎有別，但都經由丹尼‧貝爾（Daniel Bell）及其他人（主要都在美國）的闡述而知名與擴散。我將指出，

兩者彼此相互支援，也都很有默契地想要尊厚勞心、知識的勞動（intellectual labor），分別經由「文化」與「資訊」的說法，將它另成一格；兩者的意識也都清楚，就是要與既有的勞動概念，揮手告別。這是明顯昭彰的動作，就是要置換「勞動」這個概念，使勞動幾乎就只能自動等同於製造業的薪資勞動（industrial waged labor）。目睹這個轉向，女性主義的批評於是升高，但這樣一來就又使得該理論更是傾向自我限縮，更是不肯從整體且具有包容性的內涵，看待人的自我活動這個概念。第三股具有相當影響力的社會思潮，寬鬆視之，大致可以歸結為後結構主義，比起前者，它更為直接地否定了「勞動」，它也更為戲劇化、更為明顯地物化勞心、知識的勞動。早些時候，大眾文化理論家所共有的觀點，認為大眾傳媒提供一種意識形態，協助資本主義基本（但遠在天邊）的運轉，如今，到了傅科與布西亞等人，已經對於這個觀點嗤之以鼻。這裡並不是說傅科等文人不再認為資本主義是界定與排序各種社會關係的主要力量，我是要指出，他們認定經其物化的勞心、知識的勞動概念，徹徹底底是社會整體性的實質基礎。與這個理論進展有關，他們很快也就接著認定，我們無法再談社會整體，因為這個概念已經不再有用。

　　歷經這些周折，既然在社會、在社會思想之間，出現了深邃且長遠的裂痕，則這些本來就完完全全是知識分子的分析家，等於是再次重返添磚加瓦的模式，重新啟動「傳播／社會」這個對偶。在他們眼中，傳播越來越是與其他領域分開了，經常是其他領域的基礎。這些陣痛與難處之餘，理論化的工作還是持續進展，相關的平臺還在擴充，我們看到了似乎已經分立的傳播領域，我們也在平臺上看到了具有意義的操作特徵。不過，在我們自己的這個時代，這個既置換又創造性投入的學生過程卻已經將我們帶回一直潛伏其間的概念重點，到了二十世紀之交，自我的活動作為一種統合的概念，再次得到強調，它現在是傳播研究再次出發的逆向起點。在我看來，假使我們能夠再次探究勞動的概念，以此作為基礎而作知識的修正，那麼我們就有可能讓「傳播／社會」的關係，得到新的共通基礎。換句話說，這是一個困難而且還沒有完成的旅程，它預示了深遠的重新構思工作，我們得決定傳播及其社會基礎的關係為何。

　　在本書的結論，我就試著展開這樣的重組工作，途徑是經由詳細解釋雷蒙·

威廉斯的晚期思想。我衷心期盼，傳播研究不至於再無止無休的的物化勞心、知識的勞動，有效的方式則是回返整合的概念，由此審視人的自我活動，比如，有段時刻，人的自我活動就是指「勞動」。在我看來，單是在這個基礎之上，我們就能夠對準傳媒生產的雙生連續「時刻」（moments），而取代目前的對立概念——比如，長久以來，總是有人要抽離傳媒生產的分析，使之分離於傳媒消費或閱聽人接收的分析，而閱聽人也者，其實不但「就是」觀眾、聽眾與讀者，並且也是有償及無償工作的勞動。當然，也許不待贅言的是，在我們爭取建構這個新的理論立場時，並不會忽視資本在當代社會的決定角色。

　　歸結以上所言，我企圖讓這本書作為手段，讓我們的集體工具箱因而充盈，不但如此，我還想超越這個目標，要對工具箱的內涵品頭論足。許多年前，我著手準備一場正式演講，以此向我在攻讀博士時的導師致敬[10]，當時，有關這個研究的念頭，已經浮現。公允地說，這本書的正式起點，就在那個時刻；其後，由於這個機緣，又讓我還能提出新的理由，敬向格柏納（George Gerbner）❸致意，他與（當時）在安南堡傳播學院（the Annenberg School of Communication）的同僚幫助我對於這個領域的歷史，有了更為深層的興趣，傳播研究讓人沈迷，其歷史卻少見人們的認可品評。

　　我入行成為研究生時，總有綺思暇想，覺得傳播學門會讓我有個獨特的特許狀，讓我對於文化批評與政治經濟學的興趣，得以結合於新興萌芽的理論探索。但是我錯了。當然，我很快就察覺，傳播研究已經有了自己的認同，無論是我的興趣之哪一端，它都很排斥。假使站在1970年代早期的傳播研究角度，我自己的願景與想像，可以說只能是晦澀，是乾著急而無濟於事。回首往事，最初讓我投效傳播研究的動力，來自於一股願望，想要瞭解將傳播當作是辯證綜合概念的理論史，這就是說，將我自己的軌跡放在這個領域的演化過程，以求理解：二十年

---

❸ 譯按：格柏納（1919.8.8-2005.12.24）原籍匈牙利，1939年移民美國，1942年得加州大學柏克萊分校新聞學士，1955年以《傳播通論》（*Toward a General Theory of Communication*）得南加大最佳博士論文獎。日後，格柏納擔任賓州大學安南堡傳播學院長期間（1964-89），提出著名的「涵化理論」（cultivation theory），源頭就是這篇博士論文。

的光陰，大部分時間，我都投入與此。這本書就是一個成果。

歲月如梭，雷第克（Marcus B. Rediker）許多年來都再三敦促，讓我透過公共之眼，探究這段歷史；他以身示範，幫助我領悟人們稱之為「自下而上的歷史」（history from below），確實是作此探索時，必須具備的態度與能力。在大致相同的這段時日，莫斯科（Vincent Mosco）穩健地讓我正視，然後接受挑戰，問津傳播主動對社會理論提出的諸般問題。得此密友兩人，讓我在投效於學術時，得到源源不絕的心領神會，既要戰鬥又得審慎。

孕育這本書的整個期間，蘇珊·戴維斯（Susan G. Davis）都是一股力量，讓我舒展，重拾活力。露西·席勒（Lucy H. Schillr）與伊山·席勒（Ethan D. Schiller）時而喧鬧，他們的攪和總是頓生趣味，有了兩人，灌注在這本書的人之自我活動的統整概念，又顯得格外鼓舞人。我要感謝他們。

察哈·席勒（Zach Schiller）一直是我最好的共鳴板，有求必應；他對美國政治經濟的日常運作極其瞭解，是珍貴無比的資料與理念的泉源。安妮塔·席勒（Anita Schiller）與賀博·席勒（Herbert I. Schiller）的學識與示範，讓我受益至今，這本書所探源追蹤的趨勢走向與發展，也都印烙了他們的足跡。

瑪琍·戴維斯（Mary Ann Davis）很是親切，她讓我保有信念，覺得這麼多的剪報與大大小小的問題，還是有些意義。信步與大衛·戴維斯（David G. Davis）並行——多年來，那麼多回的一次——我透露了寫作這本書的一些意念與想望。他對我的支持，從未動搖，自成一局。

梅根·馬奎（Meighan Maguire）、丹尼斯·馬卓口（Dennis Mazzocco）與羅拉·陶（Lora Taub）對我是個鼓舞，有些時候，這些學生還重新點燃了我寫作這本書的熱情。麥可·科爾（Michael Cole）、蘇珊、喬治·馬力斯可（George Mariscal）、羅伯·麥契斯尼（Robert McChesney）、莫斯科、賀伯·席勒、麥可·薛德森（Michael Schudson），以及羅拉都很大氣，他們閱讀手稿的不同版本，提供了珍貴的批評。安東尼亞·馬次左夫（Antonia Meltzoff）讓我自覺我可以也應該寫作這本書；過去幾年來與珍尼·艾倫（Jeanne Allen）、麥可·伯恩斯坦（Michael Bernstein）及麥契斯尼的談話，使我活力再生，堅持寫作本書，我與他們幾乎是無話題不談。每當我猛然想起，就教於卡羅斯·阿古納嘉（Carlos

Blanco Aguinaga）時，他總讓像個燈塔，謙遜不言，光芒自照。艾佛特‧丹尼斯
（Everette E. Dennis）彼時並沒有讓我整年待在哥倫比亞大學甘納特傳媒研究中
心（Gannett Centre for Media Studies）寫作「這本」書；但我衷心希望，他對這
份成果，還不會太不滿意。

　　我也要向下列機構或刊物致謝，它們容許我從先前在其間發表的論文，擷
取材料寫成本書：美國語意傳播學會（the Speech Communication Association），
"From Culture to Information and Back Again: commoditization as a route to
knowledge"，原發表於Critical Studies in Mass Communication 11(1:92-115)，1994
年3月；以及國際傳播學會（International Communication Association），"Back
to the Future: prospects for Study of Communication as a Social Force"，原發表於
Journal of Communication 43 (4:117-124)，1993年秋。

D. S.
德‧馬（Del Mar），加州
1995年12月

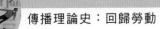

1. Robert K. Merton, "On Sociological Theories of the Middle Range," 收於, *Social Theory and Social Structure* (1945; New York, 1968), 39-72.

2. 提出後面這個論點的人是史麥塞Dallas Smythe, "Communications: Blindspot of Western Marxism," *Canadian Journal of Political and Social Theory I* (3) (Fall 1977): 1-27.（譯按：該文由馮建三中譯，http://www3.nccu.edu.tw/~jsfeng/smythe1977murdock1978feng19922007.doc）

3. Peter Golding and Graham Murdock, "Theories of Communication and Theories of Society," *Communication Research* 5 (3) (July 1978): 339-356.（譯按：該文由李郁青中譯，見http://www3.nccu.edu.tw/~jsfeng/goldingmurdock19782007.doc）

4. Martin Jay, *Marxism and Totality: The Adventures of a Concept from Lukacs to Habermas* (Berkeley, 1984).

5. Raymond Williams, *Keywords: A Vocabulary of Culture and Society*, rev.ed. (New York, 1983), 176-179.

6. Harry Braverman, *Labor and Monopoly Capital: The Degradation of Work in the 20th Century* (New York, 1974), 126.

7. Fredric Jameson, *The Political Unconscious* (Ithaca, 1981), 9.

8. 阿倫特就這一點有下列看法，「馬克思的這個觀念似乎相當褻瀆，他說勞動（而不是神）創造了人，他說勞動（而不是理性）區辨了人與其他動物之別。這是最為激進與一致的提法，當前的整個時代都同意在此基礎之上，再圖進展。」Hannah Arendt, The Human Condition (Chicago, 1958), 86. 本書在做結論時，還會進一步就此探討。

9. 參較 Braverman, *Labor and Monopoly Capital*, 45-58.

10. Dan Schiller, "Enlightenment, Mass Deception, and Beyond in Communication History, " George Gerbner Lecture in Communications, Annenberg School of Communications, University of Pennsylvania, Philadelphia, April 22,1988.

目　　錄

第一章

十九世紀末的
美國傳播與勞動

　　意念屬人、人有五體，雖有五體，及其運行，則需統合，如此才能
透過相同的結構與過程，使意念與行動得以運行。

杜威（John Dewey）[1]

　　資本主義生產模式的分工有一個最為關鍵的階段，就是手與腦、勞
力與勞心分了家。

布雷夫曼（Harry Braverman）[2]

　　對於勞動問題，你可曾找到任何解答？……這是十九世紀的史芬克
斯（Sphinx）之謎……
　　到了現在，既然再沒有勞動問題這一回事……我想我們是可以宣
稱，問題已經解決……

（貝拉米）Edward Bellamy[3]

　　十九世紀，許多美國人大肆抨擊其各大傳播機構及作為。十九世紀的最後
數十年，砲火轟擊的範圍最大、社會感受也最深的壓力，來自於各種勞動組織與
政治反對運動。當時，許多重要的傳媒（報業及有線電報與電話系統）加快了整
併速度，成為企業財團資本擴張循環圈的一部分；各領域的改革社團紛紛挺身而

出，提出方案因應這個局勢，他們想要建構多種的集體及共同持有的股權形式，藉此維繫傳播的運作。

當年在那個世紀之交，新興的研究型大學當中也出現許多具有改革傾向的學院人士，而這些人的學科領域與門戶也越來越見清楚，他們對於傳播現象的思考也是如此，對於共同股權等形式，都抱持正面態度。然而，他們不久後就會發現，日甚一日，他們賴以思想的這類概念漸遭閹割，有些則遭排除，當時，其他與人們最為關係密切的激進思想傳統也無法倖免於這個情境。箇中涉及的困難在於，究竟怎麼樣理解具有生產力的活動（productive activity）之基本單位——也就是「勞動」（labor）——然後加以理論化。特別是有些時候人們無法念及，概念上所謂的「勞心、知識的勞動」或「腦力工作」（brain work）又怎麼樣與技術工、工廠苦役、農事或家務勞動放在相同的平臺理解呢？當然，有些時候這不是困難與否的問題，而是做此思考時，有人就會覺得不舒泰了。杜威想要提供哲學基礎，想要讓頭與手作為兼容且事事包含在內的統合體，杜威這個嘗試確實值得一書，但依此看來，他的作法因此只是繞道，置明顯具有限縮意味的「勞動」於不顧。這樣看來，杜威創造的架構雖然具有相當的吸引力，但它終歸存在著矛盾，最後並且使得其構思顯得疲弱，造成長久的影響：放回杜威的工具論（instrumentalism），「傳播」的正規思考既與「勞動」分家——並且其實也把「勞動」排除在外。如今回顧這段歷史，我們已經知道，許許多多的傳播理論，一個接著一個都是把勞動排除在外，雖然勞動是個不該排除的思考與分析類目；就此來說，杜威也只不過是作此排除的第一個人而已。

 第一節

早在1820與1830年代，都會區各色手工業人才（artisans），從馬車、鞋子到各種印刷業的生產者就已經不滿資本家，對於資本家「壟斷能力」的增加，致使社會日益為其掌控，他們屢有抗議的聲浪。原先獨立作業的手工匠在經濟上受到越來越多的擠壓。這些各行各業的人士認為，他們應該擁有同等權利，不僅限於「財產」權，他們還要擁有同等的政治權力及知識，他們援引整套連貫的哲

學體系，後世歷史學家稱之為「手工業」或「生產者共和論」[4]。這股涵蓋層面極廣的運動有一個衍生情緒，他們對於商業報紙的菁英地位及其不平等的功能，同樣洋溢高度不滿。他們結合起來，共同努力創建更為民主、更為屬於大眾的報業，於是有了售價比較低廉的流行刊物，如同雨後春筍一般地問世，它們旗幟鮮明地自詡是替代品，足以替換高價位出版品：菁英階層以外的白人男子可以在其間找到發言空間，但是，女性的利益還是排在後頭，並且，他們還流露嚴重輕蔑有色人種的臉色[5]。另有一場相關的抗爭環繞著郵局而進行，此即郵局的社會職掌及主要照顧對象究竟是誰[6]。當時越來越依賴私人「快遞」服務的兩群人就是商賈與菁英出版物發行人，他們藉私人快遞在兩大蓬勃商品（棉花及新聞）市場中，增加自己的商業投資機會——反對這兩群人壟斷的這批健將則提出警告，「我們不能容許任何人自建通訊、傳播（communication）通路，更不能聽任這個狀態持續，否則此人就能在整體社群受益之前，因為得有先機，收取並據此情報（intelligence）而採取行動[7]。」這些健將堅持郵政應該提供廣泛、沒有差別待遇，同時也是獨家的服務。其後數十年間，郵政服務也確實延伸擴張且多樣化。不過，在郵政擴張的同時，也有其他特別的商業服務同步增生，這些新興的服務得利於新的電信技術，以至於徹底翻修傳播機構與制度，從而使其更為符合民主要求的機會，遭致重大挫折。

　　對於既有的傳播秩序，社會大眾持續警戒、加緊逡巡，到了二十世紀快要來臨的數十年間，到達了另一個歷史高峰。在稍後這段期間，許多激進分子與改革派轉移了部署，他們想要撲滅或至少舒緩情勢，新的工業資本主義導致了新的衝突與問題，他們希望減低其肆虐幅度。這些改革派的來歷與根源相當多樣，有些屬於勞動階級的不同派別、有些衍生自農牧社群，再有些則是生活在都會區而人數日漸蓬勃的中產階級，因此，他們的意識形態色彩自然也就分布廣泛。他們大致能夠共享某些價值，比如，信守集體主義、甚至也信守「互助勝於個人主義的競爭」，但他們之中，還是明顯存在敵對與不快，好像隨時像要爆發[8]。知識與意識形態的環境確實流動而並未固著，激進的改革人士所能汲取的概念與理論涵養，可以說是相當地多樣與分歧，舉凡亨利‧喬治（Henry George）的「單一稅」[9]、溫和社會主義勞倫斯‧葛倫藍（Laurence Gronlund）的「合作共有」[10]、

草根農業民粹主義[11]、激進工會主義[12]、馬克思社會主義、女性主義，以及許多強調基督向上精神、社會和諧與經濟效率的改良派規劃，通通在列[13]。大致說來，社會福音派的改宗者與中產階級、某些墾殖改革戶，以及演化論社會主義者，都能和諧共處，而中產階級總是主張透過系統的方式，仲裁勞資陣營之間的衝突。但是，認同勞工階級的人與後面提及的這些群體，還是存在真正的差異與衝突，隨時準備爆發，前者總是主張，他們所擁護的社會行動，一方面得植根於底層階級休戚與共的團結精神，另外也得植根於當時的主流思想體系，也就是生產者共和論。技術手藝及機械工匠的所思所為，構成了生產者共和論最主要的活力與動能，共和論也扮演了橋梁的功能，許多產業工人、中小企業主、店鋪賣家、農場主農民，乃至於一般辦事員店員，也都為其吸引[14]。

雖然這些人都強調互助，卻也各自存在齟齬而彼此爭雄，捲入其間者包括從傳播角度所提出的反競爭論，這個概念與各互助論的核心宗旨與目標，具有遠近不等的關係。1870～1910年代，各類改革派賦予傳播相當重要的角色，但學界對於這個課題的注意與研究，並不足夠[15]。對於這些當時頗稱流行的傳播批評，我們得針對其中的一些面向進行梳理，因為從根本上說來，這些面向與隨後而至的學院型的傳播討論極為相關。

首先，人們特別關注的是，由於承受新的局限，報業難以伸張作為。在1830年代，都會區商業與政治報紙已經與階級特權緊密相連，對於報業機構與制度的依附問題，人們持續進行辯論。在美國南北內戰爭爆發前夕，威爾瑪（Lambert Wilmer）出版了一本書，他的總體陳述如後：「我們的新聞事業既是暴君，又是奴僕；面對所有強勢人物與單位，它屈膝承歡，唯有在攻擊弱勢與毫無招架之力的人，它才顧盼自雄而獨立有加。」[16]到了1880年代，批評更見深刻，開始指向商業新聞事業的階級基礎，暴露了資本掛帥的偏見效應。藏身背後的事業主——鐵路大亨、財團金融主子與工業資本家如古得（Jay Gould）、威拉得（Henry Villard）與洛克斐勒（John D. Rockefeller）——惹來一身腥；相當普遍地，人們合理地懷疑他們已經暗地滲透了美國的報業。財團資本家企圖影響民意，使對自己的私人目標有所幫助，另一方面，他們同時運用自己的報紙，讓付費才得以刊登的廣告當作新聞[17]。報紙一點都不自由，它只對報業主與廣告主的想法與意念

開放——長期以來，激進分子在國會聽證時，就是提出這些綜合證詞[18]。美國鋼鐵工人聯合會（the Amalgamated　Association of Iron and Steel Workers）理事長傑瑞特（John Jarrett）對於這個證詞，則有以下闡述：

> 我們的人有這樣的印象，覺得報紙應該是一般人七情六慾的喉舌；但他們又有另樣的印象，覺得報紙實質上得到了資本的補助，並且也許是那些大型財團的補助……他們感覺這真是不對頭，不但真實情況沒有傳達給工人，也沒有傳達給美國的任何人。我們認為報紙大多是由某些財團補助，報紙根本也就只刊登它們原本就已經擁抱的觀念與意見，我們認為，這是不對的[19]。

到了1883年，普立茲買下《紐約世界報》（*New York World*），衷心想要找個獲利豐厚的手段，重新導引商業新聞事業與勞工階級的關係。就在這年，蘇格蘭裔的鉛字鑄造工、工會組織者金氏（Edward King）再次表明了傑瑞特的觀感：

> 報業與勞工運動的關係當然是非常的苦澀。勞工階級對報紙有一股格格不入的嫌惡感覺……勞工階級也瀰漫一股看法，認為你不應該相信你在報紙所讀到的任何東西。對於搖筆桿的文人不抱任何信任與託付，可以說是勞工運動的許多面向之一，我覺得這實在相當值得一書。那種感覺其實遠非筆墨所能形容，只好說是徹頭徹尾的錯誤報導與再現、非常誇張的對立事證所導致……。在我看來，資本對於第四階級（the fourth estate）的影響是最為腐化人心、也是最為致命的打擊，這也是讓人扼腕的事情，因為你體認了事實，知道這些影響力對於人們的觀感與意見的形成，會發揮一定的作用，你也會憶起，報業如今是快速取代了神職人員先前的角色，我想這是非常嚴正的事情。報紙按理應該是正直與正義化身的權力，但居然有這麼多人對報紙失去了信心。事理發展至此，實在是最不健康的狀態，看在勞工階級眼中，有權力如斯的報紙竟然與他們為敵、居然背離他們的利益[20]。

「勞工階級」很努力，他們「經常」杯葛，特別是杯葛那些讓他們倍覺冒犯人心的商業報紙。有人問金氏，這些杯葛策略在早期是怎麼運作的，他的答覆是：

> 他們在城市各個鄰里街坊組織各種委員會，行使作為購買者的影響力——影響報攤的老闆——並且，對於杯葛的報紙，他們不但決定不買，而且是只看不買。很多人都相信，而我知道本市的勞動者確實有一或兩次，迫使報紙與他們妥協……[21]。

金氏還補充說，到了現在，「勞工階級毫無疑問已經堅信他們必須擁有自己的報紙」[22]。他還表白，他們想要擁有的並不是特定的工會機關刊物，而是用來報導一般新聞的報紙。金氏的證詞是這樣的，「勞工階級是希望擁有他們的刊物，專事報導本行本業及觀點，也就是勞工報紙；與此同時，他們的欲望當然還會高漲，除本行事務，他們也想知道與其相關的其他各行各業，究竟是什麼而又做了些什麼事，我們不能說勞工只要本會刊物，不能說勞工就此而願意丟棄其他所有的興趣。」但是，由於「並沒有足夠的資金願意投入勞工的日報」，加上進入「美聯社」（the Associated Press）也有困難，勞工報刊的可能性也就遭致排除。他說，勞工階級因此認定，唯一的解決方法就是合作。金氏明白表達：「到了現在人們普遍傾向認定，所有想要（創辦勞工階級報紙）的行動與努力注定會失敗，除非採取合作社形式，我們要有法律阻止股權所有人控制報紙，也要禁止任何人擁有超過一個單位的股權[23]。」

金氏對於美聯社的敵意可說其來有自，這是廣泛的激進批評潮流之一[24]。這股潮流的緣由，起於美墨戰爭（1846～1848）之後數十年間，新聞採集對於電報的依賴，越來越見深沈。電報又是三大基礎功能之一，它與鐵路運輸及金融銀行事業的經濟角色，招徠人們越來越多的反感與嫌惡。許多歷史學家都認為鐵路、銀行與電報是新興財團資本主義的基石。在它們出現以前，跨地域而同步進行的資本主義經濟，還是難以想像。從另一方面來說，由於有了它們的協助，比較經濟利益才能擴大、才能深化，生產力巨量增加的產業之中央化指揮，以及全國規

模的企業決策，才能出現。

坐落在這個寬闊的理解架構中，包福（Richard B.Du Boff）有個相當詳細的研究，陳述電報對於資本的資訊優勢，產生很大幫助，從中我們可以預測資本規模的轉變[25]。事實如此，雖說看在許多農民、工人與中小企業眼中，既然「西聯」（Western Union）支配了電信服務，這就再次證明掠奪成性的、想要涵納一切的財團資本主義又見擴張了。西聯在1866年已經完成美國各電報網絡的整併，下有全美國範圍的第二大壟斷企業──第一大是美聯社，電報巨獸很快就與美聯展開密切的股權滲透安排。夾其史無前例的巨大私人力量，西聯對抗政府，西聯運用這股權力從不猶豫[26]。這個時候的西聯簡直是太早熟，它的才情傾注在企業公關，比如，它提供免費的特權文書，讓國會立法諸公可以自由使用其資源，目的無他，就在希望有朝一日有任何需要時，能夠贏取他們的一票支持[27]。

當時，許多國家的郵政總局都把電報納入其服務範圍，電報出現後提供了「緊要的社會連繫紐帶，歡樂、讚嘆與災難哀嚎之聲得以在親朋友好與家人之間流動……來自都會城鄉、首都近郊的知識、指令與人的情感得以穿梭來回[28]。」對照於這樣的國家，電報發展了超過半世紀以後，這種形態的電報之「社會使用」，其費率在美國還是高得讓許多人只能望而卻步。早期，美國電報的用戶有超過90%來自工商行號與新聞界[29]。根據西聯（當時，大約占有五分之四的美國電報量）總裁的說法，在1880年代初期的時候，電報最多僅有五十萬用戶，還不到美國人口的1%；這些公司行號的電報流量當中，不到5%或6%是有關家務或社會事務。對照於美國，歐洲小國如比利時在1880年的電報用量，大約有55%與家務或社會事務有關；在瑞士則是61%[30]。

到了電話年代，商務用戶支配電報時期的型態，仍然延續。郵政總局長萬納馬克（Wanamaker）在1890年說，使用電報的用戶，占了社會人數「極小的部分」[31]。作家佛樂（Gene Fowler）回顧世紀之交他在丹佛市（Denver）的童年生活，憶起「收到電報可真是人們生活中的大事情，而且也讓人恐懼擔心。除了資本家……沒有人曾發送或收到電報，除非家中有人生病或亡故[32]。」美國電話與電報公司（AT&T）總裁費爾（Theodore Vail）在1911年還這麼承認，「使用信件與電報的人口比例接近於100：1，使用電報的人還不到總人口的5%[33]。」

改革派並未遲疑，他們很快就對於使用電報的不平等，迭有抗議聲浪。參議員西爾（Nathaniel Hill）在1884年如此提問，「透過什麼測量或標準，我們才能釐訂廉價電報所帶來的好處，它讓親族血緣及友誼的關係得以維持、活絡與溫暖；無法得知家人動向所帶來的焦慮因而頓減；群體的成員很快就能得知，身在遠方的夥伴，如今是否康健，但這些情報如今卻是少數人的奢侈用品[34]？」不過，對於許多批評者來說，有如天價一般的費率，其實只不過是一種徵象，顯示大眾派所說為真，大眾派認為西聯對於「情報的傳輸」或「資訊的傳輸工具」，擁有巨大的、具有侵略傾向而且不對等的壟斷能力。正如同孫末楠（Charles A. Sumner）在1879年的專論，整個問題的核心其實是，美國無能提供這樣的服務，真是讓人難過，美國沒有將電報建立為「情報的共同載具」[35]。

其後針對電報所展開的遊說運動具有一定的歷史地位，雖然即便是對於改革活動具有同理心的歷史學家，也低估了它的價值，他們傾向於認定鐵路的重要性比較大，他們也強調改革的整體努力，在意識形態上有其局限。舉個例子，威廉斯（William Appleman Williams）公然宣稱，大眾派（the Populists）將鐵路、電報與電信收歸國有的規劃，根本一點都不是土地社會主義，他們的主張「其實只是在古典意義上，完成了自由放任的邏輯。既然就自由放任的理論與實踐來說，開放且公平的市場具有絕對重要的角色，他們的結論就是確保這個體系的基石於不墜，就必須將市場從『任何』企業家手中奪走[36]。」威廉斯強調，「他們聚焦於市場的『商業血管』所提出的政治訴求……在意識的進展相當有限」，這樣會使得「私人企業的體系分毫不受衝撞」。對於這個看法，芬克（Leon Fink）完全不能苟同。芬克認為：「更加可信的理由是，公共權威當局在這個時期對於電報與傳播系統的規範管制似乎最為糟糕，不但批准而且其實是與私人『壟斷』企業共謀，這就是當時改革派提出激進主張的原因[37]。」

對於企業財團，大眾提出批判，他們也生動有力地指出傳播產權及其控制，正就是階級權力的施行場所；然而，有人以此為由而說大眾的訴求很有局限、誤導或太天真，這個說法難以成立。事實上真正值得一書的是這個訴求的激進色彩。當年的記者辛頓（Richard Hinton）這麼說：「我是觀察者也是研究者，多年來我有了結論，我認為至少這個國家所虛設的人、叫做法人（corporation）的人

之存在，對於共和國的安全構成了危害，這樣的法人擁有社群賴以運作的許多公共功能，如鐵路、電報與銀行，他在法律設定之下是一個虛設但存在的人[38]。」新傳播科技的社會功能在如此設定之下，甚至時而引發強大的反彈，比如美國原住民有些時候認定，必須採取策略防衛自己、抗拒美國軍方，方法就是燒毀或扯斷「哼哈作響的繩索」（the singing wire）[39]。比如，最晚到了1917年8月，奧克拉荷馬州東部還有「綠穀造反」（the GreenCorn Rebellion）事件，有大約八百至一千位佃農，激烈反對美國參加第一次世界大戰，他們武裝起義，並隨即砍斷電纜[40]。一樣破壞兩樣情。諸如此類的集體破壞，與個別的金融投機客也在挖空心思阻撓新科技的緣由，顯現為完全不同的世道，在1840年代電報剛問世的時候，這些金融操盤者阻斷電報服務的動機，在於企圖維持他們的資訊與知識的壟斷地位，電報問世之前，他們有自己的管道，得以掌握先機而獨攬歐洲期貨市場的商情，在機密掩護下，等於也就得以在投機買賣過程，早於一般人而洞燭機先[41]。

　　反對私人擁有電報技術的人也採取協同行動，他們擁抱了正規的政治行動。比如，1844年的《反壟斷政黨綱領》（the Anti-Monopoly Party Platform），有此宣言：「各州之間的商務活動有賴各種工具進行，如運輸、貨幣與情報的傳輸。如今，巨型壟斷公司毫不留情地控制了這些工具，遭殃的是勞工，良性競爭也不再有立足餘地，商業安全也就此遭到摧毀。我們因此認為，國會至高無上的律令就是立即透過各種必要的法律，控制並規範那些巨型商賈……[42]。」如果欠缺廣泛且具有引爆能量的社會重新導向，諸如此類的政綱就不可能與社會並存。不過，有鑑於改革派當中可能還有很多人接受私有財產權，因此他們的行動與要求，並非要與「企業財團對於社會生活的不斷重新建構」平和共處，而是要予以抵抗。

　　新聞事業與電報的重要連結已成事實，這個連結產生連環效應，再生另一個讓人望之生畏的壟斷事業，也就是美聯新聞社的支配，這也是事實，到了1870年代，這些發展已經是眾人關切之事的主軸。「新聞—電報壟斷」的結合對政體、對經濟體，也都構成了史無前例的威脅。舉個例子，1884年布萊恩·克里夫蘭（Blaine- Cleveland）的總統大選，由於共和黨曾有耍詐行為，想要延遲宣布許多地方的投票結果，以此讓共和黨政治人物能夠得到寬裕的時間，在紐約州主要選

區的票數統計作些調整，此舉「引發數以千計的紐約人走上街頭」，示威抗議了兩天[43]。針對美聯社而發出的這些批評，預見了一個世紀以後，各個貧窮國家對於傳媒角色的批判。日後，這個批判的對象也包括美聯社，論者認為，美聯社本身就是新形態的非正式帝國主義。批評美聯社的聲浪來自許多西部州的發行人與記者，還有，無法取得美聯社授權的其他地方的人，也都加入抗議行列。他們對於美聯社的新聞壟斷之怨懟是雙重的，既不滿美聯社的經濟支配，也對於它傾向從資本的角度——加上這又是東部各州的資本——提供新聞，有所不滿[44]。激進派記者辛頓一路數說，先是西聯吸納了小型獨立新聞通訊社，然後，就發生了前訂戶、一家地方〔紐約的紐堡（Newburg）〕報紙就再也無法收到電報新聞。他認為，這則故事顯示了通例，「我想所有務實的記者都能理解，」企業財團等於是先發制人，「他們對於文明的運作握有控制權，文明所需要的新聞採集與訊息及情報傳輸，盡入其觳中[45]。」

　　具有組織力的一般勞工也爆發不平之鳴。比方說，早在1869年，「美國印刷工會」（the National Typographical Union）就向國會請願，希望國會批准法案，創建政府擁有的郵務電報系統，「這樣就能增加我們這個行業的勞力需求，摧毀現存的最糟糕的壟斷之一，美國的各種商業利益因此得以取得平等待遇。」印務工會的憤怒直指美聯社與西聯的獨家契約，他們認為，依據這個契約的有效運作，將要使得「美國再無任何新的報紙得以出版，而目前還在出刊的報紙若不透過美聯社取得新聞就會被壓制，因此也就減少了對本行勞動力的需求[46]。」這個抱怨在1891年再次出現，有位印刷工會成員直呼，「我們應該讓政府掌管電報，這樣一來，美聯社及所有的特權安排就無法壟斷了。每個人都以相同價格取得電報新聞，這樣就能夠讓所有報紙無須仰仗於古得（Jay Gould）與西聯公司就能運作……[47]。」勞工未曾停止抱怨，他們指出，在南北戰爭後的勞資衝突中，電報的運用還是對他們不利：他們指控，私人擁有的西聯電報公司拒絕他們使用其網絡，不讓他們送出對工會有利的消息；另一方面，由西聯部分持股的美聯社既壟斷新聞，又系統地輕蔑與鎮壓相關新聞，只要美聯社老闆認為這些新聞損及他們的階級利益[48]。以新聞內容受限，以及工作就業機會受損為由，印務工人站在前頭導引戰鬥，要求打破、然後重構深陷其內的報紙等等傳播系統[49]。訂有通訊新

聞稿件的報紙收到禁令，不准它們刊登抨擊美聯社的文稿，美聯社威脅要取消它們的授權，但卻只能引發更大的對抗與怨懟的情緒[50]。

　　因此，改革建言有兩大目標：針對報紙與電報。有關第一大類的報業改革問題，主要的思維是訴求社會責任與近用電報網絡：

　　　　茲再對報紙問題提出另一個建言。報紙如今並不是這個國家民意的表達。我們認為，應該創制一個全國適用的法律，要求擁有報紙的任何人，都應該開放專欄，由真正有意見的人——我的或你的意見加以填滿……諸如此類的計畫對於這個共和國的救贖，越來越是重要了[51]。

　　社會主義者葛倫藍（Laurence Gronlund）以另一種方式陳述相同的理念，差別在於他的提案更為正式，並且，這個方案又是葛倫藍包容廣泛的改革規劃之部分。葛倫藍取材於當時影響力極大的史賓塞（Herbert Spencer）之早年著作，他所堅持的見解是「國家乃有機構成體」，其間，各個構成份子越來越需要相互依存，這就使得「占據核心位置的規範系統日見重要，史賓塞表明，所有高度有機的結構體，莫不具有這個特徵[52]。」為了要創建「實際多數的『民意』」，並使之作為這套規範系統的管理者，我們就得要有『具有代表性的公共出版品』，再加上「所有重要的生產工具均必須由集體控制」[53]。

　　　　每個社區很有可能都會擁有一份官方出版品，內載所有具有公共性質的公告與新聞，人們藉助全國電報服務系統，以最有效率的方式蒐集消息，但並不評論。

　　　　不過我們又應確認，在這些官方刊物之外，還會有許多私人期刊，它們是各種原則與手段的真正捍衛戰士。我們應該促使事情朝著合理的方向發展，亦即要讓集體掌握印刷傳媒這個機構——但這個機構將開放給所有人[54]。

六十年後，哈金森委員會（the Hutchins Commission on Freedom of the Press）

也孵育了類似理念，但當時葛倫藍就已經做此倡議，認為我們應該確保所有人普遍近用工具，形成民意，方式則是將報業轉化成共同載具，讓人租用。我們稍後就會看到，在葛倫藍這個立論之後十年，記者福特（Franklin Ford）與他的夥伴，包括哲學家杜威（John Dewey）所提出來的規劃，其實在某些方面與此異曲同工，兩者努力以赴的目標相近，都是要讓美國的情報與資訊系統，可以讓人們共同享用。

那麼，改革志業的另一端，也就是電報改革又是何種光景？南北內戰後的五十年間，如果說西聯公司界定了體系發展的負面模式，那麼「美國郵政總局」可說就是正面模式的代表，它象徵了另一種制度安排，讓人看到電子傳播與通訊，可以透過新的安排而重新結構化。在所有美國聯邦層級的機構，郵政總局很有可能是最受人稱道與歡迎的單位，人們對它也最為熟稔。對於貝拉米（Edward Bellamy）來說，這就是他稱之為「民族主義」，實則為國家社會主義的「原型」[55]，看在葛倫藍眼中，他高聲歡呼，認為郵政總局「已經具備社會主義制度的本質」[56]。還有，人們趾高氣昂，認定郵政總局相當成功，完善執行了它的任務與使命：人們普遍享受郵政的遠距傳播福祉。因此葛倫藍想要加把勁，推出論點，表明要擴大國家職能的範疇，它的提問是：假涉有人提案，說是要將我們的郵政服務送由私人公司負責，難道還有任何正常的人會懷疑，這樣的提案必然遭致徹底的擊潰，落荒而逃……[57]？」目睹西聯的貪婪與不知饜足，為什麼不推廣郵政總局的模式，使其通體適用於一般的勞務提供呢？

這樣說來，各個改革派還不只是要捍衛郵政制度，改革派反對人們稱之為「黃金圈、壟斷與托辣斯的財團，因為快速的傳播通訊與情報系統的所有收入與機構，都被他們控制[58]。」各地農民與勞工及其組織，最後，還得加上極力主張婦女參政權的人，有些時候還不自覺地與工商界的幹部形成聯盟，他們共同積極介入，要求擴大郵政總局的職能，同時延伸其地理運作範圍及社會服務對象[59]。半個世紀以來，改革派確實是盡心盡力，想要成功地使郵政總局成為基礎，做為擴大公共責任範疇的依據。平郵的出現、鄉村偏遠地區免費郵遞、包裹郵件、快遞服務與郵政儲蓄等等許許多多的新項目，都是這些成果的一部分。當然，隨著政府責任的穩健增加與強化，相關的辯論及理論化工作就跟隨產生。政治經濟學

家如喬治（Henry George）與艾力（Richard Ely）的抗議是，「一家過度龐大的公司吸納了所有其他線路，致使任何競爭再也不可能出現，公民權利形同被人棄置於不顧」，他們因此認為，如同政府接管鐵路，政府接管電報也是一個完全可以證成的理論，因為兩者都是「自然壟斷」的產業。喬治在1880年代中期說，「務實地說，我認為事態與事理正朝向自然壟斷產業的延伸與擴大，國家因此必須不斷增加自己承擔的職能[60]。」

政治上的認可及支持，一而再、再而三地湧向改革運動，明顯且正規地想要重新結構化電報產業。齊傳（Czitrom）[61]記了一筆，他說從1866至1900年間，國會總計提出大約七十次草案，企圖改革電報系統，其中大多數的主張集中於兩種「郵政電報系統」，一種是由政府特許並補貼，產權雖屬私人但卻可以成為西聯的競爭對手，另一種是乾脆由政府擁有並經營。電報從業人員同時也是工會會員的麥克李藍（John S. McClelland）在1883年8月中旬於參議院委員會提出證詞，他說，「在我看來，我們的電報產業……並沒有必要是資本股票垂涎的對象[62]。」同樣是這個月份，電報員工「大罷工」對抗西聯失利之後，許多電報營業員隨即群集至喬治的「聯合工黨」（United Labor Party）門下，他們與其他群體疾呼設置郵政電報系統[63]。

在罷工潰敗後，各家工會持續凸顯這個議題，進入新一輪的改革活動[64]。辛辛那提電報工會第三支會明確表白，郵政化是「我們這些工會成員、農產部門的人，以及工商行號的絕大多數人……等等」的共同願望，「這就是說，所有無法不在工作過程中使用電報的人，所有不得不依賴電報而營生或得到部分收入的人，都能從電報的郵政化取得平等的立足點[65]。」勞工騎士會（Knights of Labor）宣稱已經徵集至少五十三萬人的簽名連署，他們據此向第五十屆國會（1887-88）提出電報郵政化的請願書，他們並且說已經投入兩萬一千美元巡迴全國向國人公開講演這個議題[66]。工會人士並不孤立，他們不是力主電報產業改革的唯一力量。農民組合（Farmers' Alliance）的會員以及郵政總局與其他政府官員也都有此願望，他們希望在郵政服務之內，設置並發展電報業務。另有許多主要的工商行號也都有此願望。1890年，許多使用電報服務的工商用戶馳電支持，郵政總局長萬納馬克一一列計。他這麼寫著，「在我毫無暗示與勸進之下」——贊成將電

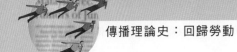

報郵政化的各色備忘錄如同潮水一般湧入，包括全國總商會，以及二十多個工商各地分會，他們所代表的電報商業用戶代表了很多地方，如巴爾的摩、波士頓、芝加哥、辛辛那提、底特律、印第安那雙子城、米爾瓦基、明尼蘇達雙子城、紐約、費城，以及舊金山[67]。萬納馬克因此在1890年的郵政年度報告如此宣布，「公共怨懟與不滿壟斷之聲排山倒海，假使還有人竟不動容，那個人一定是裝聾作啞[68]。」發行全國的評論刊物如《競技》（Arena）不斷提供醒目的版面討論這個課題，許多學者都提供了很有見識的論點與材料。我們可以說，學院經濟學家在傳媒中扮演重要且醒目角色的第一回，很有可能就是有關電報的爭論[69]。

有一些改革派很是勇邁無畏，對於諸如此類的措施所將導致的政府實務及理論之質變，他們一無懼色[70]，但是，另有一些改革派已經相當機敏地意識到，假使欠缺嚴格的防衛手段，政府接管電報之後，也許會是新惡端的肇始。後面這個憂患意識擔心的主要情況，是政府擁有電報系統以後，會將之整併成為政府情報與黨派偏私的網絡之一，畢竟當時這類網絡已經四處蔓延，滲透到了許多現有的政府機構。木匠暨結盟人兄弟會（Brother of Carpenters and Joiners）祕書長馬達（P. J. Maguire）直言，「在我看來，誰有資格在電報行業工作？這不應該是律師、醫師與奇形怪狀的政治人物的管轄範圍[71]。」馬達的見解與提議相當平和有節，值得我們仔細檢視：

……首先，我們希望國會立法，讓電報兄弟會如同任何其他法人組織，取得合法地位。其次，我們籲請政府成立郵政電報服務系統，直接由政府管轄；或者，政府可以購買必要的設備空間，讓這個兄弟會在認購後控制這個新的組織，然後在設定期間內，由兄弟會分期支付這筆款項給握有抵押權的政府。但是，假使政府決定自己創設郵政電報機構並直接提供服務，那麼我認為，如果要免除政府父權作風所可能導致的惡形惡狀，我們應該透過法律設定條款而成立公僕服務委員會，其委員全部由電報兄弟會出任，使他們有權考核與決定誰有資格申請進入這個服務行業工作。提出這個主張的理由是因為我認為，如果兄弟會取得合法地位，如果郵政電報服務成為全國政府的資產，那麼在這些情境條件

下，加入兄弟會就能符合每一位雇員的利益；我又認為，這個時候的管制權力歸屬於我們稱之為「國家」的法人，是可以透過組成法人的電報員工他們本身的影響力而彌補，他們因為擁有自己行業的知識，必然也就是最有資格與能力決定申請進入本法人工作的人是否合適……假使政府成立郵政電報服務機構，但卻欠缺這層制衡，那麼就可能有些危險，舉個例子，假使雇員冒犯了政府官員（比如，選票沒有投給執政黨）他也就可能失去自己的立足點，黑名單的系統就會存在，跟著他到這個國家的天涯海角，致使他連找工作都有困難。這正是西聯公司當前的寫照，即便政府不自己經營而只是由其代理機構經營，相同的系統可能也會被模仿援用……[72]。

如果由政府創設電報機構，然後委由電報員工兄弟會經營管理，那麼，這個規劃可以說是讓工會主義所想催生與發展的合作精神，得到了更為直接落實的機會。歐爾（H. W. Orr）是電報兄弟會七人執行委員會成員之一，他再次表明，「我入會的主要目標之一就在於促進各電報員工的合作認知與能力。」歐爾承認，雖說大多數工會成員加入的理由僅止於「保障工作不受雇主侵犯」，他自己有更大的雄心壯志：入會以求創建並營運獨立的電報系統[73]。同屬兄弟會的麥克李藍對這個說法有所共鳴，他渴望「由直接營運與操作電報工作的人創建這個線路系統，任何中間人或第三人群體均不得干預……受僱於電報公司的這些線路人員現在可以構建線路，受僱於電報公司的營運員及經理人現在可以操作這套系統[74]。」

不過，許多人認為，郵政化只是一塊墊腳石，通往正確的方向。在那個時候，新型的電話產業僱傭實務、產權結構及整體公共服務責任與義務也相繼成為人們密集且交相注意的檢視對象，因此要求電報郵政化的要求，很快就擴大及於電話業務，或乾脆就指向了「傳播工具」的郵政化。我曾經在另一篇論文指出[75]，「電話公用事業」的郵政化日漸被人們當作特別重要的事情，誠如有位改革派所做的總結，他說，原因是——在這個移民人數戲劇般地快速成長的年代，「電話就是每個人的傳播工具，透過這個管道，所有腔調、所有思想與表意內容都比

書寫方式來得直接，相關的人就可以直接傳遞，無須訴諸書寫，這真正是『個人的』交談了[76]。」出於這股氣勢，從1884年至1924年間的各次總統大選，電話事業國有化大剌剌地出現在至少三分之一政黨的競選黨綱之中；另一方面，第一次世界大戰前十年，許多重要都市在選戰中，都有候選人大聲疾呼將電報業務收歸市政經營[77]。相當諷刺的是，在美國參加大戰後，重新結構化電話電報業務的這股倡議嘎然終止，原因居然僅只是因為郵政總局實際操作一年的表現不佳。

當年美國的郵政化需求甚至是與專利系統的改革規劃相互契合。容我在這裡扼要闡述這段歷史，這對其後我們的討論，可以發揮跳板作用。我們關注的是傳播思想的發展，我們因此得討論，激進批評者以及來日可能投入改革的人，他們在概念上，可能面對哪些阻力，亦即最明顯而且影響也最為深遠的阻力，究竟會是哪些。沛米瑞（Henry Palmieri）是位發明家，他在1880年代提議政府應該「在華盛頓創設『全國專利總署』（National Patent Agency）；並在各州首府的郵政總局再設支署。」這個新設的機關將強制所有使用其專利的製造廠商，給付所有發明人單一標準的權利金，也就是5%[78]。有位參議員質疑何以這個機構不能自行創設公司法人，沛米瑞的答覆毫不含糊，他說諸如此類的「壟斷……將比政府更強大有力」，單是這點也就讓人難以忍受[79]。

南北戰爭後的數十年間，知識的與經濟的化公為私之圈地運動，再告史無前例地進行，原因出在企業財團的專利權壟斷權橫行。這個趨勢又是因為企業財團的科學與工程部門出現後，取代了具有企業精神的個人發明家[80]。沛米瑞提及這段經歷的時候，他是這麼說的，「少數一些發明家從自己提供的勞務中得到了給付；數以千計的人投入了實質的心神與體力，名為『為公眾服務』，實際上是辛勞付出但受餓挨凍。」腦力與貨幣的爭戰競逐越來越是普遍，腦力「被排擠在外」；企業財團強化了控制發明的能耐——沛米瑞舉了一些例子，如縫紉機、電報，以及無數的鐵路改良——這是讓人不快的結果。「財主使出哪些手段控制發明家？人們心知肚明，並且經常目睹，其後，在此情境底下犧牲的人竟然再也激發不起一絲同情」；雖說如此，沛米瑞強詳細規劃的「全國專利總署」足以讓「消費者」大有斬獲，由於採用標準的、低額的版權金給付方式，利潤得以「走向大眾」[81]。葛倫藍雖然有著自己獨特怪異的概念，他與生產者共和主義或馬克

思社會主義均有差別，惟即便如此，他也指出，「所有專利的賦予，都是因為它們的重要意念對於人們有普遍用途，但是我們的專利法已經變成一種工具，聽任這些資本家在無限長的時間裡，對整個人群課徵使用費，得利的人絕對不是發明家[82]。」

改革派強力反對財團的這些圖謀，改革派不容許他們將各種創意的努力化作私有，因此改革派也就能夠質疑當時地位還相當微妙的智慧財產之說法。比如，電報員同時也是工會運動分子麥克李藍就乾脆主張，國會應該「立法，責成西聯公司委讓權利，由不為己利而只為公共利益存在的任一機構持有」。麥克李藍跟著說明，「任何公司行號都不應該壟斷一種東西到此地步[83]。」批判智慧財產的人隱隱約約有個想法，他們認為，發明是一種集體的社會過程，著床於、深植於工匠的或手工技藝的勞動系統，這個儻論相當能夠號召人心：「電報屬於誰？」葛倫藍提問；他接著自答：「屬於社會。不是屬於摩斯教授，也不屬於其他發明人，沒有人可以單獨宣稱擁有電報，電報的技術一點一滴慢慢長成[84]。」各種發明人與替他們呼籲的人認為，他們與任何手工或工匠技藝或農事勞動者相同，都應該有權從其勞動中獲得正當的報酬，作此主張絲毫不讓人驚訝。激進派記者史文頓（John Swinton）支持這個立場，（雖說他並沒有指出要運用哪一個機制，才能實現這樣的目標，）他確實花了力氣主張「不受專利的束縛……但可以採取權利金系統[85]」。有人說「雖說勞動者受人僱用而有其價值，發明家並無價值可言」，沛米瑞很快就反擊這種認定。他毫不含糊地宣布，「在勞動與資本兵不血刃的巨型戰役之中，有關勞動面的問題，我們認為發明家，也就是對於藝術與科學提出各種改進的人是進步之父……[86]。」聽到這個回擊，有人立刻進逼而追問，詢問他是否認為自己是「一個勞動的人」，沛米瑞卻顯得有些騎牆：「是的，先生；我本質上是一個勞動的人[87]。」他略顯遲疑的態度透露了一個很重要，並且很快就鬧得滿城喧囂的目標，人們企圖創造一個兼容並蓄的園地，人們在此得以合作與均富共有。

在1870～1890的二十年間，有人估計，進入這個（腦力）行業的美國人數超出一倍以上——從三十四萬兩千人到了八十七萬六千人；相對之下，相同這段期間的工商行政雇員及各種員工的人數上衝將近六倍，從八萬兩千到四十六萬九千

人[88]。從事發明的人也好，新聞從業人員（如記者）也好，如同其他急劇成長的學院及工程人員（包括銷售人員及服務行業的人），如果他們想要正當地側身為「具有生產力的階級」（producing classes）之行列，那麼他們必須努力爭取廣泛的理解與接受，成為「勞動」的一環——這些具有生產力的階級，其人數正在擴張中，他們構成了生產者共和主義想像社群的核心。因此，沛米瑞認知勞動的方式，也就具有極為深刻的意義，我們最多僅能說他是信口言之，別無指涉（譯按：勞心勞力的分野之意）一整個活動的範疇似乎具備了所謂勞「心」或「腦力」工作的性格，因此也就滑落到了某種看不透、穿不明的幽暗狀態。

如同伯梅爾（Nocholas Bromell）所述，在南北戰爭之前那段期間，許多作家與批評家每隔一段時期都會表明，頭腦與身體之間存在基本的分野，而最好是採取二分的概念，勞「心」與勞「力」。戰鬥意志昂揚的手工藝匠如海頓（William Heighton）也是很有規律地重複宣稱，大致說來，那些富有的人可以說是「不事生產的人」（unproducers），因為他們的雙手「整不了材料，蓋不了房產，創造不了財富[89]。」這些靈巧的工匠既然提煉了生產者共和國這個總合概念，他們也就信心飽滿，認為他們自己的勞動具有較高的技術含量——很管用地揉合了腦力的與體力的活動；對照之下，銀行人員與商業資本家顯然未曾有任何體能投入，也無勞苦（toil）可言，可以說，他們把自己轉變為寄生蟲。日後，在韋伯倫（Thorstein Veblen）對「有閒階級」（leisure class）的深刻分析中，我們也看到了這個區分，一邊是很有價值的生產者，另一邊是其他人，如律師；雖說前面這類人當中，有越來越大的一部分淪落為僅只是工廠的「手工」；至於律師，在人們心目中，律師還是廣遭物議，人們認為他們的職業性質很容易就會流於為國家權力所用，專門用來對付勞工階級。

時序推演到了十九世紀晚期，這個理論與社會現實的對應關係，已經出現了強大的張力。行政與銷售人員努力爭取，想要與非技術人員做個區隔，相比於擁有技術的各種行業人員，他們認定自己旗鼓相當，或者，他們認為自己與中產階級的專業人員可以平起平坐[90]。「農民組合」很驕傲地拒絕了律師的入會申請，勞工騎士會雖然極力想要成為全國性質的工會而採取兼容並蓄的作法，但騎士會也不讓律師成為其會員，不過，各地方的零售店員組織有些時候還是成功地入了

會[91]。類同的情況也在發明人與大資本家之間展開，前者的努力讓人敬佩，後者則有意圖先發制人，雙方的分野也是日漸難以捉摸，相當惱人。

　　雖然有人執意要區分「生產性」與「不具生產性」的勞動，但其分際很難清楚地釐清。葛倫藍宣布，「在我們這片共有共享的園地，每一位公民的勞動都是我們所需……注意！我們說的是生產性勞動，它的意涵是創造人們想要的任何東西的勞動」，無論它的產品是「有形有體的，是藝術的或是知識層面的[92]。」雖然這個類目包容廣泛，相當誘人，也為人所需，但它在概念上卻不容易找到根基，並且也很難劃清界線。以下證詞，取自一位知名德裔美國社會主義者在國會聽證的發言，從中，我們可以查知人們在這方面所面臨的困難：

問：你要把勞動的線畫在哪裡？若要照你的標準來說，誰是勞動的人，誰又不是勞動的人？

答：我已經解釋，有用的勞動是唯一的勞動，其餘都是浪費的勞動。

問：什麼又是有用的勞動？

答：舉凡直接或間接生產財富者就是有用的勞動。

問：那麼就以范德必（Vanderbilt）作為例子好了，我並不認識范德必先生，我與擁有大筆財富的人也絲毫沒有關係；我只是以他作為例子，代表他這個階級的所有人，難道指揮其影響力，控制這個產業的人不也是一個勞動的人嗎？

答：他並沒有指揮任何東西。他支付酬勞給那些指揮的人，接受酬勞的這些人才真正是在工作。

問：難道它的腦袋就不值一分錢嗎？

答：是，一分也不值，因為這個腦袋的使用對於這個國家沒有一絲好處。

……

問：我得請你告訴我，在有用的勞動與沒有用的勞動之間，界線又在哪裡？這條線是要畫在二級產業的就業人口——手工勞動這邊——還是要畫在所有腦力活動的這一邊，就如同你今天向我們說明的這樣？

答：我可一點都不曾否認知識的勞動是勞動；但是使用之後對於整個社會與國

家產生損失的知識勞動，並不是有用的勞動。每一種勞動必須有用才是真正的勞動。這是政治經濟學的第一個特色[93]。

這樣說來，最重要的判準是勞動必須對社會有所貢獻才算「有用」，或者，我們要限縮貢獻的定義，專指其經濟角色，勞動必須「生產財富」才能算是「有用」？究竟要怎麼樣設計，我們才能得到單一指涉的生產勞動之類目，一方面，這個類目要能包容，可以容許不同型態的工作透過難以計數的方式，揉合「手工」與「腦力」，另一方面，它又要能夠排除特定的其他活動？事實上，到了這個時候，標準不一的情況繼續存在，而其他時候想來也是這樣，強求單一標準將使分析的工作更加雜亂混淆；整個弄下來的結果就是，我們根本不可能有個包括所謂的「知識活動」，卻又同時涇渭分明的生產勞動之類目。

許多歷史學家都再三強調，勞動騎士會在1880年代曾兼容並蓄，短暫代表了所有概念的勞動，這樣一來，無論是啟動工廠、工作坊、農事，甚至是家務工作的辛苦勞役[94]，都可望納入共同的架構。不過，騎士會的勞動之屋雖然宏大偉構，但卻有些晃動，它很快就出現了裂痕，搖搖欲墜。究竟怎麼理解知識就業大軍的增長呢？由於存在不確定，這就象徵多層面的問題仍然存在：生產者共和國論者的勞動概念擁有主導地位，但很諷刺的是，這反而產生阻卻作用，致使他們無法投射自己的主張，擴張自己的修辭而將「生產力階級」理論化。但馬克思社會主義者或貝拉米式的（Bellamyite）民族主義者同樣在這個重要的面向失分，他們並沒有能夠有更好的成績。對於「勞心」工作的蔑視與揄揚，交替出現，但無論是哪一種，都同時存在一種低貶女性家務勞動的傾向，兩者也都認為，在理想上，「家庭薪資」應該是給付給「養家餬口」的男性；在這些認定之旁，他們也都同時普遍接受種族或性別作為區隔勞動市場及職業結構的判準。這些問題確實是交織成網；如同科卡（Kocka）所強調的重點，他說，在很多時候，當時欣欣向榮的新生白領職業集中在特定的種族氏族、地區，而特別是性別，既然有這些現象，力主一種休戚與共、彼此分享的勞工階級的社會意識也就更加困難了[95]。

在「具有生產力的活動」這個概念之內，我們很難為「知識」勞動找到一

個安身的清晰空間，然而，在我們思索傳播的時候，正是這樣的困難造成了特別的，並且也是很深刻的阻礙；而這個困難起源於一連串因素：在持續轉向工業資本主義之際，勞動過程的核心仍然以手工藝工人為重，他們的重要性雖在鬆動，但還沒有完全被剝離；工業資本主義本身則越來越對「科學經營管理」的說法日漸鍾情[96]；還有，與前述說法相關的是，作為一種傳遞技術的機制，學徒制還沒有全部被取代；究竟如何看待勞動這個概念，古典政治經濟學自身有其固有的難處[97]；以及，生產者共和主義忠貞地繼承左列信條，也就是「手工」與「腦力」勞動的區分無可逾越，這個分野普遍為人認定，如此地根深柢固，以至於兩者的區隔，幾乎就是身體與心靈的本體論二分——在最好的情況下，未曾運用手工體能的職業類型只能說是執行了社會「比較不重要的職能」[98]。身處這等情境，強調互助合作的改革派至此也只能面對現實，在南北戰爭之前數十年就已經開始，但此時突然到達了史無前例的成長，以致在接近十九與二十世紀之交的時候，不但產業工人階級增加，另一方面，新的社會階層也有爆炸式的成長，各占了勞動人口的相當比例，後面這個階層包括了白領學院人士、行政文書祕書、銷售人員，工程師以及經營管理人員，他們與生產活動的關係是間接的、是經由中介的，並且很多時候人們認為，這不僅只是一種模模糊糊的，而且還是一種主動營造的寄生關係[99]。

　　放在這樣的背景與發展脈絡來看，有意義的是，無論是稱之為生產者共和組織，或是稱之為其他互助合作社，它們都是以既存的整體結構之干預者的身分，對於統合資本主義及其薪資勞動的關係，展開了生猛有力的挑戰。整個1880年代，成千上萬的人加入勞工騎士會，也就是第一個含括所有產業工人的工會，他們入會的認知起於一種信仰，「所有生產者」之間存在一種共同連帶，因此也就具有共同身分與認同，必須先有這樣的認知，才能產生後續的必要改革，涉及經濟也涉及政治。無論是在原則或在實際上，騎士會的若干地方分會確實至少也都包括一些「知識」行業。邁進1890年代以後，相同的兼容並蓄精神仍然持續存在於農民組合的部分分支，日後的「人民黨」〔People's（Populist）Party〕之前身，就是農民組合。然而，想像而後努力想要組織「生產者的大聯盟」的能力就此讓位退步，退潮速度之快，就如同先前十年這個能力曾經飛快高漲。（譯按：

怎麼能夠不是這樣呢？）面對如此龐大的壓力，既有雇主彼此協同、展開進擊，又有國家的威嚇強制，再加上穩固的兩黨系統之有效共謀，這就使得理論能力更是欠缺或不存在了，各種生產性勞動似乎遍及各個範疇，卻又彼此並不連屬，要將這類活動納入一個理論框架，至此是不可能了，於是這也就預先排除了希望，人們不再能夠將勞動的本質當作是社會整體的構成部分。繼之，勞動力當中享有優勢的一些部門形同自我撤退，成為一種防衛性質的工藝聯盟、工會（craft unions），我們也還可以說，變成了專業公會（professional associations）[100]。

　　與此對照，在一整個1880年代，有關「知識勞動」這個問題雖然並沒有得到有效回答，但它依舊是可以讓人開放探討與議論的課題。後世的義大利共產黨人葛蘭西（Antonio Gramsci）曾經捭闔縱橫地儻論，針對知識分子而論的言說，至今並無他人可以匹配，他說：「任何的體能工作，即便是最為低等也最為機械式的工作，都存在一個最低限度的……創造性質的知識活動[101]。」但在葛蘭西有此體認的四十五年前，機械工修伯特（Baptist Hubert）就已經有所圖，他想將「知識人」慣有的敵意中性化，這些人每隔一些時候，就會規律地對於所謂的非技術勞動者（unskilled laborers）散發輕蔑的態度：

　　　　我認為，知識人最大的錯誤就是他們認為機械工與勞動大眾的工作無須使用腦力。事實並非如此。每個人都有腦，或許這個腦未曾高度開發，但只要他的腦在，他在工作的時候也就用到腦力。這不但適用於一般稱之為「知識勞動」者，而且也適用於所有的勞動。即使是最為卑微的工作者也使用他的腦力。清道夫雖然執行一種卑微的工作，一種有些人認為是望之讓人卻步與作嘔的工作，但假使不用其腦力，他們也就無法執行清掃的工作。假使他在清掃時沒有用到腦力指揮自己，你會察覺他掃過的地方看起來好像未曾清掃過。我得再次說，也沒有人可以棄置自己的身體於不顧，他的身體必然與他的腦袋共進共出[102]。

　　葛蘭西持續投入心力，試圖掌握知識分子的理論地位，但修伯特的企圖並非如此，他是一種更為防衛式的努力，堅持民主權利及經濟福祉不應該僅屬於分工

體系當中的特定一方。他所堅持的論點是——所有勞動，即便是最低層次的手工體能勞作也需要腦力的配合，因此有關「知識的」與「手工的」工作之區分，雖然明顯占據了人們的主要視野，但卻只是一種手段，用來虛構社會地位。這個堅持來得正是時候，也很敏銳。我們透過本書以下章節將可得知，一直到我們現在這個時代，對於修伯特的論點所蘊藏的完整意涵，傳播研究還是繼續忽視。

　　相同論證的另一面當然涉及「知識人」他們自己。長期以來，勞力者一直輕視知識勞動，由於修伯特不想陷入其中是非，他所採取的言說也就毫不讓人意外，修伯特並沒有直接談及「勞心」工作者是否應該歸類為生產性勞工這個問題。不過，對於這個相關（但也同樣是虛晃的）課題，當時是有人提出具有同等透視力的評論。1869年，德國皮革工人、社會主義者與自學之士狄次根（Joseph Dietzgen）毫不含糊地宣布，「思考是一種體能的運作過程……一種勞動的過程」[103]，馬克思與恩格斯都曾盛讚狄次根的作品，其後荷蘭革命人士潘內克（Anton Pannekoek）也援用他的文字，日後他自己移居美國後，曾經在1880年代在芝加哥扮演激進編輯的角色。惟讓人扼腕的是，狄次根獨立推演得到的知識觀雖然相當動人，但是幾乎完全沒有辦法得到他人的響應，不僅生產者共和主義派未能領會，與他們同處相同時代、對馬克思主義有所忠誠的大多數人，也都沒有作聲。在歐洲，馬克思主義得到各國社會民主黨派（Social Democratic parties）的羽翼而日有進展，「勞動」這個概念日漸等同於手工勞役的體能活動[104]，至於「勞心」工作的地位（接近於另一種低下的活動，也就是接近於家務無償勞動）再次又變成齟齬之所，人們為之不解而束手，再至內訌而兩不相容地衝突四起。

　　這是很重要的一個論點，我隨後即將推出的論斷，與這個論點互為表裡，關聯很大，因此容我在這裡先行強調，我認為將「勞動」做此分割並不是本來就存在於，甚至也說不上是馬克思主義理論所派生的特徵。正巧相反，馬克思主義的信譽及貢獻剛好在於它的「恆久」追求，而它的過往紀錄也顯示馬克思主義確實如此——最初，馬克思主義企圖自我區別於觀念論者，途徑就是論證具有能動思考的勞動（thoughtful labor）是人類「才有的」（the）獨特性質。我們在馬克思本人的成熟作品可以看到這些證據，顯示這個起源於他青年時代的洞見，從來不曾離他遠去，也從來沒有遭到他的怠慢；然而，到了十九世紀末期，具有組織

能力的社會主義運動，其內部的主流傾向卻輕忽了「知識」勞動的價值，這也是不爭的事實。這正是亞當森（Water Adamson）、瑞賓巴哈（Anson Rabinbach）與薛茲（Marshall Shatz）與其他學者所說[105]，將「勞動」做此閹割後（儘管這也許不是難以理解的事），社會主義的理論與實踐活動也就必然形同遭致處罰，得承擔其後果。知識分子在歐洲各社會民主政黨（以及他們日後在東歐之內的繼承者，也就是實存的社會主義國度）的地位，確實也就成為幾近精神分裂的狀態了。一方面，知識分子經常以「科學的」馬克思社會主義的子嗣自居。另一方面，就在坐等人們稱之為初級無產化的進程，他們又被告以應該依附自己於無產階級的綱領，應該甘願以無產階級的跟班，而不是無產階級的真正主角與闡述人自居。我們在下一章即將指出，對於傳播研究來說這可真是重要時刻，這些讓人混淆也互有矛盾的界定與說法，使得許許多多的激進知識分子茫然失所，無法在歐洲的「勞工運動」找到妥適的棲身之家。

目光看回美國，我們現在有了關照的能力，因此一定能夠察覺學院對於「傳播」的關注已經浮現：面對這個同屬無能的狀態，也就是沒有能力執守並進而將勞動當作一個包容廣泛的統一類目來思索，他們的反應既複雜也有矛盾之處。在十九世紀後半葉，「知識的」勞動顯然有其影響力，其範疇大舉擴張與增長——組織與部署這些部門的社會方式，相比於對「手工」勞動的管理，截然不同——於是也就確實賦予「傳播」一種似乎相當超然的自主地位。如果說有關「傳播」的正規思考起步於這個快速固定下來的社會分工，那麼，最後這就會造成「勞動」在社會整體位置中消失。

 第二節

到了二十世紀之交，研究型大學的系統已經重新組織化，許多領域的社會科學探索活動，得到了組織的支持，各門學科先後湧進，都想在這個新系統之中，取得獨特的、正式的學科立基（niche）[106]。然而，現在的問題不再只是作為學院一員的傳播研究，它的源頭究竟有哪些。如今必須處理的課題是，我們究竟怎麼樣才能夠把有關傳播的思考植入這些新的研究型大學，這也就是說，思考傳播必

須從大眾批判汲取養分，而這類大學究竟與大眾批判呈現哪些關係。確實，這是最為重要的課題，我們必須體認在這段歷史時期同步出現的現象；一方面是傳播活動在當時走向建制化，與此同時，社會大眾想要重新將這個建制展納入另類組織的努力達到顛峰，而學術的傳播研究正也在這個節骨眼浮現。

最晚到了1912年，有位工運分子就提出了概括的論斷。他說，「互助均富的運動已經誕生，在這樣的年代，人們最感到興趣的經濟課題當中，可能再沒有超過傳播問題了[107]。」這個斷言聽來有些誨澀，但至少還有許多學者首肯，他們並且熱切投入，雖然學者的贊同不無跳躍之處，而其意見也尚未構成圓融的體系。社會學者羅斯（Edward Ross）就寫了一篇文章，詳細敘述「有許多重要的新聞備受壓制」[108]。側身學院的經濟學者如派森司（Frank Parsons）與艾力，以及艾力的學生貝米司（Edward A. Bemis）也曾公開主張政府應該擁有電報與電話的產權；儘管他們的同事琵琶別抱，避開了歷史的與制度的分析，這些同事一頭栽入一般均衡理論──這些同事認定人們使用資訊的能力與機會同等的完善，然而，放眼當時的情況，電信傳媒的運作實務，形同宣告這個假設大有疑問，這就是說，電信的實況對於這個假設是個致命打擊[109]。

破除經濟主流、無視偶像崇拜的經濟學家韋伯倫（Thorstein Veblen）的回應產生了最大的後續效果，他直接挑明生產者──共和主義論──而發言，也就是對於「具有生產力的」及「不具有生產力的」勞動這個二分法，提出議論。他運用的術語依序包括了「有用的僱用」、「能夠有所得的產業」、「手工勞動」，以及「可以摸得到的」或「物質產品」，在韋伯倫看來，這些術語就是具有生產力的作品之同義語，他認為，那些經他命名而聞名遐邇的「有閒階級」（leisure class）所享受的「顯耀性消費」（conspicuous consumption）其實就是「浪費」，而這正是他稱之為當代社會獨具的特徵，至於有閒階級這幫人，當然也就沒有生產任何具有物質效益的東西[110]。他再接再厲，接著表明，所有產品的形象行銷與銷售技巧，根本就與生產沒有直接關聯，而只是「生產可以販售的外觀」，但「不容置疑」，行銷的份量卻又「變成製造業與大量銷售行業所最為重視的工作」，「我們也許可以公允地說」，這個情況造成的結果就是「生產大量顧客，讓他們購買此處談及的財貨或勞務[111]。」但很詭異的是，廣告並未刺激經濟，廣告

主要是「破壞」經濟的力量。無須在場的事業主以經理人作為代理，而這些工商行號的經理人為了賺取最大利潤，他們限制產出量，方式則是減少原料物料、設備器材及勞動力的使用數量——韋伯倫說，他們的思緒與行為雖然「克盡職責因此減低效率」，這些用語讓人印象深刻，韋伯倫轉引自激進工會社團「世界產業工人聯合會」的會員。正是因為這種「新機械模式的生產力太過龐大卻又不規則」，因此類如「遲滯與設限」、「延擱與阻礙」就成為確鑿不移的手段，經理人藉此維持產品的各種價格「於合理的獲利水平，以此預防蕭條景象的出現[112]。」

　　這是兩手策略，一方面是刻意壓低實際產出，使之低於產能，另一方面經理人也得設法膨脹銷售成本。後面這個功能的執行堪稱完美，讓人讚嘆；訣竅就是系統地向廣告學習，再三問津於行銷。不留情面、並不體恤，但卻能夠帶來很好的效果，廣告每每訴求「人的憂慮及羞恥感覺」，藉此「巧妙地操弄，限量生產而以更能獲利的價格出售——自然是以社會大眾的負擔為成本。」在這過程，眾多「浪費的作法與產業的徒勞之舉」當中，又以「銷售術」（salesmanship）「最為醒目，或許也是最為陰暗的」一種；根據丹尼・貝爾（Daniel Bell）的理解，韋伯倫等於是堅定地認為，「消滅銷售術及相應而生的所有大量配備安排與措施，可望使得整個商業社群的資本收入減半。」[113]我們在下一章將可以讀到更多的理由，我將表明何以我們必須再次回到韋伯倫的論點。韋伯倫敏銳地沈浸於一個現象，他看出當代資本主義工業經濟體系顯然沒有送貨到府的能力（deliver the goods）——就是沒有能力讓科技條件充分發揮其生產潛能，並且同時滿足人類福祉的需要——韋伯倫構建了極其重要，並且足以作為日後議論所需的參照論點。

　　惟學院生涯若要更上層樓，諸如此類的批判思緒顯然無用。由於他們的激進信念使然，學院改革派總是顯得太過於鋒芒畢露，艾力如同其他改革派，稍後學乖了，他的思緒趨向於中庸，而他的學生貝米司遭逢重創；至於韋伯倫自己則被邊緣化，而不是被人尊重。為了爭取專業自主空間的正當性，這些激進改革派與高校校長階層及董事會產生了許多的摩擦；並且，饒富意義的是，他們與同事之間也互有衝突，相關的紀錄文件相當豐富，顯示學院社會科學界的激進分子，其實已經有效地被規馴了[114]。「1880與1890年代之時，大學校方的壓力指向社會科學界，其後，保守派與中庸派當道的專業社群領導階層小心翼翼，他們給予的支

持可說是零零星星，這就相當清楚地表明，學院的自由有其限度，領導人所願意捍衛的政治異端，範圍也是相當有限。」[115]這類反應與後列的景況齊頭並行：有色人種以及（還算稍稍容許的）女性幾乎全部被排除在新興的研究型大學之外，這類大學對於猶太人及天主教徒的偏見也到處可見[116]。周遭氛圍既然如此，原本應該自然形成的環境不再自然，那麼學院人對於「傳播」（以及其他任何領域）的激進旨趣也就避之唯恐不及，這是可想而知無足為奇的，即便這些旨趣只是略有激進色彩的粗糙鑿痕。

不過，我們得再次表明，這並不是說除了少數桀敖不馴的人，再無學術人對「傳播」有所關注。實情當然不是這樣；在整個「進步年代」，學院人對於這個主題的關切其實廣泛流轉與貫穿在所有社會學科。在1890年代初期至1910年代，許多卓爾自立的知名學者，人數越來越多──其中最有成績最孚名望的人有杜威、曾經是杜威學生的派克（Robert Park），以及顧力（Charles H. Cooley）與他的同事米德（George Herbert Mead）──他們都明明白白，並且也是持續不斷地關切「傳播」課題。這樣說來，對於杜威式的工具主義或說實用主義，究竟與鄰近的激進作為與企圖有些什麼關係？我們會怎麼看待呢？他們的推進工作，希望使美國社會在更加重視之後，再以相互合作的原則，實踐傳播系統的創建，又產生了什麼關係？

毫無疑問，這些學人的傳記作者還會不斷辯論，他們會問，實用主義的精神與實質內涵，究竟有多少是因為世俗導向的宗教情懷而起？這樣的情懷如此鮮明地奔流在杜威與米德等人的胸臆，就此來看，這部分是與「進步年代」的許多領導士人相通的；他們還會問，實用主義又有多少是因為其他因素而起，包括這些實用主義者早年接受哲學觀念論、理想主義的訓練；再或者，同等重要的因素是，這些學人側身學院校園，未曾遭受外在社會的直接剝削與支配，因此得以保持這種狀態。不過，我們還得強調，就杜威來說，相當合理也非常重要的一點在於──杜威是關鍵人物，他在美國學院的傳播研究整體構成居於樞紐──在他身上，我們清楚看到重要傳承關係的存在，當時的大眾與激進批判聲浪，與杜威有關。透過實際的作為，杜威確實與範圍廣泛的當代改革規劃，具有緊密而且持續涉入的關係。舉個例子，1880年代，「社會福音」運動方當崛起，時在密西根大

學的杜威也就捲入其間。到了下一個十年，這股運動繼續前進，此時杜威再與芝加哥「社區定居之家」（settlement houses）❶有著相當密切的關係。在此，杜威既向淵源有別的各大激進派與改革派學習，也與他們有些爭論。接著，在1900年代早期他（與米德）聯合芝加哥工會運動分子，共同發起備極辛勞的抗爭，他們努力爭取界定公共教育的性格。最後還可舉個例子，但並非最不重要的一椿事蹟是杜威與許多改革派維持個人的緊密接觸，包括經濟學家亞當斯（Henry Carter Adams）、凱力（Florence Kelley）、阿當士（Jane Addams），以及他自己那位居功厥偉的夫人愛麗絲（Alice Chipman Dewey）[117]。杜威晚年公開表明，他肯認也支持某種社會主義的義理，感念之餘，對於十九世紀兩位激進改革楷模，杜威心存永恆的禮讚：亨利・佐治與愛德華・貝拉米[118]。這樣看來，杜威汲取的泉源確實來自當時改革思想的一般潮流；我們在下文也將看出，當時另有一股風潮興起，刻正對準體制化的傳播現象與作為，施以重大的批判，在很重要的意義上，這股力量與杜威有特別的連繫。

後面這個連繫賴以建立的方式透露了一個特定意義，從此，生產者共和論的關鍵概念遭到徹底地置換：杜威式工具論所承認的傳播概念，消滅了傳播與「勞動」或「生產」的所有直接連結。我們是否可以從杜威身上，另尋生產者共和論的傳統之另一種解釋？杜威的解釋時而讓人信服、時而有所矛盾，何以如此？我們或許可以從另一人切入，此人就是在1890年代早期與杜威素有交往且廣為人知的福特（Franklin Ford），他具有未來願景又一度擔任過財經記者。

對於以上這個看法，學界是有共識的，學人認為福特確實對於杜威產生了深遠且持久的影響[119]。歸根究柢，福特真是極其特殊的一號人物；毫無疑問，他具有一股能力，可以讓擁有權勢且能深思熟慮的人留下深刻印象。是以，他稍後認識了「美國電報電話公司」（AT&T）總裁費爾（Theodore Vail）──這可真是讓

---

❶譯註：「社區定居之家」是當時美國重要的改革制度，至1900年全美有一百處，又以芝加哥最發達，有十五個。中產階級的男丁女眷相互合作定居於此，他們希望與附近同鄰里的，但比較貧窮、收入較低的人分享知識與文化。2008年1月4日摘譯自http://www.encyclopedia.chicagohistory.org/pages/1135.html。

人好奇的一段際遇。其後，福特在1910年代與另一位同樣也是有權力又能深思的人，也就是著名的赫牡斯（Oliver Wendell Holmes, Jr.）❷的頻繁書信中，曾經這麼提及。這樣看來，在1888至1892年間，福特「謀見杜威」或許並非出於杜威輕信於人──雖說這是流行的說法──而更可能是福特本人的信譽良好[120]。在認識杜威之前，福特已經主編了當時的首要財經期刊《貿易、財政與經濟》（*Journal of Trade, Finance and Economy*）。他所要從事的志業可說越來越清楚，他與發行人有了衝突，因為福特有個野心，想要擴大該期刊的範圍與旨趣，在辭去期刊主編職務的時候，他轉而想要試著找來具有潛力的金主支持他的構想，日後，這也成為他終生的投入志業：這就是福特稱之為「有機的才智」（organized intelligence），在威斯布魯克（Robert B. Westbrook）看來，後來由福特與杜威聯手推動的這個理念，可說非常合於時宜：

　　這個信託單位──由知識分子與記者聯手成立的組織──可望創設巨型的中央平臺，收發資訊與分析，透過它自己的各種出版品，以及它賣給全國各家報紙的材料，這個平臺可望提供公眾必要的知識，讓美國社會大眾解放自己，不受奴役。這家「情報信託」單位以發掘及傳播真理與事實為職志，任何其他僅只是服務狹隘階級利益的出版品就此不再有人青睞，也就會被淘汰出局。福特說，「我們不再討論『社會主義』（socialism），我們用來取代的詞彙另有其正當、正確的內涵，這是社會主義者的報紙（socialistic newspaper）──是所有人的機關[121]。」

　　我們應該可想而知，這個鴻圖大業還沒有正式上路就失敗了，然而福特在隨後歲月仍然還未忘情，他繼續就美國「情報」系統的組織問題，反覆思索、冥想與投機揣測（speculate）──就這個英語字詞來說，兩種意思都有[122]。
　　縱使有百般的不切實際、百般的怪異，福特的理念所產生的吸引力不容低估。雖然福特時而突然迸出話語，說自己根本沒有任何烏托邦野心，然而，他確

────────────

❷譯按：1841年生，1935年歿；曾任美國大法官三十年（1902-32）。

實有其終極目標，就是要超克他稱之為兄弟相殘的社會衝突——這樣一來，他的志業也就恰如其分地坐落於十九世紀末美國多面向的改革傳統了：

> 這個國家的精神狀態陷入了危機。分裂思維潛藏在我們的法律規章，蔓延在我們的法庭。我們的整個司法體系假設個人與共同之善，必有敵對。除非我們能夠讓肩負偉大責任的文人到位，並且開始發生功能，否則這個分裂危機必然還是持續存在。兜售真理的人向人們揭露，個人與共同利益的同一性。這是整體與部分的合而為一。瞭解這些事理，我們也就看出，如果要避免致命的錯誤課題，或至少要讓美國國民不至於陷入生命的困擾狀態，我們就得在「靜穆與精神狀態」的領域解決分裂的現象；否則我們就會看到人們重返肢體的衝突。如果無法統整情報，如果不能統整從東部緬因州到西部加州的精神狀態，我們美國的道德內涵就會四分五裂。解決這個巨大問題我們需要新的蓋茲堡❸ 精神。

> 從各方面我們都聽到了內戰期間的呼喊，但這是錯誤的社會主義口號。人們以為透過這樣與那樣的機械變化，透過財政手段的某種哼哈安排，或是透過其他一些措施，就可以治療我們這個國家的分裂。但是，邁向社會整合的真正道路卻得由情報的組織與社會化才能鋪成……暴力總是對立於暴力，唯有透過「情報信託社」（the Intelligence Trust）的引進，我們才能縫合裂隙[123]。

福特欣喜若狂，積極地發掘了「作為一種商品的情報」，他高聲宣稱這個發現不啻開啟了「對於生活的新解讀」，他以前鋒自居，「真理與商業合而為一」，「組織與控制社會的原則已經在這裡具體展現」。這種近乎宗教情懷的立場稍後明白宣洩在福特出版的書籍，他在預定出版十二卷的圖書系列之第一本，

---

❸ 譯按： Gettysburg是賓州南部一個城鎮，美國南北內戰期間南軍在1863年7月1至3日在此遭北軍擊敗，林肯在1863年11月19日在這裡講演，闡述民主的精神。

使用了這樣的書名《最後審判日》（the Day of Judgment）[124]。既然有這樣的野心，福特的事業即便真是成功了，也不見得會比人體肉身所打造的任何壟斷權力來得高明，特別是，我們當然得列入當時美聯社的壟斷力量。「有機的才智」是對於危機的「回應」，不是造成危機的原因──雖然危機之說，僅只是透過「民族主義者」的各種假設才能存在，而這些假設讓人一眼就看出問題，很有可能是取自貝拉米當時出版未久的烏托邦小說。那個時候另有其他中產階級的改革計畫，都是來自葛倫藍與貝拉米的著作，福特是其中之一，他的特色在於語帶天啟之聲，也在於他是持續投注努力，想要取階級敵對而代之。代之以什麼呢？一種表面上已經一統與有機的社會基礎，循此實現工業烏托邦[125]。

在曠野中闖蕩了一些時日之後，福特把自己的理念推到了密西根大學，透過與杜威，以及年輕一點的米德及派克之持續連繫與交往，福特的理念得以伸張展延，其後，有人憶及福特在這段時期的影響力，他們是這麼說的：

> 他報導華爾街金融業的動態，經由觀察市場對新聞的回應方式，他也就對報業功能有了一些瞭解。在福特看來，市場價格不失為民意的一種，又由於他有些喜歡冥想思辨，他就從這個類比，另做深遠的推論。在此，我無法再就這個部分深入討論，權且做以下交代，應該也就足夠。福特根據他的經驗而相信，而我自己也是這麼認為，如果報業對於當前的活動與事情有更為正確及充分的報導，則人們對於歷史過程的進展就更能理解，於是穩健的進步更為可期，步伐不但可以更快，而且再也無虞中斷、再也無虞因為蕭條或暴力而導致失序[126]。

有一位傳記作家寫道，「福特力推之下，派克的研究與寫作方向就進入了報紙與民意[127]。」另一位傳記作者則說：「在福特的影響下，派克的興趣才灌注於新聞的社會意義[128]。」這就是說，福特架起了一座橋梁，早年投入新聞事業的派克，往後才順此開展其學術生涯。派克進入芝加哥大學領軍之後，引進一群社會學者，生產了許許多多有用的傳媒經驗研究。但是，福特這份讓人還曾寄以厚望的改革規劃到了派克手中後，所有烏托邦色彩卻幾乎全盤消失了蹤影，不留痕

跡[129]。

就他自己的交往經驗，米德對於福特更是讚譽有加，毫不吝惜筆墨。他在1892年對一位密友說，福特「提出了古往今來這個世界所曾提出的最偉大規劃。剎那之間，他及所有人都只是作為宇宙本我的表現而存在，這是完整且圓融認知社會之後，才會產生的意識[130]。」值得再次強調的是，米德將社會界定為表達「宇宙本我」的「完整單位」（integral unit of society）。反競爭的風潮對福特與不同流派的改革運動產生影響，米德與杜威兩人也很快地為這股風潮吸引。彼得斯（John Peters）的論點可能很有道理，他認為兩人從福特的理念中，看到了相當吸引人的成分，足以彌補或說抵銷稍後（譯按：社會達爾文主義之父）史賓塞（Herbert Spencer）所強調的個人至上哲學[131]。然而，與其說杜威理解福特規劃案的依據，來自於這個語境脈絡，不如說是來自於彼時引領風騷的生產者共和派，亦即他們對於傳播機構的角色與功能所表現出來的焦慮。杜威在1891年對威廉・詹姆士（William James）說，福特「研究情報及其傳布與發送的社會意義，源生自他接觸報紙的經驗，對他來說這是一個實踐的、實際的問題……」：

> 套句哲學用語，他所要探索的問題就是情報與客體世界的關係——前者能夠自由運動而不受後者牽制嗎？所以，他要研究的問題可以表述如後：(1)情報（特別是指「探索」或「販售真實」作為一種生意）的發行條件與效果；(2)由於階級利益的作祟，現在（或過去）對於情報自由運轉的障礙是哪些；或，(3)以現在的條件來說，鐵路與電報等等作為自由取得情報的有效機制，也就是社會事實在世界上自由流動的效能如何？以及(4)以上這些條件所造就的社會組織。這就是說，在探索成為生意、販售真實是為了換取金錢之後，整個社會就會有個代表，而各個階級也會有代表——不但如此，這個代表的真理利益，等同於其腹背利益[132]。

杜威對福特的規劃產生興趣，主要其實是因為「有機情報」這個誘人的概念。數十年後，杜威的學生胡克（Sidney Hook）有如後體察：「杜威極其強調

『情報法則』（the methods of intelligence）對所有人類經驗的重要性……在杜威的倫理與教育哲學體系當中，唯一最為絕對的價值就是『情報』的功能……。」胡克繼續寫道，杜威認為民主本身值得託付，「是因為他的情報信念，這就是說，他認為，情報可以發現或創造人們可以分享的利益與旨趣，文明的社會藉此得以存續。」[133]因此，我們可以說福特似乎提供了特殊的平臺，在此，杜威得以將他極為珍惜、而且日有增長的信念，好好做個闡述。誠如另一位權威論者所說，「知識（knowledge）的有效傳布與分配」是「『社會感樞』（social sensorium）得以發展的基本要件，民主依賴財富的平等分配，民主也同等依賴知識的平等分配，若還說不上是更加依賴的話[134]。」瞭解杜威的這個背景以後，我們必然會問，這個關鍵字眼的緣由來歷，以及它的重要特徵是些什麼？

　　「情報」先是與杜威，然後是與米德的努力直接連繫了起來，他們都想確認機制與手段，以便發展一種具有社會意涵的心理學，而這種心理學最引人注目的特徵在於它在人的經驗之內，特別是包括個人的經驗之內，重建了心（mind）的內在角色。杜威對哲學心理學的突破，在於他所提出的「工具主義」（instrumentalism），當時是1896年，主宰心理學的概念是「反射弧」（reflex arc），杜威的洞見就是指出，心理學界應該拋棄這個概念。杜威認為，將心（mind）與身（body）分開處理的看法，並不正確。根據這個看法，個別的經驗可以經由反射弧模式來掌握，該模式認定研究對象是兩個似乎各有偏斜的弧形平面，而我們只需研究兩平面之間刺激與反應循環，杜威認為這個認定不對，因為經驗的本質其實是一種有機的組成（organismic nature）。就本體論的地位來說，杜威認為思考（thinking）與行動的地位相當；杜威對於雙元主義的攻擊相當有名，內中已經統合了思考與行動，他認為兩者構成的起伏波動關係，並無止境。它們的內裡相互支援、功能結合，思考向行動學習，同時也試著糾正行動，兩者看似分立，其實聯合進行於單一往前延展的創造過程；不過，很早以前有位批評者所說，也許很有道理，他指出，這種過程顯得過於是一種生物意義的指涉[135]——這裡，杜威所用的術語又讓人憶起，他在那個時候與福特走得相當近，杜威說的是「有機的、組織化的協調」（organized coordination）。杜威的認定是，「感官刺激、核心連結與動能回應，三者並不分立，各自也不是完整的存在體，

三者合而成為單一的具體整體，彼此分工，協作功能……[136]」。人們習慣的活動一旦遭遇不確定的狀態，人的意識——思考——就開始介入，人的思考就會建立自己的角色，走進協調行動的循環，不斷向前發展。這就是費佛（Feffer）所說，他寫著，「人心是一種積極的、具有創造力的力量，根據這個原則」，人對經驗的積極建構、人對經驗的人文意義之理解，才能得到「導引」[137]。

但是「心」也好，「情報」也好，雖然存在個人之內，但這裡的個人卻不能被簡化為或設定為一種物理意義的存在。米德其後是這麼寫的，「如果人心是社會的建構，那麼任何人心領域或位置的延伸，必然也就是社會活動或社會關係載體的延伸；這樣看來，人心的領域並非個別人物的器官肌膚所能圈限，雖說人心的領域就在器官之內[138]。」杜威想要超越雙元主義，他的努力相當及時，也很有價值。那麼，當他想要責成個人進行「有機的協調」、責成個人承擔積極的創造角色，並將個人經驗移轉至社會層次時，這又代表什麼意義呢？簡單地說，「情報」在這裡被賦予的角色，同樣具有本來就會存在（譯按：於社會）的色彩，但其角色注定會更有爭議。

問題出在，杜威的努力雖然讓人禮讚，但是，他要將心構築成為一種社會形式是一回事，他又說在社會之內，要另外強調「有機情報」的角色，這就讓人困擾。因為在社會領域這個層次，又是誰要來組織情報，使情報得以有機化、組織化？是那個社會代理人、機構要發揮知曉者（knower）的功能？畢竟這位知曉者的目標，在於推動社會的重新建構。對於杜威來說，最終這就是「公眾」（the public）問題的浮現[139]，這個時候的「傳播活動」並沒有要回返宗教信仰，而是復甦與更新民主——假使我們用杜威的術語，就是要尋找「大的社群、共同體」[140]。一方面，很有道理的說法是，這是「發現機制之事」，透過「這些機制，我們才能發現散落各方的、流動的與多面貌的公眾，讓他們彼此認識，從而界定與表達自己的利益」；另一方面，杜威卻又很嚴重地自我設限，因為在面對這個如此重要的課題時，他繼續依賴其實很成問題的假設：「究竟要透過什麼方式，公眾才能成為民主且有機的組合？首要而且本質上，這是勞心的、知識分子的（intellectual）問題……[141]。」讀此文字，我們無須強調就能看出，「成熟的」杜威（作此發言時他已經六十五歲左右）所做的宣告，等於是重新祭出了福特的

勒令。早些時候，福特確實也曾經以相當搧動人心、沒有那麼深思熟慮的語言，討論「有機情報」的性質，在他的話鋒裡，日後杜威的公共哲學所蘊含的、真正是很曖昧的意思，其實已經烙記了非常清楚的印痕——在公共哲學裡，資本與勞動各自有其相應的角色要扮演。貝拉米式的典型演化義理在福特口中，曾經脫口而出，他一下高呼他的理念是「社會主義的報紙」，一下子又說這是「情報信託社」[142]。「有機的才智」與貝拉米式的信託相當類似，都是社會主義的核心構成，它的存在要旨，是要超越資本與勞動的敵對關係，超越之道則是引進一種活動類目：知道的能力（knowing）——而我們稍前已經說過，在福特看來，知道的能力所產生的功能，本來就是要泯除勞資衝突所造成的分裂狀態。

杜威在1889年對亨利・卡特・亞當斯（Henry Carter Adams）說，「各大企業行號的真實商業行為究竟是些什麼？沒有任何一家報紙膽敢說出真相。」但是，他很快就再加上了一句，「假使有一家報紙所從事的工作，也就是它的生計，得依靠出售情報，那麼這家報紙反倒無法不盡情揭露……[143]。」這樣的修辭與說法實在神祕至極，「階級利益」「阻礙」情報的「自由運轉與流通」，如今全盤消失，不再是問題；雖然如我們稍前所示，杜威本人在勾勒福特的思想時，曾經簡短提及這個障礙。非常明顯的是，他不但相信「腹背之利」（belly interest）能夠與「真理之利」（truth interest）相互調和，他還認為，階級利益或社會分裂所流存的效果，終究能夠為「情報信託」所克服或壓倒。杜威何以如此樂觀？唯一的原因是，他概念中的階級與生產的社會關係無涉，與其對照之下，他所說的階級，指涉的是任何一種、也就是所有會破壞社會團結效果的利益群體——這些群體可能是地域的、職業的或意識型態的。正就是在這裡，我們已然清楚看到，杜威原先對於知識分享的追求，至此只能換成形上的精神運動，它所造成的實際結果就是羅以斯（Josiah Royce）對他的同僚米德所說的，這必然是「以私人性代替社會性，特殊性取代普遍性[144]」。

杜威建構這個理論的許多概念，其來有自，它與稍早的生產者共和論具有近親的關係，這麼說絲毫無損於杜威的成就。生產者共和論認為心與身是一體的兩面，具體展現在技術勞動這個具有統整意義的範疇，並且相同的這個勞動範疇還可以類推，提供一個重要的共同連帶，將各有不同隸屬，卻又同樣反對現存

秩序的職業聯合起來。到了杜威手中，這些理念有了一些變化，它們一方面拒絕反射弧這個概念，另一方面也反對當時流行一種說法，也就是從本體論這個層次將人類活動分化為不同的等級。杜威運用了費佛稱之為「自身活動的激進民主哲學……手與腦的重新結合之哲學」[145]，生產者共和論希望社會整體僅能由勞動大眾所構成的想法，到了杜威手中也就成為一般的前提，成為理論的元件。生產者共和派在雙元論的兩難犄角進退維谷，在這方面，他們可說是失敗的，他們因此察覺自己毫無能力，無法阻止自己滑落至防衛的地步。這就是說，他們落得必須認定身體的物理勞動，是更為至高無上的生產活動之標準。杜威重新打理他們的理念，想要對雙元論的所有形式發動猛烈攻擊：所謂雙元，不僅只是主體對客體、身體對心靈，而且也指涉行動對思考、工作對遊戲，以及勞動對休閒。在杜威自己認為最能完整闡述其哲學立場的著作，他一舉摧毀所有這些二元對立概念，他力陳教育（以哲學本身的理念，以他個人最為鍾情的「有機才智」的形式表達）的宗旨，就是要消除這些對立，不但消除這些對立的概念本身，同時也要消除更大的社會對立。杜威宣稱，「所謂積極活躍的從事與投入，包括了遊戲與工作。雖說常有人假定遊戲與辛勤工作兩相對立，但就它們的本質意涵來說，絕非如此，人們鮮明地對照遊戲與工作，原因出在各種社會條件實在非常不利[146]。」他又繼續說，「一邊是這樣的一種人，他們的事業至少具有最低水平的自我指導之思考與美學的心領神會；另一邊是那樣的一種人，他們的從事更為直接地攸關於情報之事，更為攸關於對他人活動的控制。正就是因為社會區分為這兩種人」，這才大抵造成當前教育體系的雙元對立，得以複製與延續。然而，「民主社會的教育就是要消除雙元對立之勢，就是要建構各種教學課程，藉此使得思考成為所有人的自由實踐之導引，使得休閒成為服務責任的酬勞，而不是免除服務的責任[147]。」

那麼，既然攻擊雙元對立之說，則堅決且讓人擊掌的這個論說之內，又在何處安置「生產」或「勞動」？晚近有位士人闡述杜威的學說，具有相當的說服力，他以生產這個概念作為啟發，鮮明尖刻地解說杜威的全盤思想[148]。杜威自己雖然也偶爾涉足這個概念[149]，卻只是淺嘗即止，未曾深入；或許，他甚至沒有這個能力。對杜威來說，勞動顯然不是他可以自由支用的概念，無法用以填充他

的功能說，杜威極其謹慎地試著堅持，這個功能既包容廣泛，又是面向多重。杜威說，功能「必然涉及一定量的勞動，這是無庸置疑的[150]。」根據這個說法，我們當知杜威與流俗見解並無不同，他只是將「勞動」等同於必要的體能苦勞（toil）。

　　因此，杜威還得以「經驗」取代「勞動」，他得依賴這個包容範圍似乎更加廣泛，同時也更有彈性的類目作為他所偏好的另類概念。他在1916年強調，「經驗」有個「奇怪的組合，既有積極元素，也有消極被動的元素」——「試試看」（trying）與「順著做」（undergoing）。就經驗本身來說，它「主要並不具有認知的內涵」。不過，所謂「從經驗學習」是向後也是向前的連結，一邊是我們對事物做了什麼，另一邊是事物引發的效應，讓我們有些什麼享受或苦楚。」再者，杜威稱之為經驗的「價值的測量」又建立了一種獨特的認知功能：「思考」（thinking），它是「一種真確的也是刻意審慎為之的機制，連結了我們所做之事及此事的後果[151]。」杜威賦予「探索」或「情報」主導的角色，據此使「經驗」成為人們持續行動於世的基礎。有了這個轉折之後，結果就是工業資本主義的種種問題等於是重新被聚焦，如今用以聚焦的視鏡是傳播功能；當時很多人都有一種假設，認定這個傳播功能既有妥協成分，卻也具有本然的進步色彩[152]。

　　根據費佛的看法，保守的資本與激進的勞動同時存在，「彼此具有功能的演化關係」。至於杜威與米德則認為，保守的資本是社會「習慣」的一個主要來源與位址，他們又同時認為，激進的勞動同樣是很重要的位址，雖說他們稱之為「衝動」：「雙方在心理上與社會上都需要對方，彼此也需要經由妥協，以求解決社會衝突」。「溝通與傳播」（communication）——被等同為互惠與合作的過程，於是就與這個功能的連帶，成為同義詞[153]；用另一個方式說，杜威眼中的「傳播」變成是和諧與平順傳送「情報」於社會領域的機制。正就是在這個意義，我們必須以此掌握與理解杜威，他在《民主與教育》（Democracy and Education）（1916）一書，有一段陳述，遠近馳名：「社會不只是經由（by）傳輸，經由傳播而存在，我們還可以很持平地說，社會存在於（in）傳輸、存在於傳播。共同（common）、社群社區（community）與傳播（communication）這些字眼的連結還不只是語詞上的。人之所以可以說是住在同一社群、社區之

內，是因為他們擁有共同的東西與事物；人們有了共同之處，正是因為傳播的存在[154]。」在考量個別經驗時，杜威再次成功地陳述，他指出，心乃是伴隨行動的共生現象；與此對照，在考量社會時，他就走向了抽象，他想的「傳播」是一種可供替換的理念——他一度在某個時候說，傳播是基本的「前提要件」[155]。

到了1920年代，杜威明白稱之為「有機情報」的各種機構仍然扮演調停的功能，「習慣」與「衝突」得以並存，因此也就和緩了個人、群體與階級的衝突[156]。這樣看來，儘管外觀相像，杜威的自我活動之心理學，其實與他對「有機情報」的社會運用，並不相同。前者包含一種回返性質的努力，力抗所有種類的雙元對立，因此也就統合意識與行動；特別是杜威的「進步」教育理念，必須要能重新統合頭與手。後者則剛好相反，它的企圖在於區分「傳播」與當前社會，並且特別要與源自特定生產社會關係的生活經驗有所區別。生產者共和論是很努力，它試圖為勞心與勞力的完整活動範疇發言，但共和論並不成功，這是因為它賴以發言的手段——「生產」或「勞動」——已經被割捨放棄了。

杜威認為美國在世紀之交時，「勞動」業已成為主要的一個所在，顯示手段與目標普遍失了連繫，讓人能力頓失[157]，杜威這麼想，有其道理。他接著論稱，改良教育過程後，也許有望挽回或說重新介入這個頹危之勢——他再次試著重新表明，思考與行動必須合致及協同，途徑則是重新統合頭與手於一爐。當時，一邊是大規模的經濟與組織變遷，一邊是杜威試圖透過相當吸引人的「進步的教育」，補回在前述變遷過程中被系統剝離的東西，惟雖然如此，杜威的實用主義卻同時排除了鄰近的社會勞動。如實說來，杜威的批評雖然有些不食人間煙火，卻還是值得一看；比如，本章稍前前曾引修伯特的說法，四十年之後，杜威則這麼寫著，「知識分子階級最大的自負是他們認為，情報是來自個人的秉賦或個人的成就；這正如同商業階級認為財富是他們個人的努力所得，歸由他們持有[158]。」新的官腔官調越來越有成形的樣子，杜威一舉戳穿之後，他也只能再次籲請，人們應該透過統合的「有機情報」，以超然的態度，矯正現存的社會關係。

到了晚年之時，對於共和互助論對傳播提出的大眾批判（必然強調在當前社會條件下，情報代理組織遭致扭曲），長壽的杜威轉向另一種態度，他認為社會已有改善的跡象，理想社會關係已經浮現。杜威一而再、再而三，對於民主的

理念、對於出手援助「共同之善」，他總是念茲在茲，他擎舉服務的理念[159]，藉此支持自己的認定，亦即「潮流已經穩定進展：邁向民主的形式[160]」。杜威再度站在樂觀的立場，但難以讓人信服，長期以來，他讓自己相信，在歷史──社會過程之內，「有機的才智」即將唾手可得。他在1926年高聲歡呼，「不管現存的民主機器發生了哪些變化，我們大有理由相信，這些變化可望讓公共利益成為更超然、更卓越的標準，導引政府的活動，這些變化也可望讓公眾以更權威的方式，形成與展現他們的目標[161]。」米德的構想與規劃還要更為系統性地強調傳播的作用，他說，合作互助的社群需要穩定的心理狀態，傳播在此扮演要角[162]。這個分享的取向讓福特的准宗教說法維續不墜，也讓杜威得以將傳播稱做是一種「神奇」（wonder），在其旁側，「其他的質變相形失色」（transubstantiation pales）[163]。最後，蘊藏在杜威內心深處，另有一個重要的想法，他認為「傳播」是一個異常的，或甚至是難以言宣的代理作用。杜威論及傳播的社會再生產角色（「傳輸」），此時，他立刻接著說，如果人們「想要形成一個社群」，他們就必須有其──

　　目標、信仰、渴望與知識──一個共同的瞭解──社會學家會說，就是要具有同理心。諸如此類的情感與事務無法如同磚頭，由甲用手傳給乙；人們也不能如同分食蛋糕那般切而食之……

他還說：

　　有形有體的東西可以在空間中運輸傳遞，具體地東送西轉。信仰與抱負、渴望卻無法觸摸，不能任意抽取與穿插[164]。

　　我們在這裡可以看出，為了促使「傳播」成為社會共識的推進器，此刻的杜威自己墜入了雙元主義而不自知，他訴求皮相，卻指其為特徵獨具、精神至上，或理念充實。杜威並非最後一人，以後繼續有人提出這種獨特的說法，這類論述在傳播研究中不絕如縷。

這樣看來，「有機情報」已經是一種自由漂浮的概念，它無處不可停泊，只要港埠接受，其中，最願意風風光光提供棲身之地者，或許就是抽象的科技概念。在福特身上，我們看到諸如此類的概念之梗概，他溢美其詞，盛讚郵政總局長萬納馬克，因為萬氏說，郵政總局的各種設施如果加入「最新的電報及相關發明」，形成更大的單一複合體，就會有更高的效率[165]。福特說，果能如此，則特徵就很清楚，這是「蒐集與傳布新聞的機器已經竣工」。他還特地說，這部機器「包含了印刷設備、動力設備與電報系統」，這樣一來也就意味著，如今「再沒有任何東西阻礙中央化情報的運作」。他又以慣見的確鑿語氣說，這是很偉大的結果，「人世首次，階級利益不再具有意義，可以把它放在一旁無須搭理了[166]。」相較之下，杜威委實比較審慎。然而，對於傳播科技的樂觀之情，在他身上還是相當明顯與可觀。與福特合作三十五年之後，杜威依舊還是只知這麼寫著，「蒐集資訊的機械能力及外部手段……還是遠遠超過對這些資訊的知識探索，遠遠超過對這些資訊成果的呈現與組織[167]。」

杜威提出的概念是共享的公民身分，米德認同的概念是有益的自我活動，兩人所支持的理念等於是不約而同，置換了勞動這個範疇。如果他們承認「勞動」是劃定界線的特徵，就等於是廣開言路，致使人們不得不面對異端及結構衝突的來源，而我們知道，在世紀之交的時候，美國顯然充斥著、瀰漫著這些衝突，社會也為之破相。如果杜威還能認真思考「勞動」，說不定他就會因此成為社會主義的哲學家。但杜威就是杜威，他壓根不可能有此思考。最遲是1926年，杜威都還清楚明白地宣告，「如果人們認為，限制傳播自由，以及限制事實與觀念流通的原因或條件……僅只是來自於外顯的阻斷力量，特別是，如果只是將其等同於『有能力操縱社會關係以求謀求自己利益的人』，那麼這就是錯誤的認定。」最為根本的問題既不是階級力量——其實，我們稍後即將得知，杜威的這些言詞形同昭然若揭，顯示當時知識分子即將關注的事情，就是宣傳及大眾文化——也不是政府，不是「他們僱用的意見促銷人而我們稱之為公關代言人者（publicity agents）」[168]。充其量，杜威也只是籲請大家注意，「前有壕溝，藏匿無形」。所有的條件與情境明明白白、橫陳在前，想來就是它們扼殺了人們的「習慣」與「衝動」，致使人們無法結合成為具有進步內涵的聯盟。其時，社會學家奧古朋

（William Ogburn）[169]已經提出聲名大噪的「文化落差」（cultural lag）理論，他的這個思維相當具有影響力，在杜威引用以後，他轉而高聲強調，社會「面臨產業變革」過程所出現的政治與法律實踐的「落差」。他提及技術人員與專家對於決策的掌控能力，以及「娛樂休閒的數量、種類大為增加，而價格低廉」，這些新情勢以人們難以察覺的方式，致使「政治關懷大為走樣，少人聞問」；其中最為重要的是，人們宣稱「機械年代」製造了無窮無盡的社會複雜度。杜威認為，這些就是公眾冷感與困惑不解的根本原因[170]。

　　面對這類問題（譯按：類似杜威等實用主義者）依然還是偏好依靠「有機的才智」作為答案。我們應該承認實用主義者的用心，他們確實容忍，甚至經常尋求真正政治差異的表達；公允地說，實用主義者與費佛都「能體認現代工業社會民主參與的價值，他們也支持其提升」。不過，即使他們縱身投入於洪流，在杜威與法蘭克林・福特連繫起來之後，他們體認與支持民主重建的前提，就是他們認為，如今，社會主要的職責在於確認並找定，然後促使中性的人或機構，積極投入於社會修好與調和的工作，他們對於這個前提堅信不渝、毫無折扣餘地[171]。他們卻絕少提及，這種中性之說與中性之人或機構，其本身真是可欲的嗎？又是可行的嗎？然而，這樣的信念卻已經滲透，進入他們關於社會與傳播的說法。對於芝加哥學派這批實用主義者來說，即便還僅只是溫和的裂痕，也就是米德稱之為「完整的社會單位」的溫和裂痕[172]都是不必要、甚至也讓人難以容忍的。實用主義學人正是想要超越這等情勢，對此，他們有許多不同的稱呼，包括「力量」（force）、「欲望」或「人類本性當中無法再生的元件」——因此他們也就尋求「完善傳播的手段與方式……這樣一來，希望大家從彼此相互依賴的活動當中，能夠找到真正能夠分享的興趣與利益，而這些旨趣對於我們的欲望及努力，產生知會效果之外，還能指引行動」[173]——這樣的語言再次將早先杜威對於反射弧的批判，毫不置疑地傳達到了社會領域。

　　有些時候，這類用法讓人不自覺地讓步。人們最常用來舉為證據的是，杜威與米德支持美國參加第一次世界大戰，這就顯示，實用主義者在戰前已經不斷認定「國家是促進合作的威權來源」，與此同時，他們還試圖斥責並排除他人，如果這些人不肯遵守自由主義者對於「責任」的標準定義，就會被他們說是「烏托

邦」[174]。不過，在其他地方，其實還能找到潛在的相同之處，這裡是指福特原創的社會「團聚」（union）處方，他藉此提出廣泛的系列歷史之共鳴事例。最後，尚有值得一書的是，「有機的才智」在這個重要的意義上看來，並不獨特，甚至也稱不上特別地不尋常。反之，它只是再次將霍夫史塔（Richard Hofstadter）（譯按：1916～70，史學家，美國公共知識分子）以降的史學界之共識，再次具體表現出來，研究這段歷史的學者認為，在十九、二十世紀之交，中產階級改革規劃的共同願望就是：一般說來，他們認為這些已受教育的、本土出生的「新」中產階級，而尤其是知識專家，應該在社會更新當中，扮演「指導的角色」——並且容不得絲毫隨性與任意，他們理當將他們自己的新角色納入常軌與制度的安排。與杜威相同世代的學界人士也經常發出近似的觀念。比如，在經濟學界陣營，克拉克（John Bates Clark）以「頭度化」（cephalization）作為分類社會階級的標準，該詞指涉頭腦能夠控制身體之動物性的程度；艾力呼籲「卓越智力的人」應該指導改革；派頓（Simon Pattern）則宣稱，我們的社會刻正轉型，「從無政府與謹小慎微的個人主義，過渡到群體（group）作為強大有力的、具有智力的有機組織。」直接身處改革浪潮的亨利・佐治在1883年則堅定表明，「有心改善社會情境與條件的每一個人、每一個組織，當前最需要面對的偉大工作就是教育的工作——觀念宣達的工作。」貝拉米的烏托邦不但繼續加渚深遠的勞心與勞力之社會區隔，他還想要確保指導社會的人，是菁英勞心者而不是具有組織及具有機行動能力的勞工階級運動[175]。

透過營利的「情報信託」組織作為機制與手段，為「社會化情報」而付出努力；最終，這就造成極化現象的浮現，極其接近葛倫藍對於均富與合作的闡述，葛倫藍的結構有如左述：一方面，我們是需要將合作全面引入社會，另一方面，僅有一小群人是「值得敬重的少數群體」——在葛倫藍筆下，人數也許是一萬人，他們「代表了最為先進的情報……（也）來自所有階級，他們是相當誠摯及具有活力的代表」，至於福特，他強調的是記者與「文人」（men of letters）的貢獻，他為「商人與技術、知識專家」預留空間——正是這樣一批人的組合，要為即將到臨的革命，預作準備與導引[176]。

就這個層次來說，福特相當良善，他提出的「情報信託」正好若何符節，契

合於冉冉上升的學院社會科學之所長，而社會科學又在新興的菁英研究型大學，得到棲身之所。葛倫藍期盼「培育能力充分，資格優秀的教育者」，然後賦予他們「所有教育的工作……以及全盤探索所有科學的功能」。他在1884年高聲驚呼，「我們一點都沒有理由擔心這會導致任何精神與心靈的暴政」：

> 「均富天地即將到臨」，我們將可發現，務實的多數民意在這塊天地將是極其重要的力量，當然也就能夠平衡這批理論文人的影響力。我們理當慶賀，這股強大且獨立的階級組織是存在的，它以健康的態度回應民意，它奉獻投身於知識的培育[177]。

比起福特在1892年的期盼[178]，這些話語的樂觀之情多少還要來得大些，比起杜威的想像，那當然又是更為正面了，這些話語雖說提及民意等等作為牽制，惟到了1910年代，學院自擁優勢的知識而自重，他們確實已經廣泛贏得認可及權威。社會學者歡呼這是「社會控制」的新科學——他們堅持認定，他們自己最能辨識這個科學的種種祕密——這股變遷的重要場域，正就在此。根據羅斯（Dorothy Ross）的論點，即便美國資本主義的運作基礎，已經從競爭轉至統合主義，社會控制這個概念還是能夠產生聚焦的作用，敦促人們探詢，「透過哪些獨特的社會過程，個人統合於社會」：

> 鍍金時代（Gilded Age）關注的是社會經濟的根本大計，因此也就有兩極化的意識形態衝突，如今社會學家已經放棄，不再對此深究，他們轉而檢視現在的社會如何社會化其成員——他們一點都不質疑當下社會的經濟典章制度。他們探詢鑲嵌於社會本身的和諧過程，因此，舉凡資產階級在市場所採取的行動、社會的權力核心所在，以及結構變化與時俱進等等問題，也就消逝在他們的視線之外[179]。

這是一個自由主義者的論題、也是技術科層論的看法[180]。「在它眼下，資本主義所激生的不平等以及衝突，已經無法避免，因此只能擴大社會控制的觀點，

然後用以應對這種情勢。」依據這樣的見解，假使現代社會能夠委由專家依其知識而管理，也許會是最快樂的結果——並且，或許更重要的是，社會進程就更可以預測。這批新階級當中，最突出、也最讓人仰仗者當然就是社會科學家。社會學家表明，個人與社會的衝突必須由許許多多的代理人介入協調與代言，這些代理人是辨識與解讀其自身祕密的最佳人選。先前，風俗習慣、法律、宗教、道德等等已經存在，現在，再有報紙及其他傳媒加入，新舊機制共同編織，整編與黏合甲冑，社會必然邁向統合的過程，涉入的內涵無所不包。

如實地說，身處這個情境，為了個人命運而感到焦慮難安的人，倒也不是少數。他們眼見導引世局的機制，就是這些機構與制度，擺明是要模鑄與塑造行為，不免憂心有加。有些人，如杜威本人就相當惱怒，他認為這是集體民主精神之名、卻是專家控制之實，杜威因此對其意涵很不以為然[181]。雖說存在這些疑慮，那段時期壓倒一切的傾向還是不變——而且不只是學院內如此—— 前進不疑，就是要創造無所不包的規範系統。除此之外，當時還有另一股導航力量，強化這種自我複製的傾向，它深入勞動的社會分工，然後調整分工關係，使得「勞心」活動勝於「勞力」活動——將近三十年之後的威博（Robert Wiebe）[182]，以及在1974年出版專書的布雷夫曼（Harry Braverman），對於這個過程都有詳細的記錄——這就是「科學管理」的出現與執行，正好就是在相同的這個時刻，「科學管理」開始萌芽於所有工商行業，並且我們現在已能知曉「科學管理」的企圖，已經達到程度不等的成效——科管的企圖無他，就是要根據資本及其派遣人所需要的組織方式，以中央化的方式生產必要的「情報」，並且加以控制。

匯流進入這個相同方向的最後一擊，同樣也具有相當的效果，可以說是由記者李普曼（Walter Lippmann，譯按：1889～1974）所發動，雖然他數度是杜威的知識敵手。李普曼的心力雖然成功，但說來諷刺，他蠻橫地環繞新聞事業本身而調整「有機的才智」。李普曼生於1889年，晚於杜威三十載。大約是在1910年，他首次輕挑戲要社會主義。當時，他從哈佛（譯按：大學畢業後），曾經短暫擔任紐約州薛尼塔迪市（Schenectady）「社會主義者」市長的助理。但是，很快地，李普曼以假想中的民主目標代言人自居，他開始闡述與落實日後主流自由派的主張，表明何以透過系統方式操弄民意，有其道理。李普曼的主要目標是迎

合彼時的政治──經濟格局，它的需要日益明顯──美國在準備參加第一次世界大戰時，格外有此需要──統治當局需要靈活柔軟、富有創意的機構與代表，經營並管理民意。第一次世界大戰之後，李普曼實際上可以說是（譯按：美國主流的）非正式的大眾說服工具之代言人，他為此而付出，也為此大大得到補償[183]，直到越戰時期，李普曼才有異見的提出。

對比這些菁英對於「有機情報」的表意內涵，杜威的願景與視野確實不同，也與它們迭有出入與齟齬。毫無疑問，杜威的看法具有真正的優點與長處，卻無法有效與徹底決裂於這些菁英的內涵。李普曼堂而皇之，毫無愧色，他逕自祭出專業技能，藉此框架當前社會對於傳播的需要；反觀杜威，他是想要透過有智慧的、情報靈通的探索，將這些需要納入具有普世認同的架構。放在這麼抽象的位階考量，這些菁英也就少有──少到不能再少──需要，他們不會想要檢視傳播的代理機構與制度，究竟是怎麼運作的，以至於居然成為反民主社會秩序的日常工具；至於說要下降至更為一般的層次，系統地檢視各種支配的形式，那麼，他們更是不會覺得有此需要了。對於這一點，齊傳的結論相當恰當，「透過哪些手段，才能轉化私人擁有的傳播媒體，使之成為真正的共同載具？如果有人要提出這個問題，就教於杜威，請他給個簡白的說法，或甚至只是一些暗示，都要注定徒勞無功[184]。」

這樣一來，互助之說得以保存，性質卻也有所轉變：生產者共和派的浮現與發展，是因為企業財團持續重構美國的政治經濟結構，共和派要直接加以對抗，惟杜威的工具主義卻將這種企業現象當作是必須接受的先驗假設，雖說在另一種情況下，杜威傾向於棄置這種先驗的假設。「傳播」進入抽象的境遇，甚至被當成可以舒緩緊繃的社會關係，這不會是人們做此認定的最後一回。當然，當時的「社會」如同當前的社會，存在許多對立衝突的方向，彼此拉扯。如同心靈，財產也許具有「社會的」（social）性質，卻沒有平等的社會分佈。道理相同，有人將意義的分享神聖化之後，這也僅只是宣布，這個理念相當鼓舞人心。但這並不是說，所有的意義「全部可以」分享；同時，即便意義可以分享，分享的社會方式可能也難以計數，一端是實用主義者的最大偏好，是徹底的、非正式的合作，另一端是具有強制與脅迫意義的教化。另外，我們還得考量，人們對於一個概念

可能無知，無動於衷或敵視。人們在「傳播過程」分享的是什麼、以什麼方式分享，這些都是深刻引發議論的課題。這樣看來，既然一方流於誇張，將傳播概念限定為意義分享的能力，同時認定這個概念不容置疑，並且加以系統化的誇大；反觀另一方，卻又認定現實的社會具有孿生現象，結構的衝突與結構的支配並存，那麼，我們又怎麼能夠將這兩種概念調和於傳播領域本身呢？這並不是一個最容易回答的問題。實用主義者毫不提及這個問題；遑論超克這個問題。實用主義者不此之圖，他們採取另一種作法，他們假設有一種超越一切，以及先驗存在的合作式傳播，他們從這個假設出發，發展社會關係。

然而，工具主義的樂觀心思不但難以言宣，而且在身處雙重夾擊時，旋即瀕臨破滅之虞：一邊是經濟大蕭條，另一邊是法西斯主義的大動員。在1930年代，杜威自己公開表明，「任何社會與政治哲學，以及任何經濟系統，只要它們認可階級組織及當下社會的既得階級利益，就不可能容許」人們以自由的方式，運用情報[185]。到了這個節骨眼，杜威在討論藝術時，已然認為，如果要改變當前的勞動貶值趨勢，唯一的方法就是「激進的社會變革，如此，才能實質改變工人在生產過程的參與程度及類別，以及實質改變工人在分配其生產物件時的社會權限」[186]。對於社會脈絡與情境的改觀有了瞭解之後，本書下一章就要詳細闡述，「有機的才智」有了新的內涵之後，「傳播」這個施為者不再代表一種因消息靈通而形成的共識，反之，我們現在會說，傳播是社會支配，雖然它一種新的變異類型❹。

---

4 譯註：席勒在本章對於杜威及美國實用主義的批評，簡而言之，就是諾瓦克的書名所示：《實用主義對上馬克思主義：評價杜威哲學》（George Novack,1975, *Pragmatism Versus Marxism: appraisal of John Dewey's Philosophy*, Pathfinder Press, New York）。諾瓦克三百餘頁的圖書，全面檢視杜威的思想與實踐，從形上學、進步教育理念與推動、邏輯至第二次世界大戰後的立場，無一不研究。在諾瓦克看來，既然欠缺有力的變遷主體，既然大致還能接受當下社會的主導力量與結構，那麼，實用主義者如杜威的改革想像及願景不免就會流於空想，最多是求全於慈善及負責任的行為，或許還會看到工會等，但不免流於任意及偶然。忽視、漠視或不知不覺地裝聾作啞於社會及階級權力關係的掣肘，徒託美麗動人的修辭與言語，一直到現在都還經常可見；就此來說，革新社會與傳媒的需要，至今仍得努力發現並與這類言論與立場持續溝通，爭取其幡然醒悟，認

本章注文

1. John Dewey, *The Public and Its Problems* (1927; rpt., Athens, n.d.), 8.

2. Harry Braverman, *Labor and Monopoly Capital: The Degradation of Work in the 20th Century* (New York, 1974), 13.

3. Edward Bellamy, *Looking Backward 2000-1887* (1888; Cleveland,1946), 54-55.

4. 這方面的標準之作是 Sean Wilentz, *Chants Democratic: New York City & the Rise of the American Working Class*, 1788-1850 (New York, 1984).

5. Dan Schiller, *Objectivity and the News: The Public and the Rise of Commercial Journalism* (Philadelphia, 1981), 32-46. 手工業共和論的除外面向，及其與報業的關係，請見*Alexander Saxton, The Rise and Fall of the White Republic: Class Politics and Mass Culture in 19th-Century America* (London, 1990), 95-108.

6. Richard Kielbowicz, *News in the Mail* (Westport, 1990).

7. U.S. Congress, Senate, 23d Congress, 2d Session, Senate Document 86: 112, in U.S. Congress, Senate, 48th Congress, 2d Session, Executive Document No. 40, *History of the Railway Mail Service; A Chapter in the History of Postal Affairs in the United States*, 16.

8. David Montgomery, *The Fall of the House of Labor (New York, 1987), 328; James Gilbert, Designing the Industrial State: The Intellectual Pursuit of Collectivism in America, 1880-1940* (Chicago, 1972), 7, 26, 61-62.

9. John L. Thomas, *Alternative America: Henry George, Edward Bellamy, Henry Demarest Lloyd and the Adversary Tradition* (Cambridge, 1983).

10. Laurence Gronlund 的 "*The Cooperative Commonwealth*" 最初在1884年出版。該書直接影響了許多人，包括工會、社會主義黨派的領導人如戴布斯（Eugene Debs）與歐黑爾（Kate Richards O'Hare），以及激進記者魏藍（J. A. Wayland），此外，它本身也可以說折射了許多既存的激進社會批判流派，參見Stow Persons, "Introduction," in Gronlund, The Cooperative Commonwealth, ed. Stow Persons (Cambridge, 1965), vii-xxvi; Elliott Shore, *Talkin' Socialism: J. A. Wayland and the Role of the Press in American Radicalism, 1890-1912* (Lawrence, Kansas 1988); Mark Pittenger, *American Socialists and Evolutionary Thought, 1870-1920* (Madison, 1993), 43-63.

11. James R. Green, Grass-Roots Socialism (Baton Rouge, 1978); Norman Pollack, *The Just Polity: Populism,*

知其言論的缺陷及言行之尚未一致，促使其另以更明確的主張，加入因格損益的真正行列。如實說來，席勒本章的用意，也應該是這樣；對於追求真正觸動權力及社會關係而求變動的人而言，爭取類如杜威等人士的當代版本之肯認與支持，還是未竟之功。

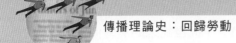
Law, and Human Welfare (Urbana, 1987); Robert C. McMath, Jr., *American Populism: A Social History 1877-1898* (New York, 1993).

12. Leon Fink, *Workingmen's Democracy: The Knights of Labor and American Politics* (Urbana, 1983); Montgomery, *Fall of the House of Labor*. 有關「合作共有」，特別參見前書頁 203, 281-290; Kim Voss, *The Making of American Exceptionalism: The Knights of Labor and Class Formation in the Nineteenth Century* (Ithaca, 1993).

13. Mari Jo Buhle, *Women and American Socialism, 1870-1920* (Urbana, 1983); Ken Fones-Wolf, *Trade Union Gospel: Christianity and Labor in Industrial Philadelphia, 1865-1915* (Philadelphia, 1989); Kathryn Kish Sklar, *Florence Kelley and the Nation's Work: The Rise of Women's Political Culture, 1830-1900* (New Haven, 1995); Arthur Lipow, *Authoritarian Socialism in America: Edward Bellamy & the Nationalist Movement* (Berkeley, 1982); Nell Irvin Painter, *Standing at Armageddon: The United States, 1877-1919* (New York, 1987); David Nord, "The Experts versus the Experts: Conflicting Philosophies of Municipal Utility Regulation in the Progressive Era," *Wisconsin Magazine of History* 58 (3) (Spring 1975): 219-236.

14. David Montgomery, *Citizen Worker: The Experience of Workers in the United States with Democracy and the Free Market during the Nineteenth Century* (Cambridge, 1993) 這本書是對於該傳統最近也相當扼要的評估，這個傳統灌注於十九世紀的美國工人階級改革運動之中。

15. 一個局部例外是勞森的著作，見*Linda Lawson, Truth in Publishing: Federal Regulation of the Press's Business Practices* (Carbondale, 1993)，勞森認為，整個對準商業報紙而發的改革努力，是在時人共認的「進步」動能之內所發起。麥切斯尼（Robert W. McChesney）則研究稍後的改革活動，這時的重心是收音機，我們必須注意這段歷史，見 *Telecommunications, Mass Media, and Democracy: The Battle for the Control of U.S. Broadcasting, 1928-1935* (New York, 1993). 筆者自己則對對於十九、二十世紀之交，民眾對於電信重新結構的運動投入，有些調研，見Dan Schiller, "'Everybody's Common Means of Communication'?: Rethinking the Public Service History of U.S. Telecommunications, 1894-1919," 該文發表於美國歷史學者組織年會，1994年4月14-17日，亞特蘭大（Atlanta）。有關早年電影產業的結構與內容之鬥爭，Steven Ross刻正研究中（譯按：其成果已經在1998年由美國普林斯頓大學出版社推出，書名是*Working-Class Hollywood: Silent Film and the Shaping of Class in America*）。

16. Lambert A. Wilmer, *Our Press Gang; Or, A Complete Exposition of the Corruptions and Crimes of the American Newspaper* (Philadelphia, 1859), 14.

17. 參見 Lawson, Truth in Publishing, 12-44. 雖說這些統計系列資料無法比較，它們還是可以作為提示，讓我知道財團控制的走向：1899年的美國，財團擁有美國報紙與雜誌期刊的17％，但到了1909年的時候，財團已經控制了報紙收入的71％，參見Alfred M. Lee, *The Daily Newspaper in America: The Evolution of a Social Instrument* (New York, 1937), 197.

18. Thomas Ainge Devyr in U.S. Congress, Senate, 48th Congress, Committee on Education and Labor, *Report of the Committee of the Senate upon the Relations between Labor and Capital, and Testimony Taken by the Committee* (Washington, 1885), II:835.

19. John Jarrett in 同前註., I：Ⅰ165.

20. Edward King in 同前註., II:80-81, 82.

21. King, in 同前註., II:82.

22. 工人報紙在這段時期的出現，請見Jon Bekken, "'No Weapon So Powerful': Working-Class Newspapers in the United States," *Journal of Communication Inquiry* 12 (2) (Summer 1988): 104-119; 同前註, "The Working-Class Press at the Turn of the Century, " in William S. Solomon and Robert W. McChesney, eds., *Ruthless Criticism: New Perspectives in U.S. Communication History* (Minneapolis, 1993), 151-175; Shore, Talkin, *Socialism; Green, Grass-Roots Socialism*, 128-143.有關民粹派對於報紙的使用，以及他們對於商業報紙的批評，請見Theodore Mitchell, *Political Education in the Southern Farmers' Alliance 1887-1900* (Madison, 1987), 96-112.

23. King, in *Report on Relations between Labor and Capital* II: 82-83.

24. 比如，參見Henry George in 同前註., I: 480-488; Richard Hinton ，同前註., II: 412; Daniel H. Craig in 同前註., II: 1268-1270, 1279. 有關西聯與美聯社何以因著共同階級利益而彼此產生動能相互連繫，以及兩者利益重疊為人認知後所激起的的反對，論者已經提出很有力的分析，請見James G. Smart, "Information Control, Thought Control: Whitelaw Reid and the Nation's News Services, " *Public Historian* 3 (2) (Spring 1981): 23-42. 很讓人扼腕的是，這本對於美聯社的十九世紀史的最佳著作，卻將通訊社的角色太過孤立看待，致使其脫離其社會（相對於其商業）的脈絡太遠，這樣一來，民眾對於通訊社的批評也就被任意取捨，臣服於出版商、政治人物，以及電報大亨的狹隘利益之下，參見Menahem Blondheim, *News over the Wires: The Telegraph and the Flow of Public Information in America, 1844-1897* (Cambridge, 1994).

25. Richard B. Du Boff, "The Telegraph and the Structure of Markets in the United States, 1845-1890" *Research in Economic History*, vol. 8 (Detroit, 1983), 253-277; 亦請參見前揭引述, "The Telegraph in Nineteenth-Century America: Technology and Monopoly," *Comparative Studies in Society and History* 26 (4) (Oct. 1984): 571-586.

26. Richard B. Du Boff, "The Rise of Communication Regulation: The Telegraph Industry, 1844-1880," *Journal of Communication* 34 (3) (Summer 1984): 52-66 at 58-59.

27. Lester G. Lindley, *The Constitution Faces Technology: The Relationship of the National Government to the Telegraph 1866-1884* (New York, 1975), 160-162.

28. Ann Moyal, "The History of Telecommunication in Australia: Aspects of the Technological Experience, 1854-1930," in Nathan Reingold and Marc Rothenberg, eds., *Scientific Colonialism: A Cross-Cultural Comparison* (Washington, D.C., 1987), 40.

29. Richard B. Du Boff, "Business Demand and the Development of the Telegraph in the United States, 1844-1860," *Business History Review* 54 (4) (Winter 1980): 467; 有關歐洲的比較，參見Eric Hobsbawm, *The Age of Capital* (New York, 1975), 48-68.

30. Nathaniel P. Hill (Senator), "Postal Telegraph,"提交美國參議院的報告，188年5月27日，收於 Hill, *Speeches and Papers on the Silver, Postal Telegraph, and Other Economic Questions* (Colorado Springs, 1890), 189.

31. U.S. Congress, House of Representatives, 51st Cong., 2d Sess., *Report of the Postmaster-General*,

Executive Document 1, Part 4 (Washington, 1890), 113.

32. Gene Fowler, *A Solo in Tom-Toms* (New York, 1946), 83; 有關歐洲與美國的「社會」使用，兩者之對照，亦請參見Charles A. Sumner, *The Postal Telegraph: A Lecture Delivered at Dashaway Hall, San Francisco, Oct. 12, 1875* (San Francisco, 1879), 4.

33. AT&T *Annual Report 1911* (New York, 1912), 37.

34. Hill, "Postal Telegraph," 190.

35. Sumner, *The Postal Telegraph*, 1.

36. William Appleman Williams, *Contours of American History* (Chicago, 1966), 337.

37. Fink, *Workingmen's Democracy*, 31.

38. 辛頓接著表明，「政府可能與人民合作，一起矯正任何社區社群可能滋生的罪惡，對此，我毫無懼意。」*In Report of Relations between Labor and Capital*, II: 405-406.

39. William E. Unrau, *Tending the Talking Wire* (Salt Lake City, 1979), 12. 整個1850年代，加州、內華達州與猶他州都有紀錄，顯示許多原住民群體起而攻擊郵政馬車與騎士;參見 "A Brief History of the Mail Service, Settlement of the Country, and the Indian Depredations Committed upon the Mail Trains of George Chorpenny on the Several Routes between Salt Lake and California from May 1st, 1850, to July 1860" (未註明出版日期)。

40. James Weinstein, *The Decline of Socialism in America 1912-1925* (New Brunswick, 1984), 139.

41. Blondheim, *News over the Wires,* 71-95.

42. Donald Bruce Jackson, comp. *National Party Platforms*, rev. ed., vol 1: 1840-1956 (Urbana, 1978), 65.

43. Blondheim, *News over the Wires*, 187.「新聞──電報」壟斷體這次醜聞式地介入這次具有分水嶺意義的選舉，以及選後的「1876年妥協方案」（它宣告了「重整」結束）同樣可見於前揭書，177-184.

44. 有關新聞通訊社的崎嶇發展史，極其詳明的細節描述請見Richard A. Schwarzlose, *The Nation's Newsbrokers*, vol. 2: *The Rush to Institution: From 1865 to 1920* (Evanston, 1990), esp. 33-107, 131-212. 另外，以下兩本作品也很有用， Blondheim, *News over the Wires*, 143-168; 以及 Smart, "Information Control, Thought Control."

45. Richard Hinton in *Report an Relations between Labor and Capital* II: 430-431.有關這個時期的另一端，請見Amos Pinchot, "The Associated Press," *The Masses* 5 (April 1914): 18-19.

46. U.S. Congress, Senate, 41st Cong., 2d Sess., Mis. Doc. No. 13, 1869-1870, *Resolutions of the National Typographical Union* (Washington, D.C., 1870), 81.另見「美國印刷工會」在1869年6月7至11日於紐約州阿爾巴尼（Albany）的第十七屆大會報告*Report of the Proceedings of the 17th Annual Session of the National Typographical Union*, 35, 51-52. 究竟美聯社與西聯是否狹隘地共謀，正反證據似乎有些不一致。一方面，每當主張國有化的人好像占了上風的時候，兩者之間的緊密連鎖關係必然促使報業採取策略，攻擊政府的產權，也就是四處可以看到對於當時歐洲經驗的抨擊與詆毀。舉個例子，在西聯總裁奧頓（Orton）的要求下，《紐約論壇報》報以一記社論，指出甫國有化的英格蘭郵政電報的缺失昭然若現，他的圖謀是成功的，國會在1870年國有化的立法失敗了。奧頓寫信給論壇報第二號人物，同時也就是即將掌握美聯社的雷得（Whitelaw Reid），他這麼陳述，「請

容我謹致謝忱，論壇報如此迅速及有效地支持，讓人銘感五內，亦請代為向（譯按：報業主）葛勒雷（Greeley）先生轉達敝人的敬意與謝意，我之所請，總能承蒙葛先生大力惠予支持……最後，閣下或論壇報若有需要在下略效犬馬之勞，萬請切莫見外，愚無不盡力以赴。」參見Lindley, Constitution Faces Technology, 110, 162. 見另一方面，郵政總局長萬納馬克在1890年無畏辛勞，大聲疾呼，請國人注意「美國是存在強大民意，贊成」郵政電報合一。他宣稱，在他所能注意與蒐集到的兩百八十九篇報紙評論之中，至少有兩百零九篇贊成郵政與電報合一。我們即將得知，更有用的材料會是在這兩百八十九篇（特別是那兩百零九篇）有多大比例是美聯社的簽約訂戶。U.S. Congress, House of Representatives, 51st Cong., 2d Sess., *Report of the Postmaster-General* Executive Document 1, Part 4 (Washington, D.C., 1890), 113.並無疑問的是，美聯社與西聯是以鬆散，但其實更為具有重大意義的方式，結盟並尋求維繫其共同的階級利益，特別請參見Smart, "Information Control, Thought Control."

47. R. H. Curl, "Government Telegraphs," *Typographical Journal* 2 (10) (Jan. 1, 1891): 2.

48. In *Report on Relations between Labor and Capital,* I: 480-488, 928-929.

49. 印務工會是對於傳播問題持續採取政治的介入，但這段歷史還未曾得到充分的追蹤。有一個印務工會的委員會在1918年發出豪語，他說，「國會及國務院已經有了結論，他們說接管美國所有的線纜服務，時機已經成熟」，果真如此，「國際印務工會（the International Typographical Union，ITU）（譯按：美國的「國際」工會通常就是指美加工會的聯合）理當可以正當地挺身而出，表明自己正是這樣的一個工會組織，在過去四分之一世紀以來，都在主張與推進這個步伐。」Committee on Postal Telegraph and Telephone Service, "Reports of Officers to the 64th Session of the International Typographical Union," Scranton, Pennsylvania, August 12-17, 1918, Supplement to *Typographical Journal* (August 1918): 273. 另一方面，在各大小印務工會之內，具有重要意義的分歧出現了，當時，赫斯特報團（the Hearst papers）（譯按：發跡於加州，「大國民」{Citizen Kane}以他為對象拍攝）旗下的印務工人具有更強烈的戰鬥意識，但在罷工時，卻沒有得到ITU芝加哥支部的協作支持，參見 Philip Taft, "The Limits of Labor Unity: The Chicago Newspaper Strike of 1912," *Labor History* 19 (1) (Winter 1978): 100-129.

50. Blondheim, News over the Wires, 162.

51. Thomas Ainge Devyr in Report on Relations between Labor and Capital, II: 839-840.

52. Gronlund, Cooperative Commonwealth, 71, 90.

53. 同前註., 202, 90, 163.

54. 同前註., 164.

55. Edward Bellamy, "'Looking Backward' Again," North American Review (March 1890), in Thomas, Alternative America, 273; Lipow, Authoritorian Socialism, 224.

56. 不過，葛倫藍還是補充，要再有兩個改變才能「完全符合社會主義的要求」。第一、這個機構的薪資結構有待更為廣泛的調整：「在均富合作社之內，郵政總局長的年薪應在一萬美元以下，郵差能有八百就該知足。」第二、任命郵政總局的工作職位得與全國各地相近，「要由下而上。」，「郵差可望選任他們的直屬上司，後者再來選任期郵政總局長。」Gronlund, *Cooperative Commonwealth*, 109, 132, 153.

57. 同前註., 111. 至少到了1910年代的時候，郵政服務人員信心飽滿的自豪心理，仍然明顯。參見 U.S. Congress, Senate, 63d Cong., 2d Sess., Senate Document 399, *Government Ownership of Electrical Means of Communication* (Washington, D.C., 1914).

58. Marion Butler in 1898; quoted in Wayne E. Fuller, "The Populists and the Post Office," *Agricultural History* 65 (1) (Winter 1991): 11.

59. 有位研究郵政總局的歷史學者將其書的副標題訂為「共同生活的擴大器」。他還逐年記載從1865至1890年間，透過哪些方式，郵政總局在一萬人口以上的城鎮提供免費郵件傳遞的服務、研擬郵政劃撥系統，以及其他許多相當重要的組織改革，請見Wayne E. Fuller, *The American Mail: Enlarger of the Common Life* (Chicago, 1972), 71-76. 其次，新的平信郵件服務也出乎意料之外，等同於是支持了大眾出版品史無前例地擴張——這裡應該補上一句，這些出版品都強調，它們需要使用電報所交織成的傳播系統，要有平等權利，也要大家都能負擔得起——參見 Fuller, "Populists and the Post Of-rice," 1-16. 當時的勞東運動還經常出現一個共同的需求，就是要擴大郵政總局的職務範疇，這一點非常明顯：關閉各大小私人銀行，以政府擁有的郵政儲蓄銀行加以取代。另一個努力的方向是包裹郵寄的出現，這起成功的倡議由國會議員路易斯（David Lewis）主導，他是1910年代要將電話服務收歸國有的主要運動健將。加入都會零售業者及農夫的陣容，一起推動該理念的人還包括 「美國婦女普選權利促進會」、「哥倫比亞特區平等普選權促進會」，以及「賓州工會聯盟」。要求擴大郵政服務的範圍之運動，因此一直持續到1910年代，見 U.S. House of Representatives, 62d Cong., 1st Sess., Parcels Post, *Hearings before Subcommittee No. 4 of the Committee on the Post Office and Post Roads, June 1911* (Washington, D.C., 1911), esp. at 166, 168, and 117.

60. Henry George in Report on *Relations between Labor and Capital* I: 480-481; Richard T. Ely, *Socialism: An Examination of Its Nature, Its Strength and Its Weakness, with Suggestions for Social Reform* (New York, 1894), 265.

61. Daniel J. Czitrom, *Media and the American Mind* (Chapel Hill, 1982), 25-29. 亦請參見Lindley, *Constitution Faces Technology*.

62. *Report on Relations between Labor and Capital* 1:213, 147. 在對「西聯」發起罷工的那個時候，電報工會會員、勞工騎士會祕書長麥克李藍，「在接近尾聲的時候，背棄了自己的工會，倒過頭來指控這場罷工從一開始就很不明智」，見Vidkunn Ulriksson, The Telegraphers: *Their Craft and Their Unions* (Washington, D.C., 1953), 48.

63. Edwin Gabler, *The American Telegrapher: A Social History, 1860-1900* (New Brunswick, 1988), 204-208.

64. H. C. Frantz, "Make the Journal a Weekly-Telegraph Nationalization-Organization," *Typographical Journal* II (19) (May 15, 1891): 2-3.

65. "Government Control of Telegraphs," *Typographical Journal* II (15) (March 16, 1891): 4.

66. U.S. Congress, House of Representatives, 51st Cong., 2d Sess., *Report of the Postmaster-General*, Executive Document 1, Part 4 (Washington, D.C., 1890), 112.

67. 同前註., 113. 亦請參見 Ulriksson, *Telegraphers*, 56-57; McMath, *American Populism*, 118, 141,167.

68. *Report of the Postmaster-General* (1890), 8.

69. 舉個例子，請見 David A. Wells, *The Relation of the Government to the Telegraph* (New York, 1873);

Frank Parsons, *The Telegraph Monopoly* (Philadelphia, 1899); Richard T. Ely, "Why the Government Should Own the Telegraph," *Arena* 15 (Dec. 1895): 49-54.

70. 很可能是記者的杜克（Gideon Tucker）在1883年以相當雄辯的態勢作證，傳達了人心變化之趨勢，宣洩而出。「美國政府應該擁有並將電報當作附屬於郵政的一部分，使其作為公共之用。美國政府應該擁有並且經營州之間的的運輸系統。起初，我是強烈主張各州權利至上的民主黨人，我很擔心政府干預及集權，特別是擔心聯邦政府有此傾向。但是，如今世局的發展已經進入完全不同的一個世界，再也不是我降落人世的那個樣子，彷彿這已是另一個星球。現在，再也看不出還有任何機制可以保障人們，使不受幾乎是惡靈般壟斷力量之害，唯一的可能是政府採取，以及經由政府而行動。如果你說這會違憲，而這是我們的最高律令，那麼我的回答是憲法可以修正，我們必須依照不同時代人們的需求，修正憲法。」In Report on Relations between Labor and Capital, II: 906.

71. P. J. Maguire in 同前註., I: 345.

72. 同前註., I:345-346. 亦請參見 Alfred H. Seymour, a longtime telegraph operator, in 同前註., I: 385-386.

73. H. W. Orr, in 同前註., I: 178-179.

74. McClelland in 同前註., I: 148.

75. Schiller, "'Everybody's Common Means of Communication'?"; 梅根・馬達（Meighan Maguire）還在寫作中的博士論文，探討舊金山電話系統的發展，完成之後該論文對於地方人士透過哪些努力，試圖要將電話公用事業納入公共服務的義務，應該會有相當的參考價值。

76. N. G. Worth to Woodrow Wilson, Oct. 6, 1913, U.S. National Archives and Records Administration RG 60 Box 38, 60-1-0 Section 6.

77. Johnson, *National Party Platforms*.

78. *Report on Relations between Labor and Capital II: 194.*

79. 同前註., II: 196-197.

80. David F. Noble, *America by Design* (New York, 1977). Also see Paul Israel, From *Machine Shop to Industrial Laboratory: Telegraphy and the Changing Context of American Invention, 1830-1920* (Baltimore, 1992).

81. *Report on Relations between Labor and Capital*, II: 193-194, 196.

82. Gronlund, *Cooperative Commonweath*, 33.

83. *Report on Relations between Labor and Capital*, I: 147.

84. Gronlund, *Cooperatiye Commonwealth*, 75. 技術發明與工藝勞動的連結關係，請見Nicholas K. Bromeil, *By the Sweat of the Brow: Literature and Labor in Antebellum America* (Chicago, 1993), 40-58.

85. *Report on Relations between Labor and Capital* I: 1095.

86. 同前註., II: 188.

87. 同前註., II: 189.

88. Jurgen Kocka, *White Collar Workers in America 1890-1940* (London, 1980), 45-46. 針對這個趨勢的凸顯及意義給予著墨的分析，早年的著作是Richard Hofstadter, *The Age of Reform* (New York, 1955), 148-173.

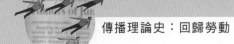

89. In Bromell, *By the Sweat of the Brow*, 28.

90. Kocka, *White Collar Workers*, 83, 136-137, 147-153.

91. Fink, *Workingmen's Democracy*, 24. 勞工騎士會的各地方支部不僅接納工廠工人為其會員，一些自營業商人、農民、手工匠、中層人員，以及沒有得到酬勞的家務勞動女性，也都是它的會員。*Kocka, White Collar Workers*, 55, 299.

92. Gronlund, *Cooperative Commonwealth*, 101, original emphasis.

93. Dr. A. Douai in *Report on Relations between Labor and Capital*, II: 719.

94. Susan Levine, *Labor's True Woman: Carpet Weavers, Industrialization, and Labor Reform in the Gilded Age* (Philadelphia, 1984), 10, 39, 63, 103-104, 106-108, 121, 126-127; Voss, *Making of American Exceptionalism*, 72-89.

95. Kocka, *White Collar Workers*, 66-68, 71-73, 84-85, 97-101, 131-132, 257-258; 參較 David M. Gordon, Richard Edwards, and Michael Reich, *Segmented Work, Divided Workers: The Historical Transformation of Labor in the United States* (Cambridge, 1982).

96. *Montgomery, Fall of the House of Labor; Braverman, Labor and Monopoly Capital.*

97. 政治經濟學試圖掌握「知識勞動」這個概念，我在寫作中的另一著作，就此有比較全面的文獻調查與回顧，見Dan Schiller, "The Information Commodity from Grub Street to the Information Highway." （寫作中）

98. 勞力工作在社會中的普遍退化史，請見Stuart M. Blumin, *The Emergence of the Middle Class: Social Experience in the American City, 1760-1900* (Cambridge, 1989), 特別請見122-123. 透過文學論述，區分南北戰爭以前的勞心與勞力之辯的最佳作品是Bromell, *By the Sweat of the Brow*, esp. 22, 39; 這裡的引述取自Jonathan A. Glickstein, *Concepts of Free Labor in Antebellum America* (New Haven, 1991), 7. 謝謝伯恩斯坦（Michael Bernstein）提供這筆材料。

99. 另一個這個變遷的指標是：「1880年代的五十萬店員及辦公室員工到了本世紀結束之際，已經是三倍之數，其中，增加最多人數的部分是工資最低的那一個群體，他們擁有的升遷或薪水調升的機會，最少。」Blumin, Emergence of the Middle Class, 291.這個更大運動與變遷的研究不少，針對其不同側面，也讓人深受啟發的作品包括 Braverman, *Labor and Monopoly Capital*; Margery W. Davies, *Women's Place Is at the Typewriter: Office Work and Office Workers, 1870-1920* (Phila-delphia, 1982); Cindy Sondik Aron, *Ladies and Gentlemen of the Civil Service: Middle-Class Workers in Victorian America* (New York, 1987); Dale L. Johnson, ed., *Class and Social Development: A New Theory of the Middle Class* (Beverly Hills, 1982); Kocka, *White Collar Workers*.

100.McMath, *American Populism*, 192; Fones-Wolf, *Trade Union Gospel*, 20, 80-82, 102.

101.Quintin Hoare and Geoffrey Nowell Smith, （編輯及翻譯）, *Selections from the Prison Notebooks of Antonio Gramsci* (New York, 1971), 8.

102.Baptist Hubert in *Report on Relations between Labor and Capital* II: 946.

103.Joseph Dietzgen, *The Nature of Human Brain Work: An Introduction to Dialectics*, trans. Ernest Untermann (Vancouver, 1984), 28. 馬克思說狄次根是「我所知道的工人當中，最有天賦者之一」，馬克思說他的著作「是獨立的開創之作」，雖然其間「是有一些些的混淆」，「卻有更多更多非

常秀異卓越的內涵，如果再考慮這是一位工人的獨立產品，這就讓人讚嘆了。」恩格斯同意這個論斷，他說狄次根的書，顯示「這是值得大書特書的領悟，在這麼不足的研究成果之上，居然能夠產出如此正確的東西」。Karl Marx and Frederick Engels, Collected Works, vol. 43 (New York, 1988), 149, 154-155, 173, 153.

104.*Anson Rabinbach, The Human Motor: Energy, Fatigue, and the Origins of Modernity* (Berkeley, 1992). 例外於這個通則而值得一提的例子是莫里斯（William Morris），參見E. P. Thompson, *William Morris: Romantic to Revolutionary* (New York, 1961), 特別是 800. 不過，即便是莫里斯透過這個問題也不能找到真理的道路，參見William Morris, "Useful Work versus Useless Toil," in Asa Briggs, ed., *William Morris: News from Nowhere and Selected Writings and Designs* (Harmondsworth, 1986), 117-136.

105.Walter L. Adamson, *Marx and the Disillusionment of Marxism* (Berkeley, 1985), esp. 40-105; Rabinbach, *Human Motor*; Marshall S. Shatz, *Jan Waclaw Machajski: A Radical Critic of the Russian Intelligentsia and Socialism* (Pitts-burgh, 1989); Stanley Pierson, *Marxist Intellectuals and the Working-Class Mentality in Germany, 1887-1912* (Cambridge, 1993); Carl Levy, ed., *Socialism and the Intelligentsia 1880-1914* (New York, 1987).

106.相關的制度脈絡，請見 Laurence Veysey, *The Emergence of the American University* (Chicago, 1965).

107.George E. Mont, "Socialization of Industry-No. 2," *The Citizen* (Los Angeles) 5, no. 364 (21), (Oct. 13, 1912). 賴德勒（Harry W. Laidler）是「產業民主聯盟」（杜威在1921年加入）的執行長，他最晚在1935年主張要建立「均富合作社」Harry W. Laidler, Socializing *Our Democracy: A New Appraisal of Socialism* (New York, 1935), 161.

108.Edward Alsworth Ross, "The Suppression of Important News," *Atlantic Monthly* 105 (March 1910): 303-311.

109.Parsons, *Telegraph Monopoly*; Ely, "Why Government Should Own the Telegraph." 謝謝伯恩斯坦指出經濟思想史的這個論點。

110.Thorstein Veblen, *The Theory of the Leisure Class* (1899; New York, 1926), 40-44, 97. 1963年，丹尼‧貝爾（Daniel Bell）為韋伯倫古典著作《工程師與價格系統》（*The Engineers and the Price System*）撰寫序文，他寫道，「生產力與不具生產力之別、辛勤勞動與金錢計算的僱用之分……是貫穿（韋伯倫）著作當中的一個特殊引線，它反映了手工匠的心理，他們從根對於都會生活就非常地怨恨，以及恐懼。」見Daniel Bell, "Introduction to the Harbinger Edition," in Thorstein Veblen, *The Engineers and the Price System* (New York, 1963), 32.

111.Thorstein Veblen, *Absentee Ownership and Business Enterprise in Recent Times: The Case of America* (New York, 1964), 300, 305.

112.Thorstein Veblen, *The Engineers and the Price System* (New York, 1921), 7-8.

113.Veblen, *Absentee Ownership*, 310; Veblen, *Engineers and the Price System*, 110, 109; Bell, "Introduction," 32.

114.Dorothy Ross, *The Origins of American Social Science* (Cambridge, 1991), 117, 133. Mary Furner, *Advocacy and Objectivity: A Crisis in the Profes-sionalization of American Social Science, 1865-1905* (Lexington, 1975).根據當代對於教授學的一項史學研究，該作者的看法是，「階級與氏族背

景，加上專業意識形態、訓練與功能，總和起來就產生了作用，讓高的生活水平得以有了正當說法。服務真理與共同生活的理念讓那些用來正當化的理由，得以產生一種反物質的理想主義之文飾。」Frank Stricker, "American Professors in the Progressive Era: Incomes, Aspirations, and Professionalism," *Journal of Interdisciplinary History* 19, no. 2 (1988): 251.

115.Ross, Origins, 117-118. 貝米司在1895年被芝加哥大學解聘，杜威回顧當時的情況，他在寫給夫人的信中表示，他一點都不懷疑，時任芝大校長的哈波（William Rainey Harper）「擔心傷害了資本家的感情，他眼中所見，唯大學外牆的金錢面而已，對於有益於生活的實質提升，他魯鈍愚蠢」。見 Robert B. Westbrook, *John Dewey and American Democracy* (Ithaca, 1991), 91.

116.Ross, *Origins*, 101-102.

117.這一段總和材料取自Westbrook, *John Dewey*; Andrew Feffer, *The Chicago Pragmatists and American Progressivism* (Ithaca, 1993); Lewis S. Feuer, "John Dewey and the Back to the People Movement in American Thought," *Journal of the History of Ideas* 20 (4) (Oct.-Dec. 1959): 545-568; George Dykhnizen, "John Dewey and the University of Michigan," *Journal of the History of Ideas* 23 (4) (Oct.-Dec. 1962): 513-544; Neil Coughlan, *Young John Dewey: An Essay in American Intellectual History* (Chicago, 1975), 90-93; C. Wright Mills, *Sociology and Pragmatism: The Higher Learning in America* (New York, 1964), 279-324; and Larry A. Hickman, *John Dewey's Pragmatic Tech-nology* (Bloomington, 1992), 167.

118.Westbrook, *John Dewey*, 315, 454; John Dewey, "A Great American Prophet" (1934), in Dewey, *The Later Works, 1925-1953*, vol. 9: *1933-1934*, eds. Jo Ann Boydston, Anne Sharpe, and Patricia Baysinger (Carbondale, 1986), 102-106.

119.最有參考與閱讀價值的作品是Czitrom, *Media*; John Durham Peters, "Satan and Savior: Mass Communication in Progressive Thought," *Critical Studies in Mass Communication* 6 (3) (Sept. 1989): 247-263 at 252-254; West-brook, John Dewey, 51-58; Coughlan, *Young John Dewey*, 93-108; Feffer, *Chi. coat Pragmatists*, 82-86.

120.David H. Burton, ed., *Progressive Masks: Letters of Oliver Wendell Holmes, Jr., and Franklin Ford* (Newark, 19821, 11-22, 111, 114). 這是一個徵兆，學術界對同時出現的民眾對傳播之批判，多有疏忽，實情是，福特理念對於杜威所產生的影響，據說來自於兩方面的作用，兩者之結合並非出乎安排，一是福特自己的「動能」性格，再就是杜威「耳朵軟」而易受影響——考藍多少有些讚美地提及，這是他的「終生弱點，容易在大言不慚之下，受到影響。」Coughlan, *Young John Dewey, 96; Westbrook, John Dewey, 52; Fred. H. Matthews, Ouest for an American Sociology: Robert E. Park and the Chicago School* (Montreal, 1977), 22; Czitrom, Media, 104,最後這本書說，福特的理念「很怪異地混合了傳媒改革、聯合供應的辛迪加主義，以及半生不熟的社會主義」。

121.Westbrook, *John Dewey*, 52-53.

122.福特是持續保持其承諾，相關證據請見蒐集在後書的信件，Burton, ed., *Progressive Masks*.

123.Franklin Ford, Draft of Action (Arm Arbor, July 1, 1892), 58. 美國領導階層預見及研判帝國角色的日漸吃重之際，福特的國際雄心也同樣外露並不遲疑——他提出了「從緬因州至加州」的隱喻。因此，美國的發展必然「為其情報的組織鋪設道路，藉此也就連繫於整個世界的情報」。福特以這個告誡結束這部作品：「這是一個偉大的事實，英語人口得要將情報彙整至一個中心，然後加以

傳布。就這樣，最後就是核可將權力放入英格蘭與美國的聯手。.樂石先生（譯按：全名是William Edward Gladstone,1809-1898，自由黨人，1868年起前後出任英國首相四次，最後一次是1892-94年；有人認為他是英國首相當中，最偉大的一位）在寫英格蘭與美國人的時候，這麼說，「總合起來他們住在這麼廣袤的領土，他們的語言使用，他們是世界的主人，世人必須照著他們之所為而為。」同前註., 20, 58.

124.同前註., 28, 29.

125.Dorothy Ross, "Socialism and American Liberalism: Academic Social Thought in the 1880's," in Donald Fleming, ed., Perspectives in American History, vol. XI: 1977-1978 (Cambridge, 1978), 31-32, 58-60, 73; Gilbert, *Designing the Industrial State*, 26, 34, 37; Lipow, *Authoritarian Socialism*, 91-92, 161, 185, 196. 福特的兄弟克羅登（Corydon）繼續起而編輯貝米司的期刊*The Coming Nation. Lipow*, 同前註., 108.

126.In Winifred Raushenbush, *Robert E. Park: Biography of a Sociologist* (Durham, 1979), 18; 亦請參見 Hanno Hardt, *Critical Communication Studies: Communication, History and Theory in America* (London, 1992), 42-60.

127.同前註., 21.

128.Matthews, *Quest for an American Sociology*, 20.

129.根據史學家羅斯的描述，是有一個人特別地想要「以特別的，也是混雜的職業類型的排列」，「消解階級的束縛」，這個人就是派克，羅斯對此提出的總結與概括就是，派克總想要試著說資本家造就的秩序，合當如此而正確有理。」Ross, Origins, 363, 307, 305.

130.In Coughlan, *Young John Dewey*, 145.

131.Peters, "Satan and Savior," 249-250.

132.John Dewey to William James, June 3, 1891, in Ralph Barton Perry, *The Thought and Character of William James: As Revealed in Unpublished Correspondence and Notes, Together with His Published Writings*, vol.2: *Philosophy and Psychology* (Boston, 1935), 518, in Raushenbush, Robert E. Park, 19.

133.收於 John Dewey, The Middle Works, 1899-1924, vol. 9: 1916, *Democracy and Education*, ed. Jo Ann Boydston, intro. Sidney Hook (Carbondale, 1980), xx, xxiii. 杜威寫道，「民主不是僅只是政府的形式，民主主要是一種聯合生活的模式，是相互攜手的溝通與傳播之經驗。在一塊空間之上，許多的個人參與其間，各自悠遊其間，每個人都能將自己的行動與他人的動靜連繫起來，考量他人的行動，據此定位自己的行動方向，如此一來，也就打破了階級、種族及民族領域所設定的藩籬，苟能如此，則人們的行動也就不會再受到這些藩籬的局限，而能看出這些行動的完整意義。」同前註., 93.

134.Westbrook, *John Dewey*, 53.

135.Mills, *Sociology and Pragmatism*, 375-376.

136.John Dewey, "The Reflex Arc Concept in Psychology," in 前揭引述, *The Early Works, 1882-1898, vol. 5: 1895-1898, Early Essays* (Carbondale, 1972), 108, 97.

137.Feffer, *Chicago Pragmatists*, 149. 亦請參見 Westbrook, *John Dewey*, 67- 70. 杜威對「反射弧」的批判為米德提供了不可或缺的基礎，據考藍說，米德在其後三十年內的大多數時光，就此而學習如何論述，以便讓人接受「人先是具有社會性，然後才是個人，我們先是意識到了他人，才意識到了

我們自己，實情確實如此，我們獨特的人類行為之某些面向，特別是我們對於意義的意識，唯有我們先接受人本質上是社會的存在，才能得到理解。」Coughlan, *Young John Dewey*, 149.

138.George Herbert Mead, *On Social Psychology* (Chicago, 1956), 243.

139.我贊同希克曼的看法, *John Dewey's Pragmatic Technology*, 166-195, 雖然希克曼為杜威的方案背書，我歉難同意。

140.卡瑞就這點已有闡述，見James W. Carey, "Commentary: Communications and the Progressives," *Critical Studies in Mass Communication* 6 (3) (Sept. 1989): 276-277.

141.Dewey, *Public and Its Problems*, 146-147, 126.

142.Ford, *Draft of Action*, 16, 6, 8.

143.In Westbrook, *John Dewey*, 54. 對於杜威來說這還是不失為可行的理念，相關評論請見*Public and Its Problems*, 182-183; 參較 Dewey, "Intelligence and Power" (1934), in *Dewey, Later Works*, 107-110.

144.In Coughlan, *Young John Dewey*, 125.

145.Feffer, *Chicago Pragmatists,* 180.

146.Dewey, *Democracy and Education*, 210.

147.同前註，264, 270.

148.Hickman, *John Dewey's Pragmatic Technology*.

149.這樣看來，「工作」（work）或許在這樣的時候可以等同於探索或情報，如同下列用法：「什麼是工作——工作不僅只是表現於外，而是內心的態度？它指出人不再只是滿足於接受並依據事物所顯示的意義而行動，它還要求事物本身的意義，要能連貫與一致。」參見John Dewey, *How We Think* (Buffalo, 1991), 162-163. 或者，另一方面來看，雖說也失之為短暫，「藝術」或許也可說是「生產的過程」，參見. John Dewey, *Experience and Nature* (New York, 1958), xv.

150.Dewey, *Democracy and Education*, 260.

151.同前註，146, 147, 158.

152.派克在其後的新聞社會學書寫，再次顯現並放大了相同的習氣。先是保留了福特的「信念，也就是傳播是現代社會的主要黏著劑，因此改進新聞傳輸的品質就能提高整個社會的品質」，派克接著就在「自由派的例外」（liberal exceptionalism）傳統之內，方方正正地安置與部署了「傳播」，當代社會科學可說已經被「自由派的例外」所支配。參見 Matthews, *Quest for an American Sociology*, 25, 29.

153.Feffer, *Chicago Pragmatists*, 244-245, 247.

154.Dewey, *Democracy and Education*, 7. 這段話經常為人引述，用意是要以其作為手段，建立杜威在相當早期的時候，已經攸關傳播研究，參見Czitrom, *Media*, 108.

155.Dewey, *Public and Its Problems*, 152.

156.參較 Westbrook, *John Dewey*, 81; 參較 Dewey, *Public and Its Problems*, 161-162, 169.

157.Feffer, *Chicago Pragmatists*, 117-146. Also see Westbrook, *John Dewey*, 150-194, 401.

158.Dewey, *Public and Its Problems,* 211.心理學及哲學對於個性的延伸討論，參見前註., 88, 102, 158, 186-191.

159.Coughlan, *Young John Dewey*, 129.

160.Dewey, *Public and Its Problems*, 146.

161.同前註.

162.米德在1909年如此寫著,「人類傳播很可能始於合作……雖說行為不同,惟一人之行動同時回應,也召喚他人的行動。」費佛因此有這樣的評論,他說,米德想要解決杜威早年所遭遇的困難,也就是究竟合作的情報之起源:「傳播(後文稱之為人的本質)並非起於謹小慎微,也不是起於競爭,也不是起於模仿,而是起於具有建構意義的合作,這就是說,人的社會性,並非起於個人為了調適所發展出來的謹小慎微之策略,而是與語言的出現一起顯現。」參見Feffer, *Chicago Pragmatists*, 239. Also see Coughlan, Young John Dewey, 113-133, 149-150.

163.In his *Experience and Nature* (1925), quoted in Czitrom, *Media*, 108. 卡瑞就此已經有很多論述,參見 James W. Carey, *Communication as Culture* (Boston, 1989), 13ff.

164.Dewey, *Democracy and Education*, 7, 14.

165.Ford, *Draft of Action*, 48.

166.同前註,1, 2.

167.Dewey, *Public and Its Problems*, 179.

168.同前註,169.

169. 這個理念所取得之更廣泛的用法,參見Gary Cross, *Time and Money: The Making of Consumer Culture* (London, 1993), 52-53.

170.Dewey, *Public and Its Problems*, 169, 114, 123, 139, 126.

171.Feffer, *Chicago Pragmatists*, 233, 252, 223; Lipow, *Authoritarian Socialism*, 196-197, 265.

172.In Coughlan, *Young John Dewey*, 145.

173.Dewey, *Public and Its Problems*, 154-155.

174.Feffer, *Chicago Pragmatists*, 269. 亦請參見 Dewey, *Public and Its Problems*, 110; Westbrook, *John Dewey*, 205, 309-311, 315-316. 關於米德,還可以參見Andrew Feffer, "Sociability and Social Conflict in George Herbert Mead's Interactionism, 1900-1919," *Journal of the History of Ideas* 51 (2) (April-June 1990): 233-254; Dmitri N. Shalin, "G. H. Mead, Socialism, and the Progres-sive Agenda," *American Journal of Sociology* 93 (4) (Jan. 1988): 913-951; Gary A. Cook, "The Development of G. H. Mead's Social Psychology," *Transactions of the Charles D. Peirce Society* 8 (3) (Summer 1972): 167-185.

175.Richard Hofstadter, *The Age of Reform* (New York, 1955), 148-163; Patten and George in Gilbert, *Designing the Industrial State*, 45, 81; Clark, Ely, and Bellamy in Pittenger, *American Socialists*, 31, 37, 43, 69; 貝拉米斯與新中產階級的關係若何?相關的深入討論請見Lipow, *Authoritarian Socialism, 64*, 96-159.

176.Gronlund, *Cooperative Commonwealth*, 237-238; Ford, *Draft of Action*, 52.

177.Gronlund, *Cooperative Commonwealth*, 201-202.

178.Ford, *Draft of Action*, 55.

179.Ross, *Origins*, 237. 扼要討論杜威對「社會科學與社會控制之觀點」者,請見 Coughlan, *Young John Dewey*, 157.

180.這樣的強調很久以來都是唾手可得,如1976年,我們就可以讀到這樣的說法:「後工業社會以

知識為核心，社會組織的目標在於社會控制，以及指導創新與變遷……」，見Daniel Bell, *The Coming of the Post-Industrial Society* (New York, 1976), 20.

181. Ross, *Origins,* 236, 233, 247-256.

182. Robert H. Wiebe, *The Search for Order*, 1877-1920 (New York, 1967), 151; Braverman, *Labor and Monopoly Capital*.

183. Ronald Steel, *Walter Lippmann and the American Century* (New York, 1981).

184. Czitrom, *Media*, 112. 杜威對於「思想新聞」（Thought News）須知，福特有個包容更為廣泛的「情報信託」，而「思想新聞」是脫胎於信託的第一個承諾——何以失敗的最終判斷是有些意思的。在他看來，原因只在該方案流於「包山包海，我們根本沒有手段，也沒有時間來使之付諸執行」，該方案「對於心存此念的人來說，也還是太過先進，雖然他們都算是成熟的人」。將近六十年已經流逝，但是，杜威並不比1890年那個時候來得更有領悟一些，他還是沒有能夠挺身正視社會關係，正是起於特定社會關係才有這個概念的提出，而也是社會關係的具體阻礙，這個方案才無法成功，參見Westbrook, John Dewey, 57.

185. Laidler, Socializing Our Democracy, 270.

186. In Westbrook, *John Dewey*, 401.

第二章

怪異的支配方式

　　在兩次大戰之間，人們認為不再可能結合「勞力」（manual）與「勞心」（mental）活動於統整的複合理論，即便是另以他名為之，如同杜威的工具主義一度所作的嘗試──這樣的念頭已經完全消失。不過，人們雖然確鑿地不再談及「勞動」（labor），但是傳播的相關思考畢竟難以迴避之，其後相關的特性還是反覆展衍。這就是說，隨後各個大的歷史過程及其爭論依舊留有勞動的身影。如果我們如實地回顧這段歷史，必會發現傳播研究很有能耐，足以將現實的知識納入特定的組合：這樣的能力最為清楚地展現在傳播與「宣傳」在兩次大戰期間的契合[1]。就此，我們越來越能清楚看出，實用主義者所偏好的思路，也就是建構彼此合作成事──「有機的才智」──的機會，其實是相當脆弱的，因為就在這個時刻，強大有力的財團及政府聯袂發動，他們以雷霆之勢，對於傳媒展開史無前例的攻擊。從思想的角度來看，有了這次參照的移轉之後，有關傳播的討論也開始不再限縮於新聞及公共事務，而是開始重新導向，如今論及的是更為一般的「文化」──這就諭示了日後的發展方向。本章首先探討在兩次大戰之間，人們針對宣傳的社會意義所展開的激烈辯論。接著，筆者勾勒其後的一系列變化與回應，透過這些回應，學院的傳播研究者功成身就，樹立了自己是正當繼承人的地位，他們透過孤立傳播面向的人際影響力，宣稱具備能力探索這個快速變動領域的人，非他們莫屬。

　　到了本章第二部分，我將轉而評估「大眾文化」（mass culture），另一種稱

 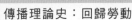

呼是「文化工業」（cultural industry）的激進批判。這股批判的力量伴隨學科的制度化過程而浮現，然而，其後的批判力道卻在很大範疇裡，又隨建制化的加深與發展而遭致拆解或抵銷。並且，兩次大戰之間得來不易的這些知識在其散播部署的過程，居然出現「意識形態」的偏倚，它強調顯然很是怪異的功能：勸服人們靜默，臣服於必然內在於大眾文化的威權傾向。這些理論家因此宣稱，社會整體性的架構內，確實存在一種極其獨特，甚或是更高層次的面向：以文化為基底的意識領導權與霸權（a culturally based hegemony）。

「意識領導」與大眾文化的批判可說是一步之遙，它起源於第一次世界大戰，因歐洲革命力量的失敗而興起，革命派必須以理論為工具，檢討政治與義理的僵局。若是以現代的意義視之，闡述最明白透徹的人，堪稱是安東尼‧葛蘭西（Antonio Gramsci）。他說，取得意識領導的過程，非得「透過市民社會的各種典章制度與機構不可。經由直接或間接運作，它們所承載的無數手段塑造人的知性與感性結構，透過這些結構，人們對於社會實體的各種問題開始有了認識、觀感與評價」[2]。換個話語來說，就是「市民社會的各種典章制度——各級學校、家庭、宗教、傳媒與其他種種——如今在社會控制的過程扮演了更為核心的角色」[3]。這樣看來，「意識領導權」是一個指標，標誌資本主義社會在維續其階級統治時，強制與同意的比例發生了變動，這是具有決定性的意義移轉。它照亮了意識的角色、點清了主觀而不是客觀情境的角色，它解釋人們何以不抵抗而靜默或逆來順受。順著這個思維，論者很容易就會覺得，權力的主要運作領域，或甚至權力，完全運作於「文化」這個自我指涉的領域；如此一來，文化的重要性就變成無與倫比，近乎意識形態，此時，人們如果不是完全同意，就是抵死不從。不過，這種概念並不充分；如同安德森（Perry Anderson）對此概念的提醒，它的不足，在於忽略「第二次世界大戰後，當代資本主義的權力結構之中，暴力具有『根本的』或決定的作用……」。如果能夠領悟這個道理，那麼，我們不該忘記澄清，表面上，文化的意識領導權似乎可以孤立或分開看待，但其實我們必須提醒自己：「在世界資本主義的核心國家當中，其資產階級的權力結構，既有默認與同意的成分，更有強制及脅迫的色彩，兩者『彼此的關係或連結』，是些什麼？」[4]

　　值得一記的是，在冷戰爆發之前，對於究竟是強制多些還是默認多些，究竟在各歷史過程兩者的比例問題，各大眾文化理論家並不是毫無體認。不過，隨著戰後世局的發展，他們越來越是認為，意識形態所產生的默認作用，對於社會支配模式所造成的效果，越來越大。為什麼會這樣？透過本章，我希望展示的論點是，造成這種趨勢（尤其是1948年之後）的原因很多，而其中重要者之一是，論者在概念上還是無法善處勞動這個類目，特別是無法善處「知識」勞動這個概念。在兩次大戰之間，「知識」勞動的問題已經是重大議題，讓人苦惱，也有一定的歷史尖銳性格：在德國，由於白領勞工成群大舉增加，階級身分的不確定成分更是因而增添幾分，法西斯威權主義在此取得相當特別的、眾所周知的社會基礎。這個「知識」勞動者構成了怪異階層（anomalous stratum），事實上，他們所構成的社會主體，正好就是以大眾文化作為其客體，特別是在冷戰的鎮壓脈絡中，大眾文化實在是宛若一個謎，也散發著不祥的味道。

第一節

　　環繞宣傳而浮現的綜合概念，其最初的來源相當多重也相當複雜。首先，在「進步年代」扒糞新聞的凸顯下，報業是否健全已經是備受關注的重要課題，而它與大眾批判（popular criticism）的早期傳統，形成了重要的連帶[5]；其次，人們廣泛意識到傳媒在第一次世界大戰期間飽受全面操弄，於是浮現第二股負面的觀感。不過，我們還應當承認與強調，在第一次大戰結束後的前十年，人們也可能察覺當時已經有人毫不羞恥地說，新傳媒的訴求就是要很有效率地執行或許可以稱之為「大眾說服」（mass persuasion）的工作。伯那雷司（Edward L. Bernays）在1928年這麼寫著，「當然，確實是由於大戰期間的宣傳成效驚人，所有各方面的大小官員才開始有了想法，他們開始認為，要將公眾之心納入框框架架是可能的。」伯那雷司自己是美國公共關係業界的先驅，他說公關措施的存在與運作正當有理，他的言詞相當具有攻擊性，他宣稱「我們必須很自覺且明智地操縱麻思大眾（masses）的組織化習慣與意見」，他說公關手法：

是民主社會的重要元件……如果大量的人要共同平和生活、要讓社會能夠運作，他們就必須透過這個方式彼此合作……為了免除……混淆，社會應該同意限制自己的選擇，同意只接受各種宣傳方式傳遞給我們的理念與目標……今天，無論是哪種性質，政治的、財政的、製造業的、農業的、慈善事業的、教育的或其他領域的，只要它想產生重要的社會影響，就得藉助宣傳的幫忙。宣傳是無形政府的有形執行手臂[6]。

戰後，李普曼毫無快快不快的樣子，他很快將這個論點調和於戰後的情境，伯那雷司則大剌剌地慶賀，他說，傳播就是社會控制的一種機制。但是，固然有一批人喜孜孜地慶賀宣傳，認定公關手法讓私人目標與社會需要得以調和，因此可喜手段，惟另有一批人，即便出於不同的理由，但他們認為宣傳根本就是極為惱人的問題。

這股知識的重新定向有跡可尋，如果我們想要瞭解它何以能夠迅速成形，就必須革除時下風行的作法，這就是說，我們不能僅從單一角度對宣傳進行分析。構成眼下諷刺圖像的來源，其本身[7]就很有意思，我在下文會有更多討論。惟此刻我們只消指出，1950年代盛行一時的典範說法當中，最為知名的學人就是凱茲（Elihu Katz）與拉查斯斐（Paul F. Lazarsfeld）。透過他們，特定的研究取向取得了正當性，而他們的著作《親身影響力》（*Personal Influence*）最能夠說明這個取向。它說，在（1930年代）經濟大蕭條年代，粗暴的理論——就是「皮下注射論」與「神奇魔彈說」這些輕蔑術語所涵蓋的內容——俘虜了相關的分析，但是，出於不符科學的無知狀態，這些理論過度陳述了傳媒影響力的性質與規模。根據（譯按：1950年代的）典型觀點，在學界系統地否定宣傳分析之後，具有科學內涵的傳播研究就此成形，「釐清了確定的立場」[8]。

1930年代的大眾說服分析認定，傳媒訊息的角色最為重要，實情確實如此。不過，他們並不必然強調訊息的單一效果，甚至一般來說並不針對個別訊息的單一效果而發言，他們也不必然認定閱聽人是被動且消極。最近，有一項相當權威的調查研究指出，「在1940年代以前」，二十世紀美國有關傳媒與兒童的研究，「包括認知概念的研究、兒童使用傳媒的發展差異、聚焦於研究兒童擁有的外界

知識，還有兒童的態度、價值，以及他們自己的道德行為。雖然這些研究者感受到傳媒效果的強大，他們也認知其他因素的存在，比如，兒童的發展水平或社會階級背景都會影響傳媒的作用[9]。」或許，有關宣傳研究的綜合結論當中，最為重要的是，這類研究的注意軸心並不在訊息本身，也不在閱聽人的認知；反之，如同史普勞爾（Sproule）堅定地表明，這類研究有所堅持，它最為關注的核心是，社會行動集團為了追求自己的利益與目標，屢屢透過其強大的制度手段，遂行其公關與檢查工作[10]。集中於分析宣傳之後，我們就能發現美國的公共文化（public culture），其實衍生自美國社會內部的權力作祟——確實，到了今天還是這樣[11]。

　　國際法西斯主義的聚攏舉事、嚴峻的經濟蕭條，再加上國內政治的紛擾，在在使得知識氛圍無法不在性質上有所改觀。1930年代有雙重特徵，一個是複合的焦慮，究竟傳媒的地位與功能是些什麼？另一個特徵是，寬泛言之，無論是自由派或者左派，他們都對「宣傳的威脅」反彈甚大，不以為然[12]。雷葛爾（O.W. Riegel）在1934年對此有個結論，「在現代條件之下，各國都認為傳播是社會控制的主要工具，因此也就緊抓不放」，「各國政府都想控制自己的傳輸設備，從而控制新聞，他們同時動員附屬的宣傳形式，目標就是要讓本國人民產生順服與愛國的心理狀態，同時向海外散播有利於本國的宣傳，這是國家政策之事[13]。」此後的數十年間，人們對於強大有力的傳媒產生了巨大的焦慮情緒，從中再對威權體制可能利用宣傳系統，感到莫大憂心。

　　美國人產生這個類型的焦慮，原因還不只是海外出現了獨裁者。批判派與改革派雙雙開始認為，他們應該引入史普勞爾稱之為「倫理問題」的角度，以此審視既有的社會控制這個概念，若能如此，則「民意遭人操縱」這個事實[14]就足以質疑當前的民主地位。循著這個思路，宣傳分析的批判潛能就不再局限於戰後的當下情況。須知，李普曼那時運用相同的見解——例行手段僭越傳統的民主機制，操縱並有效塑造「我們腦海中的圖像」（picture in our heads）——對於李普曼來說，這個看法正可拿來合理化他的反民主立場，論稱菁英採取制度化手段介入民意的形成，正當有理。在1930年代的時候，實況與此有了相當大的反差，研究宣傳的主旨變成是揭露；它成為主要的手段，旨在暴露理當良善或至少是中性的社會機構，其實存在著結構的偏差。四面八方的分析家「動手細查各大制度與

機構、傳媒與訊息」，目的是要議論，並審時度勢地介入——「基本社會問題的處理。這就是說，強大的社會勢力總是想方設法要控制民意，分析家引以為問題而要加以處理[15]。」有關大眾說服的討論，自此與政治及社會組織的根本問題，融合為一。

　　當時，報紙產權走向集中，各大企業與相關機構對於廣告與公關節目的總體需求也在增加，凡此種種而特別是後者就促使關注盤旋上升，對於美國這塊共善之地的大眾說服技術與機制的地位，人人紛紛深刻垂詢。讓人最為動容的是關切這個現象的人[16]相當廣泛，遍及新政（New Deal）的自由派與左派聯盟——儘管對於如何診斷並為這些問題開出處方，各方的歧見相當尖銳。此時，即便是在學院之內，十九、二十世紀之交的理念與批評也再次浮現，雖說這次通常另有一些新的矯飾。到了1933年已經有許多社會科學家開啟新的動向，他們不再只是概括地說（「大眾說服機構」的集中度日漸增加，致使它們控制個人行為的能力大為強化），他們開始提出批判：這些論者強調，「傳播系統無所不在，人們難以免脫於這個困境」，但這一點都不是「社會可欲之事」，而純然出自於「競爭的力量」所造成[17]。拉斯威爾（Harold Lasswell）與李普曼相同，他認定在民主政體之內，宣傳是個讓人歡迎的手段，是組織民意的有效機制。即便他有這個認定，經驗豐富的他還很生動地描寫，「宣傳者為權力而較勁」，不僅在德國如此，在美國也是相同，宣傳不但服務國家社會主義，宣傳還服務企業財團的廣告需要[18]。拉斯威爾同樣也認為，假使要廣泛評估宣傳的角色就必然得藉助歷史的探索與深究。他這麼建言：「是以，我們應該評估，遠自法國大革命近至蘇俄革命，宣傳對於『無產階級革命』的浮現或阻礙的淨效果究竟是些什麼[19]。」在整個第二次世界大戰期間，在主流研究者的筆下，至少有關「大眾說服」的寓意及內涵是些什麼，依然持續處在一種曖昧的狀態。最晚到了1946年，這股新興的傳播行政研究另一位先驅莫頓（Robert K. Merton）就有如後觀察：「就在今朝此日以前，迅速勸服人民大眾的規模從來還沒有達到這麼大的聲勢。」他還相當平靜地說，無論是業界或學院，只要與社會心理的研究或應用有關，就無法「逃避，隨著宣傳被當成是社會控制手段而出現的道德議題，就會如影隨形地出現」。在有關凱特·史密斯（Kate Smith）基金會戰時公債的馬拉松式銷售一例，莫頓總結哥倫

比亞廣播公司在第二次世界大戰期間的相關表現，他說本案例讓人對於「民主價值」與「個人尊嚴」的前景，有理由產生嚴肅深刻的掛念[20]。

在經濟大蕭條的十年間，究竟是哪些力量促使這類討論日見急迫？最重要的因素還是社會鬥爭有增無已[21]。一方面幾乎無人爭論或否認的實情是，全美「產業組織工會」（Congress of Industry Organizations, CIO）的內部，以及環繞CIO而產生的大眾勞工階級之對抗主張與力量持續升溫，同時，各大都會及全國規模的激進政治也在成長；另一方面，商業階級也在躍動，其中有些人公然與法西斯主義眉來眼去，還有更多人敵視新政的程度到了毫無妥協餘地的地步，他們既害怕又厭惡，他們眼睜睜地看著新政的經濟與社會規劃，認為這些規劃侵犯了神聖的企業自由。

對於傳播產業的社會宗旨及其政經控制結構，左派再次有了興趣，對於快速變易的流行文化之條件，左派也再次有了興趣；這些新情勢透過許多方式而浮現，其中最為重要的是1930年代中後期，也就是「聯合陣線」成軍的時期，美國共產黨居間想要聯合自由派的新政，共建反法西斯主義聯盟[22]。羅狄（James Rorty）❶在1934年著有一書《咱們主子的聲音：廣告》，它根源自韋伯倫的經濟學與當前的社會主義理論，或許，我們可以說這是最為傑出的範例，顯示當前傳媒的分析如果資訊與觀點完備，就能夠讓人坐立難安、能夠咬人一口。我們稍後還會看出，雖說在關鍵要點還有保留，但我們簡直可以說，羅狄早就提前完整表達了日後的大眾文化理論，他在有些方面的觀察，幾乎具有如詩一般的品質。

然而，參與及貢獻其間的許多盟友，性質各有差別。比如，在當代社會若要完整且連貫地談及藝文人士的處境，就非得將電影與廣播納入討論不可，並且兩者的樞紐角色可說越來越吃重。1930年代中期的「作家工會」（Writers' Congress）又是另一番故事，它集結了堪稱廣泛的人馬，包括小說家、劇作家、詩人與螢幕編劇家等等，他們大致受到另一個理念的動員，俗稱「藝術概念的激進翻轉」：先前，他們奉行「藝文自主、甚至是藝文的冷漠無動於衷之原則，現

---

❶譯按：其子Richard Rorty（1931-2007）是美國知名的實用主義哲學家，曾訪問臺北及北京。

在的原則是講究社會代表性與責任」[23]。當然，這個轉變太重要了，因此也就另有人大加撻伐，對於轉向後的美學理論及藝文承諾之性質，表示了極其不同的意見；類如《黨派評論》（*Partisan Review*）及《新群眾》（*New Masses*）——自從1920年代末以來，它們都開始定期地鑽研大眾文化的議題——等等刊物都深入參與了這些辯論，並且透過它們各自對立的人馬，也都激發了饒富意義且具有相當新意的傳媒批評。《新群眾》的布勒（Paul Buhle）提出這樣的結論：「展現在『無名的』文化、流行雜誌及青少年音樂文化的分析中，明顯可以看出新的奧妙之處，就是這些文化根本不值得認真嚴肅的藝文評論之一顧[24]。」當時，有關集體協商的權利以及工作條件的談判與鬥爭都在進行，這些抗爭在傳播產業的各個環節都在發生——電話與電報業如此、電力製造業是這樣，還有電影、收音機、音樂與報紙等等部門也在炮製——這些都促使人們更加注意到這個課題[25]。

主打上層階級的《紐約客》（*New Yorker*）是李步林（A. J. Liebling）揮灑傳媒批判的園地，其時他方當起步、小有名聲；其他期刊如《哈潑》（*Harpers*）、《國家》（*Nation*）與《新共和》（*New Public*）也都加入行列，從1940年代中期起，再有不刊登廣告的報紙PM參與其間，它們都將這些相同的主題導入主流，也就是在政治上居於主導地位的自由主義[26]。

最後是直接來自於新政的措施，其重要的創先貢獻包括：「聯邦作家計畫」（the Federal Writers Project）；當時剛剛依法成立的聯邦傳播委員會發動前所未見，對於電話產業的各種實務行為展開調查[27]；美國參議院的全美臨時經濟委員會同樣也史無前例地針對「經濟權力的集中」問題大肆調查，其中有很大一部分就是針對電信與收音機廣播而來[28]。由拉法雷特（Robert LaFollette）擔任主席的參議院教育與勞工委員會對於資方的「美國製造業公會」發動的宣傳活動，甚至多方監督檢視[29]。

推動新政的人，以及比行政團隊還要左傾的人認為傳媒理當提供重要的公共服務，但如今卻又已經淪陷於權力越來越集中的經濟集團之手，情勢實在相當危急；相當諷刺與弔詭的是，許多工商業界領導階層卻察覺，商業傳媒——「他們的」傳媒——的影響力已經在式微中。在國會審議《勞動關係法》（National Labor Relations）與《社會安全法》（Social Security Acts）時（均在1935年），

商業報紙仍然是形成民意的核心機器，它們都成為新政的堅定反對者[30]。在教唆反羅斯福的陣仗中，這些報紙扮演急先鋒的角色，其中還包括它們毫無保留餘地，盡情揭露羅斯福總統自己想方設法，總以操縱與塑造民意為尚的作風。有位質疑者這麼提問：「當前這個行政團隊不正在操弄系統的宣傳，想要不正確地呈現政府的活動嗎？政府不正在精心設計伎倆，想要扭曲真實的情況，然後透過良好規劃的宣傳系統，想讓人為製造的假象顯得是如假包換嗎？」他的結論是，羅斯福及其黨羽團隊確實有個圖謀，想要「終結憲法所確認並保障的傳媒自由」[31]。他所寫就的這份調查報告具有書籍的規模，與此同時，又有眾議員狄斯（Martin Dies）剛好也想要提案，讓國會就人所指控的這起威脅展開調查。這就是關鍵點：對於大眾說服提出理論解釋，絕非僅只是不受人愛的激進者，或甚也不只是自由派的需要；究其實，對於新政的右翼批判圈來說，他們也以傳媒作為重要的課題，這與右派偏向於支持美國外交政策的孤立與綏靖主義，經常合而為一。不多時之後，羅斯福的行政團隊回敬這個禮遇，他責成美國司法部規劃內容分析研究案，針對社論與新聞稿件提出分析，目的是要找尋證據，核實麥考米克（McCormick）的論壇報集團（Tribune group）與赫斯特報團（Hearst press）是在到處生產親法西斯的宣傳言論[32]。

　　從傳播研究的角度來看，這次兩造紛爭最重要的結果與商業群體有關。商界認為，美國總統惡行惡狀，百般干預經濟，因此對於1936年總統大選所可能帶來的新局，不無抱持希望。誠如當時兩位論者所觀察，有些企業界總裁毫不置疑地認為，美國報業在這場選戰中，當然是敵視羅斯福，「難以撼動的」這些報紙「只要財政無虞，就會成為指導輿論的自動機制」[33]。不過，在投票日前一週，審慎的警語開始出現了。針對兩位候選人火車隨隊採訪的六十八位特派員所作的調查，已經預測羅斯福可望獲得「壓倒性勝利」；還有，來自主流的一項來源說，「各大產業已經知曉、也已經斷定，當權派比較有可能勝選，再次獲得四年的執政機會……[34]」。總體的報業基調是反羅斯福的，其中最為尖銳聲討的報業大亨是麥考米克（Robert McCormick），以及最近才轉而攻擊新政的赫斯特（W. R. Hearst）。雖然報閥如此設定，但共和黨候選人藍登（Alf Landon）還是敗北，粉碎了所有的預言[35]。面對大潰敗，其後，反新政的死硬派報紙《洛杉磯時報》

（*Los Angeles Times*）發行人張德樂（Harry Chandler）也只能毫無說服力地喃喃自語地說，共和黨「絕非窮途末路」[36]。前引這兩位當時的評論人說，羅斯福以排山倒海之勢再次連任，「顯示民意輿論已經徹底表達，聲勢嚴正地震驚了美國所有的商場人士[37]。」對於大企業來說，1936年的選戰大潰敗赤裸裸地傳達了政治危機的嚴重程度；又因為經濟情勢在1937～38年間又進入了大蕭條的凹槽期，人們也再難以抱持希望，不再能夠寄望有個經濟復甦可以很快地和緩社會的兩極化。

從1936年至美國參戰（1941年）之間，情勢越來越不穩定。即使當時還不能說是出現了意識領導的危機——因為反對力量還是持續受到圈限，大抵僅能在共和與民主兩黨的系統中打轉[38]，這個看法有待辯論——但從商業階級的眼界看去，從下而發的挑戰也已經讓統治者越來越難受，他們畢竟深刻地有此感受了。亨利‧魯斯（Henry Luce）的《財星》（*Fortune*）雜誌曾經大致正確地預測，指出羅斯福即將大勝，值此背景，他在1939年8月的一篇文章說話了，這段話具有重要的意義，魯斯在這篇文字中，徹底表述了情勢惡化的程度：《財星》至此完全說出了重點，「報界甚至不再幻想還能領導民意及輿論[39]。」人們已經普遍感受到這項事實：僅在選後數日，記者懷特（W. A. White）就這麼宣稱，「報界是否有過任何政治影響力，我不太確定，但此刻我所確知的是報業如今沒啥影響力了[40]。」——即便是自由派的報紙《紐約郵報》（*New York Post*）都在一篇社論提出警示，從其標題即可窺知，「人民 vs. 報紙」，它說，總統再次獲得選舉勝利，事態嚴重，「因為這表明公眾對於美國主要的資訊管道，也就是報紙，信賴感大舉下降[41]。」信賴的不對等與鴻溝還要雪上加霜，因為，在面對傳媒對於工會的大致敵視作風，勇於對抗的美國總工會CIO的組織動能，堪稱成功。米爾士（C. Wright Mills）最晚在1950年已經視為理所當然的現象——「民意不可測」——其實與工會運動的成長有非常密切的關係，特別是1937年以後的十年，美國工會會員人數在這段期間增加了至少五倍，上升到了一千五百萬[42]。

經由這個歷程，新的且又十足重要的常人智慧於焉誕生。誠如米爾士在1950年所作的表達，「假使有人認為大眾傳媒已經完全控制、也通盤操縱了民意，那麼這樣的看法所認識的美國公共生活就不夠務實了[43]。」如實考察，米爾士稱之

為「原生公眾」（the primary public）的存在是有其真實基礎，這批人是「傳媒的電阻」（resistor of media），指涉個人在其日常生活社會網絡的身分。米爾士的觀察是：「如果存在任何社會化的有機情報能夠自由回應傳媒，以及支持那些或有可能回應的人，那麼這樣的人非原生公眾莫屬[44]。」米爾士界定問題的說法彰顯了傳媒與民意之間的鴻溝，對於實用主義者所關切之事，這具有極為重要的意涵。確實如此，我們將會得知，相同的這種兩極化情勢也設定了另兩股伏流的發展走向，一是浮現中的學院正統，另一則是前者的主要當代激進對立者：大眾文化的批判。但在轉入後者的闡述之前，我們還得先檢視報業與民意之間，招人耳目的這種落差究竟有何重要意旨，學院傳播研究者的心思已經立即為這個問題盤踞了。

　　報業何以喪失意識領導的能力？立即的根源在哪裡？這股鴻溝又如何彌補？這些都是重要的策略問題。並且，魯斯認為、而且越來越這麼認為，因為——他相信——採取緊急行動的先決條件，就是美國人必須再次團結一致，非如此無法先發制人，無法對付法西斯風潮對於美國菁英大業日漸增加的威脅。魯斯認定大眾傳媒已經善盡社會責任，看在史學家包曼（J. L. Baughman）眼中，其實只是介乎「新政及其反動的中間立場」，魯斯認為傳媒必得作此表現，否則不足以對抗他覺得已經在「破壞自由主義思潮與典章制度」的力量[45]。不旋踵，魯斯就大力贊助一個委員會的成立，宗旨就是要對傳媒的自由前景與問題，發動大規模的調查；但在當下他想要澄清的是，民意危機的立即性質究竟是什麼，為此，他資助並發布了全國羅普民意（Roper poll）調查的結果。

　　從他的關懷角度視之，調查的結果惹人不快。接受民調的受訪者當中，僅有五分之三的人覺得報紙標題通常「正確讓人知道發生了些什麼事情」，有將近一半的人覺得報紙並沒有提供公平與不偏倚的政治與政治人物新聞。結結實實有三分之二的人認為，「若有些新聞對於」發行人的朋友「不怎麼有利」，報紙通常也就「睜一隻眼閉一隻眼」，與此對照則有同樣比例的人數有個共同看法，認為這種優厚待遇也適用於大型廣告商；所有受訪者有半數的人說，報紙總是將新聞的基調定位於服務「整體商業界」的利益。美國西岸更不理想，因為超級保守的發行人支配了大都市的報紙市場，因此對於報紙抱持負面觀感的人就顯得更高一

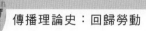

些。「報紙無法贏得廣泛認可，人們一般並不認為報紙是正確的、完整的與不偏頗的新聞之傳布者，也不認為報紙可以扮演領導社會的機制」，這是一種持續存在的觀感，公關經理人伯那雷司的看法可以說就是這個觀感的迴響，他主張報界必須集中力氣，專注在提高本身已經受損很久的形象，而許多編輯人與發行人都很贊同他的主張[46]。

報紙的公信力遭至稀釋，部分原因是因為新的大眾傳媒（如收音機的廣播）的生猛競爭所造成嗎？有些商界領袖至少是一定會做此推論，言談則不免透露了焦慮的心情。民意如流水而難以預測的原因，確實是以不同的方式，與收音機讓人咋舌的受歡迎程度產生連繫：《財星》雜誌愁容滿面地報導，前面引述的羅普民調的受訪者以相當大的差距，認為收音機比起報章雜誌更為可信、更為免於情緒的干擾[47]。在1939年時，至少有80%的美國家戶都擁有一架收音機——比起十年前，普及率整整多了一倍以上。還有，到1930年代晚期的時候，收音機已經吃下不少報紙的廣告收入。雷巴德（Huddie Ledbetter）就這麼唱著：如果想要收聽有些什麼東西，「扭開你的收音機」[48]。報業發行人對於這個新情勢的回應，就是大大增加資金，投資於他們新近發現的競爭者，他們無法阻擋收音機成為羅斯福總統賴以反攻的媒介。藉助收音機，羅斯福得以「迂迴前進，繞過敵視他的報業大亨」——雖說收音機當時也面對極大壓力，在十年大蕭條的艱辛背景之下，收音機仍得務求商業上的成功，以及大眾的信任[49]。我們暫且不談尚未加盟全國聯播網的數以百計的電臺，他們的政治本能或許還沒那麼可靠，但加入聯盟的電臺顯然享有充分的自主，不會受制於印刷媒體——包括羅斯福本人在內的新政人，無一不想要保障收音機的獨立空間，他們因此反覆攻擊報紙與收音機的交叉產權[50]——所以，這個新媒介才對新政發展出大抵利己也利於新政的報導與評價角度[51]。這個作為與表現又進一步造成報紙的不穩定，致使報紙在新聞傳媒系統之內的地位，面臨前所未有的挑戰而有些鬆動。至此，收音機已經是另一種新聞的來源，它的競爭力增強，進而——鬆動報紙的霸主地位。

當然，無論是從其立臺宗旨或其實質表現來看，聯播網廣播電臺既不想造反也無意對抗；舉個例子，在1944年總統大選期間，全國總工會CIO的蘇士曼（Leila A. Sussmann）以完整且充分的材料，佐證她的認定與看法。她說，聯播

網電臺的新聞對於勞工事件與動向的報導根本就充滿了「偏見也不公平」[52]，而蘇士曼稍後搖身一變，出任哈欽森傳媒自由委員會的媒介分析師。值得一書的其實是另一個現象——在社會衝突日甚一日的背景，傳媒系統本身也是動盪浮沈不已。從這個角度審視，我們應該說爆發於1930年代中期的「報業——廣播電臺之戰」[53]，揭示了身處角力場域的各個傳媒之特定利益，格局嫌小；真正的意義遠超乎此，因為分裂的全國商業與政治領導階層已經試圖團結彼此，以更一致的方式回應社會危機，這些企圖至此已顯得更加複雜了。

那麼商業界又該做些什麼，才能統整並重拾掌控民意的能耐呢？戰爭的腳步日漸迫近，魯斯與想法立場與他相近的同儕都在想方設法，非得揪住這個至高無上的課題無可；即便另一方面，對宣傳心存批判的分析家持續煽風點火，想要鼓動社會大眾對於大商業的敵視態度，畢竟這些大商家不改作風，動不動就習慣於對傳媒下手，想要減損傳媒的民主色彩。社會學家李氏（Alfred M. Lee）就這麼戳了一下：「如果有人仔細且全面地分析美國日報的產權結構，又將揭示哪些道理呢？」他還頗為嚴肅地警示，「有朝一日聯邦交易委員會也許就能察知」[54]。諸如此類的預警並非無的放矢。威爾斯（Orson Welles）在1941年拍了部電影《大國民》（*Citizen Kane*），等於是燒炙了報業大亨赫斯特，在此片問世前兩年，同樣也是不亞於威爾斯的一號人物艾卡斯（Harold L. Ickes）花了一些時間，趁著他身為羅斯福行政團隊的一員之時，也寫了一本篇幅足可當作專書的報告，（副題就是）「探究傳媒自由」。特為值得一提的是，有位學者說這個調查報告得自於艾卡斯「窮兩年之力，與報紙各大主編辯論廣告與新聞的財政偏倚」[55]，艾卡斯該份報告的正題展現了他的顏色與立場：「美國的貴族院」（America's House of Lords）。從這個正題，也從他寫就的、讓人擊掌的緒論，這位內政部長（Interior Secretary）默示了這個題名來自於《報業貴族》（*Lords of the Press*）——這是艾卡斯報告書出版前一年，由獨立記者賽爾德司（George Seldes）出版的一本放言改革的書籍，書名就是《報業貴族》。艾卡斯表白：

　　「受人鼓舞，我相信美國人民再不能忍受與坐視有關個人的錯誤再現，以及違背公眾福祉的宣傳言論，與此同時，我們的經濟王公貴冑的

權力卻更加厚實與增加，而側身王公貴胄的「報業貴族」無疑占有優越的地位，至少，美國人民對此不可不公開抗議，我們的不滿溢於言表。除非喚醒人民，讓人民瞭解箇中危殆，然後人民起而監督這種勢將顛覆民主的報業結構，否則人民非常可能很快就要發現自己不再自由，反而僅僅只是優勢階級的手中棋子，他們的意識核心無他，就是填滿荷包而已……我們的自由得來不易、歷盡艱辛才總算爭取得到，然而，對於自由的威脅，再沒有大於傲慢無禮、狂妄無恥、無視真相的報業所可能導致者[56]。

在美國參加第二次大戰後幾個月，類似的論事角度也在羅斯福總統所任命的國會圖書館館長麥雷司（Archibald MacLeish）身上，再次出現——「透過擁有強大有力的報紙，想要指使美國億萬人意見的人，是人民之敵，不是美國政府之敵——須知，這樣的人如同得到給付的宣傳家，可以運用各種大小技巧與遁詞，他所從事無他，就是在戰爭時，要中傷人民對於其領導階層的信心，就是要在他們心中種植懷疑之樹，猜忌美國所迫切需要的盟友，就是要破壞他們的戰鬥意志[57]。」在美國總統行政團對高層人馬當中，居然能夠為這類意見找到如此權威的表達管道與方式，若以當前的標準來看無疑具有相當的重要意義。然而，問題還是未了，究竟要怎麼做、怎麼辦？

至關緊要的一個答案來自洛克斐勒基金會（Rockefeller Foundation），誠如巴克斯頓（William Buxton）所表明，它「在實質意義上變成了美國國家的股肱」[58]，因為商業界明顯喪失領導民意的資格，該基金會是以試圖回應，方式就是贊助一系列相當有系統的、複雜且精細的閱聽人研究。戰後，這些研究滋潤了正統基礎，學院傳播研究有了棲身之地。洛克斐勒項目的研究綱領就是要確認，並且詳細鋪陳美國快速變化中的傳媒系統（特別是包括報紙與收音機），究竟對應哪些不同背景的閱聽人，以及這些閱聽人究竟注意些什麼內容。如實地說，作此強調宣洩了許多糾葛在一起的體制需要：收音機業者與廣告商必須取得更為科學的評價基礎，藉此才能掌握聽眾的收聽率等資料——還有，他們可以義正辭嚴地以公眾代表自居——（譯按：宣稱有這些資料，才能）提振流行品味，這樣的

目標不應被低估。這些要求結合起來就是洛克斐勒基金會所要作的倡議，它要透過新的、改良過的方式掌握民意的形成──先診斷，然後就是修補報業顯然已經淪喪的、「領導」民意的「資格」。「社會調查與偵訪的最重要課題就是要發覺，傳播媒體如何被人運用與誤用，其次則是要知道，傳媒能夠協助我們做些什麼，而什麼又幫不上忙，如今這些都是越來越重要的課題[59]。」在《收音機廣播及平面媒介》（*Radio and the Printed Page*）這本書（它的寫作起於1937年秋，得到洛克斐勒基金會資助）的序文，拉查斯斐（Paul Lazarsfeld）似乎刻意地曖昧，人們可在其間找到所有這些焦慮的蛛絲馬跡。因此，從這段演變過程來看，透過經驗調查來研究閱聽人的反應，這是個轉向，但一點都不是學院以超然的認知，對於收音機產生專注不移的研究興趣。探究閱聽人的反應是虛、是分支，亟欲想要掌握收音機這一個新傳媒突然湧現的政治意義及重要性之心是實、是主流。

緊接著，各種功夫卯足了全力，它們不僅想要找出影響傳媒的手段，套句當時兩位論者的說法，它們還想要確認「在社區這個層次的親身與社會壓力是些什麼」。批評者指出，商業壓力的這種擴張形式，「所完成的重要『銷售』（selling）不再只是訴諸口語文詞與音象，現在得透過組織而具體銷售。」

> 我們知道，人們在解讀「美國方式」的廣告時，可能一笑置之，或者解讀後所得到的結論與該廣告作者的意圖完全相反。不過，要讓人們背離自己的組織的信念、要讓人們對立於他所身處的社會壓力團體之理念，那就大有困難了。總而言之我們知道，假使人們屬於「正確的」群體，他的思考就會是「正確的」，否則理念再怎麼「正確」，也不能銷售給他[60]。

早先，有一些技術專業也強調「社會控制」它與這種多層面的民意經營取向，可以說是相當一致。比如，拉斯威爾早在1935年就表明，宣傳若要奏效，就得與「社會控制的所有其他手段」協同，公關專家伯那雷司則特別指出，假使要取得最佳的大眾行為之控制，傳媒的訴求就得「衍生自主流的優勢動機，也必須得到群體領導階層的支持」[61]。

　　越來越多的學術企業紛紛鑽研這方面的課題，數量驚人。這些課題的整體目的是要找出方法，藉以改善監理與介入民意的形成過程，其特定目的則是要找定方法，一來是要設法讓收音機與平面傳媒能夠更為和諧地共鳴；二來是要確認更為系統的、也更為可靠的民調方式[62]。根據這些新興方式所做的研究，在美國正式參與二次世界大戰之前，就有了第一批成果，包括拉查斯斐、貝勒森與高地聯合對美國1940年總統大選投票行為所做的研究。這部作品是個導引，學界開始探究「親身影響」的機制與網絡，拉查斯斐精明幹練的回應，在此可見一斑，他紓解了商業界的焦慮疑雲。還有，作為最主要的成果《人民的選擇》（*The People's Choice*）這本書，可說主導了當時的閱聽人科學，它等於是提出了所有單位的共同訴求：該研究不但得到洛克斐勒基金會的資助，另外還有兩種「特別」贊助，一是《生活》雜誌、也就是魯斯旗下出版事業之一，另一個就是羅普（Elmo Roper）機構，魯斯曾經引用它的民調結果，並將其結果刊登在1939年《財星》有關民意危機的報導文章中[63]。《人民的選擇》之作者有此結論，「我們不知道各政黨怎麼分配其預算至不同的宣傳通道，但我們猜測最大筆的宣傳經費投入於小冊子、收音機時段等等。不過，根據我們的研究發現，要以多少經費投入於正式的傳媒活動？又有多少經費應當投入於組織面對面的影響？兩者的最佳比例得在選戰發展過程中，才能決定。面對面的影響可以就地產生作用，它是一種「分子式的滲透壓力」，可以讓傳媒透過親身的解釋，顯得更為生猛有力，亦即親身的關係如果完整而豐富，就能增強選戰的訴求[64]。

　　拉查斯斐的研究團隊強調，意見領袖（opinion leaders）並「不等同於社區當中，社會知名的有頭有臉人物，也不一定是最富有的人或市民領袖。意見領袖遍布於所有職業群體[65]。」這些研究人員又說，這個發現具有重要的特定意義：這難道不是一種真正的洞察嗎？它確認並且更進一步指出阻礙我們有效控制民意的因素是哪些。透過這個論題的清楚對話與修正，學界有關人際影響過程的既有說法顯得粗糙。比如，美國製造業公會的宣傳歷來只是依據公關專家的意見，專以「群體領袖」（group leaders）為對象，它將他們的影響力視為理所當然：「公眾會接受以下人士的言詞與意見：教育人員、教會的人、專欄作家、評論公共事務的人，政治領袖……[66]。」在這類「群體領袖」與拉查斯斐所發現的「意見領

袖」之間，存在一些落差。就在這裡，「實證的」傳播研究找到了極其管用的工具理性，證成自己在學院的位置，理當上升，並且還從中找到了研究議程。這樣看來，「有限效果」雖是錯誤的命名，但這個取向的崛起不見得是自由派對激進批判的宣傳批判所提出的回應，更可能的情況是，「有限效果」起於兩造的對話，一方是學院人士，再一方是慈善機構與各大財團的焦慮執行長。這些焦慮的執行長最重要的企圖不一定是強化銷售效能，雖然這個動機絕對不能忽視；對於他們來說，最重要的是重新取得美國商業系統的正當性，他們自知所要動員的對象不只是大眾傳媒，而且包括人際管道。從這個角度理解，那麼，是否刻意為之並不重要，關鍵在於意見領袖這個論題是傳播研究得以演化的初胚，它同時源生自內生的動力，目標在於單一聚焦，瞭解產生說服效果時，需要確認並同時鎖定那些管道。

　　美國正在準備參加另一次大戰，因此也就越來越需要將各種不同的說服模式融合為一。葛瑞（Brett J. Gary）的論點極具說服力，他說[67]：「既然當時有一批孤立主義者成功地遊說，致使政府無法投入資源籌設戰爭所需要的全國傳播系統——那麼出錢出力、組織大批資源並督導相關工作，完成美國似乎需要的這起鴻圖大業者，是洛克斐勒基金會，不是美國政府。」洛克斐勒基金會的傳播事務負責人馬歇爾（John Marshall）在1940年5月有以下文字：「在我看來，我們現在已經面臨緊急狀況，在這個時候操縱民意以求符合緊急所需，是天經地義的事情。」他又繼續說，「塑造意見的手段」已經大有改進，因此「國家這次所遭遇的緊急情況注定會有個特徵，遠非上次大戰時人們所能預見，那就是我們必須操縱民意[68]。」洛克斐勒基金會不但預見，它也想促請美國介入戰爭。因此，基金會繼續提供極為重要的資金，一直到戰爭初期還是如此，在它的贊助下，說服研究涉及的所有環節——就是在拉斯威爾編纂之下，著名的無所不包的提問，『誰、透過什麼管道、向誰說了什麼，而又產生了什麼效果？』[69]——於是，就在前所未聞、前所未見的緊急狀態氣氛中，這類研究的科學正當性就此取得。

　　馬歇爾為了提高大眾說服的分析而緊急奔走與呼籲，他心懷雙重目標，對於這些目標，葛瑞提出了詳細的解說：第一，設計一套「預防術」阻止法西斯主義宣傳的進擊；第二，針對美國參戰的目標與手段，出力培育全國的共識。洛克

斐勒基金會支持許多私立學院及私人文化機構，他們聯手形成了廣泛的結盟——普林斯頓、芝加哥、哥倫比亞、新學院等大學，以及大都會現代藝術博物館——還有，最重要的是美國參戰後，突然在司法部、國會圖書館、聯邦傳播委員會及國務院等等內部，迸出了許多新的政府機構，因此，洛克斐勒等於是先鋒部隊，帶頭針對納粹宣傳開展研究，同時也「發展內容分析，使其成為全國安全情報工具」[70]。這批半遮半掩的研究項目，以國會圖書館作為第一個輻輳之地，拉斯威爾的「戰爭傳播研究實驗分支」的基地就設立在這裡，至於整個研究經費則來自洛克斐勒，國會圖書館的館長麥雷斯——他自己先前曾經是魯斯《財星》雜誌的資深主編——在有了這筆經費之後，就能夠將拉斯威爾的研究團對納入政府麾下，此時，政府傳播情報活動方興未艾，一路開展[71]。葛瑞有如後的總結，「基金會不但在戰前設置並且支持許多額外的政府宣傳分析計畫，它在戰爭時期還成為金主，許多政府雇員在此得到訓練與納入組織的機會，從事宣傳的分析[72]。」

原本還在爭論不休的項目戛然中止；政治與社會目標是什麼，不再歧異。林林總總的戰爭宣傳工作坊及社會科學實驗單位現在所要從事者，就是不停地努力與協調，以及開發合適的手段，完成目標。早在1940年，拉查斯斐就已經意識到「收音機作為一種宣傳工具的角色已經退至幕後，因為如今的問題不再是做什麼，而是如何做」[73]。這種公共與私人行動的聯手與融合，以前幾乎絕無僅有，如今，正是因為這個現象的出現，傳媒效果的皮下注射或說神奇魔彈理論才能應運產生。司法部門的檢察官採取了一些手段，用來對付「第五縱隊」——有權勢的人說他們在美國內部鑽孔打洞，想要侵蝕美國打贏戰爭的決心——而神奇魔彈論就是政府藉此動員社會對付國內法西斯主義的附屬品。蓋瑞表明，美國政府認為「納粹的陰謀席捲世界、即將破壞民主，於是也就行將為法西斯鋪設勝利之路，其中一部分就是來自於宣傳的威脅」，司法行政部求助於司法體系。功能有別（譯按：於行政與立法的）的司法進場補充：斷定特定刊物是否具有叛亂意圖，是否對於國家構成「立即而明顯的危險」，必須取決於司法的成功舉證。子彈理論正是在此發揮作用，應召而來，它發揮了神奇的作用：司法部的律師團隊論稱，「沒有任何暴露在這類宣傳的人有辦法逃脫而不受到影響，無論是自覺或不自覺的影響」，「類如宣傳這種軍事武器如果被運用，國人的忠誠、道德與紀

律也就產生立即而明顯的危險。」根據司法部的指控，納粹在歐洲的宣傳帶給我們「苦澀的一課」，「證明我們以上所說的論理邏輯不容置疑[74]。」有司單位一旦假設納粹的歐洲宣傳確實生效，它接下來得做的唯一事情就是，是否有任何刊物尾隨納粹的路線而模仿。經過這些論理的程序，拉斯威爾的內容分析就是權威判斷，正可以就此問題提供依據。然而，拉斯威爾的科學標準卻是問題重重，大量從商業傳媒取材而東加西減；有些時候，這類研究的依據無非是得自《讀者文摘》（*Reader's Digest*）與《周六晚郵報》（*Saturday Evening Post*）所衍生的指標[75]，而我們知道，這類刊物具有明顯的意識形態！

美國主流勢力齊心協作，總以動員所有可資運用的管道支持美國參加全球戰爭為目標，與此同時，在美國時局艱辛之時，官方連續好幾年，甚至，即便在大戰後數年還是持續投注心力，總是試圖重新平衡傳媒的表現，而官方認為，如果傳媒能夠反映當時仍然相當得到民意支持的新政措施，那就更好（這段歷史還得有人來補足）。當時，聯邦傳播委員會在1946年發布總統政策綱領，想要透過法規責成廣電業者善盡公共服務責任，同時，哈欽森委員會也在相同一年發表《自由而負責的傳媒》報告書❷——雖說不無諷刺意味的是，該報告的資助人是魯斯[76]。但是，不只有這些，還有其他規範傳媒的提案：舉個例子，早些時候，聯傳會對廣播電臺跨地區連鎖產權（Report on Chain Broadcasting）的報告書；再者，聯傳會又突然對報紙與廣播電臺的交叉股權提出調查；還有，司法部稍後對好萊塢派拉蒙（Paramount）公司提出飭令，活生生打斷了好萊塢的垂直整合結構，迫使各大製片暨發行集團不得不出售旗下的戲院放映單位；最後，1949年司法部對美國電報暨電話公司（AT & T）提出反托辣斯訴訟，雖然至今還沒有人對司法部的這些動向提出充分的解釋，惟若加以考察，該案無疑可以放入這個相同的時代脈絡。這些不同部門的介入行動有個積累效果，它等於是毫不含糊地宣布，美國再也不願意容忍，各大傳播機構不能不受局限、不能自由放任不受規範而徹底自由。美國商界與政界的孤立主義右派人士勢將不能接受，他們也不能忘

---

❷譯按：這份報告有展江等人中譯本，《自由而負責任的報業》，2003，人民大學出版社。

記傳媒意識形態曾經產生地殼般的震動；四十年之後，所謂的「新右派」得到機會，他們開始倡導反攻目標、無情無義地利用「自由派的傳媒」（liberal media）這個概念❸，指自由派的傳媒是主要的搧風點火者，是社會頹敗的同義詞[77]。

假使沒有放在經濟大蕭條十餘年的社會衝突背景中，戰後的傳媒「社會責任」論調也就變得不容易理解。到了二次世界大戰接近尾聲時，社會責任論引發的迴響還是停留在修辭的階段，（譯按：媒介大亨與政府）對此只有口惠。（譯按：他們）未曾採取手段推動傳媒改革，即便僅只是呼聲，也很快就被限定在一隅。當然，十九世紀末勞工階級改革派所追求的生產者合作社理念，如今已經顯得太過激進，這時已經沒有人提出（饒富趣味的是，艾卡斯倒還是存有這個理念的一些痕跡）[78]，至於政府持有傳媒產權的想法，更是早就被預先排除了。哈欽森委員會主張傳媒應該扮演共同載具的角色，但是，有關傳媒的實質法律地位是否可以在未來的變遷前景中獲得確保，已經被刻意排除：取而代之的關鍵詞是自我設限以及自律式的責任要求。然而，即便這份報告僅止於修辭而沒有實質法律要求，傳媒事業主（特別是，這裡還包括魯斯自己）還是抱持狐疑與敵對之心；對於這些老闆來說，任何逸出市場自由的軌跡，對於「資訊的自由流通」都是冒犯與威脅。雖然資訊自由流通已經被過分吹捧，這些老闆卻以此作為政策綱領，他們加入主流跨國產業的陣營，雙雙聯手試圖力保美國全球至高無上的地位，持

---

❸ 譯按：作者在這裡的美國之是否太過「自由派」的指涉，在美國已經發生多回。其中，或可先看知名社會學家Gans, H. J.（1985）'Are U.S. journalists dangerously liberal? Columbia Journalism Review, Nov./Dec.: 29-33。再就是一篇相當量化的論文，透過對於長達二十餘年文獻的整理與分析，提出了以下結論：1980年代初期以來，許多指認美國記者太「自由派」的「控訴」，不無「迷思」之嫌。參見Lee, Tien-tsung (2005), 'The liberal media myth revisited: an examination of factors influencing perceptions of media bias', *Journal of Broadcasting & Electronic Media*, 49(1: 43-64)。總之，美國由於欠缺有效的階級政黨，左右之分經常表現於政治的自由派與保守派的差別。2004年美國大選後，《華盛頓郵報》說，關美國記者太自由派以致幫了倒忙，讓小布希反而連任。與此相關的一項民調是，美國新聞工作者自認自由派的比例（34%），高過於一般民眾的自我認知（19%），新聞工作者自認為保守派的比例（9%）則遠低於一般民眾的平均值（33%）（中國時報，2004年11月3日、10日）。

續上升[79]。商業廣電業者表示嫌惡後，接著就是拒絕聯傳會所追求的公共服務責任與義務[80]。最後，隨著冷戰來到，即便是新政也已經被拋諸腦後，學院傳播研究之內的主流集團即將成形，他們開始顧盼自雄，他們自以為統攝大眾說服研究的動力與其無關，並且我們還將看到，學院主流還把沿襲自1930年代的傳承，化作多元主義的教條：民意與宣傳不必然同時出現！

1948年大選後，社會動員橫掃一切——既是軍事的動員[81]，又是經濟的[82]與文化的[83]動員——其後，國家安全體制很快打造完成。在這段期間，知識界備受殘暴的壓制，惟傳播作為一種學科卻在此時制度化[84]。忠於冷戰既然帶來許多機會，那麼，針對美國大眾說服的全面批判之聲，自然就只能落得被驅逐至邊緣地帶的下場。

二次世界大戰期間創造出來的宣傳機器在歷經重新整修之後，旋即轉為新世代的決策人士所用，這些人有清楚的階級意識，他們主張大力干預市場，藉此在最大範疇內支持美國大企業的全球利益。雖說在現實生活中，大眾說服越來越成為重要的美國國內及國際政策之成分，奇怪的是，美國反倒越來越是指稱大眾說服是「極權」國家才有的特徵。美國自拉自唱，認定宣傳並不存在於自由民主國度；這樣一來，至少在相對意義上，美國社會的主流研究與環繞大眾說服的各種議題就離得很遠、沒有什麼關係。宣傳分析現在已經翻身，不再指稱當代大眾說服的各種形式與機構日漸集中，反之，宣傳分析限縮於狹隘的固定內涵，專指外國政府經營的傳媒所產製的各種產品、專指全神耽溺於心理戰爭[85]。這就是說，宣傳分析因為遠望並對準金斯堡（Allen Ginsberg）稱之為「蘇俄人」的客體而繁榮，這裡的蘇俄人不僅包括蘇俄人本身，另外也包括遍布全球的所謂蘇俄衛星國。如同辛普森（Christopher Simpson）近作所說，當時的主流傳播研究者很有「貢獻」，即便他們通常是半遮半掩地進行，但如果沒有傳播學者的參與，冷戰宣傳還真沒法進行。軍事及準軍事契約簡直就是川流不息，湧向並使這類型傳播研究者枝盛葉茂，他們也因為在戰爭期間廣植人脈與學科網絡[86]，因此有關宣傳的實用研究就此花團錦簇、繁盛似海。與此同時，踵繼戰後的重建與復原，史無前例的、似乎不會間斷的經濟榮景又讓傳播研究大顯身手，無所不在的企業行銷與促銷機器紛至沓來，傳播研究的成果變成行銷的主要工具[87]。世道如此，人們

如果真要對大眾說服進行超然的分析，就得無所畏懼，堅持批判的認知與態度。從事大眾說服的機構越來越得依靠宣傳的例行技巧，同時也日漸需要社會科學家參與其間並提供勞務[88]。出身大學的社會科學家如今發現自己榮寵有加，他們進入濃郁的網絡，由各大慈善基金會、政府大小機構、企業財團贊助者，當然還有傳媒工業本身交織而成，這些林林總總的單位都有意願、也有能力資助個別的研究，他們贊助與設置各種學程，提供畢業生就業前程，甚至還能安排研究者進入具有相當吸引力的場所。理解這番背景，我們對於這批新的傳播學術專家當中，何以有這麼多人積極地捍衛主流，駁斥人們對於主流傳播媒體的批判，也就不會覺得奇怪[89]。

於是，社會研究的格調、色彩與內容出現大幅度移轉，人盡皆知。主流研究人員費勁將「值得敬重」的學術邊界劃得一清二楚，他們強調「科學」是個獨一無二的從事。主流社會科學再次回歸從前，重新祭起先前它所指稱的「美國例外」（American exceptionalism）[90]——雖說從來未見人對「例外說」的內涵有充分地探討，但在大蕭條時期是有人聲稱對該說深信不渝[91]——差別僅在於如今以「地位」與「階層」取代「階級」，對於往後年代的機械觀功能主義，地位與階層這兩個概念聽來更容易入耳。人們在大蕭條年代還強調「社會控制」——在那段動盪紛擾的時候，人們不能完全說「社會控制」與階級權力無關——但現在的社會控制輕飄無力，是婉轉和諧的理論話語，因為研究者再次自由地大談特談——穩定的專就自由主義者之共識[92]。專注於分析機構與制度宣傳的人，遭到嚴峻挑戰，他們陷於被動而只能防衛[93]，專注於個體層次分析的人開始取得傳播研究的正統地位。

我們在此必須再次強調，是因為報業與民意之間持續出現落差，於是才有人想要重新建構傳播研究，才有一群人想要努力使傳播研究成為正規的社會科學，而他們也確實成功完成目標，他們所設定的所謂正規學科的目標，是要把「傳播」當成孤立的目標而展開探索。一方面是徹底反工會並且傾向共和黨的報業，他方面卻是美國工會運動還是成長了二十年，民主黨在這段期間也都是選舉贏家。面對這個情勢，誠如米爾士在1950年所說，他的同僚拉查斯斐的重要工作就是「繼續觀察」原生公眾，事實上拉查斯斐「小樣本長期且重複觀察與訪談」的

設計，就是要考察這批公眾的傳播通道隱藏何處[94]。認知這個背景的存在，我們
於是恍然大悟，為什麼這類研究總是大剌剌地表明，我們必須對大眾說服的過程
進行多面向研究，以致研究人員在處理「傳媒與大眾」之間的連繫時，只能開發
焦點越來越小的中介變項，致使永遠還是有個剩餘的「中介變項」沒有處理[95]。
有篇論文發表於1948年，該文的意義非同小可，適足以標誌概念的優先順位從此
有了轉變。

　　拉查斯斐與莫頓在〈大眾傳播、流行品味與組織化的社會行動〉這篇文章一
開始就說，許多美國人在審視大眾傳媒時，似乎顯得「特別焦慮與懼怕」，但這
種心情並無道理可言。不過，如果可以從比較「務實的基礎」出發，我們倒是可
以察覺，「有權有勢的集團進行社會控制的方式已在改變」。相同的道理，傳媒
對於「流行文化與其閱聽人的美學品味」究竟產生哪些效果，這是「讓人們大有
理由，表達實質的關切」。不過，拉查斯斐與莫頓不只是提出這類概括看法，他
們不只是說，若要理解社會過程就得繼續掌握大眾說服的過程。以下就是他們所
提的第一組問題：

　　　　日甚一日，主要的權勢集團（其中，具有組織能力的商業公會是最
　　招人耳目的一群）採用了操縱大眾公共的宣傳技術，藉此取代了直接的
　　控制手段。這些工業組織不再強迫八歲之童一天照管機器十四小時；他
　　們現在精心策畫，工於「公共關係」的各種作為。他們在全國各大報紙
　　下單，放置了大量引人注意的各型廣告；他們贊助難以計數的收音機節
　　目；接受許多公關顧問的建言，他們搞起了各種有獎競賽、設起了福利
　　基金會，同時也支持值得支持的理念與提案。經濟權勢集團似乎減少了
　　直接剝削，取而代之的是更為乖巧的心理剝削搞法，大抵是透過大眾傳
　　播媒體的宣傳散布而達成。社會控制的這種結構變化值得我們深入與透
　　澈地檢視[96]。

　　這樣的論點足以讓拉查斯斐與莫頓自成一格，遠非「行政」研究這幫陣營所
能比擬，雖說前文發表不久之後，他們兩人（譯按：因為其他作品）很快就被舉

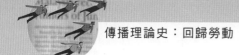

為行政研究的代表[97]。這兩位作者還更進一步指出，大眾傳媒明顯具有相當重要的三大社會功能：賦予社會地位（status conferral）、強化社會常規（enforcement of social norms），以及所謂的麻醉負功能（narcotizing dysfunction）──「無須透過計畫」，這些功能即已完成，「大多數人」依然保持「政治冷漠與惰性」[98]。接著，「產權與經營的結構」進入拉查斯斐與莫頓的論點，他們說，既然「美國大眾傳媒是由大商業集團所支持，傳媒最關切之事就是確保傳媒契合於當前的社會與經濟體系」。因此，我們大可預期「傳媒的作用在於穩定體系」，特別是要設定框架，「不要讓純正的批判力量獲得有力的成長」，或者，換個方式說，就是要培育「順服心理與習慣」（conformism）[99]。

接下來，他們在這篇論文討論「社會目標的宣傳」，讓人眼睛為之一亮：「我們權且說，我們要提倡反種族歧視，或是提倡教育改革，或是提倡要對勞工組織採取正面態度[100]。」拉查斯斐與莫頓繼續寫道，以上目標若要「取得成效」，就得滿足以下三個條件當中的一個以上。這些條件是：「壟斷」大眾傳媒以便訊息內容得以一致化、聚焦在「因勢利導」而不是要改變基本價值，透過面對面接觸藉以補充傳媒的訊息[101]。我們在這裡看到位居領導地位的學人很有系統地利用完整的人際與傳媒中介管道，他們在理論上已有真實體認：

> 研究大眾動員的學人開始不滿，他們斥責單靠大眾宣傳本身或單靠大眾宣傳就想創造或維持動員成效的看法。納粹黨人並沒有因為掌握大眾傳播媒體就立刻取得意識的領導權。傳媒扮演的是輔助角色，如果要產生動員功能，還得佐以其他手段，比如組織化的暴力、透過組織來獎勵順服，並在地方層次組織教化中心……大眾說服的機器還得包括地方組織所推動的面對面接觸，這是大眾媒體的助手……我們自己身處科層化尚未普遍與深入的社會，或者，至少科層化還沒有完全掌握一切，我們因此察覺相仿的結果，就是大眾傳媒如果要發揮最大效能，有賴於地方中心籌組面對面的接觸[102]。

這樣說來，一方面拉查斯斐與莫頓的結論是，「為了要宣傳社會目標，這三

種條件很少同時得到滿足[103]。」但另一方面——

> 商業界是有組織能力，他們確實幾近「壟斷」大眾傳媒的「心理」。當然，收音機廣告及報紙平面廣告既然能夠運作，那麼它們所棲身的系統就是自由企業的天地。尤其值得我們注意的是，這個商業世界主要就是想因勢利導，它壓根沒有激進改變基本態度的意思；它是想要創造個人偏好，但僅止於讓人喜歡甲而不是乙那一種品牌。雖說我們不乏面對面的接觸，但我們接觸的人已經融入於我們的文化，因此人際接觸主要也就是強化優勢的既存文化類型。
>
> 這樣看來，大眾傳播媒體賴以在最大範疇內發生效果的情境與條件，對於現存社會與文化結構正好也產生維持，而不是改變的效果[104]。

再沒有讓人感受到更強烈的對照了，一方是前述觀點——強制與同意的比例大致可以相互平衡，而如同我們即將看到，早期有關大眾文化的批判也明顯採取這個平衡觀點——另一方是不旋踵就起而繼承，然後取而代之的觀點。莫頓轉而研究其他事情，拉查斯斐與追從他的柯列普（Joseph Klapper）及凱茲（Elihu Katz）則乖僻地走向親身影響力的分析。差別在於，他們致力研擬抽象理由，以致於親身影響力與傳媒壟斷、因勢利導及補充角色的社會與歷史過程，顯得無關；但是，拉查斯斐與莫頓那篇1948年論文卻正說，這是「不應當有」的作法。所以，拉查斯斐與莫頓總結為「有效宣傳的條件」無法取得入境簽證，主流傳播研究之境沒有他們棲身之地。

這個新的立場迅速開展，第一個將它化作規則的人是柯列普，他的研究由哥倫比亞廣播公司贊助。在一本影響力巨大、1949年由哥倫比亞應用社會研究所（Columbia Bureau of Applied Social Research）首次出版的著作，柯列普論稱傳媒是代理人，強化現有的傾向，閱聽人則依據自己當前的需要，積極尋求相關的傳媒內容。然而，對於這類研究來說，閱聽人的這些需要是什麼、又是如何被社會機制所塑造，在概念上不相干，在方法論上碰不得[105]。越來越多大學進入了傳播領域，設置傳播學術單位，不但有完整的大學部科系開設，又有研究所學程成

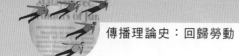

立。這些進展讓傳播領域頗為自得，就其內部的情況來說，則各種傳媒效果的討論得到了更多的滋潤，製造越來越濃密的籬笆與樹叢，一層又一層，以至於傳媒效果的各種附加條件、但書與節要版本，紛紛應運出籠。

主流研究高唱所謂的大眾傳媒「有限效果」論，但與此同時，制度森嚴的傳播現象遭到特定（譯按：政商）結構的限制，卻成為禁區而容不得質疑。特別值得一書的是，柯列普早先在1948年發表的論文，已經企圖想讓由此到彼的轉變顯得更為平順，但是，他仍然不經意而笨拙地宣洩了老實話，往後數年間，再也絕少看到這種不經意的宣洩：「宣傳──或者，如果我們願意的話，倒也可以說是共識的工程學──說不上有任何新穎之處，宣傳的用處也不限於心懷惡意的人。動機好壞可以不論，只要有人想要改變他人的想法，或是要讓別人以特定的方式思考，其實也就是要製造共識（engineer consent）。藝術家對於十字架的詮釋，就是在表達一種態度，同時就是在鋪陳共識的基礎。個人日常談話有相當可觀的部分就是要完成宣傳目標……簡而言之，只要存在兩顆不同的心及傳播手段，就有宣傳的進行[106]。」這段討論稍見離題，它只是將大眾傳媒加上人際傳播，不是整合兩者、使鎔鑄於一體，其後，柯列普繼續說，「限制大眾傳媒影響力的因素……實在相當多……其中，大眾傳媒最讓人關切的東西正就是因素之一：商業廣告與贊助，以及隨之而來的要求，也就是取悅最多的人，最好[107]。」柯列普劃定界線，將科學家限定於實驗室，遠離環繞它的社會，他企圖將社會關係隔絕一臂之遙，同時也要讓科學家進退維谷、難以動彈。為了要強調科學研究必須「冷靜與仔細」，數年之後，他在書中又表述大致相同的意思，他從早先宣傳的綜合分析之中，精確地提煉兩大論點；其後數年，這兩大要點取得了更顯赫的位置。他說，他在書中「對於大眾傳播的國際心戰效果，不會有多少著墨」。其次，他在書中也無意探討「作為消費廣告工具的傳媒效果」。這個「二不」可還真是奢侈揮霍，一旦他如此輕巧地迴避，當代大眾傳媒的根本大計、社會目標與制度結構也就乏人聞問。

柯列普的社會科學已有偏向，它毫不理會歷史，因此自然對於這種結果的形成有其貢獻。柯列普說，他在意的是「選戰、行銷戰的效果」（campaign effects）──「短期的意見與態度效果」；至於「大眾傳播的長期角色，也就是

它對態度變遷的影響」，他並無興趣[108]。弔詭的是，柯列普在結論時卻想要長短通吃。他提出警語，提醒讀者切忌「盲目或過火，以至於傾向於漠視大眾傳播的效果與潛力[109]」。這樣說來，實證派並不認為不應該研究歷史本身；問題在於歷史不是科學——如果依照樂觀者的說法，還沒有構成——科學。另一位聲名卓著、在本行具有領導地位的心理學者麥克李藍（David McClelland）則說，歷史學家慣用的方法「根本就不足以」產生有效的科學論斷。這個說法很有代表性[110]。

不過，在主流傳播研究之內，先有凱茲與拉查斯斐稱之為「原級團體的再發現」，然後才有個人主義捲土重來，確鑿地取代其他較大一些的社會架構，這一點毫無疑問[111]。不過，很諷刺的是，透過《親身影響力》（*Personal Influence*）這本書，凱茲與拉查斯斐批判前人，指他們的社會觀有個「特徵，這些前輩認為這個社會欠缺組織，也素無人際關係的往來[112]」。但是，如果兩相比較，真正欠缺與耗弱的是凱茲與拉查斯斐的社會模式——社會成員的相對關係之產生過程全然消失。《親身影響力》以及踵繼其後的其他許多研究，它們賴以進行研究的社會觀，汲取的都是狹隘的、具有選擇性的機械社會過程的概念。凱茲與拉查斯斐費力想要恢復的「原級團體」，最早是由顧力（Charles H. Cooley）提出的概念，相當具有活力，顧力藉此指涉條頓民族裔（Teutonic）的村莊社區，他認為這類原級團體讓美國得以傳承制度與種族[113]。

凱茲與拉查斯斐「看中的明顯是個人的意見、態度與行動」，卻又在名義上保留「原級團體的社會性質」[114]，惟即便如此，原級團體運作的有限關係之外，更大的遭遇社會關係之重要性也已經被他們抹除殆盡。經歷這些轉折之後，他們其實僅只是在形式上保留概念空殼，但概念的實質內涵最早卻是起於新政時期，當時，社會大眾普遍反對各大企業及既有的國家體制。從此以後，新的研究另起爐灶也另有焦點，越來越集中在個人的傳播態度與行為；這樣一來，社會過程形同被人有意識地攔腰砍斷，分塊丟進熊熊火堆。「我們先是大膽假設，然後仔細設計研究組合，檢驗一個又一個的變項，透過這些程序，我們就能走出混亂狀態，很有秩序地描述效果的過程，不但能夠充分地精確診斷，並且還能預測。」1960年柯列普對過去十年來有關大眾傳播效果的研究，提出以上描述；他居然不無激動地表示：「但是變項實在太多，走出千層的變項瀑布時，我們幾乎沒

頂[115]。」透過他的這個評論，我們不難得知這批研究人員已經成功，規範價值再難撼動：現在，許多人不再稱之為社會，而寧願稱之為「行為」科學其研究程序如今得到加持，儼然符合方法論的嚴格要求。

　　既可說是「因為」，也可以說是「雖然」，方法論定於一尊的趨勢日漸明朗，惟其概念上的各種缺失也已經明顯浮現。大卡圖（Decatur）研究案（人們有時以此稱呼《親身影響力》一書）的作者甚至未曾質疑，研究對象由婦女樣本組成，但用以推論至整社會的親身影響過程是否合適。為何會有這個漏洞？我們應該可以論稱，這並不只是因為該研究必須符合贊助廠商的目標——以本例來說，贊助廠商是「麥法登出版集團」（Macfadden Publications），其各種羅曼史雜誌的主要讀者就是婦女。該研究指涉的影響力專以家庭成員（主要就是丈夫與妻子）之間的狹隘範疇為主，這固然是一個原因，但該研究的真正問題源生自性別關係的本質尚未被質疑，而前述研究方法的缺陷只不過是這個大問題的衍生產品而已[116]。該書作者是將「女孩」（girls）界定為「35歲以下的單身婦女（single woman）」。我們對此可以不加評論，但接下來就是侮辱轉為傷害：「年長於三十五歲的單身婦女通常已經被排除在婚姻市場之外，她們與年輕單身婦女的許多活動與興趣與很有可能並不相同。」以上就是凱茲與拉查斯斐的解釋，他們決定省略一群人，不讓她們成為接受訪問的「女孩」，答案在此[117]。他們以相近的理由將種族排除在外，不列入其研究範圍，作此考量的原因很簡單，但影響卻更為深遠——拉查斯斐的資深同僚林德（Robert S. Lynd）在從事穆希研究（the Muncie study）時，就已經很有意識地採取這個策略，其後，拉查斯斐複製該方法於自己的研究《人民的選擇》（*The People's Choice*）——兩者都是以中西部一個中等城鎮為對象，該社區的人口構成，有相當高比例是出生於當地的白人，在同質性頗高的這個社區，也就不會出現凱茲與拉查斯斐所說的「局部的特殊群體」（sectional peculiarities）[118]。最後，為了孤立與追蹤親身影響力的流動圖譜，如今已經相當公式化的三大群體（高、中與低）之劃分，等於是將「階級」質變為「社會經濟地位」，這些都成為作者仰仗的手法。後面這種社經地位之分其實只是機械式登記，只消填入樣本成員的收入與教育資料，卻可以表現為似乎很客觀的個人系列屬性[119]。使用這樣的概念之後，研究者又如何能夠從關係的角

度審視社會階級這個概念？根本無法產生這種對話，反之，凱茲與拉查斯斐在這部作品及其他數量頗多的研究，都有類似的情況，在他們筆下，意識、經驗與社會位置產生的連繫，最多只是徹底而片面的關係，並且這些社會位置還很抽象而不知其具體所在。階級、性別與種族究竟造成什麼效果？至此已經消失無形或無法掌握，即便研究者還信誓旦旦，特地表明傳播過程的次第井然，既可孤立區辨又可不斷分出級別。

　　這些變化確實指向一般概念的轉變，早年的研究目標至此已是明日黃花（這不只是個人的轉向），為要確認這個論點無誤，容我接著轉述莫頓早先的一篇論文。最晚再次是在1948年，莫頓在人際脈絡的〈影響力類型〉（patterns of influence）一文，想要處理的正是這個相同的問題，差別只是手法的差異極大。莫頓如此宣稱，「我們所要處理的原生課題可以平鋪直敘如後：在什麼限度內又在哪些情境中，人際影響大抵運作在其人所身屬的社會群體、階層或類目（年齡、性別、階級——權力階層，與威望階層等等）之內（within），又在什麼時候它大抵運作在各群體、階層或社會類目之間（between）？」意識到拉查斯斐的先前研究，莫頓因此強調「一個人在不同財富、權力與階級的科層之內的位置，不一定預先決定他在當地的人際影響力結構之位置」。雖然如此，莫頓認為研究人際影響力就必須想方設法，盡力建立這兩類位置的關聯性，對於莫頓來說，這項工作極其相關、也很重要。或者，直接引用莫頓的用語，「這裡觸及的社會學問題很明顯，就是探索許多科層的彼此關係，我們不能假設這些科層可以併入一個等第森明的總合系統，若作此假設，就是模糊了問題[120]。」

　　莫頓固然再三告誡，終究無法阻擋其後整個世代的發展，美國傳播研究的優先項目走入的胡同，正就是凱茲與拉查斯斐在《親身影響力》一書所營造的巷道——單一且又滴水不漏，容不得其他解釋，他們就此界定「人在大眾傳播流通所扮演的角色[121]。」拉查斯斐的1940年選舉研究建立「意見領袖」一詞，其後凱茲與拉查斯斐繼續沿用這個概念及其測量，他們認定「意見領袖」是複雜人際影響力鎖鏈的決定性角色，而人際鎖鏈又在篩選後傳布大眾傳媒的訊息。兩位作者不動聲色、漠然肯認他們這項研究的核心意圖，但是，他們絲毫未曾提及該研究最重要的概念特徵。第一，雖然提及「人」，畢竟人當然「生產」傳媒訊息，惟主

流研究取向系統地忽略傳媒的生產結構。其次，如同季特林（Todd Gitlin）其後在一篇批判力道十足的論文所說，大卡圖（Decatur）研究的這兩位學者只認定購物決定的「影響力」，於是「人所扮演的部分」只能繞著消費而開展。「人」的內涵只剩下個別的消費者身分，或許，這很符合研究贊助者的需要，但我們已經說明這是很有問題的認定。最大的毛病出在這個認定將「人」作為勞動者的影跡，弄得模模糊糊，但是，勞動者如假包換，他住在各大小社區，他與擁有工廠及辦公空間的人一起工作，勞動者與其他人一起住在家裡，與勞動者住在一起的家人未曾支薪，但家人的這些勞動與受薪在外的勞動者一起維持家計。

走筆至此，我想要指出，米爾士日後對這個研究的評價很有啟發。以下我會用更多篇幅、更為詳細地談[122]，作為社會學家的米爾士自己正是大卡圖研究實地調查的指導員，米爾士將該研究的最後樣貌連繫於傳播研究的主流趨勢。米爾士及拉查斯斐與莫頓都同意，影響力流程有個非常緊要的部分就是各類人際傳播通道的組織〔或者，就是拉查斯斐與莫頓1948年經典論文所說的「補充」（supplementation）〕，雖然如此，米爾士還是主張，資本自利的邏輯想方設法，衍生出了操縱人的行為之意圖，於是有了越來越想要釐定影響力流程圖的這個副產品。米爾士語帶譏諷，辛辣地描寫廣告廠商與其他「意見經理人」，指出他們「為要改變意見與活動」，就得投以「緊密的眼光，注意他們所要經理的人及其各種生活的完整脈絡」：

> 從事大眾說服之時，我們必須多少也運用人的親身影響力；我們必須接觸人們自己的生活脈絡與環境，也得透過其他人、他們日常的互動夥伴以及他們信賴的人；我們總是必須藉由某種「親身的」說服來打動他們。

雖說米爾士與拉查斯斐及莫頓再次一致，三人都認為壟斷大眾說服機構的控制權具有無與倫比的重要性。但是，米爾士與他的同僚也大有歧異。比如，米爾士畢竟還有能力指出，戰後年代以來，「原生公眾」還是「意見製造者無法解決的大問題[123]」。正是因為心存這個極為關鍵的洞見，米爾士是以毫無畏縮，他果

決地指認——並且批評——操弄人心有理的說詞；這樣的說詞及其他成分正是源出大卡圖研究，這種說詞就此進入主流的傳播研究。

　　傳播過程的社會心理學研究以備受推崇的《親身影響力》為代表，它的發展與彼時同步存在的「資訊理論」（information theory）相去甚遠，雖然後者是傳播研究的第二大傳統。但是，資訊理論充其量只能再度強化傳播領域的新興走向，也就是自外於社會關係的研究。大力主張與發揚資訊理論的人說，「資訊」是至大無上且兼容並蓄，涵蓋了訊息（messages）、類型（pattern）以及「尋求目標的解碼或控制系統」[124]，以及，就如同克力本多夫（Krippendorff）[125]稍後圓融有力地表明，資訊是組織賴以運作的潛力（這裡的組織涉及眾多分析位階，從心理至社會至生物，都可以算上）。資訊造就了一個信念，長久不墜，這個信念認定，在各種分立的「系統」都存在一種超越所有的、資訊的面向[126]（我們在第四章還會看到，這個信念最後在後工業社會理論找到了自己的出路），在冷戰時期，社會科學剛好作為冷戰的制度安排而得到認可，與此同時，資訊理論也同時起了認證功能，協助學院的傳播研究得到認可。

　　圈內人舉為傳播研究最突出的代言人施蘭姆（Wilbur Schramm）在1955年宣稱，「我們大有理由猜想，鑽研電子傳輸系統的數學理論對於人類的傳播系統，理當有值得借鏡之處[127]。」拉查斯斐也在引進資訊理論於社會科學的過程，扮演一定的角色[128]。但即使是主流意見，晚近他們也都接受，借光資訊理論根本就是皮相之舉。雷祺理（Ritchie）強調地好，他說謝農（Claude Shannon）的資訊概念原先僅是用來指涉訊號傳輸的一種特定理論，他人卻將它用來論及意義的問題，但這是徒勞無功的。透過這種機械式的化約，在很長一段時間裡，「符碼的統計特徵」被廣泛與「傳播的認知與社會過程」混合在一起。與這種不分青紅皂白的混合相比，雷祺理倒是坦承，「即便是最為例行的人類傳播形式，也必須置放於相關的各種社會脈絡，才能得到真確地理解[129]。」但是，我們得記住這是馬後砲，是事後的裁判：1950年以後的整整二十年間，施蘭姆幾經考量而後所作的評價才產生更大的作用：「我們覺得，謝農的資訊理論是非常精妙的類比，可以照亮我們自己這個領域的許多暗區。」與此相近，施蘭姆自己也給予確定的支持，撫慰本領域主要分析人員的情緒，他們想要將其所關注的新概念，納入制

度：「傳播是根本的社會過程[130]。」這是一個最為總體、最為一般的層次，也是最為昭然若揭與明顯的意圖，資訊理論形同為這個命題嘉勉，賦予其正當性，如今學院的傳播研究試圖棲身其下而運作：這就是說，我們應該相對地隔離周遭的各種社會關係，然後才能研究傳播過程。

不過，異端未曾消失，雖說異端的論述概念及語彙也歷經急遽的逆轉。造成這個形變的最重要原因，是激進人士猛然覺醒，他們意識到傳媒與民意之間的不對等，雖然曾經在新政時期對於人們的傳播思考產生很大形塑作用，如今卻已經明日黃花，不再相干。激進人士也不再依附於、依戀於工具主義的良性「有機情報」的觀點；對於美國社會的階級結構，他們也不再視而不見，雖然工具主義的哲學主張一度有此傾向。如今，激進批判隊伍業已成軍，並且羽毛豐滿，時人以「大眾文化」批判名之，至於大眾文化，則又與社會支配的特殊意識形態模式有關，與其同時出現的現象，就是巨大數量的白領勞動力的不正常增長。

第二節

凱茲與拉查斯斐寫作《親身影響力》這本書時，試圖膨脹「人際關係」的地位，作法則是貶值下列概念：傳媒力量若要生效，大抵就得取決於「原子化的、數以百萬計的讀者、聽眾與電影觀眾如同烏合之眾（mass，另譯大眾）」，以致於他們充其量只能構成一種「無形無狀的空殼社會組織」[131]。然而，即便他們想要將它打入冷宮、使之進入早就消逝的年代，這個相同的「大眾社會」概念彼時可還崢嶸，正往社會思想的頂峰上升。

歷經早先好幾個世紀的牽引，現在地心引力總算把「烏合之眾」引介到歐洲知識分子的劇碼當中；其初，「烏合之眾」無非是「暴民」（mob）的延伸，十七世紀末以來，英格蘭的菁英操用這個術語就很習慣。至十九世紀的英格蘭，「烏合之眾」業已成為知識分子所要對抗的目標[132]。在巴黎公社與俄羅斯革命之間的數十年間，這個概念已經流通遍及整個歐洲，並且在此背景之下，它的保守意涵顯得更加明顯。在十九世紀末的時候，美國學人嚮往在社會科學謀得一席志業時，往往就會參與德國式的研究生講壇，於是「烏合之眾」也就很快進口到

了美國，成為其學院術語。然而，移植到了美國土壤之後，這個概念原封不動，社會分析見「烏合之眾」一詞而心生恐懼之情，一點都沒有抖落[133]。美國清教倫理的能力已見下跌，再也沒有能耐以它所認定的文雅且有教養的標準作為範例，垂示公共的品味，第一次世界大戰前的激進高亢與鼓動，緊接著又是蘇俄革命，以及美國史無前例的戰後罷工浪潮，凡此種種都使得他們認為，社會確實難以駕馭，他們的潛在感受可說已經惡化[134]。用社會學家的口吻來說，他們開始確認有個類型的轉變，「社區」走向「社會」，相對於此，許多分析家則說，人們如今已經滑落到了脫序（anomie）的狀態——有一份影響力極大的社會學文本說：「沒有社會組織、沒有風俗與傳統、沒有約定俗成的整個規則或儀式、沒有群體有任何組織，或有些時候，空有結構但已經沒有地位角色的分也，有結構但沒有領導階層[135]。」緊隨戰後這段時間，大眾社會這個概念已經以知識分子所習慣操用的姿態，開始產生功能，這裡不妨以1947年沃茲（Louis Wirth）以理事長身分，向當年美國社會學年會所做的演說為例[136]。經過這些動向，先前只是有其獨特性的集體群呼，如今已經是人所共認的同義詞，指涉意有所指的美國情境。到了1950年代，假使不計馬克思主義，大眾社會這個概念移轉到了一個境界，成為丹尼・貝爾（Daniel Bell）——他對這兩種概念皆不支持——所說：「很有可能是西方世界最具有影響力的社會理論[137]。」

　　確實，後面這個概念在當時文化工業本身的一些產品之內，甚至就找到了共鳴。派卡（Vance Packard）的《隱身的說服者》（*Hidden Persuaders*, 1957）成為最暢銷的書[138]，卡山（Elia Kazan）的電影《登龍一夢》（A Face in the Crowd, 1957，非常詭怪，預示了1980與1990年代美國總統大選之政治）則凸出了電視弘揚與宣傳的政治潛能。同樣地，閱讀英國進口流行兒童作品的青少年耳根也不得清靜，評論家對他們也是諄諄告誡，再三數落有關大眾文化的不是：在《巧克力冒險工廠》（*Charlie and the Chocolate Factory*, 1964，有人譽為二十世紀最受歡迎的兒童文學之一）這本小說，達爾（Dahl, R）❹透過小黑矮人奧柏・倫柏（Oompa-Loompas）的吟唱，麥克・提文（Mike Teavee，譯按：標準的電視迷）

---

❹譯按：威爾斯裔的英國知名兒童文學作家，1916-1990。

的身體形骸因電視而恍惚，歌詞說：「我們學習到了最重要的一課，說到了小孩啊」，「就是不要，絕對不要，絕對不要讓他們接近電視機前——或者，更好的是，乾脆不要購置這個白癡的東西……[139]。」大眾社會理論的美國原創人之一麥堂納（Dwight Macdonald）此時以博學之士現身，定期在《紐約客》（*New Yorker*）、《君子》（*Esquire*）……等等雜誌的篇章，尖銳酸澀地揭露大眾文化。

歷史走到哪裡，大眾文化就走到哪裡，兩者如影隨形，這個說法的本身已經成為一種力量，人們無法不正視。早在1944年麥堂納就有這樣的話語，「長期暴露在電影、廉價雜誌與收音機所導致的效果，讓人耳不聰目不明、多有乖僻愚昧之舉。對此，我們絕不能低估輕忽[140]。」不過，到了1953年，他更進一步，尖銳地把這個說法推到全球的範圍，「如同十九世紀的資本主義」，麥堂納現在的語調是，「大眾文化具有動能，是一種革命的力量，打破了所有老舊的藩籬。大眾文化之下，階級、傳統、品味與所有的文化區隔，完全泯除[141]。」賽爾德（Gilbert Seldes）沒有那麼激烈辛辣，但他還是有此批評：「僅次於氫彈，地球上最危險的力量就是電視[142]。」他們對於「認真的、嚴肅的（serious）」知識分子之形式及實踐，如果文人還執意投入，他們就傾向於認定「千百萬人共同體驗的文化」就是代理人，既破壞美學的敏感能力，也連帶在摧毀既有的社會建制。身處這樣的環境，這些剛剛崛起的傳播研究者就不可能置身事外（至少，在有一定教育水平的中產階級），他們普遍地指責傳媒，他們的研究領域也就難以自由、也無法自清，傳媒導致的各種腐化與讓人神經衰弱的效果，總是招來非議。另一方面，一般人仍持續關注大眾文化的各種效果，人們各抒己見，至少取得一定的立足之地[143]。有些人更有意思了，他們（**譯按：一方面認定傳媒的效果最小，因此**）認為大眾說服的說法不可信，他們卻又同時移動立場，隱約與麥堂納採取相近的看法——拉查斯斐本人也是這樣——他們也在想，「大眾社會是否本來就在威脅高眉文化」[144]。

不過，我們在這裡得再次指出，這類誇張的說法其來有自並不新鮮，差別只在程度有別。我們可以說，二十世紀的前數十年間大眾社會是個充滿負面內涵的概念，人們談及大眾說服的機構時，心中無不藏著輕蔑的意念——新興的、就在

眼前的傳媒如電影與小報，剛好透露主流社會對於美國勞工階級的敵視態度。即便是在主流美國白種人聚集的心臟地帶，密切關注時局的人很快就察覺傳媒導致失序的證據。1920年代末，學者林德夫婦（Robert and Helen Lynd）研究印第安那州的夢西鎮（Muncie）。根據他們的紀錄，「休閒方式因為新發明而改觀」，特別是因為收音機與電影所造成，這些新發明呈現爆炸式的成長，它們對於社會的衝擊極為巨大[145]。林德夫婦在研究當代社區的情境時，不但經常有敏銳的視角，並且經常具有開創的意義，因此他們的研究成果《中鎮：當代美國文化的研究》（*Middletown*）很快就成為評價相類情境的基準——至於林氏夫婦本人則在哥大時直接受教於杜威的實用主義，並受其影響甚深[146]。住在英格蘭的劍橋大學文藝批評大家李維士（F. R. Leavis）借用林德夫婦的研究成果；他認為《中鎮》正就是這麼一份成果，不尋常地、非常敏感地捕捉到機器肆虐之下，致使各種新的念頭與作為顯得無法出頭或軟弱無力，終究說來機器只能服務「大眾文明」[147]。其後，美國首席「大眾文化」批判家麥堂納初試啼聲的對象就是《中鎮》〔以及李維士與奧太佳（Ortega）這位高唱「大眾的反叛」的保守派大將〕[148]。最後，但並非最不重要，我們還得加入另一位，也就是羅狄（James Rorty），他出版於1934年的那本書是早期的代表作《我們主子的聲音：廣告》，我們也許可以稱之為羽毛豐滿的大眾文化之「激進」批判。他在這本書展示實質的姿態與看法，得力於林德夫婦的著作甚多，同時也從李維士那裡借來「假文化」（pseudo- culture）[149]的說法。

我們隨後還是繼續看到語帶輕蔑的術語，這些參照語彙至今還是相當流行[150]。在此傳承底下，人們認為商業文化影響所及，致使當代文化生產日趨「低廉」、「貶值」、「低下」與「同質」；這就是麥堂納稱之為「文化的劣幣驅逐良幣法則」，人們抗議「最低公約數」的價值主導了區辨的標準[151]。就如麥堂納在1953年所說，同樣相當具有意義的是，攸關這類價值的效果就是「上層階級……察覺他們自己的文化遭致攻擊，甚至行將毀滅[152]。」

雖然保守派已經在此安營紮寨而有前述回應，但源自兩次大戰之間，另有與其並不協調的整個系列的激進信條，並列於其旁側，這是特別值得一書之處。根據這個業已出現的用法，大眾文化（或者，麥堂納最初稱之為「流行文化」）

是「自上而下強加於」大眾、是「統治階級雇來的技術人員所製造」，是「社會支配的（操縱）工具」，同時將大眾「整合」至「官方的文化結構」，又「同時為他們的統治者帶來利益」[153]。即便是在1950年代，若要對大眾說服提出激進的批評，其話語還是得向保守派借殼，外顯為對於商業與市場派的文化生產感到焦慮。有了這些瞭解以後，我們就會想要知道這種特色獨具的混合種又是怎麼來的？它拒絕化約，不肯限縮為原始型態的保守派，也不肯變成某一種說一不二的激進主張？

總地說來，大眾社會這個概念的修正並不是只有一種源頭，它賦予「大眾文化」——或者，另一個用語是「文化工業」——重要的成分。1930年代末期的時候，有一群特別疏離的知識分子倡導特定信念，他們對於組織結構、美學性格，以及市場機制所催生的傳播目標，有其定見，他們以此認定美國與蘇聯已經明顯聚合與匯流[154]。在戰後的第一個十年，這種有其宗派的門戶之見很快搖身一變，成為冷戰時期的主流自由派，他們找到並確認可供對比之事，因此葛林堡（Clement Greenberg）、麥堂納與想法與他們接近的反共文人就都認為「媚俗」（kitsch）或「流行文化」可能藏匿著極權主義的徵兆[155]。

第二種版本比較複雜一些，這裡是指提出並精鍊「文化工業」這個概念的難民知識分子。他們的另一批同儕，如哲學家暨美學家盧卡斯（George Lukacs），向東逃至蘇聯（他們自己則在1930年代向西逃亡到了美國），但即便在此之前，他們先是嫌惡組織粲然大備的資本主義文化生產機構與制度，而後才為其橫掃一切的力量與性格所迷炫[156]。不過，他們對於文化工業的批判終究宣洩了自己的底蘊，這是一種特色別具的混成：他們一方面採取官大人的姿態，不信任眾人歡迎的新的電影與廣播形式，另一方面他們針對這種壓抑人心的歷史複合體，提出敏銳的政治洞見，他們對於「賈利格（Caligari）❺到希特勒」，或者如實地說，他們對於資本主義現代性的所有存在之事務，深有戒心。放在這個知識分子的脈絡中，「文化工業」堪稱具有矛盾修辭的效果。或許，如同霍克海默與阿多諾（Adorno）並沒有對蘇聯的默片實驗抱持特別的新希望，「文化工業」並不指望

---

❺ 譯按：Caligari係指1920年德國知名的默片 *The Cabinet of Dr. Caligari*。

蒙太奇帶來震驚的效果，雖說如此，它是打算迷惑人──堅持當代社會顯然普遍存在的組織特徵應該攤開，以便人們可以獨自以批判的意識面對之。從這個架構論事，阿多諾與霍克海默當時已經稱之為「文化工業的無情統一體」（ruthless unity in the culture industry）才是重點，文化工業是個統攝一切的徵兆，是無所不包的支配體[157]。阿多諾在1967年作此陳述，

> 文化工業試圖影響的目標確實是千百萬人的意識與無意識，但這些大眾（masses）是被算計的對象，他們不是主角，他們僅只是配角；他們是整部機器的附屬品。文化工業想要讓我們相信顧客是王，但實情並不是這樣，顧客不是文化工業的主體而是客體……。文化工業錯用它對大眾的關注，目的無他，就在複製、強化與增強大眾的心態，文化工業認為這種心態是既成的、不可能改變的。文化工業徹頭徹尾否認這種心態有任何改變的機會……文化工業毫不遲疑地假設滴水確實可以穿石，特別是環繞大眾的文化工業之系統，幾乎容不得任何逸軌，文化工業只是反覆操練相同的行為公式。若非大眾的無意識當中，存在著深層的不信任……我們就無法解釋為什麼大眾長久以來，還沒有依照文化工業為他們打造建構的世界圖像，認知與接受這個世界[158]。

當代的流行文化難道不是越來越認可，同時又示範什麼是「大眾欺瞞」的一般形式嗎？顯而易見，大眾欺瞞一點都不是民主的表達。長年與阿多諾共事的一位同僚說，日甚一日，鑄造「工化工業」一詞的阿多諾「強烈地不喜歡」「大眾文化」這個與「文化工業」有競逐關係的術語。數十年以後，阿多諾試圖澄清其間的區別，他有如後表述：

> 1947年，霍克海默與我在阿姆斯特丹出版《啟蒙辯證法》（Dialectic of Enlightenment）這本書，文化工業這個術語第一次問世的年代，或許是在這個時候。在正式出版前的各次草稿，我們使用的術語是「大眾文化」（mass culture）。我們後來轉用「文化工業」取代前述

表達方式，就是想要從一開始就避免大眾文化一詞所可能招來的解釋，我們不願意讓作此主張的人遂其所願。他們總是說，大眾文化的現象是這麼樣的一種事情，是一種從大眾（masses）身上自動自主地成長出來的文化，或這，他們說該現象是當代流行藝術（popular art）的一種形式。流行藝術與文化工業必然不同，我們必須竭盡所能區別兩者[159]。

1953年，麥堂納修改早先在戰時發表的、熱情洋溢的論文，他任意引述（譯按：法蘭克福學派的）霍克海默、羅文梭（Lowenthal）與阿多諾的觀點，其後，前述兩種不同的大眾文化之激進批判，就此混為一談[160]。不久之後，米爾士進場，加入了清單的行列，他認識麥堂納，也認識法蘭克福學派這些理論大家，於是我們就有了批判大眾文化的第三種路線，我們即將看出，第三路線另有其他根源：就在杜威式的工具主義。

這些大眾文化的批判雖然版本不同，但都毫無妥協餘地、都很悲觀也很激進，不過，我們最好將它們看做是共同歷史的結果，它們的起源都相當晚近，起初，其對時局的評估確實比較開放。如同伯納德（Rit Barnard）所說，在1920與1930年代末，即便文化日益商品化，意識形態的操縱也讓人焦慮，但是大眾文化的激進批判派從來沒有放棄，他們還是強調歷史施為者（historical agency）的可能性，他們也確實強調反對政治與政治反抗的必要。完全背反（譯按：於所謂的悲觀），許多人試圖緊抓論點，想像革命性轉換的情景，其中包括詩人費林（Kenneth Fearing）與小說家魏斯特（Nathanael West），他們都很有想像力，試圖吸納大眾文化的外貌與形式[161]。在大蕭條期間，資本主義體系的經濟失靈實在是太過明顯。資本主義欠缺讓所有人都擁有財貨的能力，是個早就存在的指控，如今現實的表現再讓這個論點增添強有力的證據。對於透過「知識」勞動而營生的人來說，此情此景對於他們也具有重要意義，物化由來已久的大眾文化或許讓他們得到新的證據，顯示眼前的生活方式越來越讓人難以忍受。如此看來，這實在是深刻的諷刺，決裂於大眾文化的時刻確實到臨，但卻不是因為社會革命的邀請，而只是因為一度激進的人向前跳躍，走向冷峻的現代主義美學路途，就此展開調和及胃納之旅——可以確定的是，他們對於未來或許可能湧現的、更為共同

的文化，比較沒有那麼寄以希望。不過，我們再次察覺，至少在整個1930年代
中期，激進人士對於大眾文化的批判不但沒有想要預先排除，反而是想要給予激
勵，期使更為徹底的重新改正能夠啟動。先前我們曾經引用羅狄當時的書籍，人
們雖然不當地忽略這本作品，但該書其實很可以用來發揮這個論點：

> 如果有人想要發現美國，他所要做的事情就是忘卻、把所有莊重
> 的與合理的人所曾經說的與所曾經寫的所有莊重的與合理的事情拋卻腦
> 後，然後打開雙耳聽聞，栽入便宜的餐廳、電影放映場所、收音機節目
> 製作棚、廉價雜誌的辦公室、警察局、雜貨舖，以及廣告公司。就從這
> 些如同原子一般的、齏粉化的生活，混亂無序的各種聲音上揚了。這些
> 聲音既是無恥厚顏又是真實無比，說是智慧，它的慧黠卻帶著一種蒼
> 白，實情如此。每個原子只為自己說話、不免自慰，面對所有其他原子
> 排山倒海而來卻又空空如也的內涵，它兀自蒼茫獨立……[162]。

對於羅狄來說，這些「原子」堪稱壯實，它們所構成的社會主體倒也不是
全無體恤之心，這種認知又讓我們覺得羅狄自己對於廣告所構築的「假文化」，
其實也有相當曖昧的態度。一方面，一點不都亞於其後的論者，羅狄的看法相
當尖銳也很有論點，透過他的激進解析與解釋，「假文化」的政治與經濟功能無
所遁形。羅狄主張，廣告的各種相關配置構成「超級政府的……機器」，他反覆
指出，這就是「統治的工具」。他又認為，廣告「在利潤經濟體」的經濟功能
——「生產顧客」（他沿襲韋伯倫的用法）——「一點都不亞於煤礦或鋼鐵的生
產」[163]。至於廣告人自己則只不過是「中產階級」、「群眾英雄」這個冗長且又
病態的連續形容詞當中，最近的一種[164]。另一方面，羅狄卻彷彿以李維士為師，
根據他的描述，「假文化」進入一種狀態，它與「更為固有的、更為有機的美國
文化，處於恆久的衝突」。對他來說，「以占有為欲念的、模仿而爭強求勝的文
化，是新的、硬邦邦的、死板而不知想像的」，它等同於也散發自消費者雜誌及
其他「假文化」的場所，另一方面則是「更為固有的、更有人味的文化才真正是
讀者沈思而渴望的」，後面這個認定是（譯按：悲情之外的）重要但書，雖說不

無一相情願的味道。其後，羅狄明白表示要推動劃時代的「文化戰爭」。羅狄進行內容分析，對象是許許多多的流行雜誌，這個早熟的研究結果顯示，「再也不需懷疑，這種以占有為欲念的文化無法自己立足，它不能帶來滿足，究其實，它僅只是一種假文化」：

> 這些雜誌的存活動力就是占有的欲念、模仿與爭強致勝，不過，為了讓讀者容忍或接受這個事業，這些雜誌就得混合多重內容，在這種模仿且爭強致勝的文化之中，摻進不同比例的美國固有文化，其間，性、精緻、七情六欲、藝文……等等扮演了主要的角色……

> 換句話說，出版商業雜誌是一種寄生的產業。廣告人的假文化寄生於更為固有的、更為有機的文化，這正如同廣告產業本身也是經濟寄生現象的一種形式……

> 但是，美國人並不喜歡這種假文化，不能與它生活，而確實也從來不曾與它生活。我所分析的雜誌出版於經濟蕭條的第五年，我的分析結果顯示，這些雜誌的小說作者們對於民意很敏感，他們經常確切地拒斥廣告文化。如果我們說雜誌文化反映彼時的流行思緒，那麼當時的美國人傾向於向後尋求依歸，不是向前探索未來。他們想要探查早年歲月的美國人擁有哪些德行、透過哪些生活類型才讓自己成為他人敬重的對象，他們如何成功地維持既不簡約也不奢華，但似乎很有尊嚴、也很吸引人的生活。當時的美國人之主要欲望雖是恢復傳承，但當時另有其他變化的可能。有些主編與讀者甚至心存革命願景，他們想要以新的文化，替代以占有為欲念的及傳統的美國文化[165]。

整體來說，羅狄提出了莊嚴的結論，如果考察他的實質見解，他的論調並非全盤無望，但是後來有關大眾文化的激進批判卻已經不再抱持任何希望。羅狄是這樣說的：

> 對於雜誌文獻的這番檢視很清楚地透露，民主的信條行將消逝，如

果還不能說已經死亡；窮人與中下階級沒有能力進入模仿而爭強致勝的
文化；窮人走向犯罪，但至少還有潛力走向革命；中產階級走向法西斯
主義……我們的結論因此必須是，這種文化或說這個假文化無法長存，
也不能任其恢復。這個結論可以作樂觀解，也能作悲觀解，取決於讀者
的觀點[166]。

　　放在這個語境考察，我們應該說羅狄在本書的最後預言，其實最主要是應該
當作一種警示——「假使法西斯主義運動在美國得到發展的機會，如果出現這種
讓人不無駭懼的場景，廣告人一定是在前引導[167]。」

　　對誰提出警示？就如羅狄所說，開始只是猜測，必然有其訴求對象，但是，
剎那之間答案呼之欲出，眾所周知。激進分子焦慮難安，認定傳媒與大眾文化的
角色就是再生產被支配的社會整體，出現這種思維的原因，在於他們與某些飄忽
不定的白領階層必然有所關聯。數量還在膨脹的這個群體是會將精力投入於社會
主義的重建工作或僅只是一種反動？先前，對於這群人，羅狄曾經提出韋伯倫式
的比較，他認為這類人多少是寄生的，至於過去，則被認定是「更為有機的生產
文化」。對於社會主義者來說，這些並非新的問題；早在十九與二十世紀之交，
德國社會民主黨內就有關於「修正主義」的辯論，核心就是知識分子及其他白領
工人的角色。不過，在1933年以後，這個問題取得了全然嶄新的重要性。這個
時候，已經有許多文人論士很快就意識到白領工人似乎是希特勒主義的必要基
礎[168]。賴希（Wilhelm Reich）、史派爾（Hans Speier）以及法蘭克福社會研究所
聯合執行，而由佛洛姆（Erich Fromm）督導，專對德國情境所做的一些研究，
特別密切注意左列現象：一些環境條件已然存在，致使「人格結構」明顯與階級
位置，甚至是與外顯的政治意識形態產生矛盾。若說激進工人當中有很大一部分
不再能夠指望，也就是我們不能盼望他們在「重要的關鍵時刻」揭竿而起，相比
之下，我們還得承認心性不穩定的白領階層——史派爾說他們是「價值寄生者」
——卻似乎會非常正面地迎向前去，熱切地接受自上而來的操弄[169]。

　　身在當時的美國，人們無須是激進分子就能領略與同意柯瑞（Lewis Corey）
的觀點。他認為希特勒主義的興起與「新中產階級的危機」密切相關，主要由白

 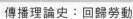

領工人構成的這個階級，堪稱「法西斯主義的奇兵突擊隊伍」[170]；柯瑞本人是個異端，但不久之後就如夢方覺，不再是馬克思主義者。拉斯威爾早在1933年就察覺，納粹主義在上升的時候，同時湧現「中低階級的迫切反應」，他們需要「與勞力工人」切割；希特勒自己則是「自成的半知識分子」，得到了「上層資產階級當中，擁有影響力的一群人」之支持，已經成功地透過民族主義與反閃族的各種符號成就其訴求。在這個背景底下，拉斯威爾（尾隨韋伯倫的見解）提出一種傲慢的看法，認為我們說不定可以將「知識階級」看成是「一種強大的社會形構，擁有自己的客觀利益」[171]，惟這個看法大致並沒有得到迴響。大多數評論家反倒是同意柯瑞的看法，認為這個「新的中產階級」有所欠缺，不足以代表內部整體，也不能擁有獨立的身分認同或意識。因此，它的政治忠誠朝向柯瑞所說的方向發展，「主要是意識形態的」[172]。透過以上這些說明，我們接下來得解釋——這也是布萊狄（Robert A. Brady）所寫的書想要回答的問題——德國法西斯主義的「精神」與「結構」，兩者都不能偏廢，不應該說哪一個層面更為重要。假使權且援用當時新興的二分法，我們可以說納粹若要擁有繼承權力，就必須將大眾「從物質的需要，導向『精神層次的事情』（spiritual things）」[173]。

　　昔日還只在言談之間的問題，今朝都到眼前來，實在讓人駭然。1943年，貝特漢（Bruno Bettelheim）以自己在大朝（Dachau）與布辰華德（Buchenwald）的見聞為基礎，以臨床講授的超然態度，提出了報告。據他觀察，歷經集中營的囚禁與磨難而猶能苟全的囚徒，必有其調適過程，他們的應對方式實在恐怖，聞之令人毛骨悚然。貝特漢的解說讓我們明白，囚徒非常地委曲求全，並無邊界；後來，米爾葛藍（Stanley Milgram）曾經運用實驗法，研究他稱之為「順從權威」的調適。在仿效裡面的生活規則、穿著衣飾，甚至還能模仿獄卒的想法，比起把他們抓來的人，他們甚至有更好的學習（以及內化）效果。貝特漢指出，社會結構還是存在，但好像幾乎不再相干；他明顯是想要用下列總結，概括集中營的教訓：

　　　　納粹的祕密警察蓋世太保在實驗室發展了一些方法，用以改變自由
　　且正直的公民，致使他們淪為奴隸而抱怨連連。不但如此，在成為農奴

後，他們在許多方面接受了主子的價值。雖然他們兀自認為自己仍在追隨自己的生活目標與價值，殊不知實際上他們已經內化，然後將納粹的價值轉為他們自己的認同。

似乎確實是這樣，發生在集中營囚徒身上的極端現象，同樣毫不誇張地發生在更大的集中營、也就是更大的日耳曼住民身上[174]。

貝特漢的論文重印於麥堂納的期刊《政治》（*Politics*），另外，貝特漢本人曾經擔任霍克海默與阿多諾的短期助理，從事有關反閃族主義的研究[175]。

對於法西斯主義的運作有此瞭解之後，其衝擊是長遠的，也是震撼人心的。人的意識不再可靠、不再是可以帶來解放的施為者，人的意識現在變成有如塑膠，可以不斷地供人拿捏與塑造。我們再次得知，並非社會關係不再存在，而是這些關係無法讓獨特的當代情境（其中之一就是白領中產階級大量增加）取得充分的展示空間。大眾的心理狀態衍生自白領階層的陣地，它往外發展而穿越社會秩序時，展現可觀的柔軟性，超越人們先前的想像；這種心理狀態是以容許社會變化的轉型完成於主觀經驗的層次。宣傳大餐穩定推出，當然，透過「理性」而加諸人心的暴力與日常的恐怖訴求也得同時推出；經過這些手段的穩定進展，似乎完全足以讓人們的理論推敲不再管用、也不再必要——凡此種種，足以讓與此有關的所有歷史宏圖落荒而逃——這些理論與歷史都在找尋「客觀的」社會關係之基礎，其中，最為凸出者就是階級關係。或者，如果我們採取工具主義的視角，它所說的「有機情報」一點都沒有改良「目標」；不但沒有，「有機情報」更是聽任自己淪落為支配工具，以駭人至極的輕易方式，被人移轉成為支配工具。

這是一個讓人駭異的大眾文化觀，它持續存在，逼人耳目。戰後有關大眾文化的批判充斥一種意念，從來沒有止息，它認定所有的社會可能或已經被改造，或許，最重要的是，刻正徹底被改造。米爾士在1950年就是這麼表述——他的論點與拉查斯斐與莫頓發表在1948年的主題依據吻合，他們認為，我們必須將大眾

傳媒與人際傳播放在相同的分析脈絡——「如果沒有辛勒（Himmler）❻強大的鎮壓武力，戈貝爾對民意的操弄很快就會失敗[176]。」米爾士有一句話讓人印象深刻，它掌握極權複合現象的本質，相比之下，羅狄描述「原子化」的人猶然留存的幾分浪漫色彩，至此已經完全灰飛湮滅：「運用恐怖訴求，再加上威脅與使用暴力，兩者相乘致使規章效果得以強化，他試圖讓公眾變成孤伶伶的個體，這樣就可以使得人們別無社會關係可以依持，因此只能赤裸地面對傳威宣傳家所控制的傳媒。」[177]這樣看來，常見於左派的一般看法，指大眾文化具備威權潛能的原因，除了傳媒強大有力之外，還得有兩個條件的配合，一是群眾必須順服，二是人數越來越多且占據絕對優勢的白領階層在群眾中又起作用，致使群眾既受恐怖手段驚嚇，又反向漂流而遠離彼此。這個大眾文化說的任何一種主要版本，無一不在明顯傳達這個雙元走向[178]。

雖然論者不免經常忽略，惟兩路人馬既然都有這個關切，其實也就創造雙方共有的重要立足點；一方是法蘭克福學派的文化工業批判[179]，另一方則是1948年以前拉查斯斐的「大眾傳播」研究的主流取向——對於後者，我們業已得悉，假使我們要有效評估大眾說服的潛力，就得在研究傳媒宣傳時，納入整個社會生活的議題。舉個例子，克羅齊（Siegfried Kracauer）在1947年表明，如果我們持續研究電影及其他大眾傳媒，就一定能夠揭露「深層的心理傾向與氣質」，理解德國法西斯主義的崛起，何以能夠從傳媒取得推波助瀾之力[180]。然後，我們得看看阿多諾，他相當在意，他也相當焦慮，阿多諾覺得，深入骨髓的威權乖僻傾向並非沒有可能在美國弄出本土法西斯主義。阿多諾認為，特別是反閃族主義並非單純僅只是宣傳操作的產物，它有更深遠的根源，是長期及複雜的歷史過程之結果，早就安穩地著床於人民的意識之中。早在1941年，阿多諾的研究團隊就強調，「只要反閃族主義的心態成為伏流，經常游動在社會生活，那麼，只消有合宜的宣傳就一定能夠重新將它導引出來——阿多諾強調人的預存立場對於傳媒量的運作，具有相當的重要性——這些術語及概念很能與拉查斯斐與莫頓在1948年以前的說法，產生共鳴且相互調和。」就如同阿多諾的同僚紐曼（Franz

---

❻ 譯按：Heinrich Himmler（1900-1945），納粹德國時期掌控祕密警察首腦等職務。

Neumann）當時所說，反閃族主義因此是「社會軀幹的軟骨頭」，納粹宣傳正好拿來大做文章、再三利用。紐曼對於「國家社會主義黨」（納粹）的結構與作為之研究，極為精湛，其中有段話值得引述，如下：

> 宣傳是對心靈施加暴力。宣傳不是暴力的代替品，宣傳是暴力的面向之一。兩者目標相同，就在讓人對於自上而下的控制，更能逆來順受。恐怖及其在宣傳的展示，兩者攜手並行……假使只有宣傳本身，永遠不足以改變社會及政治情境；宣傳與其他及更為重要的要素聯合運作。「國家社會主義黨」的宣傳並沒有摧毀威瑪共和的民主……我們切不可忘記，是在德國司法單位，以及許多普魯士以外的國家容忍之下，國家社會主義黨的宣傳與蓋世太保祕密警察的恐怖手段，才能攜手共進……共和國的領導階層沒有能夠成功導引國家機器制止國家社會黨的恐怖行徑，這將繼續是人們控訴威瑪共和最為嚴厲的警句[181]。

所有法蘭克福學派其他成員的心目中，其實也都一直關切群眾的主體預存立場。舉個例子，馬庫色（Herbert Marcuse）在出版於1964年的《單面向人》（*One-Dimensional Man*），雖然因為其性別與種族的刻板印象而減色，但他是這麼直接表述的：

> 這些控制的深度與效度究竟有多大？我們堅持其既深且大的看法，必將招來異議。反對的人會說，我們過度渲染與誇大「傳媒」的教化與灌輸之能力；反對的人會說，如果讓人們自己決定，他們會心滿意足於目前由外力強加於他們身上的需要。
> 然而，發出這些反對意見的人弄錯了重點。早就存在於人心的制約，並不是從收音機與電視的大量生產後才開始，也不是因為廣電控制的中央化後才開始。進入世界舞臺之前，經年累月錘鍊而成的容受器，已經依照其規格與內涵決定了人們的心思構成；這裡，最為重要的差異是，既定與可能的事物之分、已獲與未獲滿足之別，不再存在，兩者的

對比（或衝突）已被夷平。就在階級差異已經平均化的說法，我們看到了意識形態的展現。如果工人與他的老闆享受與觀看相同的電視節目、前往相同的度假地點；如果打字小姐裝扮的漂漂亮亮，一如她的雇主之女兒那般具有吸引力；如果黑人擁有凱迪拉克轎車，如果他們都讀相同的報紙，那麼這樣的吸納並非顯示階級的消失，這只能顯示基層人群的這些需要及滿足的提供與完成，足以用來維護社會的既得利益[182]。

因此，我們再度看到原初的重要論點——單是強大有力的傳媒還不足以削弱社會關係，人們無所遁逃的原因，還因為人們長期以來「預先被制約」[183]。接著，很重要的一點是，這種「預先被制約」的狀態並不是一種抽象的存在，它不是某種轉捩點的現象，不是從社區轉向社會（先前，貝爾是這麼說的）時所出現的現象[184]，反之，這種狀態的主要特徵存在於關鍵的白領階層之間，而很明顯地是，白領的意識「並無定形可言」。

但是，在法西斯敵人已被擊潰、被掃入歷史灰燼後，納粹德國與美國之間又哪來這麼多可供對比的不祥之事呢？在兩次大戰之間，人們還僅止於觀察到一些蛛絲馬跡，何以日後演變為全面的災害？透過林德（Robert Lynd）的青年同僚、社會學者米爾士的著作，我們可以追蹤人們深刻感受到的這個發展軌跡。

側身拉查斯斐的「應用社會研究所」（Bureau of Social Research）之時，米爾士執行一項有關勞工領現階層的研究，並在1948年發表成果，他所寄語的未來雖然充滿困難，但相對來說仍然還有些希望。他在這部著作的一開始就寫著，「勞工領袖階層是策略行動者：唯一能夠阻止這個社會滑向戰爭與蕭條的組織，正就由他們領導。」雖說米爾士再次承認，「政治上具有警戒之心的人，僅及美國人口的一小部分」，惟他很快又加入一些重要的澄清與說明，「多數人在政治上消極被動是一回事，但這並不是說他們不會在特定一些時候與某些時機，扮演改變政治的主要角色。他們也許在政治上沒有自恃的信心，但如果假設他們無法迅速地進入政治警戒的地帶，那就太過於短視。」因此，對於米爾士來說，勞工領導階層是策略菁英，因為，米爾士——以及其他許多具有同理心的人，還不只是左派——認定，漫長的經濟蕭條很快就要重新來過，此時，「他們是唯一的一

批人，有能力領導大眾組織，在面臨經濟疲態時，這些大眾組織才能組織人群，引領社會走向符合自由與安全之路，也就是左派認同的傳統道路[185]。」先前我已經特別指出，最晚，到了1950年時，米爾士還認為原生公眾的獨立組織是單一最重要的基地，可以「對抗」大眾說服的操弄效果。因此我們是可以看出，彼時的美國情境與「大眾、烏合（masses）社會」的原型所指涉的納粹德國情境，仍然存在很大的落差，即便這個落差不能說是難以填平。

不過，就在米爾士繼續研究，先後完成美國社會三部曲的第二輪與第三輪作品時，前段提及的落差已見縮小；米爾士的三部曲依序是勞工領導階層、白領階層，最後則是軍事、企業與政治領導階層三者的交叉結構時，也就是《權貴菁英》（*Power Elite*, 1956）一書。他在後面這本書指出，「身處這個時代，我們察覺在政治生活之內，自主且有集體取向的團體之影響力，事實上是在減弱。」

> 還不僅止於此，他們所能擁有的影響力其實又受制於外力、受其導引；現在，我們不能說他們是自主行動的公眾（publics），我們必須說在各個重要意義上，他們就是被操縱的烏合大眾（masses）。
>
> 現代社會的所有自主社團原本應該中介於各階級與國家之間，如今卻似乎已經喪失效能，它們不再是持平論理的管道，政治意志也失去理性表達的工具。它們的命運有二，一是遭到處心積慮地破壞，這些社團因此成為消極接受統治的工具，二是面對權力中央化的行使，它們因為無所用力而緩慢消失。無論是哪一種命運，無論是毀於一週，或是消失於一個世代，中央化的組織幾乎在每個生活領域取代這類社團。最後，既然已經掌握所有權力的新工具，這類組織就接管這個大眾的、烏合的社會，至於大眾則已經飽受恐怖之苦，或者（也許還存在這樣的情況）僅只是飽受威嚇之苦[186]。

造成悲情瀰漫的原因固然與「戰時的經濟已經成為恆久的存在」有關，但這種體制化的成功還不能完全解釋悲情的全部。浮現在米爾士當年的新的身心俱疲與倍感沮喪，其實同樣另有深層的、其來有自而相當關鍵的概念。一言以蔽之，

他自己的認知語彙還是沈陷在沼澤，「知識的」勞動之沼澤，這依然是還沒有解決的困境。

如果接受馬克思主義的影響，必然會嚴格地從生產工具的關係界定社會階級，米爾士一來不這麼看待社會階級，二來他也不從嚴格的階級框架界定社會整體：構成米爾士成熟概念體系的重要面向者是地位（status）以及，更重要的是權力（power）[187]。因此，他一方面斬釘截鐵而特別指出，「假使以財產作為衡量標準，白領並不是介於『資本』與『勞動』之間」；他們與薪資工人的財產——階級位置，完全相同。然而，另一方面——米爾士對依照他所熟悉的史派爾（Speier）之著作[188]——這個所謂相同對於米爾士來說，似乎只是用來強調另一個本質上並不相同的身分：「如果書店店員、煤礦工人、保險業務員、農場工人、診所醫生，以及露天礦場開採員在這個條件上彼此相同，他們的階級位置當然並不相同。」米爾士認為這種全然不同的差異，部分原因出在他所認定的功能已經出現全盤移轉。在過去幾十年來，越來越多的工人之作業，是「在處理人與符號」，不是「物」（things）。杜威不怎麼合適的類型劃分，重新恢復於米爾士所強調的重點：「有一件事情他們並不從事，就是他們的營生不依靠物的製造（making things）；反之，他們仰仗社會機體（social machineries），這個機體的工作就是組織及協調製造物的人[189]。」這個組織的功能顯然相當神祕，就因為它的存在[190]——以及順此同時產生的生活水準的提高——於是造成白領工人失去獨立能力，繼之，無論是與傳統的勞工階級，或是與昔日的中產階級，這些白領工人因為不再獨立，因也就很難與他們建立共同的階級經驗，共享階級經驗的前景就此消失。

我們現在可以再次回到先前的問題，何以納粹能夠崛起並掌權？很顯然，就是因為白領階層的日益膨脹，他們容易——甚至可以說有意願被操縱，米爾士從他們身上發現新的證據，據此認定大眾社會這個概念可以運用在美國。在1900至1950年之間，有人估計美國白領勞工的數量增加到了兩千兩百萬，占總勞動力的比例增加了一倍（至36.6%）[191]。米爾士第一本流傳士林的著作應該放在這個背景來看待，它宣稱白領身分是一個線索，我們可以循此探索「現代社會作為一個整體，其形狀與意義為何」[192]。他在1951年這麼寫道，「在現代社會」——

　　壟斷強制力（coercion）的民主國家很少不斷地訴諸強制。但是掌握這些權力的人經常以隱藏的方式行使權力：他們已經移動，並且他們還在移動，先前訴諸硬威權，如今移向軟操縱。這個移轉過程不但涉及現代社會這個大科層結構，也就是作為操縱及權威的工具，移轉過程還涉及大眾傳播工具……。借助晚近的心理研究成果，正式目標就是要讓人們把管理階層要他們遵守與執行的事，內化成為自身思維行事的一部分，經理幹部不要他們知道自己的動機，雖然他們會有動機。人心之內無數鞭，鞭子不知自己怎麼來到人心，或者，我們倒應該說，鞭子不知自己已經存在於人心。在從威權移轉到操縱的路徑，權力先是清楚可見、繼之則無形無體，先有名姓然後默默無聞。物質水平持續增加，這個時候的剝削性質，物質成分少了些，心理成分多了些[193]。

　　我們因此可以說，在兩次大戰之間浮現的「意識形態」論點透過米爾士而放大。不過，在米爾士看來，這個意識形態與法西斯在歷史進程的出現，並不明顯相關；反之，米爾士認為在當代情境底下，「知識的」勞動既是「有機情報」的基礎，也是社會階層的整體經驗之明顯展現。米爾士所尊奉的實用主義，有其獨特版本，在他看來，大眾文化這個說法與其說是對主流意識形態的抗議，不如說是「有機的才智」本身的系統失靈越來越加顯現、失靈的規模也越來越大，因此再也無法完成它自己猶能動人的許諾。他的同儕當中，許多人乾脆默認不語而奉行實用主義哲學的相對主義傾向，他們因此認定（譯按：實踐的）結果是檢驗真理的唯一標。米爾士並不如此，他聚焦於「文化機器」（cultural apparatus），認定它越來越有合一及操縱的力量，單是文化機器就足以讓權力菁英取得憑藉，透過系統方式處理及重新導引他們所認定的真理。這幾乎是工具主義原初綱領的徹底逆反，如今卻似乎已經成為所有功能一應俱全的運作機制：「有機的才智」並沒有更新民主，它完完全全走向旁門左道[194]。

　　我們必須不厭其煩而再三強調，眼光銳利的人「是能」發現冷戰期間的美國，有許多證據顯示「有機情報」已經遭致系統腐化而其品質也大舉低落。人們形成意見的過程已然全面變質，通常是大剌剌地被重新納入結構。但說來諷刺也

讓人毛骨悚然，意見被以這種方式順利地納入結構，並非意識形態理論發生作用所致，而是因為拉查斯斐、莫頓，以及米爾士本人所致，他們在大約1948年之前，提出了大眾說服的成功標準。冷戰所動員的各方工具，還不僅只是大眾傳媒，而且還捲入各級學校及大學、各種工會、教會，加上各種專業、政黨與公職人員，通通或大量或小量的強制與威嚇，這些力量均受制於冷戰[195]。看在激進分子眼中，法西斯主義其實是脫胎自壟斷資本主義的有機成長過程，他們的焦慮因此延伸至戰後這段時期。布萊狄（Robert A. Brady）在1937年寫著，我們大可公允地將納粹政權描寫為「壟斷資本主義的獨裁郎君。它的『法西斯主義』就是工商行號在壟斷基礎下產生的商務組織，全盤掌控了國家的所有軍事、政治、法律及宣傳權力。」霍克海默完全同意這個診斷，他在1939年表明，任何人「如果不想談資本主義，就應當對於法西斯主義保持靜默。」在第二次世界大戰之前，人們養氣而培育別具特色的激進理由，務求說服人們最為迫切的任務就是針對法西斯主義展開戰鬥。「不容在此發生」（It can't happen here.）[7]傳達雙重的意思，是心憂與恐懼，也是律令，要求人們組織政治反對力量。瞭解這層背景後，我們就不難理解有些人（如丹尼‧貝爾）一方面高聲吟唱戰後左翼意識形態的「耗竭」，他方面對於大眾文化的激進批判又很敏感、也有些敵視。再看激進分子這邊，他們自己在戰後的大眾文化身上，看到極權法西斯主義的身影冉冉上升、閃閃發亮[196]。不過，最讓人警覺的是大眾文化的激進批判之陣營中，已經認定「意識形態」本身是權力集團得以支配社會的最重要因素。社會秩序得以維持的因素原本兼具強制威嚇與志願同意，如今似乎已經產生決定性發展，兩者不再平衡，而是傾向於後者、也就是志願同意這個因素。

我們可以說，大眾文化批判相當戲劇化地擴充與伸展傳播的辯論範疇，傳播是一股重要的社會力量，這一點毫無疑問。在大眾文化的羽翼下，學院的「傳播」開始擴張，不再局限於狹隘的新聞與記錄類型的內容，當然也就超越了《親身影響力》那種個人行為心理學的關注領域；它涵蓋——或許已經顯示於這段期

---

❼譯按：這句話也是路易斯（Sinclair Lewis，1885-1951，美國第一位諾貝爾文學獎得主）半諷刺體政治小說的書名，1935年出版。

間的主要編纂作品——暢銷書、平裝書、偵探小說、卡通、漫畫書、雜誌、電影、電視、收音機、流行音樂與廣告[197]。在這裡，我們看到意義重大的現象，激進派採取的理論視野，是要試圖釐清在隱然存在的文化霸權當中，作為範圍廣泛的傳媒內容之一環的流行藝文（popular arts）扮演了什麼角色。說來讓人覺得不太可能，但他們確實經由內容分析方法之助，局部認定制度化之後的傳播現象構成了強大的日常支配形式，並且發生支配作用者不再只是新聞，而且延伸到「文化」。先前，激進論點認定宣傳的指涉，僅限於透過新聞傳媒而進行意識形態的控制，如今，批判研究者透過內容分析，擴大宣傳的指涉，應用於數量與種類有增無已的再現系統；這就是說，原先比較傳統、也比較局限的論點，現在適用於更大的範圍。最早在有關「大眾文化」與「文化工業」的論述形成時，這個擴充已經相當明顯[198]，到了1950與1960年代，它的表達又更加體系化。人們持續強調，意識形態確實具體展現於文本，並且，我們應該說這是大為流行的說法，至於文本所棲身的傳媒形式與類型則越來越廣泛；研究者的假設是，如果我們要瞭解傳媒的影響力，最關鍵的切入點就是要從藏匿或隱性的形象與類型著手。與此同時，文本的意義研究平臺似乎跟著變化，更能涵納規模越來越大的文化生產體系：現在，論者還不只研究單一文本，而是得企圖研究整個「訊息系統」——比方說，整個星期的黃金時段電視節目。這兩個理念都以強大有力的方式，延展批判探索的眼界。

　　我們應該可以說，佐治・格伯納（George Gerbner）持續執行與累積多年的內容分析研究，堪稱是其中最重要的例子，足以見證這個類型的大眾文化論點。在1950與1960年代，麥堂納派別的大眾文化批判者主要是忙於找尋證據，認定文化水平持續低下；格伯納另有他圖，雖然他也從傳媒內容找尋特定的文本證據，惟其論說重點在於指陳，羅曼史雜誌、電視連續劇，以及新聞記者的文字敘述，其實是透過特定手法執行「符號的象徵功能」，傳達統治者認可的秩序。那個時節，大多數人文學科（更別談社會學科了！）的教授還不敢涉足於斯，猶豫或卻步於這些類型的文論與研究，就連在其課堂淺嚐都顯遲疑，可是格柏納與一些跟他有接近想法的傳播分析者已經豪邁跨越，他們堅稱「全國社群與人們都在吸收」的符號與形象，確實值得我們認真地持續投入探索的心力[199]。特別是美國階

級結構已在改變，那麼他稱之為「符號環境」（symbolic environment）的概念就格外值得注意。

比方說，格柏納在1950年代發表的一項研究可以作為例證。他考察「仕女雜誌」（confession magazines）[8]的主要讀者群，也就是婦女。根據他的引述，這些雜誌的執行主編之一說：「這些新女性來自勞工家庭，她們覺得這個白領世界還真是奇怪，讓人不自在。由於對自己的新角色不熟悉、不確定，也常常茫然不知何以自處，她們因此有著熾熱的興趣，想要『透過閱讀，以便瞭解婦女——像她們一樣的婦女——如何解決她們的問題。』」供應《真實故事》（*True Story*）與仕女雜誌的人當然再高興不過，他們很是願意告訴她們。然而，格柏納認為這些故事的基本功能，其實是要擺布讀者，要讓她們熟悉、然後順服於社會不讓她們違反的「符碼」[200]。

順著這個思路，自然就會把電視列為不可或缺的探討對象。格柏納接著又宣稱，「電視是主要的涵化者（cultivator），提供共同的影像、形象與資訊類型，除此之外，數量龐大且異質的公眾少有相似之處。這些影像、形象與資訊構成吾人之符號環境的重要部分。在其社會化之下，社會成員是以接受主流的制度與道德秩序。」再者，格柏納還煞費苦心，他指出「電視節目的控管與發展過程，以及塑造符號內容的力量」都受制於「基本結構」。這個基本結構又在哪裡？集中在特定的權力關係，也就是「美國各大廣告廠商與三大無線電視網之間的」關係[201]。

這個已經擴大的視野賦予研究者能力，使其從既受的意識形態支配場域及代理人之角度審視文化，惟它未免孕育一種傾向，致使研究者可能沈溺於過度概括化之失。舉個例子，米爾士曾說，現在有越來越多的價值、標準與品味「臣服於官方的管理」：

---

[8]譯按：流行於二十世紀的雜誌，廣肆刊登聳動的內容，通常完全以虛構人物的自傳與故事為主。2008年2月27日參考與讀取自http://www.britannica.com/eb/topic-131940/confession-magazine。

辯論賴以進行的語境、人們理解視界的語境，以及人們評斷自己或他人成就的標準，或者，那些並無標準可言的語境——所有這些語境都是由官方或商業決定、傳授，以及強制[202]。

有什麼證據能夠支持這種直截了當的認定與主張？美國人真以這個方式瞭解自己？如同丹尼・貝爾迅即提及，到處都是證據，因此等於沒有證據。儘管言詞顯露多元，這個批評大抵正確——「大眾社會的理論絕口不曾告訴我們，社會各個構成部分的關係為何？唯有指出這個關係，我們才能夠確認變遷的來源」，大眾社會理論也很少試圖「反映或連繫複雜的、連繫於真實世界的、具有豐富肌裡的社會關係」[203]。確實讓人相當扼腕的一些事情是，在批判大眾文化的遮掩之下，一些特殊的實踐經驗、那些孕育可觀異議之聲（比如，藍調音樂與搖滾樂）的內容就被忽略。還有，激進學者並未努力構建理解電視的另類方案，他們只是重複表述，再三指出電視節目只能符應「最低公約數」，但卻未將這個命題化作問題意識，於是形同屈從於主流美學標準所承載的大眾文化論點。

這類思考的缺失足以說明激進派的論說語境，何以乍然出現局限：激進派急遽限縮人類的社會動能。米爾士宣稱，早年存在的各種社會關係如今已經日漸減淡，大眾文化因此變形為「最重要的強大手段」之一，專供「有錢有權的菁英任意指使」[204]。雖說如此，在《權力菁英》這本書的前頁，米爾士以無可置疑的姿態表明，位居社會最高層的一群少數人，仍然有其重要的社會行動與組織：

　　一般人的權力受限於他們生活的日常世界，即使是在工作、居家與鄰里的環境，他們也似乎被他們所不理解、也難以掌握的力量所驅使。「大的變化」遠非他們所能控制，卻又對他們的行為舉止及感官外觀造成影響。現代社會這個框架拘禁人們，使其投入他們毫不鍾情的工作，但是來自各方面的變化如今施加壓力在大眾社會的男男女女，致使他們覺得生活在既無目標也沒有權力的時代。

　　但是，我們並不因此就說所有人都屬平凡。在美國社會，由於資訊與權力工具的中央化，有些人就能占據俯視眾生的位置，這就是說他

們的決策對於凡夫俗子生活的日常世界大有影響……柏克哈特（Jacob Burckhardt）稱之為「大人物」（great men）的人就是大多數美國人稱之為菁英的人：「他們的身分我們通通沒有。」[205]

在討論大眾傳媒的時候，米爾士作此結論：「美國社會的頂端越來越緊密結成一體，似乎經常你情我願地彼此協作」，惟「底層社會的政治運作卻是分散零碎，甚至僅作為消極事實而存在，顯得越來越沒有力量……」。他宣稱，「依照當前建制而組織與運作的」傳媒已經是「主要原因，致使美國轉變成為大眾社會」[206]。米爾士的結論與羅狄呈現強烈對比，羅狄是先鋒，當年一頭栽進大眾文化的激進理論（譯按：並未斷言底層的反抗不再可能），米爾士在二十年後卻說，文化工業具備弄亂與操縱底層社會秩序的能力，這個情況既是底層社會明顯欠缺社會施為者（social agency）的原因，也是其後果。大眾文化的狂亂既讓人駭異也讓人沮喪，繼之，大眾文化似乎豁免自己的責任，大眾文化無須提供實質理由，解說自己的地位何以能夠上升。就此觀察，我們不僅難以想像文化工業的過往「歷史」，我們也無法想像它的未來，我們因此更不可能充分地分析大眾文化：借助這個概念，我想說明一種情況，此即有些時候社會思潮幾近靜止不動、處於被支配的狀態。

麥堂納宣稱，「人類深陷於無法走避的運作機制，人們於是只能複製這個機制所造就的類型……唯有英雄能夠抵抗這個壓力[207]。」麥堂納的友人米爾士對此很有共鳴，他說，「接受美國生活的代價是蒼涼與表象，與此同時，反叛美國生活的所得是庸俗與無關[208]。」馬庫色在反省他所稱的「單面向社會」時，同樣重複這個相同的主題並在周邊打轉，「在可預見的未來，工業高度發達的社會仍然能夠掌控與圈限實質的變化」；雖然馬庫色在理論上略留餘地，他表示，「還是有一些力量與傾向存在，可望突破圈限而引爆社會」。不過，馬庫色特別論及社會階級，他說，階級在結構與功能上大有改變，「以至於階級不再是歷史變遷的施為者。」他索然蕭瑟地預言，「富裕與自由是表象，在其掩飾之下，支配延伸到所有私領域的與公領域的存在現象，整併所有的正宗反對力量，吸納並銷鎔所有另類宏圖方案[209]。」

　　即便是喧擾動盪的1960年代末期，人們在找尋並確認挑戰現存權力結構的施為者之時，仍然僅能溫吞猶豫：存在於新政時期的民意「反抗」已是遙遠的記憶。如今，論者有些時候已經注意到，他們並且凸顯大學生而尤其是非裔美國人的社會運動，惟仍屬觀望態度[210]。因此，權力菁英不再能夠專擅施為者的身分，日後人們稱以「新社會運動」者，也出現了施為者的身影，雖說新社會運動之說，其實並不充分。然而，非常奇怪而如同迷團的情況是，即便激進派談及社會施為者，他們也絕口不提美國資本主義最大的、理論上非常重要的集體：已被馴服的勞工階級。何以如此？部分原因是一個世代以來，論者透過數十年的修辭，認定日漸多種多樣的勞動力僅具有怪異的地位（anomalous status），以至於他們等於是先發制人，淡化或排除勞工階級作為施為者的前景。我們必須在此強調，這個時候在美國出現一種情況，也就是論者認定唯有在美國「之外」、在世界各地爆發的「民族解放運動」，才能找到足以充分代表人類社會施為者的強大形式，並且唯有這樣的形式才能得到我們的信任，才能讓我們授與無上的重要性；這個認定衍生極為深遠的知識後效與結果（我們將在下一章另作檢視）。不過，就在這個時候，大眾文化的激進批判論者察覺，他們認定為大眾文化污點的主要承載者，也就是置身事外的社會主體──白領階級或「知識」勞工，他們現在是美國職業結構當中人數最多的一群──已經引進一連串不請自來、讓人困惑的信條，激進論者再也無法迴避這個現象。

　　透過以上的說法與闡述，讀者不難看出激進派在使用「大眾文化」一詞時，有其特定的局限。他們認為，只有資產階級與其代理人才有透過或環繞大型企業財團而發揮組織自我的能力，那麼歷史上繼續衍展的勞資階級「關係」，就會因為人們視而不見，以致反倒顯得突出。雷蒙・威廉斯（Raymond Williams）在另一個不同的語境，精確捕捉到這個不足之處：「假使只看見一個階級，就等於未曾看見任何階級[211]。」論者傾向於分析「文化工業」的董事治理結構，這個作法雖有優點，但做得再好也不能代替生產的社會關係之分析。歷史變局及走勢必然由相互決定的社會關係所中介，不是由純粹無雜質的階級_權力_所中介，更不是由某個社會的主要機構之某甲或某乙所決定。先有社會與社會勞動的脈絡，才有文化工業的體制化及其鑲嵌；經過這層理解，我們在探討社會的各種傳播問題時，

必須使其連繫於生產活動的社會面向，這些面向有其關係及形成的過程[212]。

很諷刺的是，動態關係移轉至靜態分析的情況同樣發生在主流的傳播研究，後者大約從1948年以後就認定意見的形成，大抵是自發自主之事。主流派早年斷然反對「親身影響」與「大眾說服」的二分法，但這些正統分析家如今正好以今日之我戰昨日之我，差異只在於他們的注目焦點，不再是各種勸服陣仗及其部署所形成的國務安全機制。套句史都華‧霍爾（Stuart Hall）俟後提出的批評，這些傳播主流研究者日後另有他圖，他們盡心盡力在「推陳及揚舉多元主義，想要讓多元主義的說法成為當代工業社會秩序的唯一（the）模式」[213]。霍爾接著又指出，抱持這個認知的研究者總是以想當然爾的口吻說，傳媒「大致只是反映或表達人們已經達成的共識。既然研究者已經相信，就更為寬泛的文化意義來說，傳媒大致只是強化人們業已達成的廣泛共識、價值與規範，那麼，傳媒影響力並沒有多大的結論，早就可以預先得知」[214]。激進派當中是有一些人對於這個基本前提大表異議，他們依舊認定，一邊是美國的獵巫行動與黑名單持續進行，一邊是多元理論的聲勢持續上升，兩相對照，此一事實本身就是小小的提醒，顯示有一派力量支配著美國社會。然而，由於社會階級關係的持續缺席（更不要更概括地說，由於社會勞動消失於視野之外）這就等於是有一股強大的力量，正在將激進派本身的思想往後拉。

這個掣肘所造成的潛在阻礙很大。舉個例子，季特林（Todd Gitlin）有一篇力作，針對凱茲與拉查斯斐那本具有創立學科的份量，因此顯得顧盼自雄的研究成果，它提出了完整的批判。但是，季特林卻有一個遺漏，也就是某些東西不在他的批判之列，從這個「排除」，我們明顯看出阻礙的存在。季特林的主要批判是，《親身影響力》既淡化又閹割傳媒對於意識與經驗的實際影響力；其次，季特林批評這兩位學者在描繪「影響力」時，幾乎完全只將人當作消費者來看待。這些批評信手拈來，絕對很有道理。然而，季特林的發言與視野大致只是在前述的激進批判局限內為之，這些批判的分化還不完整。我們先前已經指出，凱茲與拉查斯斐以系統方式專注於抽象的個人網絡分析，他們對於社會組織——主要就是社會階級，但也包括種族與性別關係——所形成與構成的環境模態毫無解析。對於凱茲與拉查斯斐的這個致命缺失，季特林未曾抨擊。反之，季特林的批評停

留在指控凱茲與拉查斯斐的「閱聽人」概念有問題，因為他們「以為閱聽人是許多互相連結的個人所形成的體質結構，而不是將閱聽人看做是大眾社會中已被孤立的目標」[215]。季特林自身的理論工作形同遭致囚禁，他採取米爾士的架構，讀來讓人熟悉，但該架構漠視一件事實，即資本主義的社會關係之擴張與延伸並沒有完成、並沒有無往不利而不遭致抵抗。在這個情況下，論者至少是策略地認定，有關意識形態的建構問題是在所謂文化工業的普遍體制「之內」發生，論者並不認為，無論是文化工業「內部或環繞」文化工業，都鑲嵌著具有動態關係的、衝突四伏的與不斷衍生的社會過程，意識形態的建構必然與這個動態過程交叉糾葛[216]。

　　這些持有異見的研究者顯然也只能看到社會經驗的外顯面貌。米爾士是這樣寫的：權力菁英之下的「底層已經浮現大眾社會」，而更加重要的是，底層與社會中間階層的「力量」並沒有連結，中層的「力量陷入進退失據、僵持不下的流動狀態」[217]。另有極為少數研究者採取更為動態的、形成的與關係的社會過程論，但他們似乎也只是概念的小幅度修正。1973年，亞諾維茲（Stanley Aronwitz）論證美國「新」勞工階級的文化，他的立論主題讀來相當熟悉。他說勞工階級長久以來所倚重的制度與機構──特別是家庭，但還包括宗教教堂與學校──已在崩解。他認為，「無產階級文化的傳統形式已經物換星移」──我們可以看出，這是直接取自米爾士的概念──已經被「新的、被操縱的消費文化所取代」。還有，消費文化宣稱要提供服務，其實只是將「勞工階級」整合「至官僚科層的消費資本主義體制」[218]。雖然亞諾維茲的分析幫助我們聚焦，讓我們掌握勞工性質的某些重要的潛在變化，惟他對於社會階級的關注終究只是開始蠶食（而不是直接對抗）一個最為重要的假設，正統傳播研究與文化工業激進批判派都繼續倚重的假設：資本支配的社會秩序處於本質已經衡平的狀態。晚至1978年，還有兩位激進批判者如此提問：「資本主義底下的文化有些什麼特徵？」「當然不是階級分裂」[219]。激進派的田園一片荒蕪，這幅諷刺圖像極富啟發意義，激進派束手無策，在資本家及其經營代理人之外，他們最多只能找到乍隱乍現的社會施為者。我們也許可以論稱──確實，我們很快就要看到，雷蒙·威廉斯是開始論稱──[220]正是因為我們將「社會」設定為靜態不動，我們於是能夠解放「文

化」，從新取得截然有別的動力與分析力道。

影響這麼深遠的錯置居然還會發生，這就顯示激進學派也無法抵抗巨大的潮流走向，一整個世代以來，美國之內的公民反抗運動為其席捲而幾近淹沒——除了非裔美國人的民權鬥爭是個例外，這點值得一提。就在美國，1950年代是時人口中的「富裕年代」；社會科學界長期以來偏好於研究利益團體與社會控制，而不是研究階級衝突；這些情勢再加上冷戰鎮壓、論斤計兩的工會主義、內捲而只專注本國的狂熱風潮捲土重來、種族主義，以及美國全球霸權與意識領導權的上升，這些走向所造成的效果，在在致使可能性為之挫損，論者無法也無能確認強健的勞工階級作為社會施為者仍有任何可能，遑論以此階級作為純正的對抗力量。在美國世紀的壯闊海域，對於資本主義終於穩定了下來這個假設——在主流的政治學、經濟學、史學與社會學，這個假設橫掃千軍，壓倒一切——我們委實無法有效挑戰，折損其銳鋒。

激進派於是轉移注意力，他們集中於探詢眼前再無反對聲音的沈默境遇，究竟從何而來？這畢竟是惱人至深的問題。舉個例子，不恥加入大合唱的歷史學家實在不願意宣稱自由主義的共識已經深入人心，更不用說這是光榮之事，他們當中的絕大多數人因此強調「勞工階級的挑戰已被整併，激進運動彈指之間已遭擊潰」[221]。馬克思主義經濟學家不是強調階級衝突，而是凸顯政府的軍事支出大幅增加，公部門的這類支出加上消費者債務只升不降，兩者相加致使榮景與蕭條破產的循環，原本應當會使整個體系走向衰微，如今則得以暫時改良舒緩與延年殘喘。他們一相情願地認定，經濟停滯的傾向僅會轉向與延遲，但不能永遠地迴避，雖然他們有此怪異的認定，他們卻又對於人作為社會施為者的揮灑空間，少有申論餘地[222]。就如我先前所論稱的，這樣一來就出現了一些概念，文化工業取得了無所不在的支配地位，它對於戰後「美國強權之下的世界安定和平」（Pax Americana）的構成與穩固，起了神祕的重要作用。這似乎是二十世紀社會的獨特發展，我曾經指出它具有一種神祕的品質，是因為我們一直沒有能力有效地處理「知識」勞動的理論地位。

1967年，馬庫色精神奕奕，運用顯然是活力十足的馬克思主義語言，透過以下這段話語，他對這些問題的部分，有所正面回應[223]：

　　政治宣傳與商業廣告聚合為一。高度資本主義的政治經濟學也同時是「心理經濟學」：它生產並且管理整個體系所要求存在的各種需要，甚至包括人本能的需要。支配正就是以這個方式注入於人心，加上人們的需要越來越得到滿足，於是異化、物化與剝削等概念，也就遭致人們的懷疑。事實上，「富裕社會」的受益者不正打造與完成自己的異化存在嗎？難道事實上他不是察覺，他自己再次於他的各種器械設備、他的汽車與他的電視機之中發現自己嗎？但是，從另一方面看，難道虛假錯誤的主體性就致使客觀的事理與狀態，不再相關嗎？[224]

　　馬庫色這段話的價值就在於直接表明這些是值得我們考量的問題。但是這些話語指出的困境並非沒有破綻，它的主要訴求機制與手段還是仰仗於根深柢固的念頭，認為只要談及宣傳，就是要將涉及體能的勞動置諸腦後，唯一需要進入者，就是謎一般的心（mind）或思想（thought），或甚至精神（spirit）的範疇。確實，很乖謬的是，阿多諾是認為「文化的」唯一保障就在於批判者必須堅持這種雙元論、雙元構成的能力。阿多諾在1967年有這段考察，他說無論是就其源起，或是就其當代情境，（譯按：道理都相同）文化唯有在「勞心與勞力工作的激進劃分」後，才能從中汲取可用的力量（remaining strength）。「哪怕是心有一丁點地介入於生活的再生產，人也就成為受制於生活、為其束縛的人[225]。」

　　最早是在1930年代的時候，霍克海默與阿多諾對於馬克思主義將首要地位賦予勞動，已經發出詰難之聲；有人想從理論上尋求確鑿的定論，提升勞動到至高無上的位置，他們對此努力敬謝不敏。套句馬汀・傑（Martin Jay）的用語，他們認為這樣的努力其實是「從資產階級所尊為神聖的工作倫理……演化而來的美學意識形態」[226]。這樣說來，意識形態如同阿多諾所偏好的文化批判型態，根本就與勞動沒有任何關聯，而是自成一格，存在於另一個由意志所分隔開的平臺。接下來，我們所看到的需求，就是要不斷找尋機制，解釋當代似乎已經必然存在的變形狀態，賴希（Wilhelm Reich）最晚在1933年就曾說，經由這個狀態，意識形態被賦予一種位置，扮演了「物質力量」的角色[227]。意識形態的效力似乎極其明顯，讓人驚訝，不但如此，它的效力同樣也是不怎麼有跡可尋；是以，意識形態

的用處似乎只是升高需求，要求我們的理論重新導向。沈湎於實用主義的米爾士一點也沒有更好的位置與能力，救贖這個理論的怠忽職守，因為實用主義的「有機情報」概念正是相同的雙元論、雙元構成的產物。

這個說法的特點是，它等於是說文化霸權若不是全面發生作用，就是一點都沒有用，但人們似乎很輕易就會對這個說法嗤之以鼻。確實如此，在大眾文化的激進批判進入鼎盛期開始，它就再三遭致羞辱，被指為也只不過構成了「一種意識形態，對當代生活盡作浪漫的抗議」[228]。但是，近朱者赤、近墨者黑，人以群聚物以類別，那麼，理論的位置為何，也許不妨從它所招來的敵手是誰，推測一二。我們知道激進批判引來的學院重砲手，是諸如丹尼・貝爾與愛德華・西爾斯（Edward shils）之類的碩學鴻儒，他們向來對於學風與社會輿情極其注意；但又是什麼引來了他們的非議？後見之明，答案現在應該非常清楚：那些激進派得設法維持自己的信念，使其大致不變，對於他們來說，消費者支出驟然大漲與麥卡錫主義的存在顯得也只不過是聯合提供了證詞，聽來雖然刺耳，但卻強有力地支持了他們的觀點，也就是大眾傳播的機構與先前已經存在的大眾心理之間，是有強大的連結將兩者綁捆在一起，兩者因此成為既緊密又壓抑的統一體：「行政化的、被科層管理的社會」（administered society）的統一體。由於堅持社會支配依然是美國生活獨具的特徵，米爾士及其他大眾文化批判者也就隨而招致冷戰鬥士源源不絕的白眼，後者對於所有這類「不愛國」言論的入侵，深具敵意。

不過，整個故事當然沒有就此結束。大眾文化的激進批判繼續存在，並且在某些方面還存在於今日，這類批判自有其生命力、讓人容易理解，其修辭亦很招人耳目。最晚近的大眾文化批判版本說，當代的大眾文化包容廣泛而規模龐大，我們必須在大眾文化「之內」（within）而不是在它之外，找尋對立的與烏托邦的，以及支配的成分──背離了早先的批判傳統所提出的處方與看法。這個新觀點有其長處，它拒絕僅只是基於假設就逕自認定大眾文化之內沒有顯著的內部衝突。接受新觀點的邏輯與信念之後，應該就會說它對大眾文化的定義再也不是單一的內涵或意識，無論是對於大眾文化的生產者或是對其閱聽大眾，都不再單一。我們可以說，這個新觀點在最佳情況下，可以說是與貝爾早年的斷言展開嚴肅的對話，它重新恢復人類的動能、恢復人作為施為者的歷史角色，認定人具有

實質且可觀的能量，也有不同的樣貌與擔當。這樣看來，至少這是一種名目上的恢復，1930年代早期更為開放的大眾文化論說，似乎已經重新出現。但是，另有一個不同的假設造成了傷害，抵銷掉了這個名目之得。要在大眾文化「之內」尋找對立與反抗的確認書，其實來自於一種認定，也就是認定商業化的文化生產已經或多或少與人類的文化本質具有相同的範圍：比如，詹明信（Jameson）就只是認可他認為已然「普遍存在的商品化」，單寧（Denning）有些騎牆，他宣稱「如今在商業形式之外，已經很少有文化生產」[229]。

　　一旦我們將大眾文化當作整體（totalization）來理解，就很輕易忘了一個淺顯的事實：商品化──無論是「文化」或任何其他東西──都是從資本的眼光在看世局，因此也就是一種永沒有完結與終止的資本大業。若從這個最根本的角度來看，大眾文化永遠都不能橫掃吞沒這個領域。大眾文化的論述出現至今已經有四十年了，如果我們要接受這種全部而無所不包的觀點，那麼要找當前的「大眾文化」前沿，一點也不困難，比如，我就想到了各大工商行號企業屢屢要擠進「虛擬實境」（virtual reality）、軟體、大刺刺的行銷為主的學校教材，「課程軟體」，以及，也許還甚至有基因工程（「設計基因」）。假使理論上主要的傾向就是鎖定大眾文化，認定它本來就意味者一些源自本身的驅力，既物化又烏托邦，既支配又抵抗，那麼這樣的理論怎麼裹助我們的瞭解都有困難，遑論抵抗資本積累動力之下的這些前哨站？大眾文化經此修正後的觀點，又怎麼解釋大眾文化的歷史，以及當前還在持續的增長？

　　我們在下一章將會看出，關於文化生產只能不斷商品化的觀點是短視的，它揭示了自己作為一種理論發展的實質意義。我們已經預見即將有這場討論，在此容我先行強調，重啟大眾文化的抗爭，卻又傾向只是將該抗爭的性質固定在論述或文本的層次，那麼，這樣的重新開始其實就只是截頭截尾，甚至是一種省略，等於是放棄原初有關大眾文化批判的第二個關鍵要件。這就是說，從羅狄的《新大眾》（New Masses）開始，內在於大眾文化的激進批判已經浮現傳播政治經濟學的影跡，它企圖釐清在大眾文化的活躍過程（即大眾文化的商業本能）資本所設定的壓力與限制。舉個先鋒例子，史麥塞（Dallas Smythe）運用略與傳統制度經濟學者有所重疊的理念，他試圖藉此說明傳媒與電信的資源配置與政策決策的

結構[230]。在史麥塞看來，「隨著文化發展，它已經在內部建立機制，威權總是越來越集中，而最為清楚展現這種狀態者，就是我們的傳播活動這個領域[231]。」史麥塞強調大眾文化確實「有」其政治經濟的呼應，他所領軍的研究傳統也就強調日趨中央化的指令結構，特別是該結構在資本主義發展當中，極其關鍵的這塊領域已經取得支配地位。當時，早就是經濟生產活動的核心地帶，也就是製造業與第一級採擷產業與農業已經在兼併各大傳播機構。史麥塞的用心之處，就是在鋪陳與找尋這類經驗證據。比如說，傳播與各種不同形式的交叉傳媒產權之總體經濟的集中傾向，確實存在。然後，人們很快也注意到，許多政府機關的監督與規範實在顯得太過於順服，它們的柔順形式與政策迅即為人察覺。

但是，傳播政治經濟學崛起的重要意義還不只是它有能力直接指陳壟斷資本主義所導致的危殆局面，這只是一個方面。它的貢獻還在另一方面，亦即它有能力暴露主流研究者所徹底鍾情的分析單位（個人的態度），根本不足依恃：它指出了組織的社會層級，這些組織的結構與功能則轉而構成明顯的新指標，凸顯了資本家的產權與控制權。到了1960年代晚期，激進學者開始向外移轉注意力，也就是開始正視所謂的第三世界，這些散落各方的激進派，在面對大眾文化論題時，既保存了從政治經濟層面研擬批判的認知與能力，如今更是再以昂揚的精神開展批判，而這股動能很快地就針對超國家之企業財團的文化工業，提出了完整的批判。不過，那些提出「文化帝國主義」批判的人幾乎在未曾意識之下，以另一個形式重蹈誤認社會主體的覆轍。早先，啟動大眾文化批判的社會主體被認定是美國與歐洲的白領階層；現在，另一個社會主體、似乎對於革命抱有更多同理心與決心的社會施為者也已經被指認：去殖民運動與民族解放運動。不僅於此，就在（美國這批）核心都會區的激進派啟程，航向這個新的旅途之際，另有主要是來自英國的其他分析者加入了他們的陣容；這批英國文人試圖研擬參照語境與修辭，以求在高度發展的資本主義國度本身，讓勞工階級得到一個嶄新且至關緊要的現身場合。因此，剎那之間我們即將察覺，人的社會動能、人作為社會施為者已經搖身一變，他業已成為核心大員，在傳播研究之內，變成兼容並蓄與元氣已經復原的激進異端。

本章注文

1. J. Michael Sproule, "Propaganda Studies in American Social Science: The Rise and Fall of the Critical Paradigm," *Quarterly Journal of Speech* 73 (1) (Feb. 1987): 62, 65-66; Philip M. Taylor, "Propaganda in International Politics, 1919-1939," in K. R. M. Short, ed., *Film and Radio Propaganda in World War II* (London, 1983), 17-47. 左列研究作品具有標竿地位。A benchmark study is Harold Lasswell, *Propaganda Technique in the World War* (New York, 1927).

2. Joseph V. Femia, *Gramsci's Political Thought* (Oxford, 1987), 24.

3. Terry Eagleton, *Ideology* (London, 1991), 116.

4. Perry Anderson, "The Antinomies of Antonio Gramsci," *New Left Review* 100 (Nov. 1976-Jan. 1977): 46, 41. 有關安德森本身的思維演化經歷,有一篇論文很值得參考,見Gregory Elliott, "Olympus Mislaid? A profile of Perry Anderson," *Radical Philosophy* 71 (May/June 1995): 5-19.

5. J. Michael Sproule, "Progressive Propaganda Critics and the Magic Bullet Myth," *Critical Studies in Mass Communication* 6 (3) (Sept. 1989): 235-236. Dan Schiller, *Objectivity and the News: The Public and the Rise of Commercial Journalism* (Philadelphia, 1981), 182-189. 辛克萊這麼寫著,「一點都不誇張,也一點都無蔑視的意味,我們其實是字如其面,也是以科學般地精準,對美國的新聞事業提出左列定義,它是代表了當道經濟特權利益的事業,也以這個角度呈現當前的新聞。」Upton Sinclair, T*he Brass Check* (Pasadena, 1919), 222.

6. Edward L. Bernays, *Propaganda* (New York, 1928), 27, 9, 11, 19-20. 業已存在而且相當明顯的連結,同樣存在於大眾傳媒,以及各大企業的促銷與販售活動之間。在1930經濟大蕭條年代,誠如丹尼連所說——企業界的主要關懷轉移到了「政治上的存活」,此後的公共關係花團錦簇,隆盛成為一種無所不在的企業藝術。N. B. Danielian, *AT & T: Story of Industrial Conquest* (New York, 1939), 332. Alan Raucher, *Public Relations and Business* (Baltimore, 1968).

7. 這個論點取自史普勞爾(Sproule)下列兩篇文章, "Progressive Propaganda Critics" and "Propaganda Studies." 這確實相當諷刺,另有扼要札記,認為這確有諷刺之處,請見Ellen Wartella and Byron Reeves, "Historical Trends in Research on Children and the Media: 1900-1960," *Journal of Communication* 35 (2) (Spring 1985): 118-133 at 121-122; Todd Gitlin, "Media Sociology: The Dominant Paradigm," *Theory and Society* 6, no. 2 (Sept. 1978): 210.

8. 除了(註7)提及的史普勞爾的兩篇文章,請另見 Jacqueline Marie Cartier, "Wilbur Schramm and the Beginnings of American Communication Theory: A History of Ideas" (博士論文University of Iowa, 1988), 22; Lucien W. Pye, ed., *Communications and Political Development* (Princeton, 1963), 13. Jesse G. Delia, "Communication Research: A History," in Charles R. Berger and Steven H. Ghaffee, eds., *Handbook of Communication Science* (Newbury Park, 1987), 20-98, esp. 65-66, 22, 24-54; Daniel J. Czitrom, *Media and the American Mind* (Chapel Hill, 1982), 91-146.

9. Wartella and Reeves, "Historical Trends," 122.

10. Sproule, "Progressive Propaganda Critics," 233.

11. 或許，最值得一提的這方面著作是這本書： Edward S. Herman and Noam Chomsky, such as their *Manufacturing Consent: The Political Economy of the Mass Media* (New York, 1988).

12. Frederick E. Lumley, *The Propaganda Menace* (New York, 1933).

13. O. W. Riegel, *Mobilizing for Chaos: The Story of the New Propaganda* (New Haven, 1937), 211.

14. Sproule, "Propaganda Studies," 74. 參較 Steven H. Chaffee and John L. Hochheimer, "The Beginnings of Political Communication Research in the United States: Origins of the 'Limited Effects' Model," in Michael Gurevitch and Mark R. Levy, eds., *Mass Communication Review Yearbook Volume* 5 (Beverly Hills, 1985), 75-104 at 97, 95.

15. Sproule, "Propaganda Studies," 66.

16. 有一篇發表於1938年的新聞體揭露作品說，企業公共關係史無前例的成長與入侵，是因為美國商業行號得有所回應，當時，經濟大蕭條激起的現象包括人們對於美國企業失去信心，企業界因此在公開身上發現到了「新的社會力量」，其目標特別是希望重新恢復市場體系已在淪喪的正當性。「這次的所有活動有個重要的特色，前所未見，也就是它的出擊不是要替哪個特定人、公司或產業取得一個相對的優勢位置，不是要使自己擁有獨立於他人的利益，這次的活動及其基本訴求是要表明，是要將所有的企業群體當作一個整體，並要設法讓這個整體在全國政策架構中，取得它所認定的正確位置。美國企業界堅持主張在向公眾「推銷」這個「一般哲學」時，我們「要能充分與廣泛運用這個哲學，以之導引我們各個社會的、政治的與經濟的公共行動，「我們不能認為企業管理的利益，會與勞工的，消費者的，或一般公共的利益，會有哪些基本差別；這就是說，企業管理賴以進行的這些原則，除非（在特殊案例當中）是由經營管理者自己加以調整，否則若橫遭推翻、取代或實質地改變，就會對於本國的正常運作，造成停損。參見 S. H. Walker and Paul Sklar, "Business Finds Its Voice," *Harpers* 176, (Jan. 1938): 113-123 at 113; 前揭引述，Part II: "Motion Pictures and Combined Efforts," *Harpers* 176 (Feb. 1938): 317-329 at 317; Part III: *Harpers* 176 (March 1938): 428-340. 公共關係究竟如何興起，這個領域在美國傳播史上還是乏人問津，這真是讓人痛心，惟完整且全方位的研究已經在進行，可望由 Stuart Ewen推出（譯按：*已在1996年以PR!: a social history of spin為名，由Basic Books在紐約出版*）。

17. Malcolm M. Willey and Stuart A. Rice, "The Agencies of Communication," in Report of the President's Research Committee on Recent Social Trends, *Recent Social Trends in the United States* (New York, 1933), 216-217.

18. Harold D. Lasswell, "The Propagandist Bids for Power," *American Scholar* 8 (July 1939): 357.

19. Harold D. Lasswell, "The Study and Practice of Propaganda," in Lasswell, Ralph D. Casey, and Bruce Lannes Smith, *Propaganda and Promotional Activities: An Annotated Bibilibography*, 由社會科學研究基金「壓力團體與宣傳諮議委員會」指導完成 (1935; Chicago, 1969), 27.

20. Robert K. Merton, Marjorie Fiske, and Alberta Curtis, *Mass Persuasion: The Social Psychology of a War Bond Drive* (New York, 1946), 1, 185, 188.

21. 因此，如同卡瑞與史普勞爾異地同聲之所論，我們確實可以說，對宣傳的分析是美國本土版本的

意識形態批判——傳承自1930「進步」年代的信仰。但這不是說它沒有階級的色彩，雖然這些論者說階級僅存在於外來意識形態之中，參見Carey, "Communications and the Progressives," 278-279; Sproule, "Progressive Propaganda Critics," 228.

22. Michael E. Brown, Randy Martin, Frank Rosengarten, and George Snedeker, eds., *New Studies in the Politics and Culture of U.S. Communism* (New York, 1993).

23. Carlos Blanco Aguinaga, "On Modernism, from the Periphery," 1994, 16. 未出版的手稿，對1930年代「美國作家聯盟」的栩栩如生之作，請見Franklin Folsom, *Days of Anger, Days of Hope* (Niwot, Colo., 1994).

24. Paul Buhle, Marxism in the United States (London, 1987), 179。同時出現於文化理論的這些轉向，左列著作已經加以檢視，這些圖書的作者提出了相當的洞見：Rita Barnard, *The Great Depression and the Culture of Abundance: Kenneth Fearing, Nathaniel West, and Mass Culture in the 1930s* (Cambridge, 1995).《黨派評論》（*Partisan Review*），傾向於托洛斯基的立場，對於蘇聯籍美國共產黨採取高度批判的立場，該刊刊行了德國與蘇聯傳媒及宣傳課題的文章，如 Ignazio Silone, "The School for Dictators," Partisan Review 6 (1) (Fall 1938): 20-41；以及 Dwight Macdonald, "Soviet Society and Its Cinema," Partisan Review 6 (2) (Winter 1939): 80-95. 該刊也印行了一篇相當有影響力的論文，算是對於大眾文化提出言說的早期文章，該刊還印行了羅狄對於「扒糞」新聞是否已經式微的問題，所做的歷史評估，先後見Clement Greenberg, "Avant-Garde and Kitsch," Partisan Review 6 (5) (Fall 1939): 34-49; 以及 James Rorty, "The Socialization of Muckraking," *Partisan Review* 6 (5) (Fall 1939): 90-101. 除了電影評論之外，《新大眾》（*New Masses*）還與共產黨合作，提撥顯著的篇幅針對主流商業新聞業，也對於電信業，提出批評。有關前者，請見鐵羅爾（Robert Terral）在該刊的系列評論，"Mrs. Ogden Reid's Paper," New Masses 31 (5) (April 25, 1939): 13-15; "Don't Mention Scripps to Howard," New Masses 31 (7) (May 9, 1939): 7-9; "Nobody Appreciates Mr. Stern," *New Masses* 31 (9) (May 23, 1939): 8-10; "Hearst Is Still Alive," *New Masses* 31 (12) (June 13, 1939): 3-7; "Who Reads Hearst?," *New Masses* 31 (13) (June 20, 1939): 9-12. 有關後者，請見Douglas Ward, "Our Telegraph Monopoly," *New Masses* 32 (2) (July 4, 1939): 15-16.

25. 我並不知道有任何學術水平之作，對於這個重要的整套傳播產業的發展問題，企圖提出任何具有系統意義的探索。這個工會化的動能的最重要特徵之一，就在於對既成的分工提出挑戰，馬濁口（Dennis Mazzocco）還在進行中的博士論文研究，可望對於我們瞭解這個課題有所俾益；究竟當時工會透過哪些工作與努力，要將無線電的技術工人組織起來，使成為美國總工會（Congress of Industrial Organization, CIO）的一員，我們可以從中得到一些參考。

26. 比如，參見"Radio Cleans House," *New Republic* 99, no. 12 (July 1939); Jerome H. Spingarn, "These Public-Opinion Polls," *Harpers* 178 (Dec. 1938): 92-104; Dickson Skinner, "Music Goes into Mass Production," *Harpers* 178 (April 1939): 484-490; Walker and Sklar, "Business Finds Its Voice," 113; 前揭引述, "Motion Pictures and Combined Efforts," 317. PM 定期提供欄目與篇幅刊登有關「電影」、「報紙」與「收音機」的節目評論與勞工新聞。我們在此還得提及，是有人企圖要創辦左翼自由派雜誌，訴求大眾市場，刊物名稱叫做「肯——內幕世界」（Ken-the Insider's World），該刊的新聞由謝德斯（George Seldes）負責，預估將占刊物的三分一篇幅，每個月預定都要刊登調查報導，強調

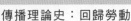

「凡是刊登者皆為他人所要鎮壓的的新聞」。日後，謝德斯撰文回顧這段經歷，雖然該刊最後不敵廣告與大型產業的壓力，但「我們一宣布『肯』將走中間偏左的編輯政策時」，「立刻吸引了二十五萬預定戶」。謝德斯他自己還是繼續投入於《事實》（*In fact*）的出版與編輯，該刊在1947年的銷售高峰，曾經達到十七萬六千份，參見 Randolph T. Holhut, ed., *The George Seldes Reader* (New York, 1994), 337-344.

27. 取材自FCC史無前例的全面調查檔案，丹尼連（N. B. Danielian） 針對美國電話產業，進行了合理合度的嚴峻經濟分析，他強調 *AT & T*老是有先發制人的本能。 在此之前，葛倫映（Ernest Gruening）依賴聯邦交易委員會的詳細調查，已經對電力事業的宣傳有所研究，丹尼連從這份調查取材，指出這個電信巨人不斷想要「塑造公眾之心」，參見Danielian, *AT & T*; Ernest Gruening, *The Public Pays: A Study of Power Propaganda* (New York, 1931). 即便研究者明顯地迴避「倫理評價，不對究竟是勞工或者雇主的宣傳再做計較」，但單只是將宣傳連繫於階級利益，就足以將其在公共論述之內的位置，變成是一個問題，單就此來說，研究者已有貢獻，參見Selden C. Menefee, "Propaganda and Symbol Manipulation," in George W. Hartmann and Theodore Newcomb, eds., *Industrial Conflict: A Psychological Interpretation* (New York, 1939), 456-496.

28. U.S. Congress, Senate, 76th Cong., 3d Sess., Temporary National Economic Committee, Investigation of Concentration of Economic Power, Monograph No. 21, *Competition and Monopoly in American Industry* (Washington, D.C., 1940); and 同前註, Hearings Pursuant to Public Resolution No. 113, Part 30, *Technology and Concentration of Economic Power* (Washington, D.C., 1940).

29. U.S. Congress, Senate, 76th Cong., 1st Sess., Committee on Education and Labor, *Report of the Committee on Education and Labor*, No. 6, Part 6, pursuant to Special Resolution 266 (Washington, D.C., 1939), 引用於Alex Carey, "Reshaping the Truth: Pragmatists and Propagandists in America, "*Liberation* (July/Aug. 1977): 12-17.

30. 根據左列文章（Lee, *Daily Newspaper in America*, 182），1936年全美國的一千九百五十家日報有一千兩百家以上支持共和黨候選人藍燈（A. M. Landon）；美國當年報業對於羅斯福的敵意，乃至於敵對，請見Betty Winfield, *Roosevelt and the News Media* (Urbana, 1990), 127-154. 再看更大範圍，資方對於新政的敵視，請見Kim McQuaid, *Big Business and Presidential Power fram FDR to Reagan* (New York, 1982), 18-61.

31. George Michael, *Handout* (New York, 1935), 3, 15. See also Winfield, *FDR and the News Media*, 91-92; and Robert S. Mann, "Capital Corps No Propaganda Victim, Writers Tell Journalism Teachers," *Editor & Publisher* 69 (1) (Jan. 4, 1936): 1, 2, 12.

32. Scott Donaldson, *Archibald MacLeish: An American Life* (Boston, 1992), 356-357.

33. Walker and Sklar, "Business Finds Its Voice," Part III, 434.

34. "Special Train Correspondents See Roosevelt 1936 'Landslide,'" *Editor& Publisher* 69 (44) (Oct. 31, 1936): 4; and "Round the Next Corner," 同前註, 28.

35. 根據《出版人與發行人》週刊的說法，唯一正確預測羅斯福將在四十六個州「大獲全勝」的人，是民主黨競選總部執行長法力（James Farley），參見 Bice Clemow, "Roosevelt's 46-State Sweep a Surprise Even to Nation's Blase Press," *Editor & Publisher* 69 (45) (Nov. 7, 1936): 4.

36. "Publishers Comment on Election," *Editor & Publisher* 69 (45) (Nov. 7, 1936): 7.

37. Walker and Sklar, "Business Finds its Voice," Part III, 434.

38. Mike Davis, *Prisoners of the American Dream* (London, 1986), 5, 52-73.

39. "The Press and the People-A Survey," *Fortune* 20 (2) (Aug. 1939): 64.

40. In Lee, *Daily Newspaper in America*, 182.

41. In Winfield, *FDR and the News Media*, 132.

42. C. Wright Mills, "Mass Media and Public Opinion," in Irving Louis Horowitz, ed., *Power Politics and People: The Collected Essays of C. Wright Mills* (New York, 1963), 577.

43. 同前註。

44. 同前註, 593-594.

45. James L. Baughman, *Henry R. Luce and the Rise of the American News Media* (Boston, 1987), 117, 107, 111. By 1937, 魯斯本人對於羅斯福政剛與修辭，也是越來越有強烈的敵意，參見 Winfield, *FDR and the News Media*, 114.

46. Edward L. Bernays, "Views on Postwar Responsibility of the American Press," *Journalism Quarterly* 22 (3) (Sept. 1945): 255-262 at 256.

47. "The Press and the People," 65, 70, 72.

48. 有關收音機持有量的統計，請見Christopher H. Sterling and Timothy R. Haight, *The Mass Media: Aspen Institute Guide to Communication Industry Trends* (New York, 1978), 367, Table 670-A. 在1934與1935年間，一些消費產品的公司很顯著地增加了它們投入於廣播廣告的預算，寶鹼公司從九十六萬九千兩百三十六美元跳到了兩百一十萬四千六百九十七美元，通用食品公司從一百四十五萬五百七十七至一百九十四萬八千五百零九美元，通用汽車公司從一百一十九萬一千五百七十七至一百九十二萬八千八百六十美元，參見 for Ford Motor Company. "Gravure Linage and Colored Comic Space Both Up Nearly 20%," *Editor & Publisher* 69 (3) (Jan. 18, 1936): 6.
"Turn Yo' Radio On" by Leadbelly (Huddle Ledbetter) in *Gwine Dig a Hole to Put the Devil In*, Library of Congress Recordings, vol. 2 (Rounder 1045), recorded by Alan Lomax (c) 1991.

49. 至1940年，30%以上的收音機電臺由報業持有，參見Christopher H. Sterling and John M. Kittross, *Stay Tuned: A Concise History of American Broadcasting*, 2d ed. (Belmont, 1990), 191. 這裡的引句取自 John Tebbel and Sarah Miles Watts, *The Press and the Presidency* (New York, 1985), 435, 446-447.

50. Winfield, *FDR and the News Media*, 109-110.

51. 人們透過電臺而得到新政的資訊，不是只從羅斯福大約三十一次的「爐邊閒談」。有關收音機對於新政的態度與定位，又是另一個研究的主要課題。1936年，共和黨全國委員會主席寫公開信給全國廣播公司（NBC）與哥倫比亞廣播公司（CBS），他在信中「譴責」收音機聯播網在選戰年間，「拒絕出售時段」給共和黨人播放共和黨人自己所製作的「政治諷刺文字」。共和黨因此轉向超級反動的《芝加哥論壇報》所擁有的WGN電臺，他們付費製作一個相當戲劇化的節目，名稱是「自由正在十字路口」，主要是探討公債與「農業問題」。James L. Butler, "Chain Stations Rebuff Republicans on Demands for Air Time," *Editor & Publisher* 69 (3) (Jan. 18, 1936): 20. 另一方面，CBS又推出實驗作法如「哥倫比亞工作坊」，其中有許多人日後都各自找到了觸及大量聽眾的

手段，我們或許可以說他們是「早熟的反法西斯者」。有一位知名的史學家認為，收音機評論員「是格外主張介入的干預論者」。*Baughman, Henry R. Luce*, 120.這類觀點能夠廣泛串流天際而進入人間，很重要的一個原因無他，正是因為彼時的收音機聯播網還在大蕭條的經濟背景中，留有大量時段找不到廣告客戶。James L. Baughman, *The Republic of Mass Culture* (Baltimore, 1992), 19.

52. Leila A. Sussmann, "Labor in the Radio News: An Analysis of Content," *Journalism Quarterly* 22 (3) (Sept. 1945): 207-214.

53. Robert W. McChesney, "Press-Radio Relations and the Emergence of Network, Commercial Broadcasting in the United States, 1930-1935," *Historical Journal of Film, Radio and Television* 11 (1) (1991): 41-57; Gwenyth Jackaway, "America's Press-Radio War of the 1930s: A Case Study in Battles between Old and New Media," *Historical Journal of Film, Radio and Television* 14 (3) (1994): 299-314.

54. Lee, *Daily Newspaper in America*, 195.

55. Winfield, *FDR and the News Media*, 146.

56. Harold L. Ickes, *America's House of Lords: An Inquiry into the Freedom of the Press* (New York, 1939), x; George Seldes, *Lords of the Press* (New York, 1938).

57. Donaldson, *Archibald MacLeish*, 356.

58. William J. Buxton, "The Political Economy of Communications Research," in Robert E. Babe, ed., *Information and Communication in Economics* (Boston, 1994), 147-175 at 168. 有人論稱，早在新政干預論者之前，這個角色就已經是洛克斐勒等基金會的大致立場，參見Barry D. Karl and Stanley N. Katz, "The American Private Philanthropic Foundation and the Public Sphere 1890-1930," *Minerva* 19 (1981): 236-270.

59. Paul F. Lazarsfeld, *Radio and the Printed Page: An Introduction to the Study of Radio and Its Role in the Communication of Ideas* (New York, 1940), xii.

60. Walker and Sklar, "Business Finds Its Voice," Part III, 434, 430.

61. Lasswell, "Study and Practice of Propaganda," 10; E. L. Bernays, "Molding Public Opinion," *Annals* (1935): 84, 兩篇文獻均轉引自Brett Joseph Gary, "American Liberalism and the Problem of Propaganda: Scholars, Lawyers, and the War on Words, 1919-1945" (Ph.D. dissertation, University of Pennsylvania, 1992), 85, 88.

62. Jean M. Converse, *Survey Research in the United States: Roots & Emergence* 1890-1960 (Berkeley, 1987).

63. Paul F. Lazarsfeld, Bernard Berelson, and Hazel Gaudet, *The People's Choice: How the Voter Makes Up His Mind in a Presidential Campaign* (New York, 1944), xxix.

64. 同前註, 158.

65. 同前註, 50.

66. Walker and Paul Sklar, "Business Finds Its Voice," Part III, 427; and Part II, 120.

67. Gary, "American Liberalism," 182.

68. In 同前註, 187.

69. Harold D. Lasswell, "The Structure and Function of Communication in Society," 重印於 Wilbur Schramm and Donald F. Roberts, *The Process and Effects of Mass Communication*, rev. ed. (Urbana, 1971), 84.

70. Gary, "American Liberalism," 183.

71. 同前註, 221-232. For MacLeish's background and wartime role see Donaldson, *Archibald MacLeish*, 262-365.

72. Gary, "American Liberalism," 230-231.

73. 參較 Sproule, "Propaganda Studies," 72. Lazarsfeld, *Radio and the Printed Page*, xvii.

74. In Gary, "American Liberalism," 276.

75. 同前註, 261, 270.

76. U.S. Federal Communications Commission, *Public Service Responsibility of Broadcast Licensees* (Washington, D.C., 1946); Commission on Freedom of the Press, Report (Chicago, 1946). 有關FCC的討論，請參見 Richard J. Meyer, "Reaction to the 'Blue Book,'" in Lawrence W. Lichty and Malachi C. Topping, *American Broadcasting: A Source Book on the History of Radio and Television* (New York, 1975), 589-602; on Hutchins, Jerilyn S. Mclntyre, "Repositioning a Landmark: The Hutchins Commission and Freedom of the Press," *Critical Studies in Mass Communication* 4 (2) (June 1987): 136-160.

77. 很有意義的是，積極共謀於後面這個轉向者，其實就是主流傳媒自己。因此，報界在1940年代努力要改變一些趨勢，名義上其立場的變動是要重新闡述，他們對於「社會責任」論的強調，惟實際上卻是對其產生削弱作用。對於主流傳媒的立場之搖擺，左列圖書提出了特定的考察與展示，請見：Richard B. McKenzie, *Times Change: The Minimum Wage and the* New York Times (San Francisco, 1994). 作者是右翼的經濟學者麥肯錫，他從右翼的批判架構採取語彙，論稱《紐約時報》的社論在整個新政期間一直反對最低薪資的立法，只有在1950年以後才轉而加以擁抱，第二次轉向起自1977年，紐時說支持最低薪資的理論，已經過時。

78. 艾卡斯（Ickes）是這麼寫的，「在我的報業守則裡面，確實存在真誠的信仰，亦即如果編輯方向交給編輯及記者決定，那麼就不會有太多的批評時候或空間。」參見Ickes, *America's House of Lords*, vii-viii.

79. Herbert I. Schiller, *Communication and Cultural Domination* (White Plains, 1976), 24-45.

80. Dallas Smythe, *Counterclockwise: Perspectives on Communication*, edited by Thomas Guback (Boulder, 1994), 34.

81. Blanche Wiesen Cook, *The Declassified Eisenhower* (New York, 1980).

82. Paul Baran and Paul Sweezy, *Monopoly Capital* (New York, 1966).

83. Elaine Tyler May, *Homeward Bound* (New York, 1986); George Lipsitz, "*A Rainbow at Midnight*": *Class and Culture in Cold War America* (New York, 1982); Ellen Schrecker, *No Ivory Tower* (New York, 1986); Joel Kovel, *Red Hunting in the Promised Land* (New York, 1994).

84. 或許值得一記的是，學院傳播研究奠基人之一，曾以書籍的篇幅完成了一項研究，就是討論冷戰動員對於學院社會科學界的影響，參見 See Paul F. Lazarsfeld and Wagner Thielens, Jr., *The Academic Mind: Social Sdentists in a Time of Crisis* (Glencoe, 1958).

85. 在稍晚幾十年的一場訪問中，出身耶魯，在1930年代以宣傳為題，著有最大影響力的社會心理著作的多步（Leonard Doob）說，到了1960年，「他已經想都不敢想將宣傳當成一種重要的理論術語來使用。」 多步表明，這樣用實在太粗糙，他這麼說的意思是，宣傳一詞已經變得無法成為一種

科學用語，參見Sproule, "Propaganda Studies," 78 n. 54; Delia, "Communication Research," 59.

86. Christopher Simpson, *Science of Coercion: Communication Research and Psychological Warfare, 1945-1960* (New York, 1994), 23.

87. Willard D. Rowland, Jr., *The Politics of TV Violence Research: Policy Uses of Communication Research* (Beverly Hills, 1983); Converse, *Survey Research*; Delia, "Communication Research," 58-59.

88. 不過，我們在這裡倒是要指出，當時，在美國國際宣傳機器的分類精算之內，承認「宣傳」是個合宜的稱呼，顯然一點都不困難，比如，請參見Leo Bogart, *Premises for Propaganda* (New York, 1976)——該研究案最初是由美國情報總署（U.S. Information Agency）在 1953年所委託，目的是要「協助總署規劃研究的綱領」，而總署的研究目標無非是要針對總署的宣傳人員之日常決策，「提出、確認與闡述」其明顯的及潛藏的「操作假設」，畢竟總署人員之工作均受這些假設的導引。施蘭姆、拉查斯斐、柯列普，以及其他主要人物，他們同時在轉換「大眾說服」為「傳播研究」的過程，全部直接與此產生連繫，他們都是美國宣傳機構的顧問或研究員，這方面的詳細材料已經為辛普森所揭露，參見Simpson, *Science of Coercion*. 亦請參見Bogart, *Premises*, vii, xx, 1.

89. 這個轉變是有跡可尋的。比如，史普勞爾就展示了一幅場景，戰後出現「緊急」狀態的徵兆時，過度投入的宣傳分析家察覺自己陷於孤立了。侃垂爾（Hadley Cantril）是「經驗」傳播研究奠基人之一，他開始想要抽身向後走，此時，他是李氏宣傳分析研究所（Alfred M. Lee's Institute for Propaganda Analysis）的董事，由於他開始擔心這個與宣傳的連結，或許會讓他在洛克斐勒基金會的眼中，少了幾分公信力——他自己的「普林斯頓收音機研究案」的資助者正是該基金會。再者，還在美國正式參戰之前，國會的委員會已經直接攻擊李氏研究所，指它是所謂的共產黨陣線的人，侃垂爾於是乾脆就與它切斷了關係，見 Sproule, "Propaganda Studies," 70, 72.但是，到了戰爭開打之際，由於反法西斯的一些情感再次發生作用，諸如此類的異狀也就在當下壓著不表。近來已經有研究指出，「佩茵研究基金」（Payne Fund Studies）對於電影的研究是早期的嘗試之一，即談論電影的重心，從電影作為一種社會力量，移轉至電影作為一種更為學院的、社會科學的從事，參見Jowett, "Social Science as a Weapon," 1992.

90. Dorothy Ross, *The Origins of American Social Science* (Cambridge, 1991).

91. 比如，請參考 Arthur W. Kornhauser, "Analysis of 'Class' Structure of Contemporary American Society-Psychological Bases of Class Divisions," in George W. Hartmann and Theodore Newcomb, *Industrial Conflict: A Psychological Interpretation* (New York, 1939), 199-264, 該文對於階級的分類，取自蘇聯領導人同時也是理論家布哈林（Nicholai Bukharin）（譯按：布哈林生於1888，1937年2月被史達林逮捕，次年3月遭祕密槍決，在這一年多期間完成自傳體小說《歲月：布哈林獄中絕筆》，黃樹南譯，2001年南京譯林社出版）。

92. C. Wright Mills, *The Sociological Imagination* (New York, 1959). 雖然1950年代的一些主流研究還是繼續使用這類語言。

93. Cartier, "Wilbur Schramm," 160.

94. Mills, "Mass Media and Public Opinion," 577; Lazarsfeld, Berelson, and Gaudet, *People's Choice*, 5.

95. Elihi Katz and Paul F. Lazarsfeld, *Personal Influence* (1955; New York, 1964), 15-30.

96. Paul F. Lazarsfeld and Robert K. Merton, "Mass Communication, Popular Taste and Organized Social

Action," in Lyman Bryson, ed., *The Communication of Ideas* (New York, 1948), 95-118, at 96 and 97.

97. 在整個1930年代，拉查斯斐密切與左翼的社會研究所（Institute for Social Research）有所連繫，這樣一來，他想要將「行政的」與「批判的」研究的二分法，更加絕對化，也就大抵失去效果——拉查斯斐本人正是這個二分法的引進者，主要是想在戰爭緊急時期的聯合陣線氣氛之中，展示彼此的團結。讓人讀之欲罷不能，有關這個重要知識關係的解說，請見 Rolf Wiggershaus, *The Frankfurt School: Its History, Theories, and Political Significance* (Cambridge, 1994), 236-246.

98. Lazarsfeld and Merton, "Mass Communication, Popular Taste," 101-105.

99. 同前註, 107.

100.同前註, 111.

101.同前註, 113.

102.同前註, 115-116.

103.同前註, 117.

104.同前註, 117-118.

105.Joseph T. Klapper, *The Effects of Mass Communication* (Glencoe, 1960). Also see Rowland, *Politics of TV Violence*, 72: and Gitlin, "Media Sociology."

106.Joseph T. Klapper, "Mass Media and the Engineering of Consent," *American Scholar* 17 (4) (Autumn 1948): 419-429 at 419-420.

107.Klapper, "Mass Media," 422.

108.同前註; Klapper, *Effects of Mass Communication*, x, 13.

109.Klapper, *Effects of Mass Communication*, 252.

110.David C. McClelland, *The Achieving Society* (New York, 1961), 50.

111.Katz and Lazarsfeld, *Personal Influence*. 說是例外，後來卻又顯現未脫常規，請見John W. Riley, Jr., and Matilda White Riley, "Mass Communication and the Social System," 收於 Robert K. Melton, Leonard Broom, and Leonard S. Cottrell, Jr., eds., *Sociology Today: Problems and Prospects* (New York, 1959), 537-578. 雷利與雷利論稱，個別的傳播者與其訊息的收受人主要僅只是相對於「多樣的原級團體」而存在。但是，他們堅定的指出，「還不太有人從事」，但一點都不因此而不重要的研究認知，是要承認「閱聽人並非由互不連屬的個人組成，同理，閱聽人所屬的原級團體，也並非彼此無關。這些規模比較小一些的團體，成員彼此之間有較多的休戚與共之感覺，我們必須認定他們彼此相互依持，同時又屬於更為包容、範圍更為大一些的系統……相干的理論也將徵引更大一些的結構，以及更長一些的變遷，而這就不但包括，而且還會超越僅只是個人或原級團體這個層次。」同前註, 554.雷利與雷利提出這個模式，建議據此將大眾傳播放置在「社會系統之內」而加以研究，柯列普說這個模式相當地概括扼要，「特別地啟人深思」，Klapper, *Effects of Mass Communication*, 296 n. 3.

112.Katz and Lazarsfeld, *Personal Influence*, 16.

113.或許值得我們憶起的是，顧力本人很輕易地就說，社會階級在美國脈絡李並不相干，1898年，西班牙—古巴—美國戰爭爆發，他私下還在其日誌吹噓地說，這場衝突「讓我自豪於美國種族及美國之風」。他對「原級團體」的描述與闡述，目標無他，只在於提供有關人類本質的概念，藉此

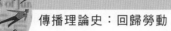

符應「新而自由的社會之需」。*Ross, Origins*, 242, 245, 244.

114. Katz and Lazarsfeld, *Personal Influence*, 63.

115. Klapper, *Effects of Mass Communication*, 3.

116. Katz and Lazarsfeld, *Personal Influence*, 114-115, 140-145, 245, 258, 276-279.

117. 同前註, 225,224. 這個年代的研究充斥著性別類目與概念，值得我們仔細檢視，但至今卻還未曾有人詳細從事。另一個例子可以參見 McClelland, Achieving Society,在這本書裡，作者弄出了一個「成就需要」（need for achievement）這個名詞，指這個心理特徵與經濟成長很有關係，但其認定與普遍化的根據，卻是來自於僅包括男孩（boys）的樣本。

118. 林德刻意研究穆希，因為它擁有小比例的非裔美國人、移民、天主教徒與猶太人，論者對此有所評述，請見Richard Wightman Fox, "Epitaph for Middletown: Robert S. Lynd and the Analysis of Consumer Culture," in Fox and T. J. Jackson Lears, eds., *The Culture of Consumption* (New York, 1983), 111「人民的選擇」這個研究選擇俄亥俄州艾力郡（Erie County）作為研究對象，部分原因是因為「該地相對可以免於『局部的特殊組成』（sectional peculiarities）之失」，這麼說來——如同兩位作者稍後所說——該地人口「幾乎都是在本地出生的白人」，Lazarsfeld, Berelson, and Gaudet, People's Choice, 3, 10. 有關「局部的特殊組成」，請見Katz and Lazarsfeld, *Personal Influence*, 335.

119. 一點都不讓人特感驚訝地是，「地位」在預測誰是意見領袖的三個指標當中，「最不重要」，參見 Katz and Lazarsfeld, *Personal Influence*, 220-222, 225-226, 322-324.

120. Robert K. Merton, "Patterns of Influence: Local and Cosmopolitan Intluentials," in 前揭引述, *Social Theory and Social Structure* (New York, 1968), 466, 469, 472.

121. 這是《親身影響力》這本書的副標題。不過，值得一記的是，這個領域的研究，主要還是持續關注內容分析，這是大戰期間，甚至更早之前延續而來的傾向。

122. 參見 Gitlin, "Media Sociology," 237-239, 他論稱米爾士彼時「還沒有掌握……高消費社會的浮現」，雖說十年之後米爾士在《權力菁英》一書已作此陳述，Irving Louis Horowitz, C. *Wright Mills: An American Utopian* (New York, 1983), 77-81.

123. Gitlin, "Media Sociology"; Mills, *Power Elite*, 316.

124. Abbe Mowshowitz, *On the Market Value of lnformation Commodities l: The Nature of Information and Information Commodities*, Management Report Series No. 90 (Rotterdam, 1991), 6.

125. Klaus Krippendorff, "Paradox and Information," in Brenda Dervin and Melvin J. Voigt, eds., *Progress in Communication Sciences*, vol. 5 (Norwood, N.J., 1984), 50.

126. 有一本書，等於是要提出整合一切的分析，從資訊、物質及能源，都納入細胞至社會的「各系統」之中，讀之讓人稱奇，James G. Miller, *Living Systems* (New York, 1978)；另一本貫穿這些位階，卻不怎麼努力的書是James Beniger, The Control Revolution (Cambridge, 1986).

127. Wilbur Schramm, "Information Theory and Mass Communication," *Journalism Quarterly* 32 (Spring 1955): 135.

128. Steve J. Heims, *The Cybernetics Group* (Cambridge, 1991), 183. 187, 192-193.

129. Heims, *Cybernetics Group*; L. David Ritchie, *Information* (Newbury Park, 1991). 論者表明，「學界已經大致有了共識，即謝農的測量……適用性當相有限。」參見Mowshowitz, *On the Market Value of*

Information Commodities, 1.

130. Wilbur Schramm, "The Nature of Communication between Humans," in Schramm and Donald F. Roberts, eds., *The Process and Effects of Mass Communication*, rev. ed. (Urbana, 1971), 7, 5.

131. Katz and Lazarsfeld, *Personal Influence*, 16.

132. Robert B. Shoemaker, "The London 'Mob' in the Early Eighteenth Century," *Journal of British Studies* 26 (3) (July 1987): 273-304. 亦請參見Asa Briggs, "The Language of 'Mass' and 'Masses' in 19th-Century England," in *The Collected Essays of Asa Briggs*, vol. 1: *Words, Numbers, Places, People* (Urbana, 1985), 34-54. 有一本書，提出的解釋有如萬花筒，惟相當讓人扼腕的是，對於基於階級基礎而對大眾文化表達關切的意見，該書並不再區分激進與保守之別，參見John Carey, *The Intellectuals and the Masses* (New York, 1992). 亦請參見Raymond Williams, *Culture and Society, 1780-1950* (New York, 1966), 297; Patrick Branflinger, *Bread and Circuses: Theories of Mass Culture as Social Decay* (Ithaca, 1983); William Kornhauser, *The Politics of Mass Society* (New York, 1959), 21-38; Delia, "Communication Research," 66.

133. 值得注意者，這是透過派克而來，他的博士論文《群眾與公眾》(1904, *The Crowd and the Public*)「分析並接受黎朋（LeBon）、西格里（Sighele）及其他保守歐洲社會理論家所界定的群眾之本質及其社會背景」，參見Czitrom, *Media*, 114. 相當有用的一項研究，筆者知之也晚，也就無法在眼前的文本將其納入，請見Paul R. Gorman, "The Development of an American Mass Culture Critique" (Ph.D. dissertation, University of California, Berkeley, 1990).

134. Joan Shelley Rubin, *The Making of Middlebrow Culture* (Chapel Hill, 1992), 1-33; Steven J. Ross, "Struggles for the Screen: Workers, Radicals, and the Political Uses of Silent Film," American Historical Review 96 (2) (April 1991): 333-367; Roy Rosenzweig, *Eight Hours for What We Will* (Cambridge, 1983), 191-221; Garth S. Jowett, "Social Science as a Weapon: The Origins of the Payne Fund Studies, 1926-1929," *Communication* 13 (1992): 211-225; Herbert Blumer, "Moulding of Mass Behavior through the Motion Picture," in James F. Short, Jr., *The Social Fabric of the Metropolis* (1935; Chicago, 1971), 131-137.

135. Robert E. Park et al., *An Outline of the Principles of Sociology* (New York, 1939), 242.

136. Louis Wirth, "Consensus and Mass Communication," *American Sociological Review* 13 (1) (Feb. 1948): 1-15.

137. Daniel Bell, *The End of Ideology* (Glencoe, 1960), 21. 羅斯對於這個描述提出了澄清，相當正確，他尤稱合宜地指出，冷戰自由派試圖透過對多元主義的再次肯定，讓1950年代的美國不至於沾染任何有關「極權主義」的連繫，參見Andrew Ross, *No Respect: Intellectuals and Popular Culture* (New York, 1989), 55.

138. 派卡的書取得極大成功，其成就及影響已有人另以傳記方式，加以探索，請見Daniel Horowitz, *Vance Packard and American Social Criticism* (Chapel Hill, 1994).

139. Roald Dahl, *Charlie and the Chocolate Factory* (1964; New York, 1988), 145.

140. Dwight Macdonald, "A Theory of 'Popular Culture,'" *Politics* 1, no. 1 (1944): 22.

141. Dwight Macdonald, "A Theory of Mass Culture" (1953), in Bernard Rosenberg and David Manning

White, eds, *Mass Culture: The Popular Arts in America* (Glencoe, 1957), 62; James Gilbert, *A Cycle of Outrage: American Reaction to the Juvenile Delinquent in the 1950s* (New York, 1986).

142.轉引自Ross, *No Respect,* 105. 1940年代末的時候，拉查斯斐與莫頓對於發表在研討會的這個觀點，不以為然而輕蔑之，當時他們說的是，「收音機的威力，僅有原子彈可以比擬。」Paul F. Lazarsfeld and Robert K. Merton, "Mass Communication, Popular Taste, and Organized Social Action," in Lyman Bryson, ed., *The Communication of Ideas* (1948; New York, 1964), 95.

143.這些焦慮的社會根源值得未來再做研究，但是，任何就此發言的人必須同時強調兩種新興現象，一是二戰之後，郊區家庭為單位的大眾消費風潮的興起，二是已婚婦女隨著世俗演變，進入有給或薪資勞動力之中，雖說兩者同步發生，並沒有結合得那麼容易。不過，越來越多已婚婦女進入職場固然是事實，但這似乎與人們對於傳媒再現——特別是電視暴力——的新興關切，並無關係，參見Lynn Spigel, *Making Room for TV* (Chicago, 1992); Gilbert, *Cycle of Outrage; Ross, No Respect*, 42-64. 部分主要的研究人員——包括拉查斯斐與莫頓——在1950年代遠離大眾傳媒的研究，毫無疑問是造成這個分離的一個因素。

144.Paul F. Lazarsfeld, "Mass Culture Today," in Norman Jacobs, ed., *Culture for the Millions* (Princeton, 1959), xii.拉查斯斐在此表達的立場與他與莫頓在1948年提出的視野，可以相通：「每天大約十二齣『肥皂劇』，通通都是讓人沮喪的類型，如果婦女沈迷其中，每日連續三或四小時，那麼婦女所能展現的美學判斷力，就會消失而讓人十分駭異。即便是廉價或印刷品質較高的雜誌，即便是以公式拍攝，透過設計出來的性、罪惡與成功的氣氛，充斥著男女英雄與惡棍的電影，也不能改變這樣的印象。」Lazarsfeld and Merton, "Mass Communication, Popular Taste, and Organized Social Action," 108-109.

145.Robert and Helen Lynd, *Middletown: A Study in Modern American Culture* (New York, 1929).

146.As argued by Fox, "Epitaph for Middletown," 101-141.

147.Francis Mulhern, *The "Moment" of Scrutiny* (London, 1981).

148.Michael Wreszen, *A Rebel in Defense of Tradition* (New York, 1994), 37, 42-43, 348.

149.James Rorty, *Our Master's Voice: Advertising* (New York, 1934), x, 373-385到處都是這個說法。

150.如同經常出現的一種說法所示，「整個1960與1970年代，左派圈瀰漫著對於大眾文化的攻擊」，這一點確實毫無疑問。Gary Cross, *Time and Money: The Making of Consumer Culture* (London, 1993), 189.我則還要申論，批判大眾文化的重要觀點，一直到現在都還相當盛行。

151.See Carey, *Intellectuals and the Masses*; Macdonald, "A Theory of 'Popular Culture,'" 20-23; Macdonald, "A Theory of Mass Culture," 59-73. 極為珍貴的作品包括了 Brantlinger, Bread & Circuses: 200-203; 以及 Donald Lazere, ed., *American Media and Mass Cutlure: Left Perspectives* (Berkeley, 1987), 7-8. 李維士（F. R. Leavis）在1929年指出，英國的式微所出現的無情特徵是「標準化」及「水平降低」，見 Mulhern, *The "Moment" of Scrutiny*, 49.；羅狄也表明，廣告所支持的報業，是「文化愚笨化」的有效代言人，委託人則是工商行號，這樣一來，這樣的報紙也就把「所有的文化價值夷平到了相互模仿、充滿占有慾望，以及在社會上表現為勢利作風的水準。」Rorty, *Our Master's Voice*, 31.

152.Macdonald, "A Theory of Mass Culture," 61-62.

153.Macdonald, "A Theory of 'Popular Culture,'" 20, 21.

154.這裡，值得注意者還包括美國對法西斯主義與共產主義的公開思維，日趨聚合，參見Les K. Adler and Thomas G. Paterson, "Red Fascism: The Merger of Nazi Germany and Soviet Russia in the American Image of Totalitarianism," *American Historical Review* 75 (4) (April 1970): 1046-1064.

155.麥堂納寫著，「蘇聯的大眾喜歡好萊塢類型的電影，製片廠可以是夢工廠，無論是在黑海之濱，或太平洋之畔。」Dwight Macdonald, "Soviet Society and Its Cinema," *Partisan Review* 6 (2) (Winter 1939): 86, 85.麥堂納說流行文化是一種教化訓誨，見其A Theory of 'Popular Culture.'，「如果『投其所好的文化（媚俗）』（kitsch）是德國、義大利與蘇聯的官方文化傾向，那麼原因並不是因為這些政府，已經由一堆俗氣的勢利鬼控制，而只是因為『投其所好的文化』是這些國家的大眾文化，如同所有任何地方，都是這樣。鼓勵『投其所好的文化』只不過是另一種廉價的方式，讓極權政權找到途徑，迎合他們的子民。既然這些政權沒有辦法提升其大眾的文化水平——即便他們想要如此，除非投身於國際社會主義的訴求，若非如此，再也沒有辦法，他們也就只能將所有文化下降至其水平，藉此讓大眾自鳴得意……『投其所好的文化』讓獨裁者得以與人民的『靈魂』，保持緊密接觸。假使官方的文化高於一般的大眾水平，就有遭致孤立的危險。」參見Clement Greenberg, "Avant-Garde and Kitsch," *Partisan Review* 6 (5) (Fall 1939): 46-47。據一位史學家，最為熱心支持擴大社會基礎，以便產製更多家長式的非商業娛樂實務（包括教堂、音樂會、劇場、博物館、圖書館與成人教育）的人，是「不屬於共產黨的左派分子」——他們希望「透過有所提升的休閒及文化節目與規劃，不僅能夠擴大其政治基礎，不再只是受限於狹隘的勞工之社會世界，而且也能藉此對『極權主義者』發動文化戰爭。」*Cross, Time and Money*, 100, 105-114.

156.霍克海默與阿多諾的重要論述一直要到1972年才翻譯成英文，但是義理相近而較早發表的作品，在更早以前就有了英文譯本，比如，左列作品，T. W. Adorno, "Television and the Patterns of Mass Culture," in Bernard Rosenberg and David Manning White, eds., *Mass Culture: The Popular Arts in America* (Glencoe, 1957). 在兩次大戰之間，美國大眾文化的產品以好萊塢電影的形式，大量在歐洲流行，甚至在柏林與維也納也同樣如此。有人論稱，阿多諾的文化工業觀一點都與嫌惡流行文化無關，參見 Peter Uwe Hohendahl, "The Frozen Imagination: Adorno's Theory of Mass Culture Revisited," *Thesis Eleven* 34 (1993): 17-41.

157.Max Horkheimer and Theodor W. Adorno, *Dialectic of Enlightenment* (New York, 1972), 122.

158.Theodor W. Adorno, "Culture Industry Reconsidered," *New German Critique* no. 6 (Fall 1975): 12, 18.

159.Leo Lowenthal, *An Unmastered Past* (Berkeley, 1987), 186; Adorno, "Culture Industry Reconsidered," 12; Horkheimer and Adorno, *Dialectic of Enlightenment*, 120-167.

160.Macdonald, "A Theory of Mass Culture."

161.Barnard, *The Great Depression and the Culture of Abundance*, 132, 186, 211; 參較 Alan M. Wald, *Writing from the Left: New Essays on Radical Culture and Politics* (London, 1994), 120.

162.Rorty, *Our Master's Voice*, 279-280.

163.同前註, 30, 18, 73, 33.

164.同前註, 291.

165.同前註, 75, 104-106

166.同前註, 133.

167.同前註, 394.

168.以批判角度討論這個問題者，也就是解釋歐洲法西斯主義的主流，請見 Val Burris, "The Discovery of the New Middle Classes," in Arthur J. Vidich, ed., *The New Middle Classes* (New York, 1995), 16, 24-46. 在美國白領階層之間，是存在一種接受威權統治的歷史傾向，對此進行比較研究，有其洞見且觸角廣泛者，請見Jurgen Kocka, *White Collar Workers in America 1890-1940: A Social-Political History in International Perspective* (London, 1980). 寇卡強調，白領認同在1930年代才成為美國公共討論的問題，比德國的情況晚了數十年，同前引。 200-206.

169.Wilhelm Reich, The Mass Psychology of Fascism (New York, 1970), 10-19; Wiggershaus, Frankfurt School, 173; Hans Speier, *German White-Collar Workers and the Rise of Hitler* (New Haven, 1986), 9.

170.Lewis Corey, *The Crisis of the Middle Class* (1935; New York, 1992), 286. 論柯瑞之作，請見Paul M. Buhle, *A Dreamer's Paradise Lost* (Atlantic High lands, N.J., 1995). 若以路易斯（Sinclair Lewis）的小說《不容在此發生》（*It Can't Happen Here*, New York, 1935）來看，法西斯主義可以說是爭取中產階級靈魂的鬥爭：小說的反法西斯主角，身分是新英格蘭小鎮的報紙編輯，年歲已老，他的兒子懦弱沒有骨氣，成日要跟人交換——強烈對照之下，是他的女兒意志既強，也很有原則——也就成為一個共謀者。

171.Harold D. Lasswell, "The Psychology of Hitlerism," *Political Quarterly* 4 (1933): 374, 375, 383, 384, 377.

172.Corey, *Crisis of the Middle Class*, 261,280, 272.

173.Robert A. Brady, *The Spirit and Structure of German Fascism* (1937; New York, 1969), 23. 布萊狄寫著，「幾乎所有『白領』薪資與專業階級都可以在『中產階級的大眾（masses）』之內發現」，後面這個階級欠缺「任何力量、組織與原則來團結自己，於是就成為社會的遲疑、迷糊與妥協的分子」，等同於包含了通向法西斯主義的社會決定性力量」：「納粹政黨的真正意義在於，它擁有特定的追隨者，置身於無名無狀且相當猶豫的中間階級之內，納粹在其讓人混淆的綱領之中，反映了大量公民所身處的心態。對於它所要訴求的目標來說，這個情況是很理想的，納粹政綱是有一些章節迎合了每個它所要訴求之群體的偏見，這樣一來，它的整個運動就結合了一些意念枯燥的瘋狂作風，加上讓人更混淆的議題。」，同前註, 18, 20。賀伯·席樂給我的建議是，現在應該更為強調布萊狄的意義及重要性，他的著作如今少有人知道，這實在相當不幸。又及，我們應該一提，布萊狄對於激進傳播研究的先驅人物史麥塞（Dallas Smythe）產生了重要且直接的影響。

174.Erich Fromm, *Escape from Freedom* (1941; New York, 1969); Bruno Bettelheim, "Individual and Mass Behavior in Extreme Situations," *Journal of Abnormal and Social Psychology* 38 (4) (Oct. 1943): 451-452, 作者原有的強調。

175.Wiggershaus, Frankfurt School 378-380.

176.Mills, "Mass Media and Public Opinion," 584.

177.同前註, 582-583.

178.值得強調的是，麥堂納，以及霍克海默與阿多諾在年代時序及起點，是有不同，惟他們後來都有相同的傾向，他們都減弱——若以後兩人的情況看，或許還是檢查——了他們在戰時的批判力道（資本主義的文化生產是對階級支配的服務），關於前者，請見Lazere, *American Media and Mass*

Culture, 7-8; 關於後者則請見Wiggershaus, *Frankfurt School*, 401.

179.我們也知道，在法蘭克福學派的成員之間，在其附麗尾隨者之間，是存在重大的知識歧見——最近，馬汀‧傑也強調了這一點， Martin Jay, "Mass Culture and Aesthetic Redemption: The Debate between Max Horkheimer and Siegfried Kracauer," in Seyla Benhabib, Wolfgang Bonss, and John McCole, eds., *On Max Horkheimer* (Cambridge, 1993), 365-386.

180.Siegfried Kracauer, *From Caligari to Hitler: A Psychological History of the German Film* (Princeton, 1947), v.

181.Institute of Social Research, "Research Project on Anti-Semitism," *Studies in Philosophy and Social Science* 9, no. I (1941): 125. Franz Neumann, *Behemoth: The Structure and Practice of National Socialism* (New York, 1942), 436-437.亦請參見Martin Jay, "The Jews and the Frankfurt School: Critical Theory's Analysis of Anti-Semitism," in Anson Rabinbach and Jack Zipes, eds., *Germans and Jews since the Holocaust* (New York, 1986), 287-301; and John B. Thompson, *Ideology and Modern Culture* (Stanford, 1990), 101-101, for a more general treatment of this point.

182.Herbert Marcuse, *One-Dimensional Man* (Boston, 1964), 8.

183.確實，這個「預先制約」的來源為何，在法蘭克福學派的成員著作中，說法各異而相當模糊。

184.Bell, *End of Ideology*, 27-28.

185.C. Wright Mills, *The New Men of Power: America's Labor Leaders* (1948; New York, 1971), 3, 15, 30.

186.Mills, *Power Elite*, 309-310. 我對米爾士的看法及書寫，大抵受惠於左列圖書， Horowitz, C. *Wright Mills*. 在其主要的第一份研究成品，也就是他對於「獨立左派」觀點的評論，米爾士已經顯現他對於權力菁英的研究路徑——米爾士與獨立左派有其親合關係：「在他們看來，商業、勞工與政府趨近於形成一個大聯盟；他們看到科層體制到處都是，他們很是憂懼。在他們看來，工會似乎就只是一個更大的科層網，就要把人吞噬進去，工會只是整個異化的、不民主的控制機器之部分。所有的科層菁英，工會的、商業的與政府的科層，都是底層民眾之敵，這些菁英想要操弄底層，但把人弄成經營與操縱的對象是不道德的。他是根源，但他處於窒息之中。」 Mills, *New Men of Power*, 18.

187.Horowitz, C. *Wright Mills*, 257.

188.Arthur J. Vidich, "Foreword," in Speier, *German White-Collar Workers*, xv.

189.C. Wright Mills, *White Collar* (New York, 1951), 65, 72, 71.

190.Horowitz, C. *Wright Mills*, 231.

191.Fritz Machlup, *The Production and Distribution of Knowledge in the United States* (Princeton, 1962), 381, 382.

192.Mills, *White Collar*, dust jacket.

193.同前註，110.可得一提的是，相同的這份連繫也在相同時候，出現在另一個場合，就是文評家羅藍‧巴特（Roland Barthes）在法國也進行著「神話」的語意討論：「資產階級及小資產階級的政治聯盟一百多年來都在決定法國的歷史，這個聯盟很少被打破，打破，每次也都為期短暫（1848, 1871, 與1936年）。隨著時光前遞，這個聯盟日趨緊密，並且逐漸就發產成為共生關係，迅猛的覺醒或許曾經出現，但再也沒有人質疑共同的意識形態。……資產階級將它的各種代表散播在所

有地方而產生集體形象，任小資產階級運用，這樣一來資產階級的容顏也就散發社會階級並無分化的幻覺：在資產階級的盛大婚宴裡，月賺20英鎊的打字員認識了她自己，就是從這個時刻起，資產階級的「出場」（ex-nomination，譯按：這是巴特自創的用語，指資產階級保持無名，卻能成功地將意識形態轉換為常識，為我們所用）才完成其完整的效果。參見 Roland Barthes, *Mythologies* (1957; New York, 1975), 141，亦請參見Louis-Jean Calvet, *Roland Barthes: A Biography* (Bloomington, 1995), 123, 143.

194.這個評估固然有其批判力度，惟吻合於米爾士的整體知識傾向：米爾士傳記的主要作者說，「總是所有地方都如此顯現，米爾士的實用主義壓過了馬克思主義。」Horowitz, C. *Wright Mills*, 216.

195.David Caute, *The Great Fear: The Anti-Communist Purge under Truman and Eisenhower* (New York, 1979).

196.Brady, Spirit and Structure, 22, 作者原先的強調。Horkheimer in David Held, *Introduction to Critical Theory: Horkheimer to Habermas* (Berkeley, 1980), 52. 黑德引述霍克海默的話，Held himself quotes from Max Horkheimer, "Die Juden und Europa," *Zeitschrift fur Sozialforschjung* 8, nos. 1-2 (1939): 115. 謝謝陶布（Lora Taub）提起這份材料。

197.Rosenberg and White, *Mass Culture*.

198.「大眾既受經濟剝削，也遭文化剝削……長期暴露在電影、廉價雜誌與收音機底下的死寂與遮蔽效果，難以計數，再怎麼指其嚴重，都不為過……這個文化類型深深烙印在現代人格之上，遠比外顯的政治意念都來得深刻，我們永遠必須將這個因素納入考量。」Macdonald, "A Theory of 'Popular Culture,'" 22.

199.George Gerbner, "Violence in Television Drama: Trends and Symbolic Functions," in George A. Comstock and Eli A. Rubinstein, eds., *Television and Social Behavior: Reports and Papers, vol. I: Media Content and Control*, a Technical Report to the Surgeon General's Scientific Advisory Committee on Television and Social Behavior (Rockville, Md., 1972), 30.

200.George Gerbner, "The Social Role of the Confession Magazine," *Social Problems* 6 (Summer 1958): 31, 40; 亦請參見前揭引述, "The Social Anatomy of the Romance-Confession Cover Girl," *Journalism Quarterly* 35 (Summer 1958): 299-306; 前揭引述, "Content Analysis and Critical Research in Mass Communication," *AV Communication Review* no. 6 (Spring 1958): 85-108.

201.George Gerbner, "The Structure and Process of Television Program Content Regulation," in Comstock and Rubinstein, eds., *Television and Social Behavior*, 386, 412.

202.C. Wright Mills, "The Cultural Apparatus" (1959) in Mills, *Power, Politics & People*, ed. Irving Louis Horowitz (New York, 1967), 413.

203.Bell, *End of Ideology*, 38, 25.

204.Mills, *Power Elite*, 315.

205.同前註，3，在稍早一些的提法，米爾士是這麼寫的：「人們，即便採取行動，還是更像是旁觀者而不是行動者。」Mills, "Mass Media and Public Opinion," 583.

206.Mills, *Power Elite*, 324, 315.

207.Macdonald, "A Theory of Mass Culture," 71.

208.Mills, *White Collar*, 148.

209.Marcuse, *One-Dimensional Man*, xv, xiii, 18.馬庫色的觀點反響於阿諾維茲（Stanley Aronowitz,），他寫著：「資本主義商品關係無所不在的性格，以及這個性格所立足的科技理性，傾向於化減社會關係與社會意識，使其僅存一個面向：它們具有維持社會支配結構的工具價值。」Aronowitz, *False Promises* (New York, 1973), 9. 其後，馬庫色另有議論，他說，「美學面向」的實質一體化——人在其內裡感受到一種超自然的烏托邦衝動——可以抵銷支配的狀態，請參見Herbert Marcuse, *The Aesthetic Dimension* (Boston, 1974).

210.Herbert I. Schiller, *Mass Communications and American Empire* (New York, 1969), 147-164, esp. 158（譯按：本書有劉曉紅譯本，2006，上海世紀出版集團）.

211.Raymond Williams, *The Country and the City* (New York, 1973), 117.

212.（譯按：二戰之後馬克思主義者當中，論述國家性質最知名的英國學者）密力班（Ralph Miliband）最早提出階級的概念，應該分做「類目的」、「關係的」與「形成的」三種，也透過莫斯科的引入，進入傳播研究的陣營，參考Vincent Mosco, *The Political Economy of Communication: Rethinkina and Renewal*（譯按：已經在1996年出版，並有兩岸兩種譯本）.

213.Stuart Hall, "The Rediscovery of 'Ideology': Return of the Repressed in Media Studies," in Michael Gurevitch, Tony Bennett, James Curran, and Janet Woollacott, eds., *Culture, Society and the Media* (London, 1982), 59, 61.

214.同前註, 61. 與這個觀點有關的看法是，人們廣泛地認定美國居於先導地位，朝「中產階級社會」邁進，其大多數公民備受祝福，收入級豐富的休閒時間有增無已，史無前例，參見Leo Bogart, *The Age of Television* (New York, 1956), 2-5.保佳這麼描寫， (viii)：「不過，電視並沒有轉變美國人珍惜的價值。電視從我們的文化當中最有表意的部分，汲取具有特色的一環，電視凸顯並強化了這些環節對於一般人日常生活的衝擊。電視節目的內容，無一不是已經生動鮮明地顯現在電影、收音機、雜誌與報紙，差異之處在於，電視表達得更為大聲，語調也更為出眾。」

215.Gitlin, "*Media Sociology*," 207.

216.到了今天，大眾社會這個概念對於後結構主義者的論點，大抵還具有很大的吸引力，比如，以下說法是這麼措辭的：「傳播媒體的深度與重要性是相當明顯的，我們理當明白，假使沒有印刷媒介，我們就不能知道當代大眾社會何以顯現為當前的形式。」Mark Poster, *The Mode of Information: Poststructuralism and Social Context* (Chicago, 1990), 8.

217.Mills, *Power Elite,* 324.

218.Aronowitz, *False Promises*, 95, 102.

219.Julianne Burton and Jean Franco, "Culture and Imperialism," *Latin American Perspectives Issue* 16, no. 5 (1) (Winter 1978): 3.

220.Williams, *Culture and Society*, 328.

221.Jonathan M. Wiener, "Radical Historians and the Crisis in American History, 1959-1980," *Journal of American History* 76, no. 2 (Sept. 1989): 409.

222.Paul Baran and Paul Sweezy, *Monopoly Capital* (New York, 1966). 另一方面，到了1973年才又有人寫書，也就是培簍（Victor Perlo）出版了《不穩定的經濟》（*The Unstable Economy*, New York），重

新造訪了結構不穩定的課題。

223.如果將這一段話，拿來與拉查斯斐及莫頓在1948年那篇古典論文的說法做個比較，我們的眼睛將為之一亮：「經濟力量似乎已經減少了直接的剝削，另轉為比較靈巧細緻的心理剝削，這個轉換的完成，大抵是透過大眾傳媒媒體散播的宣傳而獲致。社會控制的結構有此變化，實在值得我們徹底加以檢視⋯⋯對於大眾傳媒的功能，我們存在明顯的關注，部分原因是來自於信實的觀察，即這些傳媒業已承襲重責大任，致使大眾公眾墨守成規，順服於社會與經濟現狀。」Lazarsfeld and Merton, "Mass Communication, Popular Taste and Organized Social Action," 109.

224.Herbert Marcuse, "The Question of Revolution," *New Left Review* 45, (Sept.-Oct. 1967): 6.

225.Theodor W. Adorno, *Prisms* (1967; Cambridge, 1992), 26.

226.Jay, *Marxism and Totality*, 212, 270-271.

227.Reich, *Mass Psychology*, 3-33.

228.Bell, *End of Ideology*, 38.

229.Fredric Jameson, "Reification and Utopia in Mass Culture," *Social Text* 1 (1) (1979): 132; Michael Denning, "The End of Mass Culture," *International Labor and Working Class History* 37 (Spring 1990): 9.

230.Dallas Smythe, *The Structure and Policy of Electronic Communications* (Urbana, 1957), 這篇作品設定了這個類型。史麥塞的其他作品已經蒐集於由古貝克主編的著作《逆時鐘：論傳播》（Thomas Guback, *Counterclockwise: Perspectives on Communication*(Boulder, 1994)（譯按：關於該文集的介紹，另見馮建三（1995）〈史麥塞（1907-1992）的學術與公共生活：介紹《逆時鐘》論文集〉，《新聞學研究》，51期，頁223-228。）後兩者是政治經濟學的著作，參見Thomas Guback, *The U.S. International Film Industry* (Indianapolis, 1969); 以及 Schiller, *Mass Communications and American Empire*.

231.Dallas W. Smythe, "Some Observations on Communications Theory" (1954), 重印於 Denis McQuail, ed., *Sociology of Mass Communications* (Harmondsworth, 1972), 25.

第三章

開啟文化之路

　　到了1960年代，學院以外的情境與條件再次醞釀，傳播研究為此再得泉源活水。

　　知識異端的面貌多樣，但有共同的懷抱，他們開始沈澱並結晶於「文化」這個概念。一方面，如今泛稱為「第三世界」的國家燦然一新，全面出現去殖民化與民族自決運動。呼應這股壯大中的對抗運動之召喚，人們的自覺得以強化，想要瞭解與挑戰眼前的新殖民主義。整體來說，美國的人文與社會學科感受到莫大撼動，對於美國入侵越南的戰爭，他們格外不滿，反對之聲震天作響；在國內方面，連串出現許多系列的動盪，其中，非裔美國人的民權運動帶來額外的壓力[1]。另一方面，最早起源於英國，但飄洋過海跨越大西洋，捲起修正主義❶的浪潮；在美國這個發達資本主義的核心都會地帶，這股力量生鮮活繃地將「文化」的地位，變成一個問題。當時，激進派已經羽翼豐滿，它一方面深化批判而與主流的政治經濟學過招，也同時挑戰行為研究學派，雖然後者仍是正統，持續支配著傳播陣營。

　　這個運動捲起複雜的風雲，它引動的理論修正並非只有一種，而是兩種，人們分別稱之為「文化帝國主義」的批判（a critique of 'cultural imperialism'）與

---

❶譯按：本書所稱之修正主義，非指對行為主義的正統而修正，是指對馬克思主義「正統」的修正。在馬克思主義教條系統之內，正統是指其教條化之後，常被反對者指為經濟化約或階級化約論，當然，「修正」經濟化約的「正統」並不是指經濟不再重要。

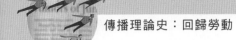

「文化研究」（a 'cultural studies'）。不過，我們很快就將看出，雖然有這兩種立論，但兩者的關切相同，彼此共有，先立足在這個單一的關切，後有兩者的發展。這個共同基礎就是，兩者都很努力，彼此都想要在其分析系統之內，不僅恢復，而且要給予人的社會動能、人作為社會施為者的角色——包括「心理的」（mental）以及「形體的」（physical）面向——一個突出且優先的分析地位。然而，這個綜合的導向雖想維持平衡，卻顯得力不從心、左支右絀。因此，1960年代末與1970年代初期尖銳的社會與知識衝突產生雙重作用，一方面這個綜合導向得以順勢而生，但經其洗禮之後，它也不能分毫無傷。

 第一節

至今，文化帝國主義的批判之四周，可說雲霧繚繞，對它的誤解數量之多，唯有早些年前，人們對於宣傳的誤解堪可比擬。我們是可以承認，文化帝國主義的批判並非永遠成立，也不完整；它所處理的主題是仍在開展的論點，不是牢不可動的僵化教義。不過，我們總是得把這個知識系譜的立場，作個特定的說明，人們賴以理解文化帝國主義批判的參照語彙，如今顯得難以穿透、無法為人知曉與掌握。無知自是這個現象的一大成因；不過，很多時候，學者對於任何有關帝國主義（無論是文化或其他帝國主義）的概念，本來就並不友善，這就致使涉及這個概念的基本議題產生質變，另一些足以造成誤導的語彙就此興起，取而代之。所以，造成文化帝國主義的批判遭人誤解的人，他們究竟提出哪些論點？我們得在這裡先行簡短評估，透過這個步驟，我們比較可以將最初的理論化工作，安放在合適的位置。

主流學派的分析手法是標舉自己的發現，宣稱人們在詮釋傳媒內容的時候，差異很大並且歷來都是如此，這就顯示不同文化各自擁有不同群體作為其主體。他們繼而以此作為證明，認定文化帝國主義的說法如同怪獸而荒誕不經。有兩位這類研究的領航學者在1990年如此寫著，「所有的文化帝國主義理論都假定，意識領導權與霸權先在洛杉磯包裝，然後經由全球航班飛抵各地，呈現於無數純潔的心靈之前。」他們提問，證據又在哪裡？

假使有人要證明帝國將《朱門恩怨》（Dallas）這個節目強加於人，那麼他就得證明：(1)有個訊息整編在節目當中，設計用來作為美國的海外利益張目；(2)接收者「解碼」該訊息的方式相同於發送者的「編碼」；(3)觀眾毫無批判地接受該訊息，也聽任這些訊息潛入他們的文化內涵[2]。

諸如此類的研究一再分化閱聽人的詮釋，表面上好像謹守論證程序的要求，但其實是以系統的方式，錯誤陳述「文化帝國主義批判」的前提；因此，可想而知且毫不讓人訝異的是，他們駁斥「文化帝國主義批判」的企圖並沒有他們想像的重要。其實，即便僅只是從原則及大要考察，文化帝國主義批判所指涉者，都說不上是所謂的詮釋同質化問題，或者，也說不上是對於文化消費的一般層次之關注。並非如此，它的核心關注是國際的文化生產與發行結構的不平等，透過何種機制，致使一種新形態的超國家範疇的支配現象得以具體展現、流行於世並得到強化。筆者願意再為這個批判補充一點，它的分析核心與重點，並不在於強調意義由中心出口至邊陲，而是在於展示全球資本主義在浮現時，形式與過程的變化。一旦我們能夠從這個角度理解，我們就能看出，前述例子對於文化帝國主義的駁斥，表面上似乎是符合科學的程序，但僅只是洩漏發言者本人的裝腔作勢，他們製造稻草人：我們先前引述的隱喻，想要偷龍轉鳳作此轉換，但其主張難以讓人信服，我們得強調，「帝國泰山壓頂、強加而來的東西」，本質上並不是《朱門恩怨》這個電視劇，帝國強加給他國的是各種社會關係所形成的系統，《朱門恩怨》等節目著床在這個系統，人們也在這個系統之內回應節目；任何的方法，如果要具備真正的批判精神，都必須將這些回應方式合適地安放在這個系統之內[3]。

再者，我們也應該說，透過最基本的方法論反省，我們當知，即便僅只是從文化消費這個位階審視，論者的前引修正論點也並不準確。具有意義的真正比較，並不是凱茲與李比茲設定的兩造，不是對比今日的洛杉磯（或者，阿姆斯特丹[4]）觀眾，以及相同節目在當今（以色列的首都）臺拉維夫（或甚至是奈及利亞首都拉哥斯，或墨西哥市或馬尼拉）的觀眾。這種作法流於僵硬，此時，看電

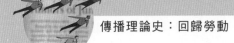

視只是一種抽象的行為，但文化帝國主義批判的出發點則認為，看電視本質上是活生生的歷史現象，它有一個形成過程，抽象難以替代歷史。無論選擇哪個特定地方進行研究，該地方在西方商業傳媒系統引進「之前」與「之後」，居民的文化踐履活動與喜好是些什麼，需要有貼近的具體研究，捨此之外，別無替代的方法。假使我們說，這類程序形同皮相，是一種知識意識形態的內捲退化，恐怕不算是苛責：在文化帝國主義的批判還沒有生根以前，正是正統的傳播研究者自己認定，西方支配的「世界文化」可以放諸四海而皆準，無可反對。

1960年代的激進派並沒有見人之所未見，沒錯，他們看出1945年以後陸續獨立的九十個國家大多貧窮，這些國家是全球化文化之生產與發行市場的系統接收者，但在此之前，已經有許多都會國家的分析人士有此意識及認知。當時，去殖民的呼籲已經廣泛獲得迴響，它在全球範圍取得沛然莫之能禦的動能，但在此之前，這個洞見已經說服眾人，顯得相當有理。最慢在1934年，已經有批判大眾文化的前輩在論及電影產業時，說電影是「促銷機器，用來讓海內外所有人模仿，是一種『意識形態的輸出』，推進美國帝國主義征服『落後』國家的成效」[5]。1939年另有一位批判大眾文化的方家說，這種「媚俗」（kitsch）文化「目中少有」地理與民族——文化界線：

> 這是西方工業化的另一種產品，它行走世界，展開勝利之旅，先是排擠，繼之將一個個殖民國家的本地文化弄得面目全非。所以，現在它越來越有成為普世文化的樣子。有史以來，這是第一個眾所矚目的普世文化。當前的中國人（Chinaman），較諸南美的印第安人、印度的因第人（Hindi），或是波里尼西亞人，就他們對於媚俗文化的喜好來說，並沒有什麼兩樣，他們喜歡本地藝術雜誌的封面、印刷精美的內頁所刊印，及月曆女郎所穿戴的產品[6]。

（譯按：戰前如此）戰後數十年間亦復如是。攤開正統的傳播研究，我們在有關國家發展的部分，正就看到諸如此類的話語及意思，這個類型的表述與宣稱，成為其中不可或缺的一環，直截了當而赤裸明白。舉個例子，冷納（Daniel

Lerner）在1958年寫著，傳媒帶來「流動的擴幅效果」（mobility multiplier），「西方的現代化模式以全球為舞臺，刻正運作」，其間，傳媒「既是變遷的指標，也是變遷的策動者、施為者」[7]。說出以下這段話的人，不是傅科（Foucault, Michel），而再次是冷納——冷納的海外土耳其研究，足以媲美於拉查斯斐的哥倫比亞大學應用社會研究所的本土研究——冷納任意選用米德的「社會本我」概念，他說大眾傳媒是「操弄內心的最偉大教師。大眾傳媒規馴西方人，讓他們擁有移情的技術與能力，從中透露了現代性的面貌……在我們這個世紀，傳媒持續播散至全球各個角落，世界各地都在重複上演類似的功能」[8]。幾年之後，魯洵・白（Lucien W. Pye）也說，這是一種新的「世界文化」，具有能力「夷平一切」[9]。研究非洲傳播的多步（Leonard Doob）同意這個看法，他說，由於非洲人「接受越來越多的西方器物與價值，他們也就越來越緊密依附於……他們所吸收的大眾傳媒文化」[10]。

　　我們在這裡得再次表明，真正的問題不在於傳媒的潛在效能，問題在於研究的人偏好透過哪種概念架構審視傳媒效果。主流分析家認定大眾傳媒具有獨特與良性的內涵在先，隨後才將國際傳播看作是強大有力的機制。這些研究者說，典型的低度開發國家之經濟基礎是「原初形態的」農業，在啟程航行而安抵消費資本主義的天堂以前，這些國家必須經過一連串發展階段。若要刺激這些國家邁向這個相近的終點，就得依賴一系列的制度與機構，其中，有一些不怎麼上得了檯面，他們通常因此避而不談：外國援助計畫與銀行借貸、美國中央情報局「顧問團」發起打擊游擊叛軍的行動、跨國公司的海外直接投資，以及，最後就是傳播媒體。如同魯洵・白所說（譯按：促進政治與經濟發展的要素），雖說還是有很多方向並不確定，但我們需要「協調並強化兩種形式的傳播，一種是非親身的大眾傳媒之使用，另一種是親身的、面對面的社會傳播之使用」[11]。（譯按：當時的許多重要著作，等於是）直接重新回應拉查斯斐與莫頓在1948年所發表的論述。這些著作羅列多層次規劃，其中必然在列的是大眾傳媒，他們試圖藉此處理所謂的人心缺陷，畢竟，一有這些缺陷則經濟發展的前途堪憂。他們說，透過傳媒的洗禮，個人的成就動機就會出現、鞏固與擴張，或者，人的心理結構就足以產生移情能力，假使欠缺成就動機或移情能力，低度開發的國家就會持續欠缺前

提要件，經濟成長也就不能起飛，遑論不停地成長[12]。

這些論點啟人疑竇，根本就是自說自話，他們引進的論點並不協調，讓人覺得他們別有所圖。相同的這批研究人員，卻有兩種論調。一方面，他們強調在「低度開發」國家，傳媒效果很強大，足以適用於這些非白人民族；與此同時，他們在研究美國的主要商業與消費活動時，卻又對傳媒效力強大的說法，嗤之以鼻。不過，雖然有兩種面貌，但兩者同樣脫胎於社會心理學的研究傳統，都是多元主義的表現，深層以觀，兩者的意見互有協同，就在於他們確實對美國資本主義，提供重要的支持。一方面，他們自認商業文明社會的公民，即便備受越來越受深化的商業與意識形態之襲擊，卻無礙於這些公民繼續發揮健全的判斷與良好的想法。另一方面，這些落後國家的子民必然受益於現代化，他們說大眾傳媒發揮「擴幅效果」，促進現代化的進展。

有些激進派學者回應這些正統說法的方式，是詳加記錄與展現一個事實，即當代國際傳播的日常結構與實作，根本就已經豎立太多障礙，致使民族自決是一項難以實現的目標。外交術士與決策官員總是浮誇宣稱，硬指各新興獨立民族已經進入平等交流文化的「新時代」，他們想要鞏固美國的超高國際地位；然而，國際傳播的運作實況不留情面，等於是當眾掌摑這個說法一記大耳光[13]。這個批判取得不少成就，其中很重要的一環是它指出，傳播遭致阻礙而不能暢通、致使流通不平等，其實源起於一個歷史過程，此即在全球範圍，已經出現非正式的支配類型——雖然當時這還只是新興階段。這個新興之說顯示提出這個批判模式的人，與傳統馬克思主義政治經濟學的看法並不完全相同，兩者之間存在相當差距，雖然他們或許是刻意不明白表述。馬克思主義政治經濟學者馬道夫（Harry Magdoff）在1974年為《大英百科全書》撰寫一個詞條「殖民主義」（1450～1970年），該文在其後版本卻迅速遭致撤除，馬道夫說：

> 殖民主義快速衰微，刺激強權國家採取另一種方式的支配手段。赤裸裸的殖民占有之外，另以其他手段遂行控制與彰顯影響力，並非新的現象……但是，第二次世界大戰之後，帝國採取非正式的擴散手段，取代正規的殖民統治，帝國普遍引進新的控制機制，因此就有新殖民主

義這個術語。當然，這個術語以及術語之下所蘊含的說法，具有高度的爭議性。一般說來，美國與西歐的正規思考都認為，這個術語毫無效度可言；與此相反，前殖民國家的人普遍認為新殖民主義的現象，確實存在，這對他們是常識之見，他們也經常討論。

我們所說的新殖民主義，通常是指國家名義上已經獨立，卻還是受到外國相當大的指引與指導。我們當然也可以用最狹隘的角度，解釋新殖民主義，如此，它就是指外來國家或是外來商業利益，高度影響一個國家的經濟事務與政策，併同通常連帶影響該國的政治與軍事政策。此外，新殖民主義還有一個內涵，即指涉前殖民強權的文化與價值仍然據有支配地位[14]。

其後，許多人都說文化帝國主義的批判是錯的，因為這個批判未能「以特殊的眼光看待文化」，未能就文化看文化、未能將文化視為不可化約的動能，因此文化帝國主義批判是一種後退，回返「政治與經濟支配這個比較寬廣的脈絡」[15]。這個指控可真是反諷意味十足（下一章將以這個指控所使用的概念與術語，檢討這個指控本身）。文化帝國主義批判的提出，「本來」就是一種回應，因為一直有人說，激進政治經濟學對於文化領域所投入的心力「太少」；舉個例子，假使不是因為激進政治經濟學很少論及文化，馬道夫在撰寫新殖民主義這個條目時，應該不至於只將「文化」當作剩餘的概念，而僅在文末以附加方式，略予引述。文化帝國主義批判逆流而上，迎向既成教義（包括傳統的馬克思主義）的河川，它堅持「文化」必須站在前列，恢復應有的重要性，它也堅持提升之道，必須與政治經濟學展開更多而不是較少的分析。有心想要開展這個批判的人認為，「大眾傳播與美利堅帝國」是雙位一體，兩者並非分立而不相連屬，兩者融合而化為一個整體的衍生過程。

戰後，去殖民化及迎向形式自由的力量沛然莫之能禦，但即便如此，實體的不平等及剝削的政經結構仍然捲土重來，在許多地方重新安營紮寨。但是，我們所需注意者，還不只是馬道夫所說的殖民者價值持續存在。任何人如果想要理解這種採取新擴張形式、但卻又並不正規的帝國主義之動力，那麼在傳統的軍事及

政經權力形式的分析之外，就得保留顯著空間，投入於傳播的分析。因此，有一篇論文很有影響力，也很早已前就已經發表，它說，「傳播工具與現象」是阿基米德的原點，「假使沒有傳播工具供其支使，新帝國就不能興風作浪，緊隨政治解放之後，我們眼見新帝國再次君臨前殖民國度與領土[16]。」

　　另一方面，激進派與主流研究派還有一個差異，激進派認為，分析與研究傳播文化的合適位階應該是超民族、超國家（supranational）。有此認定之後，激進派就記錄經驗證據，展現他們對於主流概念架構的抨擊。正統學術界的概念太過簡化，致使特定的現代人格類型等同於經濟成長[17]，正統派還極其樂觀，認定各國經濟發展的前景勢將一片美好；然而，只要仔細追蹤實質情況，就會看到跨國公司與外國政權聯袂前來，支配本國的政治與經濟情勢，正統派的說法因而也就左支右絀，顯得招架不住。塑造國際農產商品流通的結構關係，同時也在塑造國際傳播，這個關係致令國家主權的說法等於瞎說，這個說法既是信口開河也同等於投機。由於分析發展過程的重量級學者，莫不賦予傳播極其顯赫的角色，激進派因此得以提出挑戰，檢討相關討論賴以進行的重要假設。特別是，在他們看來，「世界文化」是在浮現，但根本就非平等形成，因為這個世界文化越來越由美國資本所支配。這樣看來，批判文化帝國主義的人同時揭露與反對政經勢力的占地為王，雖然這個勢力不再恆久占領殖民地，但是，單靠跨國文化工業的真實且不斷延伸的作用，就足以產生這個效果；這個文化工業是一種勢力，重新整併各方，效能史無前例。

　　假使要提出有效論點，反對文化帝國主義的批判，就不能過度簡化這個初生的、或許也是非正規的帝國主義（informal imperialism）之「文化」深度及其衝擊範圍──雖說不友善的人在評論時，正是有簡化的傾向。事實上，非正規的帝國主義對於各地原住民文化造成既兇殘又廣泛的傷害[18]。舉個例子，1993年有項調查指出，全世界大約六千種語言之中，有20～50%已經無法由學童使用。語言學教授克勞斯（Michael Krauss）強調說，「這些語言這還不只是陷入險境（engendered），而是命中注定、在劫難逃（doomed）。」人類學家吉爾斯（Clifford Geertz）漠然概括整個情況，相當率直，他承認全球的文化「種類」是在「快速軟化」，他說文化將要成為「更加蒼白的、狹隘的範圍」[19]。

　　然而，對於前殖民國家與領地居民的意識與經驗，跨國文化工業意味著什麼？提出這個問題，我們也就進入環繞文化帝國主義的批判而產生的爭論。賀伯‧席勒（Herbert I. Schiller）寫著，「核心國家統治部門的想像力與文化視野塑造並結構化整個系統的意識[20]。」這麼看來，起初，「文化夷平」（cultural leveling）的過程扮演了一個重要的角色。當然，這個提法有其曖昧與模糊，挺難處理。「夷平」究竟是何所指？是指如同「砲轟之下城市慘遭夷平」，指涉跨國文化工業以其重擊，粉碎了本地文化嗎？或者，是指「所有區分都已經抹平而不再可見」，指涉全球共同文化的成長：一種「最低公約數」的文化，它的負面特徵就是這種文化貫穿與跨越既定的社會與地理疆界？文化帝國主義的批判時而指涉「文化侵略」，時而指涉「文化同質化」，兩種用法同時出現，這就顯示兩個立場持續存在。假使移轉至另一個新的背景，我們將會發現，大眾文化的激進批判也內含這個曖昧的視野。

　　然而，文化帝國主義的批判究竟又在多大程度裡，源生自大眾文化這個惱人的理念？雖然兩者的連繫並無疑問，但若要探詢這個問題，我們必須跨越兩界，使之延展至新興的非正規帝國主義的理論，畢竟大眾文化的批判規律性地加以援引。我們必須強調，左派本身對「帝國主義」的辯論，起源很早且根深柢固。大約在第一次世界大戰前後，「帝國主義」的指涉主要是敵對的資本主義強權，你爭我奪，企圖徹底征服對方而據此釐定政策；當時，各強權國家的經濟發展已經進入一種情境，彼此簇擁而在世界舞臺亮相，競逐資源與市場。資本家在全球範圍爭強制勝，征戰不已，最明顯的印記就是軍事侵略及殖民直接統治。在第二次世界大戰以後，與前對照，「帝國主義」取得相當獨特的內涵，廣泛得到時人的援用。戰後期間，人所共見的是，正規的帝國衰落式微，美國資本的輸出加速進行，美國現在是世界上最有勢力、無人可以挑戰的霸權。先前敵對的各大強權在美國後面排排坐，所有的注意力至此移轉，目光投向美國這個「新殖民的」，或說「新帝國的」國家所扮演的角色。

　　或許，另有一個現象很難避而不談。這是指戰後的壯盛榮景，「都會核心的」資本主義國家擁有史無前例的財富，市民富裕而有極高的消費水平。與此同時，殖民與後殖民的「邊陲」國家，其經濟地位卻深陷困頓之境。我們究竟如

何評估兩種並存的局面，我們很難不用有色眼光加以審視。第三世界的「經濟退化」相當清楚明顯，確實必須有人嚴正地提出解釋。這些國家經濟情勢長期以來的低疲不振，原因何在？這麼大片土地的人群飽受巨大發展落差之苦，難道這是內在於「資本主義世界經濟」之內的交換關係，所必然導致？另一個解釋在於，這不正就驗證資本主義的壟斷發展階段已經走向全球範圍，因此經濟停滯僅只是其內在傾向？無論是哪一種解釋，如果第三世界國家確實進入泥沼情境而困窮，其經濟「依附」於資本主義都會核心國家的現代性，且這注定是恆久的狀態，那麼理論家似乎就有必要探究，前者的經濟剩餘是如何系統地被跨國公司剝削，而外國資本家又如何誘使本地菁英與其合作，聯手壓制本國的經濟發展前景[21]。

帝國主義無所不在的存在提供一個分析架構，其間，「文化侵略」與「文化夷平」等概念也都得以保留。不過，「文化依附」等等概念並非大眾文化批判的簡單延伸，文化依附的概念謹守帝國主義理論，它強調當代資本主義世界經濟導致的停滯傾向。

這個理論化的本身在當時──直到現在還是──備受爭議。（譯按：在馬克思主義內部）另有一個陣營與前述模式競爭，它在1970年代的經濟動盪背景下衍生，日漸為人所知。它強調，如果要善加解釋企業資本的跨國化，我們不能運用經濟剩餘的生產與分配等概念架構，而是要審視特定社會的生產之社會關係，無論是印度、津巴布韋（先前的「羅德西亞」），或者剛果[22]。文化帝國主義批判的傳統從來沒有充分面對這一種對主流提出挑戰的另一種理論化內涵，（譯按：也就是分析一國之內的生產「關係」，而不是分析「生產力」）；但是我們即將看到，由於文化帝國主義的批判逐漸強調本國菁英在跨國資本主導的「文化支配」過程承擔特定的角色，因此，另一種理論化的內涵其後已經被策略性地納進。

不過，文化帝國主義批判所堅持的論點（帝國主義必然導致經濟停滯），與它的另一個理論化看法（傳媒對於社會意識所產生的效果），確實直接有關。該批判對於傳媒效果的取向是一種形式主義（formalism），值得一談：我們或許可以提問，為什麼該批判有個傾向，流於說外來的支配力量產生了威脅，對於所謂的「民族文化認同」產生了威脅？換句話說，何以這個批判戛然終止，未能

提煉更為全面的、更為實質的觀點，介入於這持續互動的過程？畢竟至今我們已經都能認定，持續不斷的互動才是實情，並沒有一種到此為止的總結觀點。更大的傷害來自於，難道這是因為文化帝國主義的論述「無可避免地也是源自已開發的西方文化」，因此徒然宣洩了西方說來不免幼稚的、種族中心論者對於都會核心民族主義的依戀[23]？我們再次發現，答案得從其他地方找尋。文化帝國主義的批判脫胎於經濟停滯論者的論旨，如果我們能夠看出兩者所具有的必然推理關係，更為可取：（譯按：根據這個看法，那麼）如果遵循資本主義「發展」內部的過程，則即便在其進展之際，我們也無法走出矮化的、低度發展（underdevelopment）的格局；這是因為資本主義只會阻塞且限制經濟成長。作此結論之後，出路只有一途，就是社會革命。

　　激進派顯然沒有能力好好處理民族文化的課題，箇中有很大部分是因為他們多少有些一相情願的認定，在他們看來，去殖民過程的性質與終極目標應該還是有很大的實質可能與開放空間。當時，民族解放運動橫掃殖民地，也橫掃後進的資本主義地區，特別是阿爾及利亞、古巴，而特別是越南，這些進展似乎提供強大有力的證明，印證這樣的認定有其道理而可望實現。在這些進展之外，這些民族與國家的疆界本身，不又經常只是敵對帝國瓜分地盤之下，在地圖上任意切刻所造就出來的嗎？這些國界與本地語言、氏族、文化與社會的切割不是極其任意獨斷的嗎？在「第三世界」這個術語之下，表示世界上很大一部分的人處於並不確定的生產關係，說不上是資本主義或社會主義。時至今日，很多人會批評第三世界是一個殘餘的概念，認真不得[24]；與此對照，1960與1970年代並非如此，彼此的情況迥異，第三世界是個深刻的社會與政治問號，足以劃定畛域。

　　看在當年的激進派眼中，若有民族文化，那也是未來的事。民族文化必然也是浮現中的抗爭領域──或許，甚至應該說是「唯一」浮現的抗爭領域。他們相信，唯有透過艱辛與審慎的社會與文化重建過程，才能一方面有效挑戰行將死亡的殖民主義，另一方面則同時挑戰新殖民主義的漸次包圍。徹底斬斷民族文化的殘存連繫，用意是要特地讓出足夠的分析空間，讓激進派還能寄望在抗爭後，既有的社會關係能夠完完全全的改變形貌。

　　文化帝國主義批判並不祈求學術的精進，而是希望藉此邁向全面且尖銳的

社會抗爭。一般概念僅認為[25]它是向內審視，分析剛正被納入帝國範疇的文化工業，但不僅於此，它也對外觀望（這一點非常重要，雖然未曾得到充分體認）已經被納入帝國的領域。薩尼納斯與派拉丹（Salinas and Paldan）在1979年發表論文，述及「依附發展過程的文化」。他們說，「民族文化的性質似乎本來就很矛盾。民族文化一方面表達文化領域的基本支配關係，是主流文化本身對受支配社會群體的強制及教化。因此，基本上民族文化無法閃躲其階級性格。另一方面，民族文化提供場域，讓受支配的社會群體得以對抗主流文化[26]。」這樣看來，我們必須對「依附」社會的內部特徵，提出更多的理解與闡述。與這個道理相近，費傑斯（Fejes）在1981年表明，文化帝國主義理論必須更努力一些，它必須「將多種傳播媒體的發展與功能，置放在階級與權力的動態運作中考察；我們又必須知道，這個動態的運作脈絡雖然是民族國家，但這個民族國家卻又是一個依附社會」[27]。早在1976年，這個相同的議題已經有人尖銳指出：「透過抗爭的過程，人民的文化才能得到發展與保障。人民的文化並非塗香料抹聖油而讓人供奉膜拜之物。在日常對抗與戰鬥聲中，在反外國人與本國人支配聲中，人民的文化淬煉而生[28]。」

我們因此可以說，至1970年代中期，越來越多從事文化帝國主義批判的人從「內部」進行密集檢視，他們認為「文化夷平」之說得另作檢討，他們想要確認哪些文化成分其實是處於未定之天。早先，在釐定國際文化關係的結構、在觀察其浮現時，人們總是有樣學樣，留存主流理論家所強調的民族面向，雖說這個強調多屬口惠而已。在激進派眼中，民族國家暴露在更強大有力的跨國政經行動者陰影底下，他們因此比較不強調民族國家內部的社會或文化分歧。就如湯林森所指出，無論是在聯合國教科文組織，或是在其他場合辯論這個主題、在談及文化認同時，一直都還是略開「民族的」而不談：論及「文化」，則「不正宗的」與「外國的」（就是「美國」）變成了同義詞[29]。然而，有些激進派已有不同，一方面他們接受資本主義「世界體系」作為表述的架構，但與此同時，他們的文化帝國主義批判納已經更為審慎，他們的批判視角業已出現社會分歧，特別是社會階級的空間。尤其是1973年智利的民選社會主義政府潰亡於政變（雖然政變必然涉及美國財團與政府的介入，但人們已經認知，如果不清楚地釐清智利內部的社

會關係，政變難以完整解釋），其後，激進派對於這些新興獨立國家的內外部統治階級的角色，越來越給予密切注意：

　　……世界體系就是劇場，行動由舞臺中央向周邊移動。是彼此協同，甚至是在核心國家的、半邊陲或邊陲國家的本土統治階層誘使之下所產生的同意。這些領導階層的人熱切地將他們的人民與國家民族推向世界資本主義的體系。

　　單就這個理由，也許我們就應當說，將文化控制的當代機制說成是「侵略」的結果並不恰當，雖說我自己過去也使用這個術語。達戈尼諾（Dagnino）是這麼寫的：

　　「……文化依附對於拉丁美洲人民的生活所造成的效果，並非外國『敵人』領導的『侵略』所造成的現象，而是他們自己的統治階級以國家發展之名所作的選擇。透過這個選擇，民族生活與民族文化臣服於國際資本系統的動力，於是各民族文化委身於同質化的形式，維持國際系統就得要求這樣的同質化。」

　　發生在眼前的景象，也就是「文化與意識形態的舉世同質化並不是單一的民族追求，而是民族當中不同部門所整合而成的系統，他們對於特定的社會經濟組織形式，情有獨鍾」[30]。

「新傳播科技並未縮小而是（擴大）貧窮國家的傳播差距，並且（加重）了這些國家之內的經濟不對等[31]。」「文化支配」這個術語既捕捉，也概括地強調階級統治的多重面向，在文化帝國主義修正其定義後，階級統治的位置也更加顯著。本國菁英乖隔於社會，卻整併於跨國資本的結構，這就是文化工業對本地造成威脅的原因。因此，激進派此時對於文化帝國主義的定義是，「一個社會被導進於現代世界體系的所有過程之總合，主流階層階在此過程被其吸引、承受壓力、被迫，有些時候則是形同受賄，主流階層塑造本國的社會典章制度，使其對應或甚至提升世界體系核心主流國家的價值與結構[32]。」

　　我們必須在此強調，諸如此類的修正觀點，其實只是將當代人民贏來不易的反殖民抵抗經驗，重新導入於核心國家的思考。比如，很好的例子是，引領幾內亞及維德角共和國（Guinea-Cape Verde）反抗葡萄牙殖民，取得獨立地位的革命家卡布列（Amilcar Cabral）在1970年就已經堅持下列意見：「在解放鬥爭的發展過程，非常重要的是，我們不能對於文化的階級性格視而不見，這一點具有決定性意義……[33]。」卡布列說：「沒有任何文化是止於至善的整體。如同歷史，文化必然是不斷擴張與發展的現象。」再者，卡布列在一段著名的講詞如此說：「如果帝國主義支配者自覺事關緊要，因此要遂行文化壓制，那麼，民族解放必然是一種文化行動[34]。」卡布列於是提出一個觀點，他認為武裝鬥爭是個嚴苛考驗，透過這個過程，當前的文化有哪些「弱點」與「缺失」就會暴露；其後，打造新的民族文化認同時，應該抖落這些缺點[35]。因此這個過程可以驗明正面與負面的要件。另一方面，如果我們要打造新的民族文化認同，就必須有深遠的眼光與作法，從本地素材取得文化資源。卡布列強烈主張這個觀點：

　　　　民族解放及革命的主要潛能，在於認清一件事實，此即殖民地的絕大多數人民若曾受到殖民文化的影響，那也是相當稀少且相當邊緣。他論稱，只有村民之間存在文化的同質性與身分認同，才是發展民族主義意識的可能基礎……，政治動員的策略基礎就在於尊重並從本地傳統文化取材[36]。

　　另一方面，卡布瑞也有所揚棄。「只要逆反於鬥爭發展的需要，任何的社會與宗教統治及禁忌」，都是他要拋棄的元素。其中，他特別要揚棄的對象包括：「長老政治、裙帶關係用人唯親、以女性為卑，以及理性與民族鬥爭所不能容許的儀式及相關作為[37]。」

　　其實在更早以前，心理分析學家、革命活動積極投入者，也是理論家的法農（Franz Fanon），在其（譯按：首次出版於1961年的）著作已經出現卡布列的部分理念。1925年，法農出生於法國殖民地馬提尼克島（Martinique），在長期親身涉入阿爾及利亞革命運動後，三十六歲身亡。法農總結道，「這是第三世界開

啟歷史新頁的問題」；他認為，在這場鬥爭之中，「追求民族文化並肯定這樣的
文化是個特殊的戰場。」

　　為民族文化而戰的第一要義就是為民族解放而戰，這是建構文
化的物質基石，缺此則無可能。為文化而戰無法自外於社會大眾的鬥
爭……，在這些無數戰役進行的過程，在監獄中、在嚴刑拷訊下，以及
在每一個與法國的前哨戰中被抓或被摧毀，阿爾及利亞的民族文化就開
始有了形式與內容……，民族文化在無數前仆後繼的努力汗水與血水中
浸淫而成，民族文化就是這整個心血努力的總和體，人們在此過程思
考、書寫、證成與禮讚各種行動，透過這些歷程，民族創造自己、也讓
自己繼續存在。因此，低度開發國家的民族文化必將在這些國家爭取自
由的鬥爭中，誕生與發展[38]。

法農也好，卡布列也好，如果要讓他們吸納雷蒙・威廉斯的洞見（稍後另
述），一點都不會有困難。威廉斯說文化就是平凡普通（ordinary），意思是所
有人均在一個共通的領域，以本地語言參與了創造與經驗的分享；不過，對於他
們來說，文化或許還是更為非凡的（extra-ordinary），因為人們當時的經驗刻正
處於被創造與被界定的過程。精確地說，經由結局還在未定之天的反殖民鬥爭，
人民正在積極創造自己的文化：

　　我們相信最完整也是最明顯的文化展現，就表現在殖民地人民重建
民族主權的過程。這並不是說唯有鬥爭成功以後，文化才能有效展現活
力；事實上，在爭取主權的衝突之中，文化（譯按：同步發展而）不是
進入冷凍庫。鬥爭與衝突本身在發展、本身在其內部進展的時候，就沿
著不同的路徑推進文化，也為鬥爭追尋完全嶄新的文化內涵。為爭取自
由而鬥爭並不能返還民族文化原有的價值與外觀；這場鬥爭的目標是要
建立根本不同的人與人的關係，既然如此，它就不可能使民族的文化形
式或內容一成不變。在衝突之後，不僅殖民主義消失，被殖民的人性也

要消失[39]。

　　整體來說，文化帝國主義的批判同樣作此強調。從一開始，它就說：「塑造新的民族外觀與社會行為，必須善用嶄新且獨特的歷史機會，我們應該以最仔細的用心，加以理解與審視[40]。」當然，大眾文化理論持續混淆這個過程、弄得讓人更難理解，惟更為重要的是，文化帝國主義的批判等於是力圖要將人們的注意力，導入威廉斯在另一本書裡所說的「（文化的）形塑的過程（shaping process）的本質與起源」[41]。

　　這個強調「形塑過程」的重要性之用心，等於是在許多方面讓我們擁有更大自由，我們可以無須受困於「勞心的」與「勞力的」二分法，這個分法既老舊又讓人動彈不得。雖說在拉丁美洲國家（當然，許多拉丁美洲國家在十九世紀時已經獨立，取得形式的國家主權）特別明顯，但當然不是只有在這些地方才有這個現象，文化帝國主義的批判本身就構成阿蒙德與米雪兒・馬特拉（Armand and Michelle Mattelart）所說：這是「一個用來動員的意念……用以協助藝術人士與知識分子，開拓新的抵抗前沿……[42]。」對於這個論點，1950年代末的法農在非洲深表認同。法農本人就是本土革命知識分子，他這麼宣稱，「知識分子並未聽任人民昏睡於冷漠的狀態」，「他將自己轉化為喚醒人民的角色」，這樣一來，知識分子就成為「新現實的行動喉舌」[43]。

　　談及民族文化認同，必然不僅只是文化侵略與否的問題。對此，文化帝國主義批判者已經有所認知──再次，這也是法農所說──民族文化本身也是壓抑的來源，它持續讓人感受到壓抑的存在，也就是「反動的傳統主義」的問題[44]。激進派戮力追求的最大的、超出一切的願景，就是文化鬥爭與文化轉換不致遭受新殖民主義干涉的空間[45]。對照之下，他們最憂慮與擔心的是，必須持續推行才能奏效的大眾方案如今遭到阻礙或被迫轉向，這樣一來，原本徹底成功轉民族文化（與社會）的丁點希望（譯按：如今都會落空）。

　　他們憂心的源頭起於跨國資本──「帝國主義」──但是，它有在地的連帶，也就是本國的資產階級。如同薩伊德（Said, Edward）近日再三強調，法農著作中的民族主義，一點也沒有愚蠢或簡單化的傾向[46]。舉些例子，法農不但意

識到整個非洲大陸的大範圍反抗，要向殖民主義爭取獨立。法農還經常提及拉丁美洲與阿拉伯人抵抗帝國主義的經驗。在他後來的一些著作，法農一些鞭辟入裡的評論，針對當時的「民族資產階級」而作（「這幫人意圖獲取暴利，卻又毫無耐性，立刻就要回收」），當時，這個階級在許多非洲國家才剛出現。法農又坦率直言：「（譯按：如果有人認為）低度開發國家必須歷經資產階級的階段，那麼這個說法賴以成立的唯一前提是，本地資產階級必須以充分的經濟與技術力量建立自己的資產階級社會，這個階級必須創造必要條件，催生與發展大規模的無產階級、機械化及農業，最後，這個階級要讓真正的資產階級文化能夠存在。」但是，彼時的現實情境與法農的描述，背離巨大。法農因此接著寫道，「民族資產階級」滿意於充當「西方資產階級產業的代理人」，因此它的「使命也就非關整個民族的轉變」；「本國資產階級太過平淡，純粹只是民族與資本主義的傳輸線，這個資本主義四處蔓延而帶有偽裝，如今只不過是戴上了新殖民主義的面具。」他有這樣的堅持，「我們絕對必須積極猛烈、斬釘截鐵地反對這種民族資產階級及特權階層的出現[47]。」

更重要的是，我們透過這個連結可以說文化帝國主義的批判幾近等同於——雖然，無法完全重疊於——跨國階級鬥爭的理論。我們現在知道，民族資產階級一而再、再而三地洩露本身的傾向，僅在於依附帝國主義。怒古擊（Nugugi wa Thiong）提醒我們，法農在《全世界受苦的人》（1961）所提出的嚴厲評論，完全吻合這個觀察。怒古擊在1982年為聯合國教科文組織撰寫了一篇論文，他說：「我們現在知道，以西方資產階級的形象打造殖民菁英的過程，造成……非洲的實質發展因而蒙受致命傷害[48]。」

獨立之後，各國都得打造新的文化與民族傳統，各國也必然會從眾多散離各處的要素汲取養分。但終極以觀，各國必須優先進行的工作，就是宣稱這些所作所為都是為了自己的住民，不是為了跨國資本：

在殖民地與新殖民地內部出現了兩種文化，這是不共戴天的文化衝突：外人帝國主義者；本國人與愛國者。因此，不同民族（nationalities）經常住在一個地理區域的國家（state），其間，人民的文學、音樂、戲

劇與藝術得以浮現，它與外人帝國主義強加於殖民地、半殖民地與新殖
民地的文學、音樂、戲劇與藝術，展開激烈對抗。所以，第三世界的主
要矛盾顯現在民族認同與帝國主義支配之間[49]。

　　怒古擊繼續書寫，他細數母國肯亞的故事，「國人千方百計要在各種傳統中
找尋立足之地，農民以各種形式，舉凡吟唱、詩諺、戲曲與舞蹈，都是傳統現身
之處所」；他又說，即便在各大小都市，「戰鬥的文化」也在形成；怒古擊的分
析也讓我們得知，本國政府回應這個戰鬥文化的方式，等於是延續了前殖民者的
政策，壓抑了本地鄉土文化的動能[50]。

　　很有意思的是，主流學派經常指控文化帝國主義的批判忽略了民族文化，但
是，實際上他們才真正完全無視於民族文化的抵抗與傳達。跨國資本主義文化工
業的成長帶來重組的過程，但絕對不是引進西方文化商品這麼簡單的事。一旦本
國資產階級取得國家權力，對於國內反對者與潛在反對者運用本地語言所生產及
流通的文化，他們必將持續鎮壓。「我們」——美國及歐洲的學者——對於這段
歷史的無知，到了駭人的地步[51]。不過，第三世界國家的文化工業之外，或在其
邊陲地帶的文化生產當然還是持續存在。在肯亞、南非，以及如在亞洲許多地方
顯然都有「解放劇場」的存在——並且幾乎總是遭致鎮壓[52]。運用本地語言所生
產及流通的文化持續不已，這類劇場只是傳承之一，但主流論述並無察覺，未曾
意識這也是本國文化抵制文化帝國主義的例子。這類經驗給予我們必要的啟示，
今日我們在談論前殖民領地的文化與社會意識時，應該採取新的視野。

　　批判文化帝國主義的人認為，評價民族文化的基本底線是：這些傳播媒體是
否有助於社會的革命式轉化？任何不是，或低於這個標準的其他觀點，最多只是
無關宏旨；雖說符合這個觀點的最佳表現，我們還很少看到。「自由阿爾及利亞
之聲」（阿爾及利亞人爭取獨立，反抗法國人而與其作戰時所設置的收音機廣播
電臺）創辦升空後，法農寫著（以下文字寫於1959年，席勒十年後引述），「在
阿爾及利亞購買一具收音機就等於是……取得進入革命、與革命相通的唯一手
段[53]。」（譯按：如果不是這個評價底線，那麼）還應該有哪些評價的標準？

　　文化帝國主義批判對於「形塑的過程」的性質與起源，相當注意，因此，

它不只是將希望寄放在運用本地語言所生產及流通的文化。這類文化固然可以結合「勞心」與「勞力」的成分，並且能夠透過電子與其他傳媒科技，得到延伸及放大的效果。不但如此，文化帝國主義的批判（譯按：不僅樂觀其成於前述文化假借現代科技而擴張，它）還得確認並且拒絕接受跨國產業與（譯按：臣服於跨國資本的）國家權力的進入，因為涉及這個性質的結構、施行者與代理機構及其實務作為，都會對本地語言所生產及流通的文化下手。難道跨國產業與國家權力向來不是先下手為強嗎？文化帝國主義批判者說，這些先下手為強的東西顯現為下列形式：美國電視影集與節目傾銷各地，致使單方面的資訊流通為之強化，各國並未互換本土生產的新聞與娛樂，本國傳媒的文化生產為之破壞，對於新興以及貧窮的國家來說，更是如此。西方的商業傳媒系統引進消費至上的風尚與精神（法農在內的許多人都指出，消費至上的衝動不知不覺地潛入後，終究產生效能），致使理當更為優先的發展項目（如生產普遍為人民所需要的充分食物、醫療照護、教育，以及其他基本需求）不受青睞。新的、超越國家範圍的傳播科技（特別是衛星）大抵掌握在美國為首的政治菁英及跨國集團手中，侵犯了國家主權；它們將錯誤的或說遭受系統扭曲的貧窮國家及人民的形象，大量散播給全球的閱聽人；留美的外國學子接納美國或美國風格的傳媒實務，他們認定私有傳媒（以廣告支持的傳媒）取得支配的地位，天經地義[54]。

　　批判者再次擔心的是，這類實作勢將帶來具有懲罰效果的機會成本。我所說的機會成本的意思是，社會資源原本已經稀少，如今卻又送給跨國文化工業的相關公司，卻沒有用於全面民主文化之轉變。舉個例子，如同法農所說，傳媒要怎麼做才能產生教導的作用？「要讓人們明白，阿根廷人與緬甸人推進的作為與實驗，既要努力克服文盲問題，同時又得克制他們領導階層的專制傾向[55]？」實情通常如此，如果本地文化生產要想擴張成為工業，就等於是要將新近獨立的國家，推回業已浮現的資本主義世界體系之懷抱，或說，致使這些國家根本難以離開這個體系。與此對照，有些研究者對於這個局面毫無體恤之心，他們不怎麼友善，其分析立足點也不怎麼有道理；他們說，在構成文化帝國主義現象的主軸變化之外，才能找到這個現象的證據。他們說，（譯按：只要本地與外來文化的）差異仍然存在，就足以證明文化支配的事實並不存在。

文化帝國主義批判者本身的基本看法則是，追求民族自決就必須更為清楚地認清，文化生產必然「有」其政治經濟學。如今的問題已經不同，不再是個人的藝術靈感與啟發問題、不再是品味與道德倫理標準的問題，雖然傳統菁英心中的文化概念還是環繞這些問題在打轉；如今的問題出在傳播工具的產權與控制權它影響越來越大範圍的當代文化之實作，進入跨了國運作的範疇。這個看法以及與其並行的「民族文化必須重建」之見識，將傳播研究往前推進了一步，傳播研究因此比起數十年前，還能認同文化是一種生產的範疇或類型。當然，如實地說，還沒有人能夠將（譯按：**文化與生產的**）連繫弄得很淺白，也還沒有人能夠將這個連繫從理論上闡述得很有建設性。但是，它在未來的研究議程上，很快上升到了一個顯著位置。另一方面，我們從一項指標可以看出這個批判是對傳播學術領域，已經帶來衝擊，此即當時羅傑斯（Everett Rogers）撰寫了一篇論文，其篇名赫然是「主流典範的消失」[56]，至於羅傑斯本人，正是「傳播與發展」這個學術範式的先驅。羅傑斯坦承，激進派十年的攻堅起了作用。對於主流學派偏好的國家發展與親身影響之各種抽象類型，激進派提出有效的質疑，致使這些傳統再也沒有正當性可言。雖然激進派主張的立場，特別是批判新殖民主義的論述依然還是居於次要地位，但卻不再是地處邊緣。

批判派本身提出與激發的各種洞見，確實從來未曾融合成為一種正規的理論。新殖民主義大剌剌地以前所未見的規模運用著文化工業，然而，即便如此，批判派仍然試圖論證新殖民主義已經引爆文化與意識的新對抗及新爭戰。賀伯‧席勒在1969年寫著，最重要的是「所有民族與國家必須保有文化的選擇方案，人們如今開始意識到自己的潛能」。不過，他繼續表示，「如果要讓文化多樣的價值還有前程、還能在這個星球覓得一席之地」，「這大抵還得看國力較弱的這些國家是否願意放棄從西方娛樂工業購買那些光鮮亮麗的產品，並且同時轉而不斷開發自己的廣播材料，不論這得投入多長的時間[57]。」當時，這些論述與「不結盟運動」（Non-Aligned Movement）有很密切的關係（譯按：**不結盟於歐美日或蘇聯集團的**），這些國家彼此的聯盟雖然鬆散，但是這個運動卻持續進行，並且目標總是集中，它的努力日後匯集為「新國際資訊秩序」主張的提出。箇中意義重大，因為最慢到1970年代末，這些動能與主張提供了更進一步的證據，顯示自

此而後，舒緩文化不平衡與不平等的鬥爭，必然只會繼續強化❷[58]。

　　這樣看來，施以最後重擊，解除美國傳播研究一整個世代的束縛，讓人的社會動能（human social agency）得以出頭的力量，正是文化帝國主義的批判之貢獻。這個批判的分析核心並沒有說跨國文化工業的政治經濟結構，就已經構成新的支配來源——雖然，敵視批判派的人持續作此錯誤的指控。剛好相反，批判派一開始就認為自己的激進脈動，同樣具有下列看法：批判派的首要之務就是要多面向確認人的社會動能。透過對於文化帝國主義的批判，國際傳播政治經濟學本身也就起了作用，鋪陳了一個堅實的基礎，讓我們得以更為徹底地介入——從而寄望我們能夠轉變——當下的生活經驗。我們應該還記得，戰後美國大眾文化的概念已經閹割了整個社會過程，它變成是靜態的；另一方面，文化工業本身反倒顯得據有動態能量。在名目上，批判文化帝國主義的人同樣保存這個動態的強調。他們一方面百般揭露，指出文化工業以前所未見的態勢，跨國席捲而來——它的政治經濟邏輯扼住了文化生產的咽喉。不過，另一方面，在不斷反抗跨國文化工業這隻巨獸時，他們找到了新的變化動能、施為者：人民群眾運動的立場就是反抗帝國主義，人們越來越關切本國的文化，這些運動的最終目標也就得以保持開放；反帝運動賴以推進訴求的資源包括「勞心」與「勞力」的各種活動，它的成績展現在本地語言的各種反抗實務。

　　正就是群眾運動的這股開放性，知識活動的忠誠基礎才得以建立，其前途與其所訴求的施為者如今二合為一，兩者緊密相連而不能分割：群眾運動努力想要在不公不義的現實中，汲取社會要素，以求讓抽象理念得以落實。至少有些激進派希望從當前的民族文化發掘人之動能，他們正是希望藉此對抗持續存在的具體支配關係，畢竟這些關係廣泛存在於後進的資本主義[59]。這是一個勇敢的「政治」連結，後續的發展卻暴露了它的弱點。日後當反殖民與反帝國的聲浪遭致牽

❷譯按：不結盟運動最近一次大會（第十四屆）於2006年9月在哈瓦那舉行，「新國際資訊與傳播秩序」在1980年代中後期雖趨於消沉，但其後歷經1990年代迄今，繼續有影視產品的跨國流通究竟應該以「聯合國教科文組織」（Unesco）所制定與執行的《文化多樣性公約》還是世界貿易組織（WTO）所主張的「自由貿易」為指導原則之角力，可參見《新聞學研究季刊》第98期「傳播權六十專號年」（2009年1月），全文可下載：www.jour.nccu.edu.tw/mcr。

制，更使得這個弱點暴露無疑，此時，跨國資本再次整合並且向前推進，所有的結盟與概念組合同樣也開始位移。

阿瑪德（Aijaz Ahmad）說，讓人振奮的這些年代之後——也就是現在的情況是，「亞洲與非洲許多民族資產階級都已經控制國家機器，如今他們是新興的主權國家，尚在擴張的全球資本主義動力為這些新的支配階級，帶來前所未有的成長與財富[60]。」其後，西歐、日本與北美的最大特徵，就是反動，成為一種風尚。1970年代中期之後全球大部分地區的民主轉變前景已然黯淡：各民族國家的國內階級基礎及其與跨國資本主義結合的程度，比以前更加明顯與密切。文化帝國主義的批判原本就是要盡力挑戰與阻止這種發展方向，惟這股批判力量此時已經處境不佳，無法先調查這種發展所衍生的後果然後從理論上解釋這種發展何以出現。這股批判力量原本誕生於支配的結構情境，並同時積極找尋反抗支配結構的能量，但數十年來前者還是存在，後者卻日漸收縮。尋求社會轉變動能的各國施為者日漸孤立、坐困愁城——大約就是聯合國教科文組織在1978年發表《大眾傳播宣言》（Mass Media Declaration）的時候——對此，文化帝國主義的批判於強調是跨國資本支配的政治經濟結構築起了高牆而難以跨越。[61]到了這個時候，文化帝國主義批判當初對「文化開放性」潛能所寄以的厚望，大多已經沒有實現的可能。

到了這個時候——1980年代以迄於今——在許多相關議題的切割之下，這方面的討論就此陷入困境。在評估這股複雜的思想旅途之前，我們還得先完成一項工作，亦即完整評估激進異端，畢竟，文化帝國主義的批判只是異端的一個側面。因此我們不妨進入這股修正力量的另一個主要場址，就是英國。在英國，雷蒙·威廉斯試圖將文化概念化為「形塑的過程」[62]，這裡我們再次看到相同的用意，就是要訴求人的社會動能，藉此擱置「勞心」與「勞力」這個相當有問題的二分法，並且還不僅於此，這等同於是直接挑戰二元對立的遺緒。

 第二節

到了1960年代，萌生於、發展於、並且透過英國而推進的新興志業也告出

現，它具有重要的修正內涵，人們以「文化研究」（cultural studies）相稱。這股新思維引進美國傳播研究之時，一些教授（包括對於新殖民主義及／或1960年代「反文化」採取開放態度的部分人士）及更多的研究生已經察覺，主流社會科學的探索存在種族中心的鑿痕，用於研究時顯得捉襟見肘，主流研究取向的缺失甚至在很多時候造成致命傷害。主流模式相當狹隘，它打轉於個人的態度、意見與行為〔傳統學者將其彙整與抽離，就是日後傳媒的「使用與滿足」（uses and gratifications）模式〕，文化研究則另有補充，它關注源生於集體、也透過集體而發現的「意義」問題。日見深化的這個關切與文化帝國主義的批判並非無關，它對都會「文化」的理解與文化帝國主義的批判，接合點越來越多。當時，行為科學主宰美國傳播學術的教學及研究，放在這個脈絡理解，這個動作只是一種試探、出現在各方面，也還不怎麼成為理論，它似乎在找受孕時刻，卻又隱然已經是具有擴張態勢的異端，其第二個批判參照點是社會理論。這整個變化是怎麼產生的？

在文化研究之內，歷史與批判學界的傳統找到共同陣地——此時，越來越多的傳播研究也向文化研究借鏡——而文化研究則直接取經於英國「第一批」「新左派」世代及其政治定向。當然，如同威廉斯所說，更早之前，學院以外的思維已經開始影響「文化」概念內涵的變化；惟在1950年代中期之後，透過比較寬闊的公共議論，我們才算看到有關於人的動能以及人的生活體驗之核心意義，得到伸張。不過，四位眾所矚目的文化研究健將之知識與政治差異，此時已經明顯出現，在一些重要時刻這些差異業已公開表達：史都華‧霍爾、李查‧侯苟（Richard Hoggart）、愛德華‧湯普森（Edward Thompson），以及雷蒙‧威廉斯[63]。大致上，他們每個人都同意戰後英國發生的變化很多時候讓人迷惑，因此，我們必須更加注意人的生活體驗，也就是人們以「文化」相稱的東西。雖有這個共同點，但除此之外，他們的各自行進步伐與定向，並不相同，他們各奔前程。這是一個相當繁複的努力過程，其後的「文化」吸納至今還沒有完成，如果要給予充分評估，我們就得處理從一開始就存在的這些差異。

非常重要的是，當時，這四位文人通通不是在主流高校機構任教，他們的施教場合是成人教育或是對所有校外人士提供的課程（adult or extramural

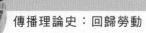

education）；不但如此，威廉斯日後很堅定地指出，這並不只是意外出現的偶然現象，反之，這其實是他們評估後的刻意「選擇」[64]。他們在這些場合的工作是教師，這就使得他們成為中介分子，一方是精雕細琢的學院批評與歷史學術傳統，另一方是這些學生粗魯不文卻又頗為切題的提問。我們得知道，這些學生的提問一點沒有菁英文化那些正規框架與習慣的裝扮。同時，這個教育位置必然滋潤他們的信念，也就是社會體驗——即便這些體驗「並不完美」，但誠如湯普森所說，這實實在在是「不能或缺的」範疇[65]——不能說這是一種「反射」（reflex），不能說這些體驗只是孤立的分析範疇（「經濟」）之反映，也不能說它是其他任何預先虛構模式的反映。這些文人確實相信，歷史事件的延展過程不是任何社會控制的靜態理論所能逆料，無論是主流社會學情有獨鍾的理論，或是主流馬克思主義的正統——這就顯示，他們與正統是有斷裂，其實，這也正是新左派據以自我定位的一個主要泉源。侯苟與威廉斯都出身於勞工家庭，他們認為作此強調既具有社會屬性，也是其個人生命的深層領悟。威廉斯說：「恢復正確的傳統就是恢復正確的我，這就意味著改變我自己，以及改變傳統的尋常說法[66]。」

這樣看來，如同先前杜威筆下的經驗，這些文化研究者也想把經驗當作是有機的結構鎔劑。這是新的努力，透過檢視杜威稱之為「嘗試」（trying）與「執行」（undergoing）——湯普森如今重新命名為「欲望」（desire）與「需要」（necessity）——兩者的變動比例，這批英國文化研究先驅得以一箭雙鵰；既可凍結常見的「勞心」與「勞力」之二分，又可連繫於其後文化帝國主義的政治經濟批判。威廉斯在1957年提出的說法讓以上兩個重點，都有落腳之處。他說，「社會主義社會無須預先界定它的文化是什麼，它需要做的是清理各種通道，我們無須臆測公式，我們反而因此而得到機會，以人文精神對於持續延展的生活，提出完整的回應，生活自有實際的豐富內涵與變化[67]。」

人的回應理當會有完整「變化」的空間，新左派顯然同樣信守這個承諾，誠如霍爾所說，新左派認定：「一般人不僅能夠，而且也應該就地組織，人們應該以自己當下的經驗所涉及的議題為主，組織起來。」

　　種族的壓抑、住房、身家環境惡化以及短視的都會計畫，如今與更為傳統的貧窮及失業現象，一起浮現……，對於我們來說疏離、社區崩潰、市民社會的民主式微，以及美國新左派早先在休倫港（Port Huron）提出的聲明❸，也就是「生活品質」的問題總加起來，就構成我們指控當前資本體制的重要項目，它們與其他項目同等重要——我們認為，如果社會與文化未經改革也未經轉變，那麼沒有任何方法可以救贖前述指控所描述的弊端[68]。

　　然而，我們在這裡已經看到重要的抗爭著力點。對於霍爾的診斷，湯普森並無異議。不過，對照於霍爾指涉不同的群體與背景環境，湯普森更為直接，他指陳的對象非常明確。湯普森毫不含糊，他認定「勞動的人」以及「勞工運動」（Labour Movement）應該繼續是政治的構成軸心：

　　　　新左派與傳統政黨的內部派系有何差別？區辨的判準就在於前者與後者決裂，新左派同時要恢復並且更新公開結社、社會主義教育以及積極活動的傳統。……新左派堅持勞工運動不是一種事物，而是紅男綠女的結社；勞動的人不是經濟與文化情境的被動收受者，勞動的人是勞心、也是道德意識的主體。……新左派要對抗老左派的勢利物質論與反智作風；透過建構新的傳播通路，連繫產業勞動者、工人與科學及人文領域的專家，新左派訴求的整體人文旨趣與潛能[69]。

　　湯普森的立論傳統來自（譯按：十九世紀的）英格蘭人文手工藝大家、作家也是社會主義者威廉・莫里斯（William Morris），事實上湯普森的第一部著作寫的就是莫里斯。湯普森在這裡拋出熱情的呼籲，表示我們應該重新整合「勞力」

---

❸譯按：經過數個月的討論、起草與反覆修訂，全美學生民主社會學會（the Students for a Democratic Society）1962年6月11至15日在密西根州休倫港開會，透過這份長達兩萬六千英文字的聲明，一般舉之為美國新左派的不朽文獻。

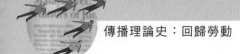

與「勞心」的勞動。不過，早期的文化研究絕對不是只有這個焦點，或者，我們甚至不能說這是大致得到認可的重點。如同湯普森自己後來提出的批評，那些想要在「文化主義」（culturalism）作文章，想要從中找到人所共同擁有的子嗣的人，其實大抵忽略了一件事實，這就是說從一開始，環繞「文化」所做的修正就已經引發根深柢固的不同意見。這裡涉及的爭議，首先就是「文化」與「階級」的分析位置，各自應該怎麼擺放，其次，諸如此類的衝突不可能不在實務的政治面向，顯現差異[70]。

侯荀對於勞工階級感受到的連續及斷裂的體驗，展開調查，其中最重要的部分就是勞工對於傳媒的體驗；他的主要著作《讀寫之為用》（*The Uses of Literacy*）有個副標題：「勞工階級生活的一些面向，特別以平面傳媒與娛樂為例」。有些人認為，當時的勞工階級之物質與精神面貌已經「資產階級化」，他們為此歡呼，侯荀卻有不同見解。他提出反駁，並且堅持地認為，更為久遠也「更為純正的階級文化」還是存在，侯荀不但追憶，他還鮮活地以人類學式的列舉，細數這樣的文化貫穿於許多都會生活方式，雖說如今已經遭受新興且明顯「比較不健康的」「大眾文化」之嚴重侵蝕，也就是飽受威脅[71]。對於侯荀來說，很明顯地是，「棉花糖世界」對於勞工階級所體驗的政治與意識形態，雖有干擾，卻僅居次要地位。這樣看來，侯荀筆下的勞工階級是有個裂痕，一邊是大多數勞工階級的文化，另一邊是「一本正經的少數派」的政治。我會在第四章再以比較詳細的篇幅討論霍爾的觀點，不過，值得在這裡一提的是，他早年的思考與侯荀有相當程度的重疊——1964年，侯荀協助霍爾在伯明罕大學當代文化研究中心謀得一席之地。侯荀強調而霍爾再三同意者，或可以看成是「富裕及消費社會的各種新形式衝擊」之下，傳統文化而特別是傳統階級文化的崩解[72]。

接著是雷蒙‧威廉斯對《讀寫之為用》表達「歡迎」之意，認為這是「天然的繼承與補充」，由1930年代初期環繞李維士（F. R. Leavis）及《細究》（*Scrutiny*）期刊所開始聚合的文化評論延伸而來[73]。威廉斯兀自認定，《讀寫之為用》提出了「獨具當代旨趣的」種種問題，因為《細究》群體的評論有其特定的程序，而該書遠遠超越了這些，從各種檔案文書到人類學式的日常生活，或說，威廉斯稱之為「作為閱讀公眾的人」，都是該書的取材來源。不過，威廉

斯又認為，侯苟給出的答案一點都不能稱作是定論。威廉斯頗有微詞，他說侯苟「接受了太多的常規公式」，而這些本質上是「勞工階級政治衰敗的保守理念」；與此有關的是，侯苟也承認，他「將『流行文化』……等同於『勞工階級文化』實在是帶來了太大的傷害，也相當不符實情」[74]。我們隨著其後文字的開展將可看出，威廉斯明明白白地拒絕接受，他認為「勞工階級已經快要『脫離無產階級』」這個概念，不能成立。他完全能夠同意的是，「我們應該試著瞭解」正在發生的「複雜之社會與文化變遷」，這是至為重要的[75]。然而，威廉斯對於這些變遷終究還是懷抱樂觀的改造之情。他認為，明顯發生在傳播、環繞傳播而發生的變遷，終究還是有待於他隱然認定的、潛在的民主化過程，他認為這才是決定的力量——而再次地，威廉斯的傳播民主化是指「清理各種通道」，如此，「所有人文藝術、學習教養與教育內容才能川流不息於其間」[76]。

　　順此而下，我們是可以讚賞威廉斯的意圖，也同樣可以讚賞湯普森，他們為民主的或共同的文化而努力，但威廉斯的用語卻透露了一種漸進風格，於是也就太過於仰仗「集體的『我們』」，而這就讓人欠難同意了。湯普森論稱，共享的分化似乎既是威廉斯口中的「漫長的革命」之目標，「又」是基礎。但真是這樣的話，湯普森可就納悶，「共同文化」如果是答案，那麼它所要回應的問題之本質，又是什麼？中斷或阻礙「文化」進展，使文化無法為社會整體的人所共享的是什麼？簡而言之，威廉斯漫長的革命要「對抗」什麼？

　　在威廉斯出版了他的雙璧，也就是《文化與社會》（*Culture and Society*）以及《漫長的革命》（*Long Revolution*）之後，如果湯普森因為所有的注目眼光都移向威廉斯而有慍色，這也是可以理解的。或許這僅只是時機的問題。那個時節，第一批新左派才剛集結而有了具體展示，相應則是英國共產主義的潰敗，在這一時刻出版新書，湯普森以威廉·莫里斯的權威研究者之身分出場，正好將自己擺放到後者的知識力量圈子。然而，《威廉·莫里斯》所涉及的內涵，不僅威廉斯在《文化與社會》這本書也同樣觸及，並且，它還開始擘建具有前景的基礎，足以在英格蘭思想的既定傳統語彙之內，為這些繁複的關鍵詞找定抗衡的依據[77]。在湯普森筆下，莫里斯可說是浪漫主義晚近又來到人間的一個例證，他強調莫里斯轉向社會主義的道德基礎在於莫里斯感受到一個需要，他必須找到機制

與手段，先拒絕而後超越資本主義所造成的分裂，在資本體系之下，藝術作品
（及藝術工作）與「手工的」苦役之裂痕，越來越大。

湯普森在十多年後出版具有時代意義的研究作品，《英國工人階級的形成》
（*The Making of English Working Class*）為整個世代的史學家設定了議程，社會勞
動的特殊模式——也就是手工生產——躍登檯面，他們依靠自己的手工具，特色
獨具而自擁勞動，依照其對於多樣產品的構思而動手——莫里斯對於這個工作性
質讚賞有加，而在美國背景就是生產者共和傳統的由來，後者對於傳播研究本身
（如前所述）有其重要的意義。湯普森透過《英國工人階級的形成》一書，上溯
至十九世紀最初幾十年，他說，在那個年代裡，在這些手工技藝生產者大力襄助
下，更為完整且分工日趨精密的工業資本主義在上升之時，遭遇了劃時代的挑
戰，他並且論稱，在挑戰過程，這些工人推進得更遠，構成了早期的英國勞工階
級。這樣看來，湯普森雖然靜默，卻堅持資本主義本身的歷史進展，致使「勞
力」與「勞心」勞動分岔為二，而這是根本的歷史轉折。他不僅在這個過程有所
發揚，舉「文化」這個理念作為新的管道，以新穎的方式照亮了社會階級史，他
還確認階級意識的鬥爭是歷史走向的主要動力；他所寫的書評長文，同樣是以
〈漫長的革命〉[4]為標題，雖然是以示團結，但也有同等的辛辣嘲諷味道，該書
評再三對於這些要點的後者，反覆致意[78]。

如果我們要掌握湯普森的看法，以下這段經常為人引述的告誡說得最好，旁
人無以復加：

我對階級的理解是，階級是一種歷史現象，它將許多分散，並且

----

[4] 譯註：湯普森在這篇書評說，該書「找不到『鬥爭』和『對抗』的範疇……威廉斯先生
可能太溫和」。撰寫英國文化馬克思主義的德沃金認為，沒有回應這個批評的威廉斯
要到1971年寫〈文學與社會學〉時（見本章作者的第127個註解），才算是回應了湯普
森的批評，這是「首次」的「思想轉變」。在1971年這篇文章，威廉斯參酌葛蘭西的霸
權說，將文化分作「主流支配的」（dominant）、「殘餘的」（residual）與「浮現的」
（emergent）等三種在社會中衝突的文化形式。參見Dwokin, Dennis（1997/2008，李鳳
丹）《文化馬克思主義在戰後英國：歷史學、新左派和文化研究的起源》，北京：人民
出版社，頁141-3,206。

也似乎不相連繫的事件統合了起來，這裡所說的事件，既是經驗的原始素材，也是意識。我再次強調這是歷史現象，我認為，階級不能以「結構」（structure）視之，甚至也不宜以「類目」（category）視之，反之，我認為我們應該將階級當作是事實上發生（並且我們能展示已經發生）於人與人的關係之中。

　　……各種生產關係大抵就決定了階級經驗，男男女女生而或並非志願地進入了這些關係。階級意識無他，就是人們如何以其文化語彙處理這些經驗：展現於傳統、價值系統、理念與制度形式。如果人的經驗是被決定的，階級意識並非如此……，階級的定義來自於人們自己所生活的歷史，最終看來，這也是階級的唯一定義[79]。

這段意見寫於1963年。大約在相同時間，湯普森又說，階級——「一種社會與文化的形成」——指涉的是「界定相當寬泛的一群人，他們共享相同類目的興趣、社會經驗、傳統與價值系統，他們『有一種氣質傾向，表現得有如』階級……」[80]。若從這裡的語境來看，專屬於「文化」的主要擔待，就是將社會階級重新定向為經驗的表達；階級，或者，也許甚至還包括階級意識，從來未曾放棄自己的角色，亦即作為具有統合作用的主旋律概念[81]。因此，我們可以說，在湯普森認知裡，這種緊張關係具有正面的作用，「階級經驗」是「生產關係」決定的，還是階級經驗是由主觀的「興趣、社會經驗、傳統與價值系統」所寬泛地決定？另一方面，在威廉斯這裡，這種緊張關係幾乎完全凍結；威廉斯認為「文化」本身就是基本且具有包裹性質的類目——雖說這不免帶有笨拙的、多元的內涵。如果我們進一步解說，就會發現威廉斯對於文化概念的運用是有些奇怪與複雜，卻又相當權威，從中我們就能得出最管用的尺度與判准，標示文化這個位居樞紐的理念，其後歷經哪些演變。

在第二次世界大戰後，將保守黨掃地出門的工黨旋即成功地推動了一系列進步舉措，進入福利國家行列。重要的產業國有化、各種社會安全措施，以及所得重分配政策向前推進。不過，冷戰悄然登場，任何出任工黨領導階層的人即便想要繼續推動政策，重新結構化英國社會，他們的心力勢必會跟著減弱。1951年

的大選，捲土重來的保守黨已經整裝待發，保守黨內部固然會有分歧，但作為想要重新掌權的黨整體，保守黨必須默認「現代化的」福利國家。其後連著兩次大選，工黨捲土重來的企圖連連失利，一直要到1964年，威爾森（Wilson）大選勝利後，才又再次出發。

對於許多左派的人來說，保守黨在那段期間重新加官進爵實在是來得不是時候，保守黨的所作所為當中，人們看得最為清楚（但或許還不是最讓人難以消受的事情），就是與戰後情勢有關的新圍堵政策。在1950年代前半段，雖說物質富饒史無前例，但看在聚攏成為新左派的那些人眼中，英國社會「無論是在創造力、流行風潮或知識創新等方面，都已經呈現低潮，並無自發與主動的能耐」[82]。這兩種情境——富裕與冷感——並存，兩者互有關聯嗎？威廉斯在1964年寫道，「這種有效的保守主義無論在理論或在實務上，都已經把超級管理者、銷售員與投機者變成了偶像；它帶給後世的資產就是超級市場、賭博商鋪、商業電視，以及鐵道系統旁側的公路[83]。」不過，不正是因為工黨的協作，才致使政治的衰弱成為乖張，以及，或許這些乖張現象才伴隨富裕而來嗎？當時，即便是工黨自己的領導階層與理論家不都率先表明，「福利英國」正就是社會主義的實現嗎[84]？

這個問題一經提出，旋即成為爭論的核心，其間，「文化」據有相當凸顯的位置。霍爾在1960年寫道，「工黨在排列自己的優先順位時，可說是尾隨消費資本主義的腳步，亦步亦趨……它讓技術勞工階級有了新的渴望，就是要滿足個人的欲求……[85]。」我們在此再次看出，霍爾評價這段新時期的重點明顯是要強調「大眾傳媒與浮現中的大眾社會正在逐漸破壞傳統的歐洲階級社會」[86]。1964年，威廉斯也贊同地說，興許我們如今「不能再說」工黨仍然「是大多數勞工的政黨」，反之，「經過晚近這波商業洗禮，工黨已經成為新興商業與技術中產階級的政黨[87]。」但是，我們相當熟悉的說法，都指大眾文化帶來腐蝕效果，而這就是造成僵局的形成原因，威廉斯則不想人云亦云。幾年以後，威廉斯回顧這段期間，他說「很有可能」，「這個有其風貌的消費社會……是資本主義的新形式」。他的遣詞用字很深刻地透露了個人風格：「我認為人們面對壓力，因此才會出現這個過程，這是人們的選擇，既然我知道壓力的來源，我也就不能」接受大眾文化的立場。威廉斯認為，大眾文化的立場是「以曾經接受教育的少數派為

標準，經與他們比較」，大眾文化「顯現為輕蔑人民，輕蔑人之無奈無助的墮落狀態、輕蔑人的粗俗不文與輕信」。威廉斯在1970年說，這種立場「絕非出自馬克思主義的文化批評……，惟在相同的意思多年來持續不改而僅只是語彙的適度調整後，它就變成形式馬克思主義，以致所有的人，包括所有的勞工階級，變成腐化的、墮落的意識形態之結構載具」[88]。

與此同時，威廉斯的戰鬥氣息一點未曾減淡。威廉斯在1960年有此強調，「所謂勞工階級喪失自己身分認同」的說法，有個「最風行也最愚蠢的」版本，它說「英國的勞工階級『不再是無產階級』，因為勞工階級對於工黨的支持似乎顯得疲弱──為什麼有此轉變而不再強力支持呢？因為越來越多的勞工擁有「現代房舍、電視、洗衣機與汽車，以及工人的工資越來越好」[89]。威廉斯指出，比起1930年代，事實上，投給工黨的人在1950年代多了好幾百萬──與1945年大選那個分水嶺的人數一樣多[90]。威廉斯說，若將工黨失利的原因歸為新的大眾文化，實是錯誤的分析，不但錯誤，威廉斯認定這也是腦筋太簡單所致：「勞工階級並不因為擁有新產品就變成布爾喬亞，正如同布爾喬亞並不因為擁有的物品變了種類，他就不再是布爾喬亞。」說穿了，「享有比較高的物質生活水平……，並不就是布爾喬亞[91]。」

當然，威廉斯並未對這個問題的觀點進行細部闡述；「高物質生活水平」畢竟不需要是許諾每年都要換新的款式，據實來說，我們倒應該論稱，消費資本主義最可靠的產品就是浪費。威廉斯的統計數字雖然正確，工黨選民的規模雖然是有細部增加，惟他自己因意識到當代社會變遷（也就是階級結構及階級的自我瞭解）的範圍與深度（譯按：而感受到的衝擊），並不因此而和緩一些。不過，雖然有這些缺點，威廉斯的論點並不因此失效，他自己心知肚明，瞭解自己的論點受到制約，他說自己處於「幾乎是前政治的」狀態，對於工黨，他有一種階級相依、相嵌相鑲的情感與執著。日後他曾有此回憶，「在我成長的過程，我向來認為，事實上英國大多數左派也都認定工黨政府如果能夠在內閣擁有絕對多數，就能超克社會民主派議會路線的局限[92]。」這樣看來，威廉斯並未趑趄不前，他目睹對他來說只是瞬間厄運的一個片段，即便是讓人喪氣的一段。另一方面，雖說與工黨領導階層存在深刻且實質的差異，他倒也覺得還有可能無時無刻以工黨

的代言人姿態，與工黨共事直至1955年大選（據實地說，他要到1966年才退出工黨[93]）。另一方面，如同許多人在1956年因蘇伊士運河危機以及蘇聯入侵匈牙利而受到莫大震驚——他確實察覺必須另行尋找獨立的管道——就是新左派，藉此將工黨推出那種有意讓人鬱卒的路線。在大約三十年以後，薩慕爾（Raphael Samuel）平靜而少帶情感地說，「在一個世代之內，工黨向前行，轉變各種生活條件」；不過，「更為緊要的是，另有一整個系列的改革綱領，有待工黨完成[94]。」

威廉斯認為其間涉及我們的努力重點，就是要重新界定「政治應該是什麼，然後我們得在各個階層重新動員所有力量，進行這項工作」。生活經驗的類型快速轉動，激進分析再難安坐於傳統之中，在經濟大蕭條年間成形的激進分析捲土重來，再次抨擊資本主義，惟批判重心還是直指資本主義的生產體制——資本主義內含經濟停滯的傾向。因此，就其一方來說，假使工黨右翼「似乎完全向消費資本主義棄甲投降」，那麼，另一方面，共產黨的、工黨的左派「就是說了又說，指稱總體的貧困及既有的階級結構還是存在」。這麼看來，捲土重來、想要再產生活力的激進派必須另有所圖，必須持續分析威廉斯稱之為「資本主義的新階段」[95]。永無止息的、公開批判的反省過程，不能教條化，但也不應該恣意妄為；並且，這裡還得強調，我們應該仰仗新的分析類目進行反省，以及，也得不斷地注意生活經驗的變動。

有位心思敏捷、探索不曾止息的批評者說，對於「這麼一個粗暴的世界」來說，這個取向似乎「太過溫文儒雅」。威廉斯有一定見，他說「事實上，並沒有烏合之眾（masses）；只有將人看作是烏合之眾的方法」，惟這個定見的理想成分比較高些，歷史事實的色彩少了一些：史蹟斑斑，托利（保守）黨暴民（Tory Mob）的「正宗」特徵不正是滿懷恨意？「我們生活於改革進步的年代，卻仍有人不免被操練為納粹兵團（S. S. Division）[96]。」威廉斯再三提及，指共同文化有如環境——「分享」、「社群」、「擴張」與「成長」——這些參照語彙反映威廉斯無怨無悔，他的執著超出合理水平：他頑強固執地相信，在當代情境底下，社會可能更新且與時俱進。試看威廉斯在1961年寫就的一段文字，他嚴格評估合作社、工會與工黨，以及勞工階級倡導的其他理念與實踐，但嚴苛歸嚴苛，單從

文字，我們無法看出他對日常（譯按：生活與政治的可能性之）執著，有任何減損：

> 　　所有這些機構都已經察覺，如果自我設限就等於縱容當前社會將它們當作次等機構，它們在社會有一棲息之地，本質上卻僅只能臣服：它們一度湧動的廣泛挑戰能量幾近枯竭，幾許殘存的游絲消融於既定框架。這個情勢造成多重壓力，致使這些機構的士氣漸次折損，但是，不幸中之大幸，這個情勢也迫使這些機構危機四現，從而在其內部激發論爭。按照目前的情況看來，這個情勢給自己的最後選擇，流動在兩端之間，一端是有條件地接受臣服的命運，另一端是捲土重來再次發起顯然毫無成功機會的挑戰。前面的選擇固然務實，但是，若未曾投入於後者，人必將毫無機會感受激勵與鼓舞，這會是深邃的損失；兩者必須有個平衡。我仍然寄望與期盼這些機構能夠帶來有效的另類方案，雖說我對於它們眼前的各種局限也實在洞若觀火，有人也許會覺得我這種認知似乎非常古怪，對此，我只能重複地覆述，他們可以取彼或就此，惟無論是哪一個選擇，它們的危機還是存在，並未一了百了地解決[97]。

如同我們即將看出，正就是在這個節骨眼，威廉斯想要透過修正「文化」的內涵，提供一種機制與手段，超越戰後的停頓狀態。這就是說，「文化」頑強地駐足不動，並且很有意識地下定了錨，如果借用威廉斯的話語，過去，他說文化就是要「再次緩慢地爭取控制」，如今，他明白表示文化是「爭取社會民主的鬥爭」[98]。

對於這個顯然是修正主義[99]的論調，湯普森磨刀霍霍。因此，我們可以理解，對於威廉斯試圖要推出的共同文化說，湯普森並不會作此強調；但事實上，他在社會階級關係力場之內，必然（雖說僅只是有些時候）也要開展公開的結盟。威廉斯的修正論調開啟了尖銳的文化分歧，一邊是勞工階級，另一邊是資產階級，他在另一個地方明白地、信誓旦旦地說，「這是我們這個時代最重要的文化區別」[100]。「自從工業革命以來，英格蘭的生活當中，最重要的獨特元素不是

語言、不是服飾，也不是休閒——因為這些元素終將歸於一致。最重要的獨特元素是有關社會關係的本質為何，如今有了對立的理念[101]。」與資產階級的個人主義對抗，勞工階級的「主要文化貢獻」就在於「形成集體的民主制度與機構，藉此謀取總體的社會福祉」：

> 勞工階級文化確實自有特色，它所選擇的強調重點，就是要強調這些社會關係的延伸。原初的親密與忠誠是對家人而發，接著是鄰里，事實上也可以直接延伸於作為整體的社會關係，……依據自身的經驗，勞工階級覺得，……有什麼理由致使它們不能將這些原初價值轉作為社會整體的價值，……勞工階級的主流繼續全方位流動與展現，它要提供……理念給社會，在此理念之下，我們得以再次團結[102]。

我們切莫弄錯；威廉斯是要徹底翻修既有的財產關係。「我們要求重新分配工業產品，我們也要求產業民主，權力中樞應該從董事會移轉至員工，這不是狹隘的結黨營私之見；此議之出，是要為社會整體設定原則與目標[103]。」但是，他在這裡提出的階級區分，從來就不是直接根據生產的社會關係而來，更不用說只看生產的社會關係而不顧其他。威廉斯另有自己的論事架構，他希望由「文化」構成「表意的交互主體性」（the expressive intersubjectivity），再以此作為架構的基礎。威廉斯對於這個轉化後的「文化」信守不渝，這個文化一方面是其激進修正主義的泉源，並且說來諷刺，它也是一種威廉斯終身不斷以思考加以對抗的知識局限[104]。

威廉斯相信，英國進入的「新階段資本主義」，必然可以而且也理當連繫於「性質迥然有別的新雜誌、廣告、電視節目與政治選戰活動」[105]。但是，就在侯苟與霍爾都還在為這些新形式的「大眾文化」而傷神，認為它們多少腐蝕了社會階級之時，威廉斯對照之下卻想要徵召「文化」，即便他為了工黨連續第三次大選落敗而心神不寧，他還是要為文化爭得完全不同的角色：

> 在我看來，核心的問題出在文化。大量的廣告與大量的出版品夾

其力道，撲天蓋地向社會當中的一個個消費者，迎面襲來，社會因此需要全新的社會主義者之分析與另類方案。我們有很多糖果店，卻缺少醫院；我們有的是車輛，路況良好的馬路卻少得離譜；接受教育對於很大一部分人都很重要，我們的入學系統卻還是很有限，並且以階級取人。這些都是信手拈來的例子，在在顯示危機的存在，我們需要提出分析與政策綱領，但是又不是那些適用於貧窮與蕭條的分析與政策綱領。諸如此類的分析及政策綱領必須以社會主義為依歸，再沒有其他年代比當前更顯得需要社會主義的分析。工黨若要提供具有獨特與正面內涵的東西，其不二法門是構想新社群與新社會意識的面貌。完成這個工作需要一段漫長時間，有些人可能急於想要取得權力，因此焦慮難安。但是，（譯按：稍安勿躁）絕非毀滅也不是愚蠢，這是工黨有朝一日能夠致勝的唯一道路，我們得理解，這一點都不是從傳統之外另尋致勝之道：工黨誕生，為的不是作為管理這個社會的另一個政黨，工黨是為打造一個不同的社會而誕生[106]。

「工黨必須不斷追求的任務，就是創造嶄新的社會意識」，「文化」的最重要意義在此[107]。1957年，威廉斯如此寫著，「激烈影響當代英國勞工階級運動最重大的問題，相當明顯，就是文化[108]。」若要討論「文化」，我們確實就得將工作的重點，設定在「努力對我們的共同生活情境，提出整體的質性評估」[109]。我們再次看到清理道路的必要，我們必須持續開放理論，使其面向正在改變的、由於新興而不為人熟悉的社會經驗，這些經驗帶來的修正動能正在聚集。不消細說，我們在這裡看到其後的文化帝國主義批判之影跡，兩者的意旨及信念相當接近。

不過，威廉斯的修正企圖能夠產生多大力量，倒是更為難以捕捉。他認為戰後的英國已在朝向共同文化而發展，惟其後相繼出現的事件，卻使他的信念難以成立。不過，無論如何，威廉斯還是頑強地重新在「文化」下功夫，他稱之為「傳統」（the Tradition）者，為此而具有爆炸性的意涵，足以讓湯普森毛髮豎立、不以為然[110]。特別是他毫無妥協餘地堅持「藝術與文化是普通的」[111]，可

以說是在所有人類學與心理學研究成果的支持下，直接對抗並且有效平衡菁英主義，它支配正規文化評論已經多年，其論調讓本身力道盡失，形同自說自話。他在1961年宣達，「我們談及文化革命，當然就必須體會人們延長積極學習過程的渴望，我們必須讓所有人而不是特定群體享有讀寫的能力及其他更進步的傳播技能。這件事情的重要性足以匹配於民主的成長，以及科學產業的興起[112]。」威廉斯長年在「工人教育協會」（the Workers Education Association）開班授課，原因在此。他想要提供機會，招納原先被主流批評標準所排斥的人，或者應該說，被主流教育排除在外的人[113]。在一篇尖銳的書評，湯普森曾離題而就此讚賞威廉斯：「肩負歷經妥協的傳統，掌握破碎的語彙，他所能從事者，也是非他莫屬：他援用敵人的語彙，藉以推進敵人不能迴避的核心，順其邏輯追擊直至他們動彈不得。他為青年世代開拓道路，現在，青年人再次順此開步向前。」不過，湯普森接著闡明這篇書評的主要論點，他認為，威廉斯「未能成功且充分地發展出一般的（general）、總體的文化理論」[114]。

就一個觀點來說，威廉斯其實已經修正傳統的人類學概念：

> 如果藝術是社會的部分，就無所謂社會之外，我們只能透過問題的形式，界定這個完整整體的優先項目。藝術就在那裡作為一種活動而存在，它與生產、交易、政治，以及育養家庭，都是活動。為了充分研究這些關係，我們就得積極研究，我們得將所有這些活動，當作是人類動能的、特殊的及當代的形式。如果我們審視這些活動的任何一個，一粒砂見世界，我們可以察覺這個活動反映其他活動當中的許多個，依據整體組織的性質而以不同方式加以反映。還有，我們似乎應當這麼說，既然我們能夠區辨特定活動，指其滿足特定目標，那麼我們應該可以說在特定時空裡，如果沒有這個特定活動，就無人類整體組織可言……。所以，我對文化理論的界定是，它研究整個生活方式的要件所產生的各種關係[115]。

這是想要總和一切的驅力，威廉斯因此刻意排除任何優先的概念，經濟最

為重要也就成為無稽之說。這就是說，威廉斯已經有效擱置馬克思主義「下層」至「上層結構」的「經濟決定論」信念[116]。威廉斯力言，所有的經驗範疇，以及所有的「活動的關係」，我們應該「真正地等同看待」；我們無法孤立哪一種經驗，也不能孤立哪一種關係之後，認為它決定其他的特徵。若有人真要「將優先性授予」某一種特定活動，必屬無效：「儘管我們經常察覺有些特定活動，激進地改變整個組織，但即使如此，我們還是不能說其他各種活動必得與該活動產生關係；我們只能研究這個變動的組織之內，這些特定活動及其相互關係遭受哪些方式的不同影響[117]。」威廉斯的重點是，關於決定論的說法經常太過抽象，同時欠缺歷史面向，這就使得各路分析人手（倒不只是馬克思主義者）在談決定論時，讓人產生一種感覺，以為他們是在說「經濟」（the economy）這個自主類目，單是依靠本身，就能控制或預測社會其他方面的進展。

就另一個觀點來說，威廉斯宣達「文化」是所有人都具備的能力、是一種進行創造活動的「普世人文能力」，正就是在修正並遠離阿諾德式的強調重點，後者認為「文化」是人所思所想所知當中的最佳部分。在他看來，文化能力不只是顯現於古典文學的文本與畫作，更重要地，文化能力還顯現於前述一系列由勞工階級集體打造的制度與機構。威廉斯的意圖相當清楚，他要打破主流文學批評與教育所支配的傳統，但更直接與重要的是，威廉斯的「文化」理念是希望透過文化的普世性質，一舉癱瘓傳統的「勞心」與「勞力」這個機械式的社會階級二分法。舉個例子，威廉斯必然已經先行全盤檢視戰前的美學辯論，其後，他投入很多心力，強調「各世代願意接受的整體作品，必然出於自己的傳統文化之知識與想像，並且這必然是一個以上的階級之產物」[118]。不過，威廉斯又與湯普森不同，他不把「文化」當作是有意識的階級衝突，威廉斯反倒過度樂觀地認定，文化與人類傳播的總體過程，顯然就是同義詞：

　　我們必須強調，如果「普通」指涉的是創意的解釋與創意的努力已經消失不見，那麼，所有的活動，本質上都不「普通」，因為我們看事情的方式等同於我們的生活方式，傳播的過程則等同於社群或社區的建立過程：分享共同的意義，因此也就是共同活動與目標的分享：先有新

的意義提出、接收與比較，然後才有成長與變化的張力與成績[119]。

就在這些概念與語彙之中，我們可以察覺威廉斯的「文化」雙重說，造就太過緊繃的張力：經過他的修正後，文化的表意明顯進行於自主的平臺，但他自己又恰好明明白白拒斥自主說。欠缺決定論的說法，同時又強調創意的表達是「普世的人文能力」，這就使得「文化」日趨鬆弛，似乎滑落於觀念論之林，讓人想起杜威的「有機的才智」：

> 我們所看到、所從事的任何一件事情，以及我們的各種關係及機構制度所形成的整個結構，最終都得看我們是否努力學習、描述與傳播……，所有活動都依靠我們透過描述的分享而學習回應……[120]。

經過這個重新界定，「文化」作為推進社會的、使社會朝向意義邁進的面向，遂得以凸顯——但是，對於這個統一並且不見衝突的文化觀，湯普森提出了最尖銳的批評。

威廉斯擺明是想要終結「勞心」與「勞力」的二分法，因此提出「文化」雙重說的綜合理念，試圖架起橋梁走向光明的前景：以人的生活經驗作為中心，形成能夠實際感知，並且有其特殊歷史位置的綜合體[121]。因此，他說「文化」是「社群的過程」，「是活躍與積極互動關係所形成的整個世界，是我們共同生活的連結[122]。」他也再次表達：「如果我們還是聽任自己將民主的、工業的與文化的革命分開看待，我們就無法瞭解我們自己涉身其間的變遷過程[123]。」構成《漫長的革命》這本書核心的每一個案例所運用的方法，或者，應該說是威廉斯終身的整體追求，都在遵循這個主軸，也就是要追求這些相互關係。這些相互關係非常重要，威廉斯甚至想到，形式主義者的文學批評論很有可能會顛倒經濟決定論的認知，因此，他的部分警語是針對他們而發——這就是說，威廉斯反對文化理論的「新抽象論」（a new abstraction）：「在一段特定時間內，人們賴以指導其整體生活的意義與價值類型，是有可能自主進行，是有可能依據自己的標準在進行，但是最終看來，這些意義與價值類型卻又不可能分離於正統的政治與經濟

系統，政經系統必然將其影響力滲透至我們最未曾預期的感知與行為領域。學習及傳播的系統是變遷的關鍵，但要孤立看待之並無可能[124]。」閱讀至此，我們可以說威廉斯對於自己的「文化」雙重說，各加進一個重要的但書：依其警戒的對象，首先是避免經濟化約論，其次是避免「新抽象論」陷入自主的表意平臺。

加此但書是因為在威廉斯的構思中，「文化」的最終屬性並非他的雙重說的任何一種。這就是說，人類學式的慣常用法，指涉文化是一個分析場域，相關研究是要瞭解多樣的人類實踐與活動，如何能夠彼此連繫而產生交互的關係，但是威廉斯的文化觀之一，不單僅止於此；再者，對於威廉斯來說，文化的最終屬性也不只是一種普通的、使人可以分享表意方式與意義及經驗的既定能力。究其實，威廉斯非常想要泯除這兩個端點的區分。威廉斯將他嘗試構建的理論橋樑稱之為「感知結構」（strucutre of feeling），他想藉此連繫「分析的綜合體」（analytic synthesis）以及「表意的風尚」（expressive ethos）。「感知結構」一詞及概念起源於威廉斯的戲劇批評，他鎔鑄新詞是想要創造能夠持久，但內涵不必然透明的用法。下文值得整段引述，威廉斯曾經這麼表明，「我想要描述的情況是」：

　　　　經驗的連續性質，人們先是以特定形式、接著是以一般形式來認知一部特定作品，然後再將這個一般形式連繫於一段時期。對於這個連續性，我們首先可以最一般的方式加以考察。在研究該段時期的時候，我們或多或少也許都能正確重構當時的物質生活，一般的社會組織，以及在相當範圍內，我們還能重建當時的主宰意識。究竟在整體複雜的決定面向當中，有哪一個面向更為具有決定力呢？很多時候我們是很難決斷的；從某個角度看，分開這些面向多少是強行為之，帶有獨斷的色彩，假使以戲劇這麼重要的典章制度來看，是很有可能從所有這些面向當中，取其不等成分而來成就其戲劇的內涵。但是，我們在研究過去的一段時期，固然會將生活的特定面向分開來看，彷彿它們自成格局，但這並不意味過去的人是如此地體驗。我們可以分離每個元素，把它們當作是孤峰突起的面向，惟在實際生活時，各元素都融合在一起，都是複

雜整體不能分離的要件之一。就藝術的本質來說，這也是實情，沒有哪
一位藝術人士不是從這個整體當中汲取養分；正是透過藝術，我們的整
體生活經驗才能得到最佳的表達與具體的呈現效果。我們不妨連繫一件
完整的藝術作品於該作品的特定部分，這麼做也許會產生不等程度的用
處；但是分析的時候，我們會有共同的體驗，若取完整作品以衡量各個
部分，勢必有些要件並無外在對應之物。我所說的感知結構首先就是指
這個意思。感知結構的意思確實如同「結構」一詞所示，堅定又確鑿，
然而，它得以成立的基礎卻又是因為我們的經驗當中，存在最為深層並
且經常最少外顯的要件。感知結構是回應特定世界的一種方式，實際上
作此回應的人並不是在各種回應方式當中，有意識的選擇這個回應「方
式」，而只是以他的經驗來說，這是唯一可能的回應方式。這個回應方
式的機制與要件並非是一種命題或技術；這些機制與要件是具體成形
的，互有關聯的感覺。依照相同的道理，其他的人是有可能感受到這
些機制與要件——但並非透過形式的、正規的論據本身，也不是專業的
技巧來讓人得到感受，而是得透過直接的體驗來感受——一種形式與一
種意義，一種感覺與一種韻律——在藝術作品，在劇本中產生的整體感
覺[125]。

如同馬汀・傑（Martin Jay）所說，西方馬克思主義流派各有不同，但是他們
自有共同點作為他們與非馬克思主義者的區別，其中不能或缺的區辨就是他們對
於社會整體觀（social totality）的認同，雖然這是隱而不顯的概念，但其核心意
義不因此而喪失。社會整體觀意指社會是連貫密合的整體，我們可以透過某些方
式，顯示社會的各個部分確實相互契合。我們或許已能看出，社會整體觀同樣提
供一個具有啟發意義的工具，我們可以循此瞭解威廉斯的文化觀，其中，感知結
構扮演一個指標角色[126]。

威廉斯的權威讓我們得到借力的依據，他自己正是很有意識地透過這個概念
而闡述。1971年時，他憶起當年的思緒，「彼時，我的意識很清楚，完全知道經
濟活動與歷史具有最重大的意義，我完全無意放棄這個觀點。在《文化與社會》

這本書，我正是以此觀點作為探索巨大轉變的參照。但是，無論是從理論或是從實踐來說，我已經認知必須放棄，或說，至少我得擱置我所認知的馬克思主義傳統。」

　　　　我想要發展一套社會整體觀的理論；我想要將文化的研究，當作是研究生活整體方式當中各種要件的關係；我還想探索研究結構的方式，特別是作品與時代的結構，這些研究方式不但必須貼近並且必須讓人明白特定的藝術作品與形式，並且還要闡述形式與更為一般的社會生活之關係；我更想要替換下層與上層結構的公式，代之以更為積極的概念，也就是相互決定（即便各方力量並不均等）的認知。以上，就是我在《漫長的革命》這本書所要傳達的想法。撫今追昔，似乎相當特殊的是，當時我甚至還不知道盧卡斯的著作……[127]。

　　威廉斯在這裡提及盧卡斯（George Lukcas），可說適度傳達了當時的情境——英語系國家在那個時候才剛剛開始認知並迻譯盧卡斯，以及其他歐陸馬克思主義理論家的著作。革命者盧卡斯在「西方馬克思主義」的開山奠基之作《歷史與階級意識》（1922）一書，寫下這段著名的文字：「馬克思主義與資產階級思想的決定性差異，不在前者解釋歷史時，以經濟作為主要動力，而是在於整體觀這個論點。在所有地方，整體（totality）這個類目及概念都在彰顯整體（the whole）的重要性超越各個部分；馬克思取自黑格爾而後精采卓絕地加以轉變，使整體性成為整個新科學的基石[128]。」

　　雖說如此，威廉斯的整體觀與盧卡斯仍有分野。盧卡斯想要以無所不在的意識之「物化」（reification），概括「資產階級思想的悖論」之特色。在他看來，資本主義底下的生活體驗，最具特色的表達就是「物化」，若是用馬汀・傑堪稱神來一筆的用語，就是「活生生的過程變成了化石，變成了死的東西」[129]。盧卡斯認定，物化等同於「自我客體化」，它其實是源生自商品關係，惟亦不妨說是商品關係的另一種隱喻；而很有意義的是，盧卡斯說商品關係是當代資本主義的「統一的經濟過程」。其後，大眾文化的批判者有所承繼，他們擎舉資本主義階

級關係這個總體物化的概念，即便他們最終限縮範圍，只是用以解析意識形態的支配現象，他們指陳這個現象與文化工業的制度機構有更大關係，而不是直接與生產的社會關係產生連繫[130]。威廉斯雖然拒絕大眾文化的論點，但仍然肯認盧卡斯的物化概念「是個真正的進展」：他在1971年表白，「經濟活動支配其他所有形式的活動，經濟價值支配所有其他價值的原因，就在這裡找到真正的歷史解釋：這樣的一種支配、這樣的面目全非，正就是資本主義社會的特徵，當代資本主義的組織化日甚一日，我們確實觀察到這種支配的增加；因此這種物化、這種錯誤的客體，更加徹底地滲透到生活與意識的其他各個層面[131]。」

依我之見，可能是威廉斯在1971年早已開始修正自己早年的概念；盧卡斯的批評可說相當嚴厲，威廉斯加以修正，使朝向學人稱之為（當年，同時還有法國存在主義馬克思主義）開放的整體觀[132]。不過，毫無疑問地是，若放在不同的面向考察，盧卡斯的著作仍然足以直接連繫於修正主義。在此之前，馬克思的預言修辭早就成為標準的正統說法，在革命年代裡，「全部龐大的上層建築也或慢或快地發生變革……，我們判斷這樣一個變革時代不能以它的意識為根據；相反，這個意識必須從物質生活的矛盾中去解釋……新的、更高的生產關係，在它的物質存在條件在舊社會的胎胞裡成熟以前，是絕不會出現的。所以人類始終只提出自己能夠解決的任務……[133]。」與這個特定信念逆反，盧卡斯在《歷史與階級意識》的宣稱可說是異端：「*每個社會的堅強力量歸根究柢是一種精神力量。我們只有藉助知識才能從中得到解放。帶來解放的知識不能只停留在腦海的抽象認知……這種知識必須融入於人的血與肉；套用馬克思的用語，它必須是『實踐的批判活動』*[134]。」從1960年代晚期的眼界視之，要在盧卡斯與威廉斯之間建立連帶，難道會是那麼地不可能嗎？盧卡斯強調革命的意志，他堅持主張，心與手、頭腦與身體理當再次成為更加密切的、統整的聯合體，至於威廉斯則在《文化與社會》書中寫著，「人的危機總是一種理解（understanding）的危機：我們真正理解我們所能做的是些什麼嗎[135]？」

不過，在諸如此類的地方，威廉斯提出複雜的「文化」修正觀之用意，是要以這個概念將各個分立的社會經驗領域，重新整合起來；這裡，毫無疑問的是，它仍然認定意義的分享應該占有最為重要的位置。我們可以說，威廉斯幾乎等於

是力邀表意文化（expressive culture）進場，這多少是一種常見的方式，他要尋求自己的符碼及語言來達成先發制人的效果，取代所謂的一般文化之整合及綜合研究。對此，湯普森曾有怨言。他說，威廉斯努力想要減少傷害，不讓有個排他的範式造成限制，但這卻反諷地複製排他的傾向，反而讓孤立的表意形式在歷史過程取得優勢的發言位置。湯普森的反對意見相當簡潔，不可錯過：「如果威廉斯說『生活的整體方式』真是指生活的『整體』方式，那麼他應該不是在就文化的歷史，而是就歷史所作的宣稱[136]。」湯普森提出的警語是，他說，如果不是將整體作此擴大的理解，其後或有可能出現不幸的結果。他的觀察是，「如果別人接受他的詞彙與他的概念架構，卻不分享他（譯按：對勞工階級）的忠誠」，「則其結果也許會非常不同」[137]。湯普森的這番批評，價值非凡，這從日後威廉斯的接受，可見一斑：「如果沒有將這些描述與分析延伸至一般歷史，我們就不能對於特定的形構或形構的種類，提出完整說明；我們得在一般歷史中，合宜地解釋整體社會秩序及其所有的階級與形構[138]。」

　　類同的是，威廉斯的追求與湯普森所認識的階級意識鬥爭，距離也相當遙遠，湯普森對於階級的同理心，極其熱誠，也因此在知識生產上，頗有成績。且舉一個例子，威廉斯在《文化與社會》這本書再次斷言，「說到文化這個領域，我們似乎應該說，它與語言領域的連繫比例，更勝於連繫於階級的程度[139]。」弔詭的是，為了讓「文化」能夠涵蓋傳播以外的面向，其定義還得明白地修正，於此，這個偏向也就更為明顯：威廉斯一度做此要求，「假使用我們的說法，則實體、現實就是人類經由作品與工作（work）或語言所完成的共同現象或事物。」[140]加入「作品、工作」這個項目（以及威廉斯在《漫長的革命》這本書的具體歷史章節，再三返回並提及變動中的經濟關係與實踐），其實只會再次讓我們看出，要將人類現象維繫並使其連繫於分享的說法，是很困難：因為，這個概念既然反覆往返於共同文化的主題，那麼勞動的位置何在？這個問題之所以重要，是因為勞動顯然是社會分工的根源。強調文化是生活的整體方式，雖然能夠產生平衡的力量，但終究一點都不能充分地釐清何以剝削及社會鬥爭持續存在──雖然威廉斯自己對於社會主義的追求與堅持，不屈不撓。

　　威廉斯這個提法的基礎是積極的交互關係，其下產生統整的一般文化

（unitary general culture）。就這個重要的意義來說，威廉斯最初的文化概念其實是黑格爾式的，或說表意的整體觀（expressive totality）之一個變種，所謂表意式整體觀，是說特定的一些面向或連結，其實是一個「簡單原則」的表達[141]。不過，在威廉斯眼中，這個統整的主導邏輯來自於「階級」矛盾的成分，少於來自於「文化」本身的矛盾成分。所以，他就說「什麼是一個時期的文化：它是所有要素在一般人的組織的特定生活之結果」[142]。他又曾經說，在談及英國工黨的地位時，甚至「感知結構」也能派上用場；他又說，感知結構在一個民族的藝術及文學有最動人的展現，也最為能夠獨特地為人所用——威廉斯認為，至少是就希臘戲劇來說，文學與藝術「在每一個時候」都觸動人心[143]。

然而，這也不是說社會階級關係已經被棄而不顧，一乾二淨。絕非如此；藝術從表意主體性汲取養分，因為有表意主體性的基礎，藝術才能提供意定的窗口，得到更好的展示機會，以英國的當代情境來說，威廉斯很有意識地想將普世化的勞工階級之休戚與共的團結情感投射而出。「只有將勞工階級文化當作整體，我們才有機會對社會進行有價值的改造。」威廉斯在1950年代如此宣達：「沒有大眾等著被人捕捉，只有主流待人加入。祝願這兩種文化的主要內涵——一方面是藝術、科學與知識，另一方面是生活的整體方式——有朝一日能夠彼此融合，共同努力而共進圓熟，這將具有非常的價值[144]。」就在這個最後的論述構成，威廉斯的所有忠誠與執守都聚攏而來；出於「文化」的驅使，他召喚表意整體觀進場，威廉斯所願無他，就是定情於一股願望，他想將勞工階級的價值與社會關係的理念，化作普世的認知。

威廉斯秉持修正理念，要將這兩股顯係相當有別且分立的面向，整合在一起，而這個整合之作究竟又使兩者能有多貼近呢？只有到了社會分裂宛若兵燹的1960年代晚期，答案才告明朗。那個時候開始的、更為公然地鬥爭啟動之後，最終說來，威廉斯再也難以維持兩端的平衡，雖說出於這個平衡的念頭，威廉斯才會強調「共同努力而共進圓熟」：環繞「文化」而綜合的修正效果表現於兩方面，一是威廉斯認定勞工階級的價值應該要能產生普世的訴求，再就是威廉斯想要同時認定，創造力與表意能力明顯存在於所有人的身上，這是普遍的、一般的能力，這是無與倫比的重要認知。這樣看來，威廉斯的表意整體觀就有了因果關

係，既有資本主義支配狀態的尖銳化，又相當弔詭地，在資本主義支配狀態激發下，致使對立同時為之升高。

第三節

到了1966年，最後、最具決定性意義的一年已經到來。一度曾經是威廉斯口中「最有可能形構中程改革」的工黨，現在已經無可期待。工黨「不僅對自己最獲肯定的目標毫無踐履之意，並且，我們可以清楚看出，一點都不是誤解，工黨在執政的時候也明白顯示，自己根本就在積極參與它理當反對的體系」[145]。這是因為1966年大選後，工黨史無前例在下院取得一百個席次的多數❺──這個優勢當然遠超出足夠的數量，最終，工黨總算可以走自己的路，追求反對體制的社會願景──但威爾森（Harold Wilson）的工黨政府卻不齒之途，反之，他還是接受削減社會服務經費的作法，以此拉抬英鎊的匯率。威廉斯眼見這個情勢，他認定割袍斷義的時候已經到了，是以迅速退出工黨。他側身於新左派當中，這股運動是要重新建構有效的政治反對力量，以工人與學生作為核心；來自法國五、六月學運，以及整個歐洲與美國的學生積極參與，整個力量在1968～1970年間，達到頂峰。

不過，就在左派的政治觀點與策略還持續分歧之際，保守黨在奚斯（Heath, Edward）領軍下，再告勝選並在1970年班師回朝。最終，這就是威廉斯所稱，「一整個系列戰役的開端，直到1973年4月爆發煤礦工人總罷工」，對於這個發展，他心滿意足，甚至有雀躍之情，高呼「重返真實的階級政治」。英國礦工總工會（National Union of Miners）拉下奚斯政府，情勢雖然還是非常嚴峻，缺陷及局限也非常明顯，但誠如安德森（Anderson, Perry）所說，「這是英國自有勞工階級組織以來，最為炫人耳目的單一勝利，勞動壓倒了資本[146]。」1974年三月大

---

❺譯按：英國是單一選區制度，全國分作六百餘選區，1964與1966年都是六百三十。1964年，工黨國會三百一十七席次，保守黨三百零四，其餘九席是自由黨，但至1966年工黨達三百六十三席，領先保守黨二百五十三席剛好一百。

選以後，工黨組閣，但它所提出者，實在輕易之間就能預測，這是1960年代中期那種情勢的重演，聞之讓人精神索然，先是讓左派的綱領搖搖晃晃，選上後的施政方向，就在於節制與拆除引信，消解「保守黨執政引爆衝突後，英國社會所陷入的深沈危機」[147]。這樣一來，工黨等於是有效地自掘墳墓，也為戰後保守黨的第二次冗長的上升，也就是1978年末開始的「柴契爾主義」（Thatcherism），鋪好了道路。

　　很諷刺地，出於這段扭曲的歷史，卻有知識方面的初次斬獲，它讓異端環繞「文化」而有了凝聚與統合，現在，文化研究及文化帝國主義的的批判都已經明顯入列。這個進展並非完全出乎意料之外。比如，我們應該還記得，稍早湯普森已經有所連結，對他來說，工業革命時期英格蘭階級形成的劃時代歷史，是可以連結於當代的殖民解放運動：「失之於英格蘭的義理（causes），在亞洲與非洲還有待贏取[148]。」還在湯普森這段文字的前兩年，法農是這麼說的，「第三世界面對的歐洲是個巨大的存在，第三世界的目標應該就是要試著解決歐洲自己都還沒有找到解答的答案[149]。」這樣看來，湯普森前述話語不啻是對法農的靈巧回應。1961年，威廉斯也有類似連結，他引進的必要之舉是第三個，也就是文化的革命，並行於工業革命與「民主」革命：「任何總體觀點都不可能誤認，眼前確實風起雲湧，人們無不矢志不渝，認為所有地方的所有人都應該有權管理自己、決定自己的事情，不能將這個權利讓渡給任何群體，無論是國家或階級。本世紀的六十年歷史顯示，世界政治的面貌已經變化太大，無法再以早先的語彙來理解。無論是民眾的革命、殖民人民的解放運動，或是國會普選權利的擴張，人民明顯具有相同的基本需求……如果人們應該管理自己是我們接受的準繩（人們透過哪些方式管理自己，重要性並不亞於這個核心原則），那麼民主革命顯然處於發軔初期[150]。」過了幾年之後，威廉斯更辛辣地指出，「時人至今還是魯鈍地稱之為『局部的動盪』，或甚至只是『山林野戰』，但其實這已經在質疑我們的整個生活，一而再，再而三，無論是韓國、蘇伊士（Suez）、剛果、古巴、越南，都是我們己身危機的名字[151]。」霍爾同樣有此見解，作此堅持：「放在帝國、新帝國與殖民情境當中，最能清楚顯現一個社會的目標、利益、結構與意識形態動能，再沒有比此更清楚的地方。」霍爾直接引述法農，「放在拉丁美洲與越

南的情境當中……『非洲美國人』（Afro-Americanism）與『黑人力量』（Black Power）等口號，就是國際革命的口號[152]。」

　　連續幾年精神飽滿的年代，積累至1960年代末期底，沈澱為三位文化研究的要角，聯袂提出細緻、充滿政治動能的行動，具體展現就是眾人結結實實地聯手書寫而由威廉斯領銜編纂的《五月宣言》（*May Day Manifesto*），這是那段時期的試金之作。《宣言》孕育於1966年仲夏，正就是要「集結當前社會主義者的立場與分析，以此作為工黨政策與說法的對立陳述」。這件集體作品來自於知識修正的過程，湧現為萬花筒一般的構思與意念，它的涵蓋面眾多，區分為五十個有稜有角的陳述，所有項目具備，舉凡貧窮、工作機會與失業；住房、醫療保健及教育；傳播與廣告；跨國公司、帝國主義與外交援助；美國外交政策與冷戰；以及，英國國家機器，無一不在。再者，《五月宣言》的編輯群一點都不遲疑，他們明確指認資本主義的當代變化走向，其運作機制遵循「經濟驅力向外移動」——從美國到歐洲，非洲與亞洲——巨大的跨國公司找到了代言人。廣告是它們的前鋒，整體用力的方向在於創造需求，透過人們所知的任何歷史比較，都能看到這個系統方當成形。《宣言》表明，歐洲的菁英已經有所領悟，「在美洲大陸，美國菁英已經了然於胸，洞悉直接的政治控制之外，單是差遣其他權力形式，就足以大致釐訂並指揮發展架構。」並且，最讓人大驚失色的是，「如果聽任文化市場的自由運作，我們所得到的產品，必然來自精密的美國市場模式之文化工業[153]。」

　　就此看來，《宣言》當中已經出現許多主題與洞見，重疊於彼時興起的文化帝國主義之批判。晚至1976年 ❻，威廉斯在其第三版的《傳播》（*Communication*）一書，也就是他所鍾愛的類書當中之翹楚，談及「傳播研究在教育」的地位時，還透露他仍然支持當年情境底下他對該內涵的理解——現在，這個工作要

---

❻ 譯按：威廉斯在1974年出版的經典著作《電視：科技與文化形式》（*Television: technology and cultural form*，馮建三譯，1992年遠流公司出版）的第二章第一節，依據威廉斯所說，主要就是參照文化帝國主義批判大家席勒（Schiller, Herbert）的書《大眾傳播與美利堅帝國》而寫作。

由新型的「批判作品」來承擔，它採取《細究》（Scrutiny）這個群體所援用的程序，同時結合了「制度與機構的分析，也就是新左派、新形態作品已經在前示範的分析手法，兩者以更為緊密相連的共享取向，對流行文化進行研究」[154]。雙方相互引述、彼此聲援，可說提供了最終的證明，顯示在1960年代末的時候，橋梁已經架起，一端是文化研究，他端則是不久後，就要從地平面浮現，與其有別的「政治經濟學」傳統[155]。不過，就算是在那個時候，這個連結也早就出現一系列不穩定的離心力量。

　　《五月宣言》是有企圖的，它要讓眾人凝聚在「總體一致的立場……其下則有」已經開始恣意增長的「許多新的政治與社會回應及分析」。這本書冊高聲表明，「我們必須從整體的角度描述危機」，似乎，這就是威廉斯所重申的主題整合：

　　　　我們自己的第一個立場是堅持所有議題——產業與政治，國際與本國，經濟與文化，人道與激進——相互之間，都是緊密關聯；我們為全然嶄新不同的新社會而作[156]。

　　這段宣言只是威廉斯早先總和觀點的迴響，不過，我們已經看出，分水嶺已經浮現[157]。如同旱地拔蔥，這是確鑿不移的論定：先有對立於現存支配狀態的感覺，再有「全然嶄新不同的新社會」之提起。這是尖銳的斷裂，這也引發一種特殊的體認，此即傳播過程不能僅只是被當作改革的工具。絕對不是如此，《宣言》毫不含糊地表明：「在這些傳播的系統中，我們看到新型資本主義所要優先滿足的的制度、機構與利益。」這個轉變具有重要的意義，直至往後仍是如此。威廉斯一經有此看法，就堅定不移，幾年後他是這麼說的，他指英國的傳播機構並不是延伸民主與文化成長的手段，它們反倒是「核心代理人」，是社會長久以來的「結構問題」之「系統入侵」[158]。這股新起的對立姿態所要強調的是「漫長的、緩慢地設法取得控制」，它究竟會在多大範疇鬆動或減弱威廉斯早年的總和觀點，如今才要開始顯現。

　　《五月宣言》其實仍有忽略，當時，牢牢鎖定威廉斯有關「共同文化」及

「漫長的革命」的林林總總說法，辯論已經越來越見尖銳——我們現在可以強調——這個情勢已然開始敦促威廉斯，促使他修正整體觀的內涵。就在《宣言》方當起始的時刻，霍爾自己就說，很重要的一項「責任是要把這些概念推得更遠一些」，在另一篇篇幅更長的文章，他自己將這股信念「對照於」「『短期的』革命與文化衝突的政治」。饒富重要意義的是，霍爾這篇論文的標題就是「新革命志士」，該文議論的是「美國學生與年輕人，無分黑白，越來越激進、也越來越見抵抗意識的運動」。總括言之，在霍爾看來，英國或美國的新左派幾乎都不會相信「美國政治生活的主軸議題既不是種族，也不是貧窮，也不是戰爭」，其次，「『外來者』聯盟在打破這些重要議題的共識時，必須扮演更大的角色，還得滲透地更深，穿越我們的理論結構」[159]。

重新站在湯普森早先的批判立場，不免再次螫刺了威廉斯。「有人說，我所稱之為漫長的革命者，其實只是說這乃緩慢的演化（slow evolution），但這個認定根本就已經改變了這個概念的原初內涵[160]。」早先的時候，他極力戒慎，「不」去這麼指稱，如今則威廉斯尖銳地直言不諱，他說這根本就是「階級社會」，這是「堅實的私人財產之社會結構」，由「資本或國家權力」所支配，革命的矛頭，對此而來[161]。既辯護又斷言，他說，漫長的革命這個理念，

　　　　從來就不曾說社會將自動演化至一種境界，使所有人都有能力經由改變他們的機構與制度，共同參與意義的決定。相當明顯，這不可能發生：總是一定會有一些群體，他們不但在原則上反對，而且也採取行動反對這種參與……從過去到現在，漫長的革命都遭遇暴力與欺瞞的對抗[162]。

威廉斯同樣也回敬霍爾。威廉斯聲稱，他在使用「共同文化」這個術語的時候，向來就是以它「作為批判，對於我們所真正浸淫其中的既分裂又片面的文化，進行一種批判」：

　　　　如果意義的創造真是涉及所有人的活動、如果這是真實的話，那麼

我們必然會震驚無比，因為我們的社會若不是以其最外顯的文化，壓制整個群體意義與價值，就是並沒有讓這些群體得到闡述與傳播那些意義的機會。這正就是我們對於當代英國的斷言……非常之清楚明白，大多數人「好像」是以人的身分在生活、在創造他們自己的價值，但卻遭致教育體系的本質排斥在外，他們因此沒有辦法接觸與使用前人的完整意義範疇，整個傳播結構──其物質產權、其有所設限的社會認定──也把他們排除在外，他們無法充分參與改變與發展意義的過程，雖然這些意義的改變與發展，無時無刻不在進行[163]。

他強調，「如果有人巧妙論稱，認為共同文化就是各方利益與力量的折衝與平衡、認為現存的典章制度與機構是人們所共同擁有，但事實上卻是階級社會的結構所構成，那麼當然就會有革命政治來加以對抗。」他這麼想，也許是因為術語造成的混淆，以至於有人「會以為，我們談及共同文化時，就是在說各方利益與力量的折衝與平衡」。威廉斯在以下這段堪稱非凡的陳述，繼續表白：

> 我們所說的「共同」，其整個要點是說，這必須是強調近用與參與的積極社群；就此來說，現存社會實在沒有共同文化之有，雖然我們仍以共同文化之名，對抗現存社會。若說革命的政治是對於共同文化的一種對抗，這不啻是言詞的混淆。我並沒有意思要把霍爾「排除在左派之外」，但是眼前發生在中國的無產階級文化革命，似乎是與我自己的想法非常接近的概念（對於我們這些並沒有即時接觸訊息的人來說，我的這個理解自然是有可能出於誤解，我也認知到一個情況，即這也有可能是性質不同的另一種抗爭，以文化革命之名進行）。在這場革命中，是存在一種堅持，套句毛澤東的馬克思主義術語之說法，堅持要有群眾的繼續參與，如此才能決定共同的意義：堅持此事唯有他們才能擔當，再沒有其他群體──甚至作為先鋒的黨都不成──能夠代替，並且這必然是持續不已的過程，因為，這是永遠都沒有完成之日的志業。沒有人能夠繼承共同文化──這總是人們自己創造與重新創造的──毛澤東現在

開啟的視野，是一個社會主義的抗爭，包括了價值與最為活躍的衝突之持續，也涉及一般人的重新打造過程，對於我來說，這似乎完全能夠與我所主張與論稱的共同文化之概念，有所吻合[164]。

那麼，我們是否需要相應改變文化的定義？以「文化是抗爭的方式（way of struggle）替代文化是整個生活方式（as a whole way of life）的定義」。他的答案還是很清楚：

> 不需要；因為抗爭總是在——愈多的鎮壓與剝奪，抗爭就會愈強烈；在更為平等的社會，也還是會有抗爭——這只是決定各種意義與價值的過程之一部分。因為，假使作此定義的改變，不但我們排除了愛與同志情誼、排除了任何可能達成的同意；我們也等於孤立了抗爭，孤立之後，抗爭若不是僅為修辭的裝飾，也會空洞無物，甚至在某些情況下，有了惡意。現在是絕對需要抗爭，因為涉及許多議題；但是，即便是在強烈抗爭的時期，如果我們未能加入工作的嚴肅與責任屬性，如果我們未能加入彼此的肯認與照顧，那麼我們所損失的過程就未免太大，而透過這個過程所決定的意義與價值必然持續，也必然延展。我們所稱之為文化的東西，最低限度就是指這整個活躍積極的生活範疇，抗爭的訴求，正就是積極的人生[165]。

因此，他的結論是要回歸早年的著作，他要將潛藏其間的意念延展至極致。這樣一來，共同文化這個概念也許就越來越能夠等同於「革命的詳細實踐」[166]。如果說現在是有個「絕對的」抗爭需要，是要貫穿資本主義，要將相同的社會關係的互助理念，普遍施之於社會，那麼如同我們已經指出，既然威廉斯曾經讚譽英國勞工階級有這個互助的擔當與表現，那麼，正是這個社會主體的地位、正是廣為引作希望之所繫的歷史運作，如今已經出了問題。

威廉斯還沒有完整回應霍爾提出的另類方案：一邊是種族、貧窮與戰爭；另一邊是修正理論，納入「局外人」。或者說，他是回應了，惟威廉斯認定他「僅

只」需要在未來，將無產階級轉化為具有普遍意義的階級即可。彼此統一的立場
促成《五月宣言》的出現，惟相互的基本裂痕，卻又因《五月宣言》的出版而掩
蓋。但是，裂痕卻已經另又開始孕育深刻的意涵，對於我們究竟如何將「階級關
係」理論化，從而如何將與其具有連鎖關係的「文化理論化」，已經產生意義。
當然，比起階級與文化的關係，女性主義與反種族主義所產生的吸引力，還要持
續更久；雖說如此，「新社會運動」對傳統馬克思提出的挑戰，確實不留情面、
相當嚴峻。又要再過十年，論者才告正面處理這個緊要的課題；霍爾與他的同僚
在1978年這麼寫著：

> 丁點無庸置疑，就這一個層次的危機來說，其最重要的特徵……是
> 「勞工意識」（labourism）的角色——特別是工黨的角色，但也涉及勞
> 工意識者（labourist）對於有組織的勞工階級之制度與機構之看法。勞
> 工意識浮現檯面，作為資本的另一半而存在，是以也就變成資本主義危
> 機的另一個經理人。從最根本的政治層次來看——其上，政治文化的每
> 一個特徵都受其形塑——英國資本主義的危機對於勞工階級來說，就是
> 組織化勞工階級及工會運動的危機[167]。

這個通論雖說不失真實、也有道理，卻總是讓人讀之喪氣，接下來的問題還
在於，從中我們能夠有些什麼推論？威廉斯在1960年代來回逡巡於兩端，一端是
「階級社會」，另一端則是疆界畛域還待劃定的開放之整體觀（open totality）。
威廉斯在策馬逡巡時，果斷而不忘回神參照自己所熟悉的環境：日後憶起1950
年代的英國勞工階級之經驗時，他說：「英格蘭有大多數的人（雖說蘇格蘭人或
威爾斯人並未如此）選擇消費資本主義。這樣一來，再要堅持就不容易，但是，
即便如此，我們還是不能說人的現有資源已經衰竭或腐化，致使我們別無選擇而
只能剩下殘存的少數派或未來主義的先鋒派……[168]。」還有哪些方案可供投入？
威廉斯當時對於這個問題的想法，一直到1970年代中期，很難說得上有些什麼
差別。對照之下，霍爾可就相當不同，他回顧這段時日的光景，在他看來，「左
派……耐心地等待『階級抗爭』，寄望故舊韻律還能捲土重來」，可說是典型的

全然無望也徒勞的志業[169]。

　　左派以「文化」為中心而修正觀點，左派據此而產生綜合動能；惟左派至此已經放棄這個觀點、也失去動能，這個情勢與後列格局同時並舉或說糾葛在一起：原本作為理論主體及社會施為者的英國勞工階級，現在已經失去這個地位而向下滑落。造成這個景象的核心原因，是新左派拒絕接受下列觀念：「分裂資本主義的動力來自於單一的主要矛盾，它決定其他所有矛盾」[170]，新左派拒絕這個傾向早在1967年已經開始明顯展現，當時，霍爾與威廉斯兩人為此而略有爭論。最終，我們可以說這個具有典型意義的拒斥立場，起源於三個無法迴避的歷史事實。(1)戰後時期的民族解放運動在「農民」為主體的社會，更為突出與頻繁，遠遠超過歐洲與北美這些「已開發」的工業資本主義核心國度；(2)若就這類核心國家來說，其革命變遷的運動雖然也稱突出，但「作為前鋒」的力量卻是學生，以美國背景來說，則還加上種族與氏族少數群體；(3)女性主義的聲音日漸揚升，整個運動多少得加以回應，她們說單是階級關係，並不等同於全部的社會支配現象；女性主義者又認為，專在薪資勞動打轉的「唯生產論者」，其說法多少得做些激烈的調整或重整，否則我們無法看到再生產、性及「婦女的領域」。茱利亞・米雪爾（Juliet Mitchell）提出尖銳的評論，對於社會主義理論持續裝聾作啞顯係不滿已久，反映在她出版於1966年《新左評論》的論文名稱：「女人——最長的革命」[171]。

　　這幅圖像已然複雜，但還有第四個最終要素，再使它又要更為複雜幾分。時序走到了1970年代晚期，英國的政治景象驟然向右急轉，先前的「文化」是一種壓力的形式，是民眾經驗施加於「大傳統」（the Tradition）的壓力，如今在許多重要時刻，此一內涵的文化已經讓位，如今的「文化」變成贏得同意的手段，為日漸鐵腕統治的形式取得同意的機制 ❼。《宣言》對於主流媒體的反抗，現在不

---

❼譯按：本書出版後不久，英國工黨在1997年重新執政，旋即提出創意產業之說。工黨政府除了等於是複誦早幾年已經從澳洲開始出現的聲調，更是開啟「文化是好生意」的風潮。這就是說，文化的「商品」與「經濟」的稱謂，亦即文化產業、創意產業或文化創意產業的宣稱，至二十一世紀更加盛行，雖然反抗這個認知的力量仍然存在，如2007年春生效的聯合國教科文組織《文化多樣性公約》。

得不作延伸。換句話說，論者眼中的「文化」此時成為限制社會進展的來源，成為統治秩序得到默認的原因，雖然這個秩序似乎極其明顯，越來越不公正、也越來越不平等：套句霍爾轉化自拉克勞（Ernesto Laclau）的術語，這就是人們開始稱之為「威權民粹主義」（authoritarian populism）的現象[172]。論者同時也必須對於彼時四處蔓延的性偏見（sexism），以及種族主義以強硬且活躍的姿態，重新進入主流的英美政治及社會生活且「被接受」，提出理論解說與對應。

　　不過，至少在一個關鍵之處，早期的文化研究仍然存在，沒有全盤消失。文化研究透過主體性及實際生活經驗，與社會階級展開應對，如今既然大門廣開，致使人們認定，所有經驗、身分認同及主體性都大致相當，那麼在重新導向之後，主體與生活經驗就會被轉為其他用途。醉心於主體經驗曾經有，而且持續具有管用、甚至是可欲的效應，原因之一是它讓威廉斯的文化願景——或者，至少說是文化研究的願景——得以維持不變，這個願景如同不斷撞擊的棒槌，對準安坐於大位正典的社會排除及限制形式，再三衝撞；這就是說，文化研究的願景是要提供手段與機制，擴大與增加市民權利，它試圖創造與激發「新的社會意識」。換言之，分析家還是可以跨越社會領域而尋找自由空間，發掘反對與反抗的來源，確認造成社會限制及意識形態效應的來源。如同霍爾稍後也作此強調，他說不只是性別壓抑，而且女性主義運動都迫使我們「有了再次思考的契機」，伯明罕大學「當代文化研究中心」❽所進行的「各個實質領域的研究，都在重新再思考」[173]。（譯按：另一個必須考量的是種族，這是因為）戰後數十年來，去殖民及反帝國抗爭有其遺緒；再者，（重新定義世局有賴於另一個主要場域，就是）「種族」。在英國，造成兩種力量的正面衝突與碰撞之關鍵因素，就是種族：一邊是「威權民粹主義」，另一邊是在這塊前帝國空間，有色人種在不同前哨陣地呼嘯呼喊。霍爾與他的同僚寫就不少精彩的作品，詳細且廣泛地鋪陳在1970年代晚期的時候，「種族」究竟如何成為一種靈驗的手段，重新將政體導向右翼發展——並且，很重要的是，這個手段還是在工黨共謀之中所創造完成。這就是日後霍爾（譯按：在1988年）所說明、所註解的轉變：

----

❽譯按：已於2002年撤系。

新右派興起以來，從每一個政治發展的角落都出現了種族主義的問題。

有些時候，黑人他們自己也想孤立看待種族的問題，而不是將它放回更大範圍的英國社會政治問題的脈絡——這就如同，黑人自認與稅率級距及其上限，以及貨幣主義及福克蘭群島戰爭無關，直至這些現象與事件直接影響黑人社群為止。以前如果存在，那麼這種人我兩分的看法，很早之前已經消失。我們有些人曾參與《監控危機》（*Policing the Crisis*）的書寫，該書完成於1970年代中期，那個時候柴契爾主義在約瑟夫爵士（Sir Keith Joseph）❾眼中，還不過是一小丁點光燄，而我們已經論稱，種族與英國當時越來越明顯的社會危機之各個面貌，存在深刻且密切相關的連繫與糾葛。此情此景之下，黑人的政治策略，再也不可能自我局限於影響他們的動力的那個部分，卻不同時處理對於整體社會造成影響的政治。當時這個論點隨時日推移至今，可說是更見道理、更顯突出了……[174]。

不過，既然階級的概念已經隱然或明白加入性別與種族的元素，這就致使想要綜合一切的勁道，也就是歷來都在促進威廉斯的「文化」意念之動力，稍見斂縮。對於許多站在左邊的人來說，威廉斯的「共同文化」觀確實開始顯得難以企及與落實——並且，隨時光推移與事件衍展，成為殘餘的（residual）立場。如果傳播與文化研究還真要保留元氣，要能積極介入政治現場，它們的主軸術語及概念就必須從根修正。

從1970年代一直到現在，我們一路「走來」（*through*）的目標，應該是要提出正面的理論化（positive theorization），取代威廉斯版本的「文化」觀，取代他以文化作為表意整體的觀念，但是否有此需要，一直到現在卻還有爭論，這個情形實在讓人難以理解、無法釋懷。拒絕或終止討論的結果，很多時候讓人

---

❾譯按：生於1918年，卒於1994年，一般認為他是柴契爾主義的主要構建者，柴契爾夫人則在1979年勝選後出任保守黨首相至1992年。

相當混淆，有些人在探究「種族」與「性別」時，繼續依賴「經驗」這個漂無定所的類目作為導引，從中得到不少協助；與其爭鋒的人則想要從理論的角度，解釋這些新的自覺參照點。在這個轉型階段，我們或許不至於詫異，威廉斯設計來平衡雙方，要使「勞心」與「勞力」相互構成的用意，就此失去平衡。但或許沒有那麼明顯的是，我們即將查知變形本身招來一系列的新物化，「智力的」（intellectual）活動已經被物化：智力的活動之所以正當，代價居然是它得反覆地否認「勞動」（labor）這個類目本身。並且，人們當時不太可能預見引來這個重擊——或說，至少這個重擊再三提及——的中介，居然是馬克思主義。

本章注文

1. Eric R. Wolf, "American Anthropologists and American Society," in Dell Hymes, ed., *Reinventing Anthropology* (New York, 1974), 251-263; Robin Blackburn, ed., Ideology in Social Science (New York, 1973); Jesse Lemisch, *On Active Duty in War and Peace*（未註明出版日期與頁次）.

2. Tamar Liebes and Elihu Katz, *The Export of Meaning: Cross-Cultural Readings of* Dallas (New York, 1990), v. 4.

3. 其實，Liebes and Katz兩人對於這個論點大抵默認與接受，只是未曾明言。他們列舉「美國電視在世界上大獲成功」的三點理由。首先是所謂的「美國電視某些主題與公式具有普世與原初的訴求價值」，第二是「有許多電視劇的故事具有多義或開放的內涵」。最後，第三個有助於美國節目行遍全球的因素，看來好像是他們自己理論的延伸，其實卻是他們並不認同的看法：「由於進口國市場的本國製片人再怎麼投入，都無法滿足其國內市場所需時數的一小部分，此時，單只是美國節目的存在，就可以讓這些市場趨之若鶩了。」Liebes and Katz, *Export of Meaning*, 5.

4. Ien Ang, *Watching Dallas: Soap Opera and the Melodramatic Imagination* (London, 1985).

5. James Rorty, *Our Master's Voice: Advertising* (New York, 1934), 288.

6. Clement Greenberg, "Avant-Garde and Kitsch," *Partisan Review* 6 (5) (Fall 1939): 41. 席勒（Herbert I. Schiller）業已察覺，1950與1960年代的冷納、施蘭姆，以及其他許多美國國際傳播學者，他們「一點都不懷疑，現代傳媒及新資訊科技具有極大的潛力，能夠發揮巨大影響」，見Herbert I. Schiller, *Culture, Inc.: The Corporate Takeover of Public Expression* (New York, 1989), 141.

7. Daniel Lerner, *The Passing of Traditional Society* (Glencoe, 1958), 52, 56.

8. 同前註，52, 54。 施蘭姆更是率直，他說：「沒有任何曾經眼見現代傳播進入傳統村莊的人，會再對其潛力有任何懷疑。」施蘭姆甚至還很擔心，使用大眾傳媒鼓勵貧窮國家人民的「積極從事生產的」態度，會涉及倫理課題：「我們難道是在主張，理當在開發中國家利用大眾傳播，操弄人民？」他的答案——其實，只能說是理性化說法——就是「變化無可避免」。Wilbur Schramm, *Mass Media and National Development* (Stanford, 1965), 20,35.

9. Lucien W. Pye, ed., *Communications in Political Development* (Princeton, 1963), 15, 19.

10. 參見 Schramm, *Mass Media*, 51.

11. Pye, *Communications in Political Development*, 10；另見 25-27；也可參見 Christopher Simpson, *Science of Coercion* (New York, 1994), 90-92.

12. 這段提法從左列著作合成而來： W. W. Rostow, *The Stages of Economic Growth* (Cambridge, 1960); *Lerner, Passing of Traditional Society; Schramm, Mass Media*; Robert C. Hornik, *Development Communication* (New York, 1988), 15; Alex Inkeles and David H. Smith, *Becoming Modern: Individual Change in Six Developing Countries* (Cambridge, 1974); 以及 David C. McClelland, *The Achieving Society* (New York, 1961).

13. Herbert I. Schiller, *Mass Communications and American Empire* (New York, 1969), 13-16. 就在戰後結束不久，美國無線廣電公司（RCA）董事長史莫夫（David Samoff）宣稱，「只要電視完成其使命，人的物理局限感就會一掃而空，此時，人的視力與聽力的界線，就是地球本身的限度。有了這個新技術之後，隨而出現者也許就是新的視野、新的哲學、新的自由感覺，而最偉大的新像也許是世界各民族各人民之間，彼此會有更好的及更寬廣的瞭解。」轉引自 Lynn Spigel, *Making Room for TV* (Chicago, 1992), 214 n. 46. 可堪比擬的情境也顯現在國內場景。席樂寫著，在美國本身，「文化過程」已經成為整個社會「最為關切之事」；難以處理的難題還是相同，有關市場支配一事，「還是未見諸總體考量與公共決策之內」。Schiller, *Mass Communications*, 151.

14. Harry Magdoff, "Colonialism (c. 1450-c. 1970), Part II: European Expansion since 1763," *The New Encyclopaedia Britannica*, 15th ed., Macropaedia, vol. 4 (Chicago, 1974), 904-905.

15. John Tomlinson, *Cultural Imperialism* (Baltimore, 1991), 34.

16. Schiller, Mass *Communications*, 16.

17. 因此，有位聲名卓著的學者就任意地如此寫著：「人民辛勤工作的國家因此就取得了更高水平的經濟發展。」McClelland, *Achieving Society*, 52. 施蘭姆則將冷納一錘定音的觀點納入自己的著作，這就是冷納所說的社會發展之動力：「有一群核心分子，具有接受變化的人格，而且心之所向，常見流動；然後是日有成長的大眾傳媒系統，加速社會流動與變遷理念與態度的散播；再下來就是都市化、識字率、工業化及傳媒參與，有了這些條件就催生了現代社會的出現。」Schramm, *Mass Media*, 47.

18. 美國訴求大眾市場的傳媒還是週期且規律地，未曾反省而逕自對此事實大表慶賀——至今這仍然是跨國文化的核心思維及自利說法，參見Rone Tempest, "American TV-We Are the World," *TV Guide* 41 (27) (July 3, 1993): 8-14.

19. Mitchell Stephens, "Pop Goes the World," *Los Angeles Times Magazine*, Jan. 17, 1993, pp. 26, 24, 34。不消說的是，在美國「之內」，刻意壓制英語以外的本地各種語言一直是政策的特徵，最近的例子可發生在阿拉斯加（Alaska），當地生機盎然的語言原有二十種，如今只有兩種還嘗尚能列入或可存續，參見Lee Dye, "Alaskans Speak Out to Save Dying Languages," *Los Angeles Times*, July 7, 1994, p. AT.

20. Herbert I. Schiller, *Communication and Cultural Domination* (White Plains, 1976), 17.

21. Anthony Brewer, *Marxist Theories of Imperialism: A Critical Survey*, 2nd ed. (London, 1990), 109-199, 引自130, 281。拉丁美洲經濟學者對於1960年代中期至晚期的依附理論之浮現與形態，有一本相當管用的闡述，見Magnus Blomstrom and Bjorn Hettne, *Development Theory in Transition* (London, 1984).

22. Ernesto Laclau, *Politics and Ideology in Marxist Theory* (1971; London, 1977), 15-50; Brewer, *Marxist Theories,* 179-182, 225-284; Aidan Foster-Carter, "The Modes of Production Controversy," *New Left Review* 107 (Jan.-Feb. 1978): 47-77.

23. Tomlinson, *Cultural Imperialism*, 2; 參見Frederick Buell, *National Culture and the New Global System* (Baltimore, 1994), 7-8.

24. Aijaz Ahmad, *In Theory: Classes, Nations, Literatures* (London, 1992). 這整個知識紀錄是相當的不同：沙特在寫序時論及「第三世界」，有段話語相當知名：「我們知道，這個世界並非同質；我們知

道還有人身陷奴役之中，另外，有人得到的是鏡像中的虛假獨立，再有人則是身處戰鬥，還在爭取主權，最後，有些人得到了完全的自由，卻又經常遭受帝國主義的侵略威脅。」Jean-Paul Same,「序」，Frantz Fanon, *The Wretched of the Earth* (New York, 1968), 10.

25. Fred Fejes, "Media Imperialism: An Assessment," *Media, Culture & Society* (3) (1981): 284-285.

26. Raquel Salinas and Leena Paldan, "Culture in the Process of Dependent Development: Theoretical Perspectives," in Kaarie Nordenstreng and Herbert I. Schiller, eds., *National Sovereignty and International Communication* (Norwood, 1979), 84.

27. 他接著又說，「對於傳播研究者來說，特別可能產生進步前景的研究路徑，可以寄望於文學研究或某些傳播研究陣營的著作，它們探究內蘊於依附社會的大眾傳媒之符號宇宙，並將其連繫於依附的整體系統，而後加以觀照。諸如此類的論著對於傳播研究者大有用處，因為它們等於是建立了論斷傳媒內容的基礎，藉此研究人員可以就依附社會的跨國傳媒產品，表示一些意見。接下來這一步——從流行傳媒內容的討論，到研究這些內容對於第三世界人民的生活及人文關係的實質衝擊——當然是極為困難的一項工作。」見Fejes, "Media Imperialism," 286, 287。我還記得，1978-1979年間我與高丁（Peter Golding），當時他還任職李斯特（Leicester）大學大眾傳播研究中心（譯按：高丁在1989年至羅芙堡大學社會科學系擔任教授並主持系務，目前是該校學術副校長），對於找尋基金支持這類型研究的困難，他相當忿忿不平，高丁認為，若能以非洲各民族作為背景進行這類研究，價值不可估量。

28. Schiller, *Communication and Cultural Domination*, 85（作者所做的強調）. 就這個相同年代的大量類同作品，明確建立並連繫「傳播與階級鬥爭」的關係，請見Armand Mattelart and Seth Siegelaub, *Communication and Class Struggle*, 2 vols. (New York, 1979, 1983).

29. Tomlinson, *Cultural Imperialism*, 70-75.

30. Schiller, *Communication and Cultural Domination*, 16-17, quoting Evelina Dagnino, "Cultural and Ideological Dependence: Building a Theoretical Framework," in F. Bonilla and Robert Giriing, eds., *Struggles of Dependency* (Stanford, 1973).如同大多數南美洲國家，智利也在十九世紀取得正式的政治獨立，惟智利的社會轉變規劃並沒有依賴民族解放的武裝運動，而是阿葉德（Salvador Allende）在議會民主持續之際，透過選舉，取得執政權。對於傳播的激進分析來說，這個脈絡提示了許多重要的訓示。不過，在美國中央情報局及致力的其他國家機關，加上許多美國企業財團的強力支持下，其中最特別之處是當時傳播鉅子「國際電話暨電報公司」（ITT），阿葉德的「大眾聯合」（Popular Unity）政府持續遭受國內傳媒的攻擊，也遭致這些傳媒所代言的社會階級之攻擊，這些事實不容忽視，而當時也並未被忽視，參見Schiller, *Communication and Cultural Domination*；以及Armand Mattelart and Michelle Mattelart, *Rethinking Media Theory* (Minneapolis, 1992), 180-182.

31. Herbert I. Schiller, "Computer Systems: Power for Whom and for What?," *Journal of Communication* 28 (4) (1978): 192.

32. Schiller, Communication and Cultural Domination, 9, 作者原有的強調。

33. Amilcar Cabral, "National Liberation and Culture," the Eduardo Mondlane Memorial Lecture, 發表在Syracuse University, New York, 1970年2月20日, 收於*Unity and Struggle* (New York, 1979), 144.

34. 同前註，143.

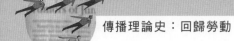

傳播理論史：回歸勞動

35. 同前註，149; and Patrick Chabal, *Amilcar Cabral: Revolutionary Leadership and People's War* (Cambridge, 1983), 185.

36. Chabal, *Amilcar Cabral*, 185-186. 首先而且也是最重要的來源是法農的作品，經由法農，核心國都會區的激進分析家業已察覺，從早期的殖民統治開始，帝國主義早就打斷並重新塑造了這些新國家的「傳統」文化之不等面貌。不過，殖民年代文化支配的實質形式（其中，最明顯可以勘知的是種族化的形式）其實應該說是相當地有限。舉個例子，大多數非洲與亞洲原住民還是繼續使用自己的母語，他們也一直對於殖民者使用的語言，一無所知。殖民者的文化支配實務，無論再怎麼邪惡，終歸僅存在於相對同質且相當局限的一個範圍。參見Frantz Fanon, *Black Skin, White Masks* (1952; New York, 1967).

37. Cabral, "National Liberation," 152.

38. Frantz Fanon, *The Wretched of the Earth* (1961; New York, 1968), 315, 209, 233.

39. 同前註., 245-246.

40. Schiller, *Mass Communications*, 110.

41. Raymond Williams, *Culture and Society, 1780-1950* (1958; New York, 1966), 312.

42. Mattelart and Mattelart, R*ethinking Media Theory*, 175-176.

43. Fanon, *Wretched of the Earth*, 222-223.

44. Schiller, *Communication and Cultural Domination*, 86.

45. 古巴電影《露西亞》（Lucia）正是想要堅持這一點：唯有在革命之後，我們才能找到合適的脈絡，讓人們找到支持的機會，超越因性別不平等而起的持續衝突。

46. Edward W. Said, *Culture and Imperialism* (New York, 1993), 268.

47. Fanon, *Wretched of the Earth*, 166, 175, 152-153, 200.

48. Ngugi wa Thiong'o, *Barrel of a Pen: Resistance to Repression in Neo-Colonial Kenya* (Trenton, 1983), 80.

49. 同前註.

50. 同前註, 80-85.

51. 在文化帝國主義的批判之內，已經開始出現了重要的體認，參見Mattelart and Siegelaub, *Communication and Class Struggle*, vol. 2: Liberation, Socialism (New York, 1983).

52. Robert Kavanagh, *Theatre and Cultural Struggle in South Africa* (London, 1985); Eugene Van Erven, *The Playful Revolution: Theatre and Liberation in Asia* (Bloomington, 1992).

53. Frantz Fanon, *Studies in a Dying Colonialism* (New York, 1967), 83, 轉引自 Schiller, *Mass Communications*, 66.

54. 這些論點取自不同來源，並沒有一定的秩序。我們不宜將之混同於文化帝國主義的批判，而應該將之視為其事例，請特別參見Schiller, *Mass Communications*; 同上, *Communication and Cultural Domination; Many Voices, One World* (MacBride Report) (London, 1980); Armand Mattelart, *Multinational Corporations and the Control of Culture* (Sussex, 1979); Alan Wells, *Picture-Tube Imperialism?* (Marl/knoll, N.Y., 1972); Jeremy Tunstall, *The Media Are American* (Beverly Hills, 1977); Thomas H. Guback and Tapio Varis, *Transnational Communication and Cultural Industries* (Paris, 1982).

55. Fanon, *Wretched of the Earth*, 203, 引自 Schiller, *Mass Communications*, 162.

200

56. Everett M. Rogers, "Communication and Development: The Passing of the Dominant Paradigm," *Communication Research* 3, no. 2 (April 1976): 213-240.

57. Schiller, Mass *Communications,* 121-122,

58. Kaarle Nordenstreng, *The Mass Media Declaration of UNESCO* (Norwood, 1984).

59. Schiller, *Communication and Cultural Domination*, 84-89, 席勒在這些頁次明白提及這些課題。

60. Ahmad, *In Theory*, 40.當代的一些文壇祭酒總是很規律地回返這個主體。若以英語及法語非洲的脈絡為例，請見Ngugi Wa Thiong'o, *Devil on the Cross* (London, 1982); 以及Sembene Ousmane, The Last of the Empire (London, 1983); Chinua Achebe, *Anthills of the Savannah* (New York, 1988).

61. Nordenstreng, *Mass Media Declaration of UNESCO*. 這裡並沒有暗示批判的國際傳播已經後繼無人，我只是說，捲動並對這個大範圍產生影響力的能量，已經減低。近來這個次領域仍有激進的修正風潮持續著，一個晚近的例子請參見Gerald Sussman and John Lent, *Transnational Communications* (Newbury Park, 1991).

62. Williams, *Culture and Society*, 312.

63. Stuart Hall, "The Emergence of Cultural Studies and the Crisis of the Humanities," October 53 (Summer 1990): 11-23 at 12; Patrick Brantlinger, *Crusoe's Footprints: Cultural Studies in Britain and America* (New York, 1990); Michael Denning, "The Academic Left and the Emergence of Cultural Studies," *Radical History Review* 54 (Fall 1992): 21-47; John Clarke, *New Times and Old Enemies* (London, 1991), 1-19, 推估). 10-11; Richard Hoggart, *The Uses of Literacy* (1957; New York, 1970); Williams, *Culture and Society*; Raymond Williams, *The Long Revolution* 2nd ed. (Harmondsworth, 1965); E. P. Thompson, *William Morris Romantic to Revolutionary* (1955; New York, 1961); E. P. Thompson, *The Making of the Ensiish Working Class* 2nd ed. (Harmondsworth, 1968); E. P. Thompson, "The Long Revolution," *New Left Review* 9 (May-June 1961): 24-33; and 10 (July-Aug. 1961): 34-39.霍爾（Hall）發表在本註解的第一篇引文，有個最不可缺的補充，即威廉斯在"The Future of Cultural Studies"一文所作的討論，該文來源有二：(1)是脫胎自某講演紀錄；(2)是"The Uses of Cultural Theory"一文，這兩篇文字都收在 Williams, *The Politics of Modernism* (London, 1989).

64. 「確實應該這麼說，以我們現在所瞭解的內涵來掌握，我們應該說，雖然有其傳承自劍橋大學一些文學先行者的歷史，但『文化研究』是在成人教育、是在『工人教育協會』（Workers Education Association），是在大學校外延伸教學課程中出現的，我們再怎麼強調都不為過，若還要往前推，我們其實還應該說，在1940年代晚期的時候，在第二次世界大戰期間的軍事教育時，就有了頗有可觀之處的例子⋯⋯顯示『文化研究』極其活躍於成人教育中。」見Williams, *Politics of Modernism,* 154. 亦請參見also Hall, "Emergence of Cultural Studies," 12.

65. E. P. Thompson, *The Poverty of Theory* (London, 1978), 199.

66. Richard Hoggart and Raymond Williams, "Working Class Attitudes," *New Left Review* 1 (Jan.-Feb. 1960): 26.

67. Raymond Williams, "Working Class Culture," *Universities and Left Review* 1 (2) (Summer 1957): 30.

68. Stuart Hall, "The 'First' New Left: Life and Times," in Robin Archer et al., eds., *Out of Apathy* (London, 1989), 26, 27.

69. 同前註., 37.

70. 「文化主義（culturalism）這個類目的來歷，說來多少有些任意，有些印象式的⋯⋯1950年代中期的時候，侯苟對馬克思主義的態度可說是擺明了敵視，威廉斯則是積極加以批判，（而我猜測）霍爾是心存懷疑又模稜兩可，至於《論理者》（Reasoner）這群人在1956年以後，是對馬克思主義的傳統加以檢視與延伸，當時的環境正是政治與理論成災之際，而這群人畢竟是或緊密，或鬆散連結於一些馬克思主義史學家。」參見 E. P. Thompson, "The Politics of Theory," in R. Samuel, ed., *People's History and Socialist Theory* (London, 1981), 397. See also Hall, "The 'First' New Left," 21-23.

71. Hoggart, *Uses of Literacy*, 280, 23-24.

72. Hall, "Emergence of Cultural Studies," 12. Compare Stuart Hall, "A Sense of Classlessness," *Universities and Left Review* 1 (5) (Autumn 1958): 27-32.

73. 關於這個背景，已有相當完整的論述處理，請見Francis Mulhem, *The Moment of Scrutiny* (London, 1979).

74. Raymond Williams, "Fiction and the Writing Public," *Essays in Criticism* 7 (4) (Oct. 1957): 422-423, 425.

75. Raymond Williams, "Class and Voting in Britain," *Monthly Review* 11 (9) (Jan. 1960): 327.

76. Williams, *Culture and Society*, 283.

77. Thompson, *William Morris*.

78. Thompson, "The Long Revolution."

79. Thompson, *Making of the English Working Class*, 9-10, 11.

80. Thompson, "Peculiarities of the English," 收於前註, *Poverty of Theory*, 85, 作者原先的強調。

81. 針對湯普森思維的深度，也是頗見挑釁意味的論證，請見Perry Anderson, *Arguments within English Marxism* (London, 1980).

82. 社論, *Universities and Left Review* I (1) (Spring 1957): i.

83. Raymond Williams, "The British Elections," *The Nation* 199 (8) (Sept. 28, 1964): 155.

84. 社論, *Universities and Left Review* I (1) (Spring 1957): i.

85. Stuart Hall, "The Supply of Demand," in E. P. Thompson, Kenneth Alexander, Stuart Hall, Alasdair MacIntyre, Ralph Samuel, and Peter Worsley, *Out of Apathy* (London, 1960), 70. 感謝馬倫姿（Michael Meranze）提供這篇文字。

86. Hall, "Emergence of Cultural Studies," 12.

87. Williams, "British Elections," 156.

88. Raymond Williams, "Notes on Marxism in Britain since 1945," *New Left Review* 100 (Nov. 1976-Jan. 1977): 87.

89. Williams, "Class and Voting in Britain," 327.

90. 同前註.

91. Williams, *Culture and Society*, 324, 323.

92. Williams, "British Elections," 154; Raymond Williams, *Politics and Letters* (London, 1981), 414.

93. Williams, *Politics and Letters*, 14-15.

94. Raphael Samuel, "Bom-Again Socialism," in Archer et al., eds., *Out of Apathy*, 57.

95. Williams, *Politics and Letters*, 107, 115, 364.

96. V. G. Kiernan, "Culture and Society," *The New Reasoner 3* (Summer 1959): 82, 83. 有關「烏合之眾」（"masses"）的引述，取自Williams, *Culture and Society*, 300.

97. Williams, *Long Revolution,* 329.

98. 同前註., 201.

99. 對於改革、改良主義（reformism）這個概念，有人作以下澄清，是指「相信社會主義可以在中性的議會國家的架構之內，透過漸進與和平的眾多改革而獲致」。Anderson, *Arguments*, 176-177.

100. Williams, "Working Class Culture," 31-32.

101. Williams, *Culture and Society*, 325.

102. Williams, "Working Class Culture," 31-32.

103. Williams, "British Elections," 156.

104. As is movingly evident in the final essays in Williams, *Politics of Modernism.*

105. Williams, *Politics and Letters*, 362.

106. Williams, "Class and Voting in Britain," 333.

107. 在工黨連續三次潰敗後，他心神不濟地接著承認，「這實在太過困難。」330.

108. Raymond Williams, "Working Class Culture," *Universities and Left Review* I (2) (Summer 1957): 29.

109. Williams, *Culture and Society*, 295.

110. Thompson, "The Long Revolution," 25-26.

111. Williams, *Long Revolution*, 54.

112. 同前註., 11.

113. 威廉斯再三回返這個核心信念，舉個例子，在《現代悲劇》這本書，他表明他討論這個主題的起點，「會是我們大多數人稱之為悲劇的現代經驗⋯⋯我要試著將這些經驗與悲劇文學及理論連繫在一起⋯⋯。」Raymond Williams, *Modern Trasedy* (Stanford, 1966), 14.（譯按：該書有丁爾蘇譯本，2007，南京譯林出版社。）

114. Thompson, "The Long Revolution," 27, 28. 湯普森的用語讓人想起威廉斯自己早些時候的討論。「接下來的思考⋯⋯必須進入另一個方向，因為艾略特幾乎已經關閉了所有現存的道路。」Williams, *Culture and Society*, 243.

115. Williams, *Long Revolution*, 63.

116. 誠如霍爾稍後所說，威廉斯的取向「拯救了文化，使文化不至於只具有殘餘的地位，不是僅只是其他力量的表達，但結果卻是引入了幾近的相對主義，這就避過決定論的問題而不談。」Hall, "Cultural Studies and the Centre: Some Problematics and Problems," in Centre for Contemporary Cultural Studies, *Culture, Media, Language* (London, 1980), 28.

117. Williams, *Long Revolution*, 63, 62.

118. Williams, *Culture and Society*, 320.「我們不能以人的階級位置作為其原罪而加以詮釋，人就是人，人在其所在，人有其所在的感情，他以他自己，而不是別人的經驗在生活。」同前註., 292. 然後，在1961年，他說，「透過研究與比較不同社會，我們歷史證據增加了，顯示人群採取的行為

及態度，是種類各異的習得系統。這些系統的任何一個，只要持續存在，就是社會的一種形式，而其大多數個別成員都成功地被訓練養成，接受其文化的一個類型。」Williams, *Long Revolution*, 98.

119.Williams, *Long Revolution*, 54, 56.

120.同前註., 61.

121.威廉斯這樣寫著，「任何文化的理論分析，都必須接受實質分析路徑的檢驗。」*Long Revolution*, 70. 因此，我們可以說威廉斯構建了一個緊要的共同點，連繫於湯普森。

122.同前註., 55.

123.同前註., 11-12.

124.同前註., 139.

125.Raymond Williams, *Drama from Ibsen to Brecht* (London, 1968), 17-18.

126.Martin Jay, *Marxism and Totality: The Adventures of a Concept from Lukacs to Habermas* (Berkeley, 1984), 14. 傑意識到，「威廉斯早期作品有許多次都提及文化是『生活的整體方式』，除此之外，一直要到1970年代環繞阿圖舍而起的論辯風潮，整體觀並沒有進入英國的辯論。」Jay, *Marxism and Totality*: 4 n. 7. Cf. Stuart Hall, "Culture, the Media and the 'Ideological Effect,'" in James Curran, Michael Gurevitch, and Janet Woollacott, *Mass Communication and Society* (London, 1977), 319-320.

127.Raymond Williams, "Literature and Sociology: In Memory of Lucien Goldman," *New Left Review* 67 (May-June 1971): 10.

128.Georg Lukacs, *History and Class Consciousness* (Cambridge, 1971), 27. 有關盧卡斯這本書的整體觀之討論，見Jay, *Marxism and Totality*, 102-127.

129.同前註., 109.

130.Lukacs, *History and Class Consciousness*, 92.盧卡斯他自己是這樣寫的，「假使要掌握什麼是資本主義物化的頂點，就得看看記者，他的『欠缺信念』、他呼之即來揮之即去的經驗，以及他的一些想法都是這個物化頂點的表徵。」同前註., 100. 然而，更為傾向阿圖舍結構馬克思主義的人（下一章將此有更多交代）有時候會責備盧卡斯，認為他忽略了「資產階級權力的整個制度上層結構：政黨、改良主義派的工會、報紙、學校、教堂與家庭……等」。根據這個批評，盧卡斯等於是說，「資產階級維續其意識型態的統治，僅僅指需要透過商品的鬼魅論述而進行，卻不是透過其政治組織、志願協會、傳媒或教育系統所形成的統合傳播。」Gareth Stedman Jones, "The Marxism of the Early Georg Lukacs," in New Left Review, *Western Marxism: A Critical Reader* (London, 1978), 40. 關於盧卡其的生平，很管用的一本書，請見Arpad Kadarkay, *Georg Lukacs: Life, Thought, and Politics* (Cambridge, 1991).

131.Williams, "Literature and Sociology," 11.

132.Mark Poster, *Existential Marxism in Postwar France from Sartre to Althusser* (Princeton, 1975), 270-276.

133.Karl Marx, *Preface to a Contribution to the Critique of Political Economy* (New York, 1970), 21.

134.Lukacs, *History and Class Consciousness,* 262, 作者原有的強調。對於這個主張，曾有論者絲毫不予體諒，惟其討論仍然堪稱有用，請見Jones, "Marxism of the Early Georg Lukacs," 44-45.

135.Williams, *Culture and Society*, 325.

136. Thompson, "The Long Revolution," 31. 如同侯苟，威廉斯對於既存的經驗，有其正當的敬意——湯普森對此也能同意，而且這也是《讀寫之為用》（*The Uses of Literacy*）一書當中，相當「有趣」及「提振人心」的面向——但他似乎試著要以文學——社會學批評的方式，取代實質的社會理論，見 Thompson, "The Long Revolution," 32. 多年以前，齊南（Victor Kiernan）在《新論理者》（*The New Reasoner*）這本齊南與湯普森主編的期刊，對《文化與社會》（*Culture and Society*）一書提出了評論，如今，湯普森的這些評論等於是把當年齊南的批評，再次搬上舞臺。V. G. Kiernan, "Culture and Society," *The New Reasoner* (Summer 1959): 74-83.

137. Thompson, "The Long Revolution," 34.

138. Raymond Williams, *Culture* (Glasgow, 1981), 85.

139. Williams, *Culture and Society,* 320.

140. Williams, *Long Revolution*, 314-315.

141. Louis Althusser, For Marx (1969; London, 1990), 203; Louis Althusser and Etienne Balibar, *Reading Capital* (London, 1970), 186-187.

142. Willaims, *Long Revolution*, 64.

143. Williams, "British Elections," 154; Williams, *Long Revolution,* 84-85; Williams, *Modern Tragedy*, 17. 在感知結構的脈絡之內，威廉斯是賦予藝文更優勢的位置，又見 Williams, "Literature and Sociology," 14.

144. Williams, "Working Class Culture," 32.

145. Williams, *Communications*, 3d ed. (Harmondsworth, 1976), 182.

146. Perry Anderson, *English Questions* (London, 1992), 176.

147. Williams, *Politics and Letters*, 373, 375, 376-377.

148. Thompson, *Making of the English Working Class*, 13.

149. Fanon, *Wretched of the Earth*, 314.

150. Williams, *Long Revolution*, 10.

151. Williams, *Modern Tragedy,* 80.

152. Stuart Hall, "The New Revolutionaries," in T. Eagleton and B. Wicker, eds., *From Culture to Revolution* (London, 1968), 208, 219.

153. Raymond Williams, ed., *May Day Manifesto 1968* (Harmondsworth, 1968), 57, 43, 70, 66.

154. Williams, *Communications*, 182, 183.

155. See, for example, Schiller, *Communication and Cultural Domination*, 50-51, 106; Raymond Williams, *Marxism and Literature* (New York, 1977), 136.

156. Williams, *May Day Manifesto*, 9, 15-16.

157. 威廉斯在1965年稍早有個相當練潔的結論，他說「工黨險勝」後，就在上一年的十月進入了「關鍵的時期」：「政治的極端不穩定似乎現在就在我們前頭，它反映了社會本身的深層及持續的緊張關係。身處這個情境，英國左派的發展再次又開啟，積極活躍。」見 Raymond Williams, "The British Left," *New Left Review* 30 (March-April 1965): 26.

158. Williams, *Communications*, 181. 他在1966年已經以更為激烈的立場，如此寫著，英國「是極大經濟

不平等，以及組織化所操縱的社會」。Williams, *Modern Tragedy*, 79.

159.Hall, "New Revolutionaries," 182, 207, 217.

160.Williams, "Culture and Revolution: A Response," in Eagleton and Wicker, eds., *From Culture to Revolution*, 297.

161.Williams, "Culture and Revolution: A Comment," in 同前註., 31, 30.

162.Williams, "Culture and Revolution: A Response," 297.

163.Williams, "Culture and Revolution: A Comment," 29.

164.Williams, "Culture and Revolution: A Response," 297-298.

165.同前註., 298-299.

166.同前註., 308.

167.Stuart Hall, Chas Critcher, Tony Jefferson, John Clarke, and Brian Roberts, *Policing the Crisis: Mugging, the State, and Law and Order* (London, 1978), 318.

168.Williams, "Notes on Marxism," 87.

169.Stuart Hall, "Gramsci and Us," *Marxism Today* 31 (6) (June 1987): 21.

170.Alexander Cockburn, "Introduction," in Alexander Cockburn and Robin Blackburn, eds., *Student Power/ Problems, Diagnosis, Action* (Baltimore, 1969), 16.

171.Juliet Mitchell, "Women: The Longest Revolution," *New Left Review* 40 (Nov.-Dec. 1966): 11-37.

172.Hall, "Gramsci and Us," 20.

173.Hall, "Cultural Studies and the Centre," 38. 根據葛羅斯堡的看法，霍爾的「文化研究當代中心」的成員早在1968年，「就已經開始闡述性別權力關係的議題，他們並沒有先假設這些僅只是更深的、更為真實的、更為根本的經濟或階級關係的皮相表達。」ns." Lawrence Grossberg, "Cultural Studies vs. Political Economy: Is Anyone Else Bored with This Debate?," *Critical Studies in Mass Communication* 12 (1) (March 1995): 77. 謝謝陶布（Lora Taub）及時提供這份參考材料。

174.Stuart Hall, "Cold Comfort Farm," 同前註, *The Hard Road to Renewal* (London, 1988).

第四章

理論的限縮

　　在1960年代後期和1970年代，勞動這個概念大為露臉，耀眼而直接地出現在三種文化概念和傳播活動當中，各領風騷——分別是阿圖舍派的結構主義（Althusserian structuralism）、後工業理論（post-industrial theory）及後結構主義（post-structuralism）。這種介入，提供「勞動」一個知識試金石，可預見於（各學派）與正統馬克思主義的廣泛接觸，各學派出於本身的理論化目的，選擇性地認同一個極其重要的傳統。然而，遠非單純複製或照搬，這些學派採用正統馬克思主義的勞動概念只為了斷然拒絕它。

　　在各路人馬眼裡，馬克思主義的有效性，乃取決於其勞動概念如何適切（或貧乏）地解釋二十世紀晚期社會的獨特性質。明顯可在後者之中看到的，例如結構主義和後結構主義，是受到（上一章討論過的）重新被強調的人類社會能動性（human social agency）影響而提出的議題，特別是來自女性主義、反種族主義和反殖民主義的議題。但其中較少被感念的一點是，對於「知識」勞動的當代地位的關注，也擺在這股多重面向的修正（主義）衝動之核心。的確，後來「文化」與「傳播」的各種理論化，顯然只有與（雖然是用各種不同方式）正統馬克思主義的「知識」勞動觀徹底決裂之後，才有可能。

　　馬克思主義根深柢固的「勞動」理論，確實繼續透露了一種長期未解的雙元主義（dualism）。一方面，馬克思主義者向來為無產階級保留了特殊的歷史角色，（無產階級的）勞動也因為這個理由而被賦予超越的獨特潛力。另一方面，

先是透過它與各種形式的觀念論之間的戰鬥，後是（反過來）透過它太過輕易接受的勞動力生理模式[1]，馬克思主義揄揚「物質」生產或「社會存有」（social being），視之為邁向歷史終局的媒介（medium of historical eventuation）。這些組成了不相繫屬的推動力；然而，不幸地，由於十九世紀晚期社會民主政黨在歐洲的形成，它們在正統馬克思主義陣營中逐漸被視為等同之物。對許多世代而言，在這個較為制度化的馬克思主義分支裡，「物質」生產接著就把首要位置授予工資賺取者的辛勤勞動；出於不同原因而被忽略的，是那些不屬於當代資本──工資關係的眾多活動。非工資活動的一個重要次類型是「意識」、「意識形態」或「上層結構」範疇的活動──其中最明顯的是文學藝術家和知識分子的「腦力工作」（brainwork）。「它是物質論的一個根本概念，」贊同此概念的一位英國要人在1951年如此寫道（引用史達林），「『世界的多重現象構成了運動狀態中的不同形式之物質』，以及『該物質是初級的，因為它是感官、思想、心靈的來源，而心靈是次級的、衍生的，因為它是物質的反射，一種存有的反映[2]。』」那麼，何以知識分子的勞動似乎無法逃避任何物質定位或定義呢？先後受到社會的生產關係與身心／靈肉分離（the mind-body split）的影響，「勞動」一詞的曖昧含糊，使得馬克思主義內部關於知識分子在社會主義運動中的地位問題，在整個二十世紀的大多數時刻持續造成激烈且經常是有害的爭辯。

如前所述，以威廉斯（Raymond Williams）和湯普森（Edward Thompson）為例，馬克思主義一直無法解決這個關於心靈與身體的雙元主義的老問題，而這對早期英國文化研究有所影響。但即使是威廉斯和湯普森也迴避這個問題；他們沒解決也未面對它。同樣地，更概括地說：西方那些努力復興馬克思主義傳統的人，也無法掙脫此一雙元主義的遺緒。

西方馬克思主義致力於超越資本──勞動關係的緊密性，扼要地說，是受到這種信念的影響，亦即此一（資本──勞動）關係的經濟本質是已知的[3]。為了一些冠冕堂皇的理由而與勞動階級政治運動切割的西方馬克思主義，正如安德森所論稱的，自始即一直將政治經濟學和它對「文化」和「意識形態」的重新評價切割開來[4]，而且仍然自滿於概括式的總體化：「晚期資本主義」（late capitalism）、「國家資本主義」（state capitalism）、「行政社會」（the administered society）[5]。

正因為這一鬆弛的同意，關於什麼可能是、而且有時候似乎需被視為理所當然的事物，西方馬克思主義的注意力被重新導向一系列似乎是策略性的異常事例：在二十世紀，「物化」（reification）過程扮演著什麼角色——再次，「把活的過程變成死的東西，變成異化了的第二天性[6]。」——而它似乎超過了資本—勞動關係的範疇？中間社會階層的理論地位是什麼？人數益增的白領勞工，似乎更加阻止古典馬克思主義預言的無產階級（普羅階級）與資產階級之間的對抗發生。大眾消費主義的潛移默化對無產階級（普羅階級）的自我意識有何影響，而這對社會轉型革命的可能性又意味了什麼？在西方馬克思主義的核心，這類問題似乎要求理論更進一步遠離「勞動」，這個傳統（西方馬克思主義）的某些主要代表人物每次在思索（「勞動」）時皆顯得忐忑不安。

一方面，我們稍後會在結論部分談到，馬克思所謂「勞動」提供人類物種存在基礎的這一點，已斷斷續續重新獲得確認。即便如此，這個概念統一的本體論承諾仍處於本質上未獲實現的狀態，同樣是因為當代社會條件似已超越古典馬克思主義的概念機制，從而產生一連串無法跨越的困境和矛盾。如我在前章提及，阿多諾（Adorno）與霍克海默（Horkheimer）仍主動地對「勞動」有所懷疑，因為它（「勞動」）帶有禁慾色彩的資產階級感性[7]；而馬庫色（Herbert Marcuse）雖承認「勞動」的本體論意義，卻仍試圖想像預見一個世界，此間「玩樂」取代辛勤勞務，以及其相關的現實原則；即使盧卡斯（Georg Lukacs）也顯然無法將他對一種扎根於勞動的「社會本體」（social ontology）的承諾，轉化成一個完整理論化、跨越「藝術」，而且是較熟悉的「物質」範疇。此陣營自成一格的人物索恩瑞賽（Alfred Sohn-Rethell）堅持，為了真正瞭解「文明人身上謎樣的『認知官能』」，需要「在方法學上與任何對人類勞動角色……的考量完全分離」[8]。這導致，如我們已經看到的，從此長期轉進意識形態和大眾文化的理論。

此刻還可補上這句話，雖然有其他差異存在，主要的馬克思主義政治經濟學者弔詭地複製了這種廢棄「勞動」的傾向。這再次主要是由於任何想要將這個概念符應當代資本主義表象變化的企圖似乎都困難重重。跨越寬廣的範圍，整個1960與1970年代，從親近共產黨的知識分子到各種「不結盟」、學術的馬克思主義，政治經濟學理論家大體同意，白領勞工的勞動並不生產剩餘價值（surplus

value）[9]。關於這個問題，結構馬克思主義者波蘭札斯（Nicos Poulantzas）毫不妥協地確信：「……從事商業、廣告、行銷、會計、銀行和保險的工資賺取者」，他在1974年如此主張，是那些在流通、而非生產領域幹活的人；律師、醫師、教師和其他服務業工作者的勞動，被認為未直接與資本進行交換；「國家機器的代理者，（也就是）公職人員」；以及，最後是科學家，他們的研究「不同於過往，已不再直接涉入物質生產過程」──對波蘭札斯而言，這些可能被視為當成多重形式的心智勞動，仍然單純是「非生產性的」（unproductive）[10]。

儘管雙方立足點不同，新李嘉圖派（neo-Ricardian）政治經濟學者站在自己的高地上攻擊馬克思主義，宣稱後者的價值和勞動概念已不合時宜。而布雷夫曼（Harry Braverman）的重大成就是他重振白領無產階級化理論（thesis of white-collar proletarianization），賦予它實質的歷史內容，透過聚焦在勞動過程，這個一般被看成不生產剩餘價值的勞動[11]。

無論白領勞工可能構成的工資勞動力有多麼廣泛，也無論他們對整個積累過程的貢獻有多麼實質，其勞動的性格與歷史意義，也只能是間接的。在馬克思主義政治經濟學的心眼裡，這並非將心智勞動者宣告為當代資本主義中毫無輕重的角色，但認為心智勞動者的角色只能根據古典馬克思主義對工業工資勞動優先性的承諾，進行其理論化。因此，對馬克思主義理論的第二個主要分支而言，二十世紀中期美國的數量龐大的白領勞工，只能在主張有一個不連續的「壟斷資本主義」（monopoly capitalism）歷史階段存在的情況下，才能夠提出任何有效的說法。按照這種觀點，後者（壟斷資本主義）可以用大量密集的「促銷手段」（sales effort）來區分，見諸於資本對如何處置前所未有的經濟剩餘水平，有著越來越迫切的需要。集中在許多行銷、設計、廣告和相關功能，這個促銷手段「往後倒退至生產過程」──經由這類戰後美國生活符碼，像是汽車工業年年改款的新車──接踵而至的是「生產的必要成本」暴增。事實上，生產性與非生產性勞動變得如此水乳交融，「實質上已無法分辨」。然而，不因此而系統性地重新思考整個非生產性勞動的概念，韋伯倫式（Veblenian）的推論反而宣告「若這樣的成本對一個經濟系統有其社會必要性，那麼這個經濟系統已不再是社會需要的[12]」。

　　有此一結論，這一支派的馬克思主義政治經濟學再次把心智勞動問題置於理論廢棄場。其結果，正如一位研究馬克思和分工問題的權威在1982年指出，「幾種不同版本的生產性與非生產性勞動的區分，皆可見於馬克思的文本，但當代馬克思主義者對此一區分的真實意義或其分析價值，卻似乎無可救藥地分裂[13]。」明顯伴隨此一挫折而來的是，馬克思主義政治經濟學實質割讓了一個基本的──而且具有生產性的──概念／範疇。布雷夫曼──無疑是傑出的，但仍只是局部例外於這個趨勢──解釋道，由於這個轉向，「馬克思主義原本最強的項目變成它最弱的項目」──對生產的社會關係之分析[14]。「勞動」反諷地變成任意工具，任由各種對立的取徑用以相互區分，若前景對它們有吸引力，則甚至不惜輪番發動對馬克思主義的徹底攻擊。

　　因此，這些遭遇幾將馬克思主義的理論命運置於危亡之境。在這個快速變遷的脈絡下，即使湯普森堅持明確介入馬克思的必要性，且獲外界肯定，但洪流般的修正主義學說迅速淹沒《五月宣言》已然受挫的主張。這個異端思想在1960年代晚期、1970年代初期許下的承諾，很快地消散，而在中間短暫的時間，這個循環將開始深印在「文化」與社會關係之間，廣泛地改變路線。這些概念當中有少數曾在前次圍繞「文化」的修正中獨領風騷──「經驗」、「意識形態」、「總體性」，以及「文化」本身──倖存下來。因此，即使當時在思考傳播的向度有更進一步的議題被提出來，它們被同化的條件也發生令人驚訝的巨大改變。

　　這場改變最重大的結果是一組取而代之的新概念。一方面，形成一個新的立場，甚至儼然成為正統，致使各種支離破碎的文化理論共享一種表意或溝通實踐的觀點。這樣的論述（話語）生產不再被視為（威廉斯也這樣認為）是一個被忽略的活動，其原本與政治經濟相互構成的關係，被當成是「文化」及其研究的主要課題。相反地，表意（signification）被賦予一種自我導向與內視性格（self-directed and inward-looking character），通常接近徹底物化的自主性（a thoroughly reified autonomy）。另一方面，藉由激進努力的進一步打破，關於「文化」的討論旋即偏離概念發展的爆發中心──「資訊」（information）。然而，一個強有力的連帶繼續連結了這兩種相異的修正作法：對「後工業主義」而言，近似於結構馬克思主義與後結構主義，再次形成其自身的物化身分，憑藉的只是對於一般

「勞動」與特別是「知識」勞動的一知半解。細察這個令人費解的發展樣態，可從「文化」的進一步探險著手。

第一節

吾人或可轉而檢視史都華‧霍爾的思想演化。他在結構馬克思主義的庇護下，在1970年嘗試一個直接的、但最後未實現的企圖——這個企圖是把「勞動」引進文化研究之中。霍爾的知識傾向與此一努力緊密相接，而這些早期的親近可追溯他在1958年對於當代「下層與上層建築的詮釋」的討論，他指出，「在某些時期，文化異化（cultural alienation）與剝削之間呈現交錯複雜的關係，它們有各自的獨立生命，而且需要被這樣看待、被這樣分析[15]。」其所費心思量的，自此遁入一個分離、不相繫屬的文化層面，這源自於霍爾對英國勞工階級性格與潛能的悲觀評估。資本主義經濟裡的變遷，霍爾在新左派評論旗艦刊物（霍爾是主編之一）的創刊號指出——主要是工業管理職的增加，霍爾說這些職位通常是由「出身中低階級的……青年才俊」擔任——造成了態度和意識上的根本改變。因此，霍爾在1957年是這麼說的：「1955年大選之際，正如庫克（Alistair Cook）的觀察，結果取決於有多少勞工階級攬鏡自照時看到中產階級的面容。」對霍爾而言，當時「……保守黨的勝選已清楚表明了這一點。」他重新命名這個結構改造的時期，也就是工黨執政的1945到1951年間，「是一個具挑戰性的新形態中產階級革命的焦點所在[16]。」在次年刊登的另一篇充滿挑釁意味的文章中，霍爾翻新了這個評估：大量的重建方案導致轉化的物理環境；豐饒程度前所未見的消費者財貨，以及相隨的新消費習慣；工業工作——尤其是「科技產業」之中——發生的韻律與本質的改變，現在共同創造出一種「階級困惑」（class confusion）的普遍感受[17]。

喬治‧歐威爾（George Orwell）在1941年指出，在更早的、兩次大戰之間的時代，我們已看到所謂「由技術工人、科技專家、飛行員、科學家、建築師和新聞記者，也就是那些欣然接受收音機廣播和鋼筋水泥的人，所組成的新的、不確定的階級」的數量增加。有利於霍爾的論點的是，歐威爾進一步宣告，「舊的階

級區分已開始瓦解」在這個新的階層的「不眠不休的、無文化的、環繞著罐頭食物、《圖畫郵報》（*Picture Post*）、收音機和內燃機的生活[18]。」但霍爾所強調的這個破壞的、令人困惑的「無階級感」（sense of classlessness），同時也是一個疏離隔閡的矯治劑，與當時的激進分子一樣都認定，導致社會落入蕭條的經濟衰退將不會很快再度發生。

在1950年代的脈絡裡，霍爾的論證包括重述大眾文化理論（mass culture thesis），參考李斯曼（Riesman）、米爾士（Mills）、尤其是侯苟（Hoggart），他認定「『大眾傳媒』，……廣告和文化」有種領導角色，藉由將勞工階級化作「他們自身……剝削」的幫凶，為勞工階級備妥「各式更新穎與精微的奴役」。再者，不像在此早期階段的威廉斯，霍爾直接地運用馬克思主義的詞彙，再次強調非手工勞動活動的需要日增：

關乎改變人的態度──改變或確認意見──的每一種傳播形式，皆澆灌了關於自我的新形象，也皆有其作用。它們並非邊緣外在於「經濟基礎」：它們是（譯按：經濟基礎的）一部分[19]。

兩年後，霍爾在一篇標題同樣盛氣凌人的文章──〈需求的供給〉（The Supply of Demand）──裡寫道，「技術工人日漸提高的生活水準與巨賈一擲千金的豪賭假期，其間的鴻溝不是在真實世界，而是在幻夢之中，獲得彌合。」對於威廉斯所堅持的階級主體性之差異，文中唯一的讓步被隱藏在括弧當中：「報業和大眾傳媒（每當吾人疏於防備時）形塑著我們的社會意識，持續地餵養和滋長這些幻覺……[20]。」對於大眾文化理論家所提出的論點，霍爾別有偏好，而且持續到1960年代晚期未嘗間斷，當時他非常仰仗馬庫色（Herbert Marcuse）在美國青年運動研究中提出的觀點[21]。

霍爾和威廉斯之間開啟的分野，顯然不集中在大眾傳媒是否具有宏大影響。「龐大有力的大眾傳播媒介之存在」，威廉斯早在1958年如此宣稱，正是當代民主政治諸般問題的「核心」──因為，藉由這些媒介，「民意被形塑與引導，常常是透過可疑的手段，為了可疑的目的[22]。」這個「別具風格的消費社會」

（stylish consumer society），導向一種「新形式的資本主義」——一如威廉斯後來如此表述——最好被理解成是一種「被迫的選擇」過程[23]。對此了然於胸，我們觸及了架構這兩位學者早期思維的觀點衝突的核心，雖然這無損於他們持續相知相惜，以及持續在知識和政治上的合作無間[24]。對霍爾而言，一如我們已經看到，一直有個反向的驅動力，將媒介本身當作他在分析時可資運用的支點。

然而，也是霍爾明顯最先試圖調和這種分歧，因為威廉斯的立場尚無法被移除。霍爾勉力為之，試圖整編威廉斯對「麻思大眾」（masses）一詞被濫用的抨擊，因此，霍爾還是強調「消費者資本主義」（consumer capitalism）透過「說服的操縱」，已變得駕輕就熟於「生產消費者」（producing the consumer）。同樣地，這與文化研究後來繼之而起的流行風潮已經若合符節：「當我們言及消費社會之中的『傳播』，吾人必須想到……別人對我們所言是意有所指。」再者，或許是回應他更早以前有關無階級性的論點所激起的各方訾議，霍爾此刻援用侯苟（的觀點）來修正自己先前的論點：「吾人應該注意的不是此一蛻變為中產階級態度的平順轉折，而是面對復甦的地位意識清晰的資本主義（status-conscious capitalism）挾個人主義和自私自利之訴求，導致勞工階級價值觀趨於粗魯無文，終至淪喪。」有技巧地在論證時也援引威廉斯，霍爾說真正緊要之處，在於「整個社區責任的概念」（the whole notion of community responsibility）；當下的危機是存在於「勞工階級的心理本身，推而衍之，……也『存在於』勞工運動。」

然而，真正讓霍爾怒不可遏的是1950年代工黨的陳腔濫調：「難道工黨未曾經歷過去五十年來的烽火，不懂得匍匐前進，反而要葬身在這些光鮮亮麗的雜誌之前？難道工黨毫無知覺社會的能量和潛力，已經變得更為多元、更有技能、更富有素養、較過往更少受到局限、更少受欺凌和挫折？若然，我們是否行將就木，在電視機和電冰箱之前逐漸凋零[25]？」這種公開表露挫折憤懣的狀況，未曾見於威廉斯，決然體現了霍爾後續透過獨立的文化批評，想要瞭解（對他而言）何者為英國特殊的意識形態障礙和畸形。

一本霍爾和惠諾（Paddy Whannel）在1964年合著的書，源自對於校園流行文化之衝擊更廣泛的關切；它的介入宣告：「這場陽春白雪與下里巴人之爭，並非一場對抗現代傳播形式之爭，而是內在於這些傳媒之爭[26]。」因此，他們接著指

出，「我們想要展示的秀異，並非基於制度機構，而是在制度機構內完成的創作品質[27]。」詳細闡釋如下：

> 我們經常這麼寫，這麼說，彷彿新媒介——電影、電視、廣播、唱
> 片、流行報刊——只是單純延伸了人群之間可運用於傳播之工具。若此
> 為真，它們對我們社會生活的衝擊，會是遠遠不像實際情況那麼直接。
> 但當這些傳播工具被延伸到此等規模，其發展絕不能單純以量化視之。
> 人們被聚攏為閱聽人的新關係，新的語言和表達也被發展出來，獨立
> 的藝術形式和慣例繼之而起。媒介不只是技術革命的終端產物，它們是
> 複雜歷史和社會過程的結果，它們是工業社會生命史新階段的主動施為
> 者。在這些形式和語言之內，正以前所未有之勢，接合新的社會經驗[28]。

這種往內轉向媒介「形式和語言」的發展，其來有自，乃出於一種對所謂過度依賴政治經濟學的厭惡：「這是個錯誤，某些左翼大眾傳媒批評者以為產權、組織和控制的改變，將可改變所有我們面對的問題。這種改變的必要性殆無可疑，但除非同時對藝術和娛樂必然提供的經驗投以更大關切，否則我們勢必發現已改變其形式，但其實質卻無改變[29]。」說得對，這或可理解為全然是對戰後處置措施（特別是英國相當大部分產業被國有化）所做的一種冷靜批評。或許它也同樣可理解為一種對於蘇維埃社會主義文化的批評。然而，這（譯按：太過依賴政治經濟學）在霍爾和惠諾著作的脈絡裡——以批判取向研究戰後英國「流行藝術」，該書做了極佳示範——很清楚地是被輕視的。

霍爾和惠諾此處強調的不是集體的社會關係，而是個人的實現和異化。比方說，書中對媒介的制度性基礎幾乎未有著墨——這，同樣地，正是商業廣播電視登堂入室進襲英倫之際——以遠超過需要的程度，轉身向「那個傳統」致敬：「沒有任何系統能保證自由或文化康健，最終是我們的個人素質才算數[30]。」霍爾與惠諾同樣跳過威廉斯有關社會階級的論點，從而模糊了他要求改變「那種否認人們近用理應為共同生活資產的排他傳統」的立論基礎。重彈威廉斯堅持應拋棄的「高雅與低俗」的老調，他們反而主張「激進分子追求一種立基於社區的

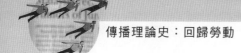

共同文化，在社區之上的文化是較精緻的，更清晰地表達出所有人共享的價值觀[31]。」

最遲在1971年，霍爾對於「形式和語言」的偏愛，已在他對於——在二次世界大戰前夕與戰爭期間——「促成創造出『照片新聞』（photojournalism）風格受歷史經驗直接影響的狀況」的關切中表露無遺：一種他稱作「社會之眼」（the social eye）的「社會所結構的『看的方法』」（socially-structured "way of seeing"）。在英國歐威爾（Orwell）曾提及的《圖畫郵報》中，霍爾注意到這種「集體社會經驗和特殊的『社會之眼』相互告知並決定彼此」（的現象）。《圖畫郵報》的紀錄工作者因此「將讀者自己的經驗還給讀者，（譯按：這種狀況在）有了通俗新聞實務和照片後則更為擴大；擴大——當然也就有所轉化[32]。」《圖畫郵報》將「經驗」或「社會意識」轉化為「風格」的作法，既與稍後的一股強而有力的知識潮流一致，也預示了這股潮流：

> 雖然在某個層次，紀錄片風格、一種書寫、攝影和錄音的形式是一種浮現中的社會意識形式：它在一種社會修辭形成、在戰爭前夕和戰爭期間，記錄了這種浮現中的感覺結構（structure of feeling）。此處，再一次的，我們遭遇這個命中注定的連結關係，為歷史經驗的主題和內容、複製工具的革命性發展，以及——回應——演化中的集體社會理解的形式和風格，提供了關鍵的會合點[33]。

此處，「形式和語言」仍和威廉斯的表達總體性（expressive totality）概念緊密交織，但一如我們察覺到的，這個概念已處於漸增的疲困狀態。然而，知識氣候的「斷裂」，已經有風雨欲來之勢。弔詭地強調霍爾自己著作的延續性，阿圖舍的馬克思結構主義還是提供了他新穎的立論基礎，讓他得以重申他長期堅持的社會不延續說（the thesis of an overarching social discontinuity）——再者，此說的基礎可寄寓在「文化」或「意識形態」似乎新發現的嚴謹之上。因此，透過結構馬克思主義的稜鏡，霍爾得以解決文化研究異口同聲強調的社會經驗，包括勞工階級經驗，從而形塑了文化研究獨特和傑出的樣貌。

第二節

　　1970年代由霍爾等人合撰的書《管治危機》（*Policing the Crisis*）所指認的英國社會「錯置」（dislocations）當中，理論之中的一系列錯置或許已被注意到[34]。首先，這些源自於我已提到的對於「經驗」這個範疇的保留漸增。威廉斯早年的提法太過龐大，霍爾此時則明確對此已有定見，在他所謂「經驗主義者的知識關係」（empiricist relationship to knowledge）之中，「設想社會關係賦予有知覺、思考能力的主體自身的、毫不含糊的知識；在主體被置放的情境與主體認知和瞭解自身所處情境之間，存在著一種明晰的關係[35]。」此外，裂隙是持久的。霍爾在1980年提到，他與威廉斯「持續爭論」，對後者不反抗地訴諸「經驗」有所不滿。霍爾如此指控，一種「未經審視的『經驗』概念」，如今已變成他認定為「令人相當不滿意的概念」：「感覺結構」（如吾人所見，此概念霍爾自己最遲在1972年即已援用）。我們將會在本書結論中看到，雖然威廉斯此後繼續將「經驗」理解為「一種持續的社會物質過程中不可分解的元素，」霍爾認為威廉斯這個後來較新的提法仍然保留了「失能的理論效果」（disabling theoretical effects）：

　　　　我確實認為，在它們被經驗和「生活」的方式上，實踐在任何真實的歷史情境裡有其不可分解的特性（the indissolubility of practices），但當吾人想要理論化它們的不同效果時，這種特性並不以任何方式預先排除我們分開地分析它們（analytic separations）。事物似乎都在「經驗」中互相連結的各種方式，只能是一個分析的起點。吾人必須「生產具體的思想」——亦即，透過一系列抽象的分析，展示具體的歷史經驗作為「多重決定的產物」（product of many determinations）。分析必須解構「鮮活的整體性」（lived wholeness），以便能思索其決定狀況。我認為，思考所需的這種必要抽象過程已被錯誤地混淆，在當

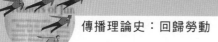

前的辯論中，帶有一種「理論拜物」（fetishisation of theory）〔理論主義（theoreticism）是一個困擾我們所有人的瘟疫：但是，經驗主義（empricism）亦然〕。……無論吾人如何想取代「經驗」授予的豐足，無論吾人允許多少「明顯差異」和「時間上的不均等」，只要「經驗」繼續扮演這種無所不包的角色，理論上將會有不可避免的推力，促使吾人將所有結構解讀為彷彿它們意味深長地彼此關聯：在效果和決定性同時作用，因為它們同時發生在我們的經驗當中[36]。

相反地，霍爾主張，「結構在時間上可以是同時發生的，但它們不必然在因果關係上是等同的。」這個清晰有力的新理論化的主要優點——再次，在1970年代中期——在於它似乎提供了一個有效的工具，能夠調和馬克思主義內部「無解、不可化約的異質性」[37]。透過結構馬克思主義而取得高層次理論的入門之階，多重的矛盾如此耀眼地透過當代資本主義——尤其是關於「種族」和「性別」——現在被重新組建，從而得以對「表達總體性」這個能夠總結威廉斯早年文化研究的核心概念，提出一個清楚理論化的回應。

霍爾自己往昔的看法，如我們同樣也發現的，是勞工階級透過與庸思大眾文化的邂逅，而被馴服和收編。相反地，其理論即將浮現的一個焦點是，不只可用以分析明顯的社會階級對立——這在1970年代早期幾乎無法被否認——也蘊含於後者邂逅了關鍵的、不可決定的意識形態的潛能。追隨結構馬克思主義的旗手阿圖舍，階級不再被（霍爾）視為「歷史定數」（historical givens），或謂其統一性「已被它們在經濟結構中的位置所決定」。萬萬不是如此，如霍爾所同意的，它們應被理解為「社會實踐的所有層次（包括意識形態）上不同形式社會鬥爭的複雜產物[38]」。遠甚於威廉斯[39]，以更勇敢與更明確的方式宣告，此一時期的霍爾經常呼應結構馬克思主義對經濟決定論的背書支持。不過，這個迂迴的理論進路有個特別重要的面向，指出此種確認是允許「社會形構」（social formation）可由所謂「意識形態事例」（instance of ideology）來理解。霍爾接著很快調解了阿圖舍馬克思主義與（我們看到的）他自己對於這樣一個區分面向的偏好。「意識形態」的性格，的確很快地獲得無以倫比的重要性；霍爾於是歡呼這個概念是媒

介研究上「我們所有後續工作的基礎」[40]。

　　這一切是如何發生的？這個「相對自主」（relatively autonomous）意識形態的媒介從何而來？為了處理這個議題，需要更進一步走進結構馬克思主義。

　　後者透過將其系譜追溯至一個非常特殊的馬克思（主義），吃力地賦予其學說某種正統地位；阿圖舍和同事自吹自擂地指出，「嚴格按照文字……逐行地閱讀《資本論》」有其必要[41]。此一介入的產物，最顯著的莫過於阿圖舍常被引用的關於「上層結構」（superstructures）的名言，將大眾傳媒與國家、家庭、法律、宗教和教育並列：

> 　　……經濟辯證在純粹狀態下從來都不活躍；在歷史之中，這些事例、上層結構……等等——從來都不是完成它們的工作之後就退居旁側，或是，當時機到來，純粹作為它（經濟）的現象，在經濟陛下信步走在辯證的皇家大道之前就全部潰散[42]。

　　因此，阿圖舍也主張，這些是「大體上……自主的，也因此不可化約」，上層結構有其自身的「特殊效能」（special efficacy）[43]。每個事例或社會總體的層面——經濟、政治、意識形態——的相對自主性，意指每個這種「實踐」的領域可被正當地被理解為「部分的整體（as a "partial whole"）」，並且變成一個相對獨立的科學研究對象[44]」。最後，像其近親的經濟和政治事例，「意識形態」也被視為包含「一個客觀的真實，對社會形構的存在是不可或缺的……亦即，一個獨立於個人主體性的真實……[45]。」那麼，「意識形態」是藉由有意識或無意識地「忠於整套的再現和信念——宗教、道德、法理、政治、美學和哲學等等」而持續存在[46]。

　　「意識形態」也因此遠離某些構思，特別是大眾文化理論的激進支系，（後者）持續將它（意識形態）視為操控工具，其目的與效果漸進灌輸人們順服社會支配。意識形態在社會再製的角色重新被導向「經驗」，跨越極大範圍（的經驗）。它變成「一種人類與其世界之間的鮮活關係」，或是再次回歸「……他們活出與其生存條件之關係的方式」[47]。

　　意識形態的再現因此有意識或無意識地伴隨著個人的所有行為、所有活動和全部關係——就像許多路標和參考點，充滿了禁令、權限、義務、意見和希望。如果按照馬克思的經典隱喻來再現社會——社會做為一個大廈、建築，其法政上層建築立基於經濟基礎的下層建築——意識形態必須被賦予非常特別的位置。為了瞭解其有效性，它必須被放置在上層建築，並賦予相對自主性，相對於法律和國家；但在同一時間，為了瞭解它最為一般性的存在形式，意識形態必須被當成已流瀉至整個建築的每個環節，並被視為一種獨特的接合劑，確保人們與其角色、職能和社會關係之調整和凝聚。

　　事實上，意識形態貫穿所有人類活動，包括人的經濟和政治實踐；它存在於「人們的」工作態度、對生產代理人和生產限制的態度，也存在於工人擁有生產機制的意念；它存在於政治判斷和態度——憤世嫉俗、問心無愧、辭職或反抗等等；它規範了個人在家庭的行為、待人接物、對待自然的態度，對一般性的「生命意義」的判斷，以及他們的不同崇拜（上帝、王子、國家等等）。意識形態如此深深存在於個人的所有行為和事蹟，與他們「鮮活經驗」（lived experience）無法片刻分開，而且對「鮮活經驗」所做的每一個最直接的分析，其中的意識形態主題是顯而易見的[48]。

　　阿圖舍的構思在兩個相反方向上拉鋸的事實已有很多人談過：一方面，朝向一個抵抗的主體性（a resisting subjectivity），另一方面是朝向重新關切主體根深柢固的能力，如伊格頓（Eagleton）所說，「對他們而言是必要的意識形式，以便使他們能夠承擔自己的『位置』或是對物質生產任務的功能[49]。」但，雖然兩極——抵抗的或對立的主體性，相對於一個全然受支配的順從[50]——這在重新聚焦的文化研究當中變成一個熱烈論辯和各種修正之場域，浮現在「意識形態」與「經濟」之間的重大缺口，經由結構馬克思主義所謂事例的「相對自主性」（"relative autonomy" of instances），仍然存活下來，形成一種普遍存在的知識特徵。

　　對一個分離的「意識形態」——或，其後很快地，一種「文化的」或「表意的」（signifying）——面向，結構馬克思主義提供的理路在於它應許一個繼起的合成總體性的時刻（a successive moment of synthetic totalization）。為了與他認為不適當但支配當代馬克思主義（從而致命地減損了馬克思主義的有效性）的總體性概念分道揚鑣，阿圖舍主張清楚的事例——再次是「意識形態的」、「政治的」和「經濟的」——必須被重新整合，而非化約，在一個複雜的總體性之中，經濟於其中仍是「起最後決定作用」（determinant in the last instance），但意識形態的層次可能扮演結構上的「支配」角色。霍爾接受了這麼一個另闢蹊徑的修正，並嘗試將它紮根在馬克思的方法與認識論。藉由對一份新譯文本的深思熟慮的註釋，霍爾察知到一個可信的證據，亦即馬克思本人至少在1857年時曾接受四種清楚有別的「時刻」——包含生產、流通、交換和消費——存在的命題，在複雜的總體性之中仍具有分析上的獨特性。霍爾因而推想，「在檢驗任何現象或關係之時，我們必須同時理解它的內部結構——構成它的獨特性的是什麼，以及與之共同形成某種統攝總體性的其他結構。特殊性和連結性——結構之間的複雜統一性之展現，必須透過對具體關係和局勢進行具體的分析[51]。」

　　此說霍爾確實應居其功，那麼他這個關鍵的批評又兌現了多少呢[52]？它真正的優點，我們將會發現，仍然經常未能實現，甚至未被認可，因為阿圖舍的複雜社會總體性繼續含有極度有害的雙元主義，有效地防止它的構成元素整合在單一統合的系統中。然而，弔詭的是，結構馬克思主義的「意識形態」概念試圖駁斥所謂雙元主義的指控，但卻似乎僵化地訴諸生產時刻（the moment of production）。它對「知識」勞動的另眼相待，情有獨鍾——承繼的是結構主義〔但此刻常被重新命名為「理論實踐」（theoretical practice）〕——是導致這些困難的核心因素。

　　阿圖舍關於複雜的社會總體性的許諾，對霍爾而言，也確然立於它提供了重新統合的前景，或至少不再用二分法區別「勞動」和「語言」。在1970年代中期，霍爾承認極為需要「一個關於文化的物質論的……定義」，其「根本前提」（originating premise）在於「人類文化的基礎是勞動和物質生產」[53]。他甚至附和恩格斯的說法，認為勞動和語言在猿演化為人過程中扮演了重要角色；對此恩

格斯有著名宣告如下：「首先是勞動，然後是語言和勞動一起（labour, [and] after it and then with it, speech），（成了兩個最主要的推動力，在它們的影響下，猿的腦髓就逐漸地變成人的腦髓）[54]」。將「文化」參照勞動的概念[55]予以定位的努力，足堪稱頌，但因霍爾慣於強調語言而打了折扣，幸而並未完全抹除：「人類文化……不是一種抽象地儲存在大腦裡的『知識』，而是在生產中物質化，並體現在社會組織之中，透過實踐與理論技術而進步，尤其透過語言而獲得保存和傳播[56]。」

可能很容易被淡忘的是，1960和1970年代有許多值得一提的嘗試，想把「勞動」置放在正式社會理論的議程之上，霍爾不過是其中之一。例如，我們會想到哈利‧布雷夫曼（Harry Braverman）的大作──《勞動與壟斷資本》（*Labor and Monopoly Capital*）──對於勞動過程的構思與實行之間的歷史性分離，以及這對社會學領域的巨大影響，提出了有根據與有創意的立論；我們也可想到大衛‧蒙哥馬利（David Montgomery）的《美國的工人控制》（*Workers' Control in America*）[57]，以及受它影響的許多歷史研究。況且，還有什麼比文生‧莫斯科（Vincent Mosco）更貼近的嘗試，將「勞動」直接連結到傳播，例如他將勞動過程有如程式般的同化過程，當作理論化當代資本主義傳播的核心範疇[58]？同樣希望無窮但羽翼未豐的是分析媒介生產過程的社會學傳統。在英國，這類著作發軔於1960年代晚期，有一群李斯特大學的研究者分析反越戰示威的報紙新聞，並將研究發現集結成書；大約長達十年之久，這類著作透過一系列對報紙和電視的新聞及紀錄片所做分析，深具啟發作用，出於菲力普‧艾略特（Philip Elliott）、彼得‧高丁（Peter Golding）、保羅‧哈特曼（Paul Hartmann）、葛蘭姆‧梅鐸（Graham Murdock）、菲力普‧施勒辛吉（Philip Schlesinger）、傑若米‧坦斯多（Jeremy Tunstall）等人之手[59]。然後，同樣地，我們或許也記得達拉斯‧史麥塞（Dallas Smythe）企圖連結「傳播」和「生產」，將商業媒體閱聽人接收狀況重新安置在勞動的範疇[60]。對於具有生產力的活動與表意（signification）之間的連結，有各式各樣的修正觀點出現，同樣也被後結構主義者如尚‧布西亞（Jean Baudrillard）[61]和雷蒙‧威廉斯（Raymond Williams）所追求；最後這兩位學者（布西亞和威廉斯）的努力，在本書後面的部分會有更進一步的闡述。

在這個更大的母體之內，霍爾所援引的阿圖舍馬克思主義的獨特嘗試，是在為科學志業尋求一個特別保證。阿圖舍將科學視為一種具有決定力的社會勞動，「殊異於其他實踐」[62]。但他賦予科學或理論在這個總體性之中的地位，遠超過這個區分的正當性。阿圖舍明確尋求將理論的基礎建立在所謂「知識」勞動對社會革命性轉化的貢獻。他在1967年如此宣告，「對知識分子、科學家或文人雅士而言，這個問題採取了一種精確的形式，我們的活動在世界上占據了什麼地位、有何作用？我們做為知識分子的角色是什麼[63]？」他對這些問題的答案是賦予知識分子──在社會主義的革命過程之中──一種應該是獨立的、甚至是崇高的功能：「勞工階級無法憑藉自身的資源，激進地將自己從資產階級意識形態中解放出來，」阿圖舍如此宣稱。「『自發的』勞工階級意識形態要自我轉化，達到從資產階級意識形態中解放出來的地步，它必須從外部接收到科學的幫助……[64]。」「這一切」，而這特別的「一切」，當然是承載了極大的重力──「取決於勞工階級意識形態的轉化，能將勞工階級意識形態從資產階級意識形態的影響牢籠中解救出來，並施之以一個新的影響──那就是馬克思主義的社會科學（Marxist science of society）[65]。」

將多樣的表意形式當作極具決定作用的需要，無論是多麼師出有名，這種科學的信條重述了列寧的名言，亦即知識分子的任務在於將馬克思主義科學「從外部」引進無產階級實踐當中[66]，這種科學觀同時也將結構主義的重要特色引進激進的社會理論。可以確定的是，在「理論實踐」（theoretical practice）──或有時稱作「理論勞動」（theoretical labour）──意念中隱而不顯的是「一種物質性的歷史，在它的具有決定作用的條件和元素之中，包含了非理論實踐和它們的結果」。雖然如此，阿圖舍明顯且一再地將首要的地位，保留給思想本身的「內部關係」（internal relations），也保留給「藉由一個概念系統之內的理論概念之間的關係」，對理論意義進行嚴謹的「定位」[67]。此處所謂「理論實踐」顯然與意識形態實踐（ideological practice）──對阿圖舍來說，後者是前者的（不科學的）對手──共享著一個關鍵的共同資產：

意識形態包含再現、影像、符號等等，但這些元素彼此孤立時並不

組成什麼意識形態。是它們的系統性、它們的安排和組合形態，賦予了它們某種意義；是它們的結構，決定了它們的意義和功能[68]。

阿圖舍宣稱發現了一個特別的馬克思，馬克思在了悟早年依循黑格爾而犯下重大錯誤之際，隨即與人文主義及其範疇——主要像是被等同於人類本質的「勞動的人類學意識形態」（anthropological ideology of labour），稍後我們會聽聞更多——徹底決裂，以承擔對生產方式進行完整科學分析所需之嚴格的「理論實踐」[69]：

> ……我們將通稱為理論，以「最純粹」的形式，將那些思想本身的力量置入運作之中（例如：哲學數學），而把任何與「具體實踐」的直接關係擺在一旁，當作一種嚴格意義上的實踐，一種科學或理論實踐，本身可拆解成許多分支（不同的科學、數學、哲學）。這種實踐是理論的；可藉由它所轉化的客體類型（原材料），而與其他的、非理論實踐區分；可依它作為生產工具的類型，或是依據它所生產的客體類型（各種知識）[70]。

簡言之，如馬汀·傑（Martin Jay）所概括的，對阿圖舍而言，「理論生產是在理論本身之中完成的」[71]。理論實踐是一種生產過程，其「產物」是「各種知識」，出自於獨特的「原物料」——事實和概念——經創作和裝配而成[72]。

借用阿圖舍自己的權威，我們可以說這種理論化充塞著一種「最不尋常的結構主義」[73]。依序來說，是從結構主義，阿圖舍輸入了紐邁爾（Frederick Newmayer）所謂的「語言學的自主取徑」（the autonomous approach to linguistics）[74]，並且賦予它一個似乎嚴謹的馬克思主義的保證。詹明信（Fredric Jameson）在二十多年前對此提出恰如其分的評論：「在某種意義上，對阿圖舍而言，我們從來不曾真正離開自己的心靈：意識形態和真實的哲學研究，或是他所謂的『理論實踐』，都是在心靈密室中進行的。」在這個系統中，誠如詹明信充滿洞見地補充道，「因為一種對所有思考在本質上具觀念論性格的堅持，物質

論得以獲致保存[75]。」雖然有來自四面八方的異議[76]，阿圖舍力圖整合理論和意識形態實踐於當代關於勞動之思考，具有一個弔詭的特徵，亦即抱持著一種將認知視為存在於原始與自我封閉區域之中的假定。

在英國，有位歷史學者和深具歷史意識的批評家對這種提法表達日益不滿之情。在1970年代末，愛德華・湯普森（Edward Thompson）用一本書的篇幅，充滿憤怒與尖刻地譴責阿圖舍操作的是一個「錯誤的太陽系儀」，導致其結構主義假設被批評得體無完膚[77]。然而，較少為人所知的是，威廉斯發現他能用自己發展中的理論——這點我將在結論中回頭討論——與阿圖舍結構主義明顯區隔。擴展它原先的範圍，「意識形態」，當然還有「上層結構」，威廉斯論稱，都無法有效地替代在《長遠革命》（*The Long Revolution*）書中這個全面經驗的合成總體性，雖然它「經驗的合成總體性」此刻或許確實需要相當程度的修正，對威廉斯來說仍然是有效的概念。「意識形態理論」企圖連結「藝術」和「大眾傳播」及其他實踐時所做的「唯一正確的事」，威廉斯在1976年清楚地寫道，「在於它把理論上分離的『領域』帶回到單一的言說（話語）之中。但這個解決方案的主要錯誤是它用意識形態（在段落、符碼和文本的各種操作性的功能），去替代（存在大範圍的活動與各種情境之中，被同時表達出來、生產和改變的）複雜社會關係⋯⋯[78]。」威廉斯對馬克思結構主義的敏銳和鋒芒畢露的回應——如我們將在本書結論中看到的，有助於他邁向全面修正他自己的理論——直接瞄準阿圖舍截頭去尾地企圖用「一個意識形態的理論⋯⋯去取代文化和經驗」[79]。「如果意識形態是一個主要參照點，或是原始出發點⋯⋯那麼很難⋯⋯知道所有的、其他的社會過程還會剩下些什麼。」

說所有文化實踐都是「意識形態的」，等於是說（正如同在某些用法裡）所有實踐皆意有所指（signifying）。雖因與其他較常見用法重疊而導致種種困難，這個意義是可被接受的。但是，這迥異於將所有文化生產描述為「意識形態」或「受意識形態引導」，因為那樣會遺漏，正如在「文化」的觀念論的用法裡，一整套「文化」或「意識形態」本身被生產出來的實際複雜過程。而且一個完整的文化社會學必然應該關注

這些生產過程[80]。

然而，後來蔚為文化研究主流的「英國文化研究」，又自動忽略了上述這些實質的批評。援引阿圖舍，霍爾接收的正是同一套關於實踐的概念，視之為「任何將特定原物料轉化為特定產物的過程，一種由人類特定勞動使用特定（生產）工具造成的轉化[81]。」他接受這個關鍵但致命的問題框架教條──亦即表意本身包含一種自我封閉的實踐──從而阻止霍爾往前邁進一步去調解「勞動」和「語言」。

「知識，不管是意識形態或科學的，都是一種實踐的生產。」霍爾結合阿圖舍和早期的羅蘭‧巴特（Roland Barthes）而寫道：「並非真實反映在言說（話語）、在語言裡。社會關係必須被『口語和語言』所再現，從而變得有意義。意義是被生產為一種意識形態或理論工作的結果[82]。」更精確地說，表意再度涉及它自己的「一定形式的勞動，一種特定的『工作』：意義生產的工作……。」後者，在霍爾的構思基模中，並不被當作「社會實踐」來分析；批判研究者尋求連結媒介生產的勞動與那些投入於生產其他商品的勞動，等於是找錯對象（barking up the wrong tree）[83]。的確，霍爾進一步論稱，需要更加強調的是「什麼將言說（話語）『生產』與社會的其他類型及現代媒體系統的生產區隔開來」[84]。霍爾甚至甘冒大不諱指稱，意義建構過程不僅有別於、而且對立於像是生產汽車，也比後者更為崇高：在這種情況裡，至少，「交換價值與使用價值取決於訊息包含的象徵價值（symbolic value）。實踐的象徵性格是具有支配作用的元素，雖然並非唯一的元素[85]。」

暫時將這個講法（透露出它對布西亞當代作品的首肯）──所謂「象徵價值」支配文化商品的交換和使用價值──擺在一邊。這只是一個徵兆，透露更為根本的移置（displacement），背後隱含如下假設：縱然其地位作為一種「勞動」的形式，「文化」──以及，在我們很快將檢視的一種與文化相互定義的變體，也就是「資訊（信息）」──因為它有其本身的「特殊性」，必須存在於自我決定的孤立狀況，不受結構其他生產活動的法則和實踐影響。因為對阿圖舍的馬克思主義而言，它們似乎最終化作「言說（話語）客體」（discursive objects），

就像在米爾士（C. Wright Mills）筆下它們被另外稱為白領工作（white-collar work），表意實踐（signifying practices）被看成絕對不同於「其他的現代勞動過程」[86]。即使多年以後，在脫去阿圖舍馬克思主義（Althusserian Marxism）的外飾之後，霍爾仍舊截然表示「意識形態有自身的特徵、運作方式，以及自己的鬥爭形式[87]。」

　　霍爾提供了什麼證據或正當理由來支持這個根本宣稱，所謂表意的勞動不只是獨特的，更是完全自我封閉與向內觀視，因為它的產物表面上同樣迥異於其他種類勞動創造的產物嗎？「答案是」完全沒有提供。但兩個前提——表意實踐的結果是一種獨特的「言說（話語）客體」（discursive object），以及意識形態的生產是獨特的勞動——本質上是相互排斥的。確切來說，言說（話語）客體有多麼，又是以何種方式，「有異於其他產物？」此種差異能被預先給定嗎？另一方面，為何這一意識形態勞動過程中最顯著的特質應該被視為是，精確地說，能與其他社會生產關係脫鉤[88]？恰恰相反，或許正因為它與其他勞動過程的類似、重疊和對應性，而得以將獨特的意識形態勞動過程變得如此顯眼。又或許是，正如霍爾自己有時也這麼做的，應該在一般的勞動過程中尋找意識形態的面向。簡言之，意義雖「不是真實的反射」，但這並不意謂它必須被生產在一個表意的獨立層面之內、受到自決的生成原理所管治。

　　面對接踵而至的後結構主義者對任何非言說（話語）社會場域的蔑視，霍爾試圖用來支撐論點的用字遣詞，同時透露了他自己對越來越崇尚表意（不管作為「形式與語言」，或是作為「意識形態」）的風氣，也對後者最終可能造成的損害，是有所保留的：

　　　意識形態被指派為「再現系統」（systems of representation），承認它們本質上是言說（話語）和符號學的特徵。再現系統是意義系統，我們用以向自己和他人展現和表徵這個世界。它承認意識形態知識是特定實踐的結果——意義生產中所涉及的實踐。但既然沒有任何社會實踐是發生在意義領域（符號學的）之外，那麼是否所有的實踐都只是言說（話語）？

此處我們必須小心謹慎。……這並不表示因為所有的實踐都在意識形態之中，或是為意識形態所銘刻，那麼所有的實踐就都只變成是意識形態。這些實踐都有個特殊性在，也就是它們的主要客體是去生產意識形態的再現（to produce ideological representations）。它們不同於那些有意義地、有智能地生產其他商品的實踐。在傳媒工作的那些人，再生產和轉化著意識形態的再現場域本身。它們與一般意識形態的關係和那些生產和再生產物質商品世界的人是不同的，但後者也同樣為意識形態所銘刻。巴特很久以前即察知，所有的事物也同時是表意（all things are also significations）。實踐的後一形式，運行於意識形態之中，但就其客體的特殊性而論，它們並非意識形態的[89]。

霍爾斷然拒絕後結構主義者所謂「除了言說（話語），沒有社會實踐存在」的宣稱[90]。然而，他投注於駁斥的努力，也被他自己的讓步打了折扣，這一點過去霍爾並未明白承認[91]。指控那些主張言說（話語）是唯一社會實踐的人展現了一種「機械的物質論」（mechanical materialism），霍爾如今被迫退回到這個論點，論稱後結構主義者無效地尋求「廢除心靈性格……以及心靈事件（亦即思想）的真實效果」[92]。霍爾此一捍衛主動的、相因而生的主體概念的關切固然值得稱道，但這一承認正好提供吾人清楚瞥見霍爾對於「再現」作用的看法是相當選擇性的，後者純粹有陷入普遍的——支配的——人為的分工的危險。霍爾因此特別忽略了一個事實，亦即意識形態生產的主要場域——「那些在傳媒工作的人」——必然包含不只是各類說故事的人，也包含了工程師和白領技術人員。霍爾對「知識」勞動的物化，可在哪裡找到更佳的徵兆？在他關於「意識形態」建構過程的說法中，並未賦予技術勞動任何位置。此固在意料之內，因為要是技術勞動的貢獻未被略而不談，那麼勞心與勞力之間的界線又應如何劃分？緊接而來的是，表意、再現，以及作為生產的知識的表面「差異化」的性格，又將如何被搶救呢？霍爾努力賦予某種特權給他如今稱作「再現」的東西，因此最終還是重蹈阿圖舍「理論實踐」概念的覆轍。馬汀‧傑關於阿圖舍所發表的貼切看法，因此或可一體適用於霍爾，因為在這兩位思想家看來，「在交換取向的社會中，勞

心與勞力之間的資產階級分野，因此是有如穩定價格而非被侵蝕破壞掉[93]。」

　　這種被歸屬於再現勞動（labor of representation）固有的特異性——霍爾一貫抱持的例外主義前提——意味著，在狄次根（Joseph Dietzgen）與修伯特（Baptist Hubert）提出相關論點整整一個世紀以後，「知識」勞動在理論上的不明晰，仍然如此根本與有害。很諷刺地，霍爾越來越常宣告自己親近於葛蘭西（Antonio Gramsci）的思想，到頭來卻發現自己在這個問題上其實並沒有和葛蘭西曾經發表的知名宣告站在同一陣線：

　　　　有人能發現一個統一的判準，去刻劃知識分子所有多樣與異質的活動，並且同時本質地區分它們與其他社會團體的活動之差異？對我而言，最常見的方法錯誤在於找尋知識分子活動本質的這種差異的判準，而非在這個關係系統的整體中找尋這些活動（以及賦予血肉生命的知識分子團體）在一般的社會關係叢結中的位置[94]。

　　然而，若說霍爾試圖圍繞自我封閉、物化的表意過程而重新發明文化研究，也未盡公允。他其實是想強化和延伸結構主義賦予自主性的（而文化研究也越來越理解的）典型語言學範疇。過去觀點的「弱項」是在於「它們將文化消解於社會和歷史之中的傾向」，霍爾在1980年如此解釋道：

　　　　結構主義所強調者，乃是文化的特殊、不可化約性。文化不再只是反映意念領域的其他實踐活動，它本身就是實踐活動——一種表意的實踐活動——有其特定產物：意義。思考文化的特殊性，乃是去協商妥協是什麼定義它（以結構主義的觀點而言）為實踐活動：它的內部形式與關係，它的內部結構，或追隨索緒爾（Saussure）、雅克布森（Jakobsen）及其他結構語言學家的說法，表意繫於各種語言元素被選擇、組合和接合的方式[95]。

　　雖然霍爾堅持與結構主義保持某種批判距離，但他從未棄守此一似乎有力的

時髦語——「文化的特殊性」（the specificity of the cultural）。那麼，這個時髦語究竟有何實質內容呢？

在霍爾這派的文化研究努力發展與開拓的空間裡，任何所謂「文化的特殊性」本身可能需要細察文化的經濟性質的說法，都被打成所謂「化約論」——從而是理論知識（theoretical knowledge，或很快就被簡稱為「理論」）不想聞問之意念。右翼論證潛進左翼語調，工具的與政治經濟學派的激進思想，通常恰好被一竿子打成化約論。但實際散發的是相當不同的、相互關聯的過程。在1977年一篇論及考德威爾（Christopher Caudwell）的文章裡，湯普森寫道，「在資產階級文化重複見證的現象中：亦即，觀念論與機械的物質論的重複生成，兩者並非互為真正敵手，而是虛假悖論，是同時受孕的孿生子，或者，甚至是思想碎裂成正反兩面[96]。」對1970年代的傳播與文化研究而言，若無一個復甦的雙元主義，存在於「政治經濟學」和它的互補的對手——「表意」——之間，任何社會總體性的概念似乎都沒法倖存。結果這一雙元主義，一直至今仍蔚為主流，在本章下節中，我有理由去呈現它對「資訊（信息）」相關研究的兩極分離現象造成的影響。

此刻，更重要的是追蹤文化研究陣營中此種二分法本能的意義。此處，正如葛洛斯柏（Lawrence Grossberg）最近承認，是有個不光彩的趨勢，將「人類的真實化約到意義的平面」；「有關存在於『言說（話語）領域之外』的物質性的效果，慣常被『存而不論』[97]。」默許「心智」勞動（'mental' labor）成為一個自我封閉的領域，其後果是造成一個明顯的傾向，尤其是霍爾企圖透過「柴契爾主義」[98]的鏡片去理解當代英國，誇大了「意識形態的」效力範圍。類此案例可參考一系列試圖捕捉經濟變化——正如霍爾在其中扮演要角的嶄新時代計畫（the New Times project），最終被「後福特主義」（Post-Fordism）同化——但這些不能總結為經濟（因素）已被復興，被當作與「文化」本身意義攸關的特殊類別。與其他的生產過程分隔開來，從而造成表意（signification）——認定為「真實和積極的社會力量」至為允當——產生偏離而逐漸被當成一個自決生成的原則（self-determining generative principle）[99]。

相反地，英國文化研究開始默許一種經常是好戰的否認，否認那些無法理解

成自給自足般的表意實踐的任何事物。有時，這種趨勢的表達，乃是透過直率地堅持傳播形式的優先性，同時明確拒絕將意義置放在任何周遭的社會場域之內。有時它會佯裝溫和，正如約翰‧菲斯克（John Fiske）如此宣告：「意義，是我們的社會結構中最重要的部分[100]。」無論哪種方式，對威廉斯和其他挑戰典型的基礎和上層建築模式的人而言，仍然至關重要的是，理當完整的生產活動自此被嚴重地截頭去尾。無論是刻意重新吸納經濟活動，或只是流於口惠，似乎越來越變成只是偏好問題[101]。「文化的」的自主化（growing autonomization）也跟著越來越被刻意強調，企圖賦予表意在組織整個社會過程的軸心角色，諷刺的是，儘管此一企圖本身有時為當代文化研究中心的成員們提供批判（甚至自我定義）的對象。霍爾接著界定的僅限於少數個案，從未不知不覺滑進一種成熟的文化自主主義（cultural autonomism），但如威廉斯和湯普森曾經擔心的，預示了這樣的一種滑動狀態。

此種怪異的曖昧矛盾，明顯繼續影響1970年代的英國文化研究，亦可見於霍爾對於語言的態度。在1970年代中期，各種語言理論獲得當代文化研究中心密集關注。其中某些成員，包括霍爾自己，試圖與結構主義保持某種距離，尋求將維洛西諾夫（Volosinov）的「馬克思主義語言學」（Marxist linguistics），如同他們所說，看成是「對立於索緒爾語言學」的理論。依賴維洛西諾夫與阿圖舍，霍爾瞄準若干近乎神祕的理論化（near-hermetic theorizations）——其位階甚至被當時許多法國思想家擺在索緒爾之上——連番發出了中肯的批評[102]。然而，儘管霍爾也謹慎地認為，思想和語言不應等量齊觀[103]，甚至在1980年承認有個「極其強大的力量將文化研究朝觀念論（唯心論）的方向拉動」[104]結構主義的語言概念對理論施加的影響如此巨大，以致霍爾也無法想出一個徹底的替代提法。因此，霍爾從未將自己的思想從這種矛盾的宣稱中解放出來：「意識形態的詳細闡述在（廣泛理解）語言中發現了適當與優越的接合領域[105]。」相反地，他心滿意足地在阿圖舍的複雜社會總體性裡，雕琢出一個曖昧矛盾的空間，從中可能仍然自由選擇一個自我封閉的語言概念開始擴散，但仍不至於推翻統攝這些概念的詮釋「問題框架」（interpretive "problematic"）。

在霍爾的領導下，英國文化研究從阿圖舍的理論取得程式般的保證，阿

圖舍的理論強調「不同的矛盾，每一個『矛盾』都有其特殊性、發展節奏、內在歷史，以及其存在狀況——同時『被決定與具決定性』（determined and determining）：簡言之，……不同層次的社會形構的相對自主性和特殊效力[106]。」接著，整個1970年代，其程序仍大體符合霍爾的宣言，亦即馬克思的方法與認識論暗指：「任何企圖想建構『思考』為完全自主的……構成了一種觀念論者的問題框架，而這最終將世界視為源自於觀念的運動。沒有形式主義者的化約——不管是哪一種化約，黑格爾式的、實證主義、經驗主義或結構主義的化約——逃離了這種苛評[107]。」霍爾對分立與獨特的阿圖舍式的場域矩陣的接受，依次產生了值得稱道的研究，於其中對於相互關係跨越至少社會場域的某些部分，繼續獲得了一種值得回味的意義。因此，當代文化研究中心將不同時點的媒介與意識形態，不只與「家庭電視」相連結，也與一個政治的場域相連結，在一種國家為中心的「控制文化」（control culture）的形式，其「初級定義者」（primary definers）包括警方、法官和政府官員[108]。在這些時點上，當代文化研究中心成員將意識形態分析帶進精妙與話題的新層次。貫穿1970年代，霍爾的研究群，通常仰賴民族誌方法，同時追蹤支配與對支配秩序的抵抗，但提供有別於純粹文本批評的表象分析，以及其伴隨的——與承認的——理論主義（theoreticism）的危險。

威利斯（Paul Willis）關於職前、在學青少年的民族誌學研究很了不起，為1970年代英國文化研究取徑中的這種無法和解的緊張狀態提供了例證。一方面，正如女性主義者當時抗議，威利斯所用的類別「勞動」不僅是指工資勞動（waged labor），而且是男性工資勞動——而且，應該再補充強調的是，它指的是城鎮〔「榔頭鎮」"Hammertown"〕裡的男性勞動力，其中製造業密集程度遠超過當代英國標準。另一方面，與這種嚴密限制的「勞動」概念相反，「文化」有其誘人的矛盾之處。縱然驚鴻一瞥為明確的「物質力量」，「文化」似乎仍然是一個分立的——在關鍵方面，甚至是前提的——在小伙子們的經驗中，終究也就是「學習勞動（learning to labor）的實踐範圍」[109]。透過它所培養的相對期望和自我瞭解，「文化」不僅先於（勞動）出現，更預先定義了（什麼是）「勞動」。

當威利斯這類著作幾乎同時都努力重返實用主義者對於協作傳播（cooperative communication）概念的揄揚時，這種矛盾變得益加明顯。「文化，」詹姆斯・凱里（James Carey）承認——這裡借鑑克利福德・吉爾斯（Clifford Geertz）——應被認為是「一個有秩序的、但又矛盾和異質的符號系統」[110]。但是，也困擾吉爾斯本人的是，從何處、又為何矛盾和異質性將被引進？這仍是如謎般難以理解的問題。而且，另一方面，凱里致力於將傳播當成協作的、甚至是社群的事業，其前提是日益堅定和明確地致力於將經濟關係的重要性邊緣化。這種追求，最終呈現出一種自覺地排他的特徵。

> 經濟學是一種分配稀缺資源的實務。傳播是生產意義的過程，是一種非稀缺的資源，而是一個極為豐饒的免費財（superabundant, free good）。……因為在人性根源的意義上，沒有任何事物比傳播更為原初（primitive）、原始，或在共有和共享的意義上比傳播更為公共。……傳播是一個很集體的活動；的確，這是真實被創造、維護、慶祝、轉化和修復的過程。該活動的產物，「也就是」意義，建立了一個共有與分享的世界。……語言正是我們所擁有的，是一個集體的和共享的現象：不是創造，然後共享，而是在共享的行為中才得以創造[111]。

有點諷刺意味的是，此無異於重提施蘭姆（Wilbur Schramm）的名句：「傳播是基本的社會過程[112]。」再度地，我們明顯落入了例外主義訴求（exceptionalist appeal）的視野：「傳播」是不同的、特殊的、不可共量的（incommensurable）。然而，此處，凱里的所謂語言單純是「共享的」，其意義並未觸及許多面向：例如，如何——以及到何種程度——英語是共享的呢？是誰在共享？標準英語是凱里所謂共享語言的例子？如果不是，那「共享語言」是什麼？難道階級、性別和種族關係未曾對各式彼此競爭的英語有所影響嗎？比方說，對霍爾而言，雖然語言混種化（linguistic creolization）問題仍然不折不扣是不平等權力關係的問題，這些脈絡化的面向大體上凱里並未關照到[113]。我們甚至可看到霍爾和他的同事（在1978年）明白拒絕這種包山包海的假設，「我們身為

某個社會的成員，是因為……我們與同胞共享著共同的文化知識：我們近用著同
一張『意義地圖』（maps of meanings）」：

> 現在，在一個層面上，存在著一種文化共識（cultural consensus）
> 是個明顯的事實；這是所有的社會傳播的基礎。如果我們不是同一個語
> 言社群的成員，我們確實無法彼此溝通。在更寬廣的層面上，如果我
> 們不在一定程度上浸淫在同一套關於社會真實的分類方式，我們可能根
> 本無法「理解世界」。然而，近年來，這個（關於社會的）基本的文化
> 事實已經被提高到了一個極端的意識形態的層面，「亦即」因為我們置
> 身於同一個社會，屬於相同的「文化」，從而導出的假設是，基本上
> 對於事件只會有一個觀點：提供這個觀點的是（有時被稱為）這個文
> 化，或謂（一些社會科學家所謂的）「核心價值體系」（central value
> system）。此種看法否認不同群體之間有任何重大結構差異存在，也否
> 認一個社會裡存在著許多非常不同的意義地圖[114]。

大約是在1970年代早期，霍爾一直苦心孤詣強調的是——明顯相反於（哈
貝馬斯（Habermas）所提議的）所謂「正常溝通」（normal communication）是
在符合規則的情況下進行，其意義「對該語言社群的所有成員是相同的」——語
言「能力」（competence）「在不同階級和群體之間的分布是相當不均等的」。
這種社會語言學觀點對於瞭解觀眾理解（audience comprehension）或霍爾所謂的
「解碼」（decoding）[115]之差異化過程，具有相當重要的意義。在所謂「共享經
驗」的掩護下，「語言」另一方面又提供了手段，可能被用來變相恢復傳統的自
由主義思想，主張社會有多元主義和勢均力敵的各方勢力[116]。在凱里的概念裡，
這種想法付之闕如，亦即「文化」可被看作——如愛德華·湯普森曾經如此說道
——最根本地「作為一個變化和競賽的場域，其中對立的各方勢力發出各種彼此
衝突的宣稱」。透過共享經驗之說，無異於提出一個（權且繼續引用湯普森）
「共識的溫情邀請」，被用來「轉移對社會和文化矛盾、整體之中充滿分裂與對
立的注意力」[117]。

在整個1970年代，另一方面，霍爾偏好的文化研究似仍與威廉斯共享著相當大的基礎[118]。「如果我必須挑選一個有可能有所突破的領域，因為它帶來許多基本理論和實際問題，」威廉斯在1976年一貫樂觀地宣告，「這我稱之為符號的物質性（materiality of signs），將會是強調重點[119]。」當時，即使他繼續注意菁英藝術和思想之外的廣泛活動，威廉斯也仍然授予「文化」獨特地位：「特殊的文化機構和形構，」他在1981年寫道，需要新形式的分析[120]。值得重申的是，這一想法與阿圖舍模式之間的相通之處：「上層建築特殊影響之理論，」阿圖舍曾如此宣告，仍然有待開發；尤其是他期待著「闡明上層建築特定元素之特殊本質的理論」[121]。然而，需要再次強調的是，在威廉斯的眼裡，這缺乏一個真正「符號系統的社會學」，構成了他準確地預測「文化結構主義之所以能成功」的「一大原因」：「文化結構主義（cultural structuralism）正面處理這種『符號』系統，但卻以排除所有的其他真實的實踐為代價[122]。」再者，也必須強調的是，此一排除的力量預示了觀念論的死灰復燃，而「觀念論」的危險，正如我們所見，威廉斯和霍爾本人均曾提出警告。

我們可能會問，是什麼創造了此一特殊空間的建築，於其中理論變得可以自由作用，幾乎作為一種本能，可從社會、尤其是從相互物化的「經濟」狀況中分離出去，而且被公認為獨立和自決的範圍，形成各式各樣的「表意」、「意識形態」、「語言」或「文化」呢[123]？往這個方向的拉動，可能與文化研究在「知識」勞動主要場域（也就是大學）裡為求自保而重新制度化（reinstitutiona-lization）有關。一些支持者最近開始承認，文化研究確實因強調學術研究計畫和學科而扭曲。文化研究「空前的國際熱潮，」有人這樣分析，恰逢外界對其政治初衷的圍攻。簡言之，「施壓是為了產生一個較不惱人的版本的文化研究」[124]。「文化研究，」另有人分析道，「可能會在這一進程中被稀釋」[125]。可以確定的是，有越來越多胡蘿蔔被提供出來。為了使文化研究獲得更多尊重而做的實質和共同努力，在學院內外皆未獲適切注意[126]。

但是，轉進學院本身與文化研究已然改變的知識羅盤是同步的，不，應該說是一致的。霍爾本人對他所歡呼為結構主義的「斷裂」（a structuralist break），提出了兩種明顯不同的意見。第一種意見發表於1980年：「從此刻起，文化研究

不再是一個依附的知識殖民地。它有一個方向、研究對象、一套主題和議題，有自己獨特的問題框架[127]。」十年後，在柴契爾主義的殘害之後，他對這個關鍵的1970年代的評價變得更為憂鬱，「文化研究中心成為我們撤退棲身之所，⋯⋯當時已無力在開放的世界中進行對話[128]。」這兩種大異其趣的說法都隱匿了一部分的真相。

結構馬克思主義灌注左翼分子一種自我意識，它表面上遠離「物質」勞動的特性，與文化研究遷移到學院可說是非常地相稱。但與此同時，結構馬克思主義的出現似乎提供了考察「形式和語言」（forms and languages）——如今重現為「符碼和實踐」（codes and practices）——的嚴謹工具，它（結構馬克思主義）繼續影響廣泛的知識疆域。學術研究，更別說聲望，只有透過克服與鄰近學科之間常見的緊張關係的手段來達成[129]。在社會學，面對著一個特別重要的競爭對手——因為社會學本身在英國也遲至1950年代才被制度化為一門社會科學——文化研究成功地把未來賭注在它有權聲稱的獨特繼承：兩次世界大戰之間英語文學批評領域所涵蓋的廣泛主題。這個批評的傳統囊括了最好的、甚至唯一的，英國學術界文化研究的基礎。因為關鍵的是，一直到1950年代，不是社會學，而是英語文學（以及人類學），構成了「在英語文化裡的社會總體性的概念」的一個主要庇護之所[130]。

然而，霍爾將當時文化研究的狀況描繪成「撤退」，也仍然有其提示意義。佩里・安德森（Perry Anderson）睿智地描繪，馬克思主義的全盤挫敗並非因為突然遭受強大知識對手，而是遭遇一個區域性、局部的知識反應——主要限於南歐拉丁語系國家——與歐共主義（Eurocommunism）的崩潰有關[131]。然而，這畢竟很快地透露出是個非常大規模的現象。現在，我們必須瞭解的是，在日益學術性的文化研究興起的同時，的確，文化研究係與艾哈邁德（Ahmad）稱作「右派的全球進擊，『以及』左派的全球撤退⋯⋯那是對我們這個時代的知識生產及其接收結構進行分析時，必須考量的基本背景[132]。」或者，如葛蘭姆・梅鐸所聲稱的，「文化研究的快速增長，與新自由主義主導經濟和社會政策，以及建制的政治、特別是社會主義的傳統修辭和組織形式遭逢重大危機，幾乎是同一時刻發生〔conterminous，原文有誤〕[133]。」

　　這個脈絡肯定有關——儘管這個問題值得更多考察——文化研究轉向中的概念親近性（shifting conceptual affinities）[134]。霍爾再次提供了一個現成的基準。在理論化「右翼……在支配（工人階級）『的』失敗上的能耐」，霍爾援引葛蘭西，用以替換、但非完全脫離一個立基於階級的問題框架[135]。對霍爾而言，葛蘭西的概念「國族人民」（the national popular）和「權力集團」（power bloc）變成很管用的概念，因為它們允許支配和鬥爭問題可在脫離社會階級關係的立即狀況下進一步被提出來。這裡引用霍爾在1981年寫的宏文——〈解構「人民」〉（Notes on Deconstructing 'The Popular'）：

　　　　「人民」一詞與「階級」一詞之間有非常複雜的關係。我們知道這一點，但常常是刻意忘記。我們所講的是勞工階級文化的特殊形式，但是我們使用「流行文化」（popular culture）這個更具包容性的詞語來指涉探討的一般領域。完全清楚的是，若不參照階級觀點和階級鬥爭，我所說的這一切將毫無意義。但同樣明顯的是，階級與特定文化形式或實踐之間並無一對一的對應關係。「階級」和「流行」這兩個術語之間密切相關，但它們並非一定可相互替換。原因顯而易見，沒有完全分離的「文化」如範式般地，以一種歷史固著的關係，與特定的「整個」階級連結在一起——雖然有明顯獨特和變異的階級—文化形構（class-cultural formations）。階級文化（class cultures）往往在同一鬥爭領域裡相互交叉和重疊。「流行」一詞表明了這個有點位移的文化和階級的關係，更確切地說，它指涉構成了「人民階級」（popular classes）的各種階級與勢力的結盟關係，受壓迫、被排斥階級的文化：這是「流行」一詞為我們指出的範圍。而與此相對立的是——擁有文化權力去決定哪些歸屬和哪些不是的一方——根據定義，並不是另一個「完整」的階級，而是其他階級、階層和社會力量的結盟，構成了什麼不是「人民」、什麼不是「人民階級」：權力集團的文化[136]。

然而，這種與階級有限度地保持距離的做法，證明是走向完全脫離的踏腳

石，而完全脫離則典型地變得更加協調和顯著。此處舉約翰·菲斯克這個特別貼切的例子，他在霍爾寫作的十二年後針對相同概念寫道：「『人民』不是一個社會類別。它永遠不是。它橫切階級，也橫切個人，跨越所有牢固的社會類別和社會結構。……它是多種權力之間的結盟，一種圍繞議題而策略性地形成與再形成的社會利益的結盟[137]……。」何時這些所謂的「權力」本身被有意義地說成是複數而非單數？什麼是「社會利益」、又是誰的「策略性」的議題選擇呢？這些不可決定性（indeterminacies）提供了距離，如今介入其中，反對那些原本激勵文化研究的概念與關懷。在發達國家1970年代和80年代，在學院中得之不易的各種相關科系與課程——族群研究、婦女研究、「關於美國的西班牙語族裔的」奇卡諾研究（Chicano studies）、非裔美國人研究、亞裔美國人研究紛紛建立，但請注意並沒有與此相當的有關「階級研究」的大學課程。或許在一個世紀前被歸納為「社會問題」的這些（階級）問題，會被留在原始的學術領域——社會學、經濟學，或歷史學。但是，可以確定的是，「種族」和「性別」並非如此。

　　誠然，當時受文化研究影響而對於差異的確認，即使它們被迫退出支配的總體性概念，未曾否認社會關係（social relationality）的重要性。在此一風起雲湧的脈絡下，概念視野不斷重塑，必須同意的是，1950和1960年代的重大斬獲——亦即社會能動性（social agency）這個主動關係性的概念——仍然可見於一些學術著作，甚至令人拜服；舉個一個相對晚近的例子，喬治·李普希茲（George Lipsitz）所撰研究艾弗里·佩里（Ivory Perry）的專書，有力地探討當代世界日常生活抵抗的複雜英雄氣概和尊嚴[138]。但是，儘管存在著區域差異，社會問題和身分認同的分析普遍偏向單一扁平的面向。「如果我們想繼續相信社會階級這樣的一些類別，」一位傑出的馬克思主義評論家在1979年如此表示，「我們勢必得為它們挖掘一個脆弱的文化和集體幻想的無底洞」[139]。這幾乎好像是，為了遷就拋棄感認的總體性概念，為了精心闡述主體性時尋求熟悉的連繫，而再一次倒退地回到「知識」勞動這個安於物化（comfortably reified）的概念。

　　有關「抵抗」的討論即是特別明顯的例證。「追求意義的文本鬥爭」——這次又是菲斯克，他說——「精確等同於追求權力的社會鬥爭」[140]。真的嗎？非得要無家可歸的流浪漢在《生活》雜誌中暗藏《好色客》（Hustler），欺騙挑剔的

監督員，才算是他們在對抗這個造成他們無地容身的支配社會政策[141]？同樣的狀況可見於那些殖民言說（話語）理論之中，對於帝國權力的抵抗本身已轉變成一種固定物化的形式（亦即「東方主義」），也同樣顯著透過文本策略發生——凸顯在「帝國逆寫」（the empire writes back）這麼詼諧的構句之中[142]。

　　保羅·吉爾羅伊（Paul Gilroy）已中肯地批評「本質主義」（essentialism），以其將「差異」當作一種「高度整合的文化和族群特殊性的概念」；他另一方面也批評「反本質主義」（anti-essentialism），某些變體（的反本質主義），有將整個主體性（這個概念）從「權力和臣服」[143]的強韌樣態中切割開來的可能。吉爾羅伊恰當地指出，「本質主義」與「反本質主義」都未展現能力或慾望去命名這個支配性的向心力，後者現今仍繼續對「經驗」起著中心的擾動作用。想想，在這個日益整合的廣告和行銷的複合體，利用越來越靈敏的資訊科技（信息技術）瞄準「最需要的閱聽人」[144]，並以「種族」、「性別」、「族群」及其他屬性區分[145]。本質主義和反本質主義各自地誤認且不重視這個剝削的複合體——從歷史的角度看，一方面這涉及不只是對現存種族或性別主體的遲來的承認，或者，另一方面是透過這些身分認同「差異的無止盡作用」，蔚為風氣。這些誤認個別表明一個共同的傾向，亦即徒勞地賦予表意實踐（signifying practice）某種特權，遠超出其自身的存在條件。

　　難道這一切是無法逃避的代價，只為了回應左翼傳統上對性別化或（有時是）種族化的階級概念的依賴[146]？我不作此想；它也必須置放在文化研究日益反動的環境裡思考。即使我們同意霍爾近期寓意的包容精神——即「與差異共存的能耐，……是二十一世紀即將來臨的問題[147]。」——後者提供的不過是一個空殼，容忍任何人的自我呈現。此處置剝削問題於何地——有著各種可查證的悲慘陰影——剝削仍舊是社會關係的主導形式？反過來，超越單純的偏好，又是什麼妨礙吾人驗證跨國公司主管的剝削經驗？霍爾的說法難道不是很危險地近乎約翰·菲斯克警告的，可能是「一種新的自由多元主義的共識，與舊的（自由多元主義共識）只是協議內容有所不同」[148]？是否這樣的一個多元主義（pluralism），就是文化研究初衷最終希望能夠或應該拯救的一切？

第三節

公然辯護、促進同樣的新自由主義高漲、阻滯了像文化研究這樣的反對方案的，是一個相當不同的知識形構，麕集在「後工業化社會」（postindustrial society）這個概念的周圍。然而，後工業理論不僅再次物化「知識」勞動，而且——在結構主義的「斷裂」之後，進而與英國文化研究比肩齊步——同樣為這一操作聲稱一個正當理由，顯然是在不正常的性質及其看似不同的新目標：「資訊（信息）」（information）。

後工業化理論概括了驚人的概念進展。該理論聲稱其淵源可追溯到聖西蒙（Saint-Simon）的「有先見之明的觀點」所預示的「科學家社會」（society of scientists）[149]。然而，此一觀點不必追溯到這麼早，它其實有更個直接的祖先。早在巴枯寧（Bakunin），並在更充分的闡述理論化，亦即在波蘭的簡‧麥可辛斯基（Jan Michajski）的無政府馬克思主義裡，在二十世紀之交發展出一種理論，主張受過教育的管理人員和科學家將組成的「新階級」（new class），並對或將支配社會的此一新階級進行攻擊；這派人士具有諷刺意味地自我呈現為社會主義，但卻缺乏任何真正追求社會平等的措施[150]。在1950年代，這一「新階級」的概念，以一種被公開稱讚為反共產主義論點的面貌再度現身——就像大眾文化的激進批評強調，一個顯然不正常的白領階層顯示滑向專制主義的不祥預兆。在這個理論的技巧純熟的美國對話者丹尼‧貝爾（Daniel Bell）的手上[151]，後工業主義倒置了上述兩種討論的邏輯，並且魔術般地收其一石二鳥之效。在貝爾的構想裡，白領工人這個新階級既非庸俗和主導的政體的催化劑，也非此一政體的統治者，而是新的社會秩序的基礎，而在這個新的社會秩序中，知識而非市場關係將會是主要的。

合而觀之，知識分子和技術工人被推定是處在參與實現一種（後來有論者稱為）「普遍階級」（universal class）的過程。即使這第二次、較為平淡的後工業化理論的變種，亦即自稱「左翼黑格爾」的阿爾文‧古爾德納（Alvin Gouldner）

所主張的，描繪了這一種階級的興起，無論如何「有缺陷」——作為「歷史目前給我們打的最好的一張牌」。透過一系列平行的構想，古爾德納對後工業化理論的重新創造，並未多於他和貝爾的後工業理論的斷裂[152]。無論是所謂的「普遍階級」，或僅僅作為新的社會秩序的一種「原理」，「知識」勞動（這個概念）再次受到高度限制。

正如貝爾指出[153]，他的後工業社會理論是最直接地回去傾聽索爾斯坦·韋伯倫（Thorstein Veblen）的思想。韋伯倫曾在1919年寫道，經濟學家習於依賴的三個協調的「生產因素」（factors of production）——土地、勞動和資本——已成為一個過時與不可靠的分析基礎，最重要的是，因為它不當地完全略而未提，「工業藝術」（industrial arts）的「生產效應」（productive effect）。什麼是「工業藝術」呢？韋伯倫解釋說：

> 工業藝術的境界是源自於過去經驗的聯合知識庫，持有並傳衍，做為整個社群不可分割的共同資產。它是所有生產工業不可或缺的基礎，當然，除了某些涉及專利權或商業祕密的部分之外，這項共同資產並非任何個人的財產。因為這個原因，它未被當作一個生產的因素來計算[154]。

在其他地方，韋伯倫說得更加明確。工業系統的「基礎和動力」是「大量的技術知識」。而「這些具有天賦、經過訓練和有經驗的技術人員，現在擁有必要的技術資訊（信息）和經驗，在貫徹國家的生產工業的日常工作中，是首要且不可或缺的因素」。因此，韋伯倫稱作「生產工程師」所組成的兵團，構成了——與工業領袖們自我聲稱的不可或缺性適成鮮明對比——「工業體系的總參謀部」，其所扮演的角色是確保「艱苦和智能協調的工作進程，以及同樣艱苦的配置機械動力和材料的工作」。然而，從一個名副其實的兵工廠中提取各式武器去限制或「破壞」生產，不在場的業主及其黨羽、高階的企業經理人和金融家，系統性地阻止科學和技術實現（若免於此一「商業偏見」）它們能夠輕易達致的生產力和物質福利。只有允許不帶偏見的技術人員和生產工程師直接和全面地主導生產活動，以及如貝爾所指出的，主導美國社會的整體方向，資源和勞動力的真

正優化的配置和調配，方得以最大限度地發揮，促進人們的物質福利。的確，「任何革命性顛覆的問題，在美國或任何其他的先進的工業國家，就實際事實面來說，都涉及了技術人員的行會將會怎麼做的問題[155]。」

在1930年代，韋伯倫對知識工作的正面評價，在日漸高漲的（對知識工作）負面理論化的潮流下而黯然失色，（此一負面理論）發現法西斯主義、宣傳及大眾文化之間的連繫。但貝爾的後工業化理論的前兆仍然繼續顯現。劉易斯‧柯瑞（Lewis Corey），正從共產黨變節為反共產黨的激進分子，也是後來在1940年代丹尼‧貝爾相交和合作出版的對象，當時（1930年代）幾乎和韋伯倫一樣用大致相同的術語宣告，只有社會主義能夠解放生產，從而把實現人的需要擺在良善的科學基礎之上。「對於生產的限制壓制了技術和科學的增長，」柯瑞如此寫道，「因為它們在資本主義底下的增長，取決於生產的向上運動和可獲利性。即使在資本主義高漲時也從未得到充分利用，科學和技術的利用在資本主義下跌的條件下，勢必穩定地衰頹下去。」另一方面：

> 一種新的社會秩序中的所有的經濟要素俱已存在：非常有效的生產力、豐富的熟練勞動力和原材料（包括漸增的合成材料），以及經常是更大量的有技術應用能力的科學知識——全部都統一在集體形式的生產，而這是社會主義的客觀基礎。今天不僅完全可能消除貧窮，而且能充分供給所有人的需求；而且也完全有可能無限地加倍增加專業和文化服務，這是中產階級中的許多團體現在提供的功能[156]。

接著，在1933年，在提到納粹主義對白領階層的控制時，哈羅德‧拉斯威爾敏銳地指出：

> 現代社會的巨大物質環境之增長，與專殊化符號活動的前所未有之擴大同步進展。醫學、工程和物理科學激增為數以千計的專業，為控制特定方面的物質世界。這些掌握必要的符號設備的人，也是知識階層的一部分，他們的「資本」是知識，而不是肌肉。這些知識工人

（intellectual workers）人當中有個次類屬，也就是狹義的「知識分子」（intellectuals），長於操作與政治生活有關的符號。日益複雜的現代文明創造了一個巨大的網絡，記者、翻譯、教師、廣告人、煽動者、宣傳員、法律辯護人（legal dialecticians）、歷史學家和社會科學家彼此競爭，也與其他所有階級和次階級競逐尊重、安全和物質收入。……列寧對「知識分子」嗤之以鼻，認定他們是不成階級的妓女，誰出價最高就為誰效命。很明顯地，一個「智囊團」（brain trust）——借用目前美國人對羅斯福總統的專家顧問所做的描述——對各造都是一種有用的政治奧援，在大社會（the Great Society）時期的符號專家（symbolic specialists）的遽增，意謂我們必須把它當作一種浮現中的、有其自身客觀利益的強大社會形構（potent social formation）來看待[157]……。

無論是含糊提到「知識工人」，其「知識」組成了一種「資本」，或是所謂他們組成「有其自身客觀利益的強大社會形構」的說法，都直接再次在後工業化理論當中被提出來。但後者期待的戰後長期的經濟繁榮，明顯地取決於科學和技術的系統性應用，也與「知識」勞動擴大的社會意義的明顯跡象有關。在1958年到1980年之間，白領工人的數量在美國幾乎翻了一番，儘管他們在受薪勞動力中的比例以較慢的速度增加——據估計，從43%增加至52%[158]。

貝爾對復興韋伯倫觀點一事的所做的努力，最初是透過他較早期的著作《意識形態的終結》（*The End of Ideology*），構成了複雜的恢復大業的第二部分：對某一特定階層提供了一個新的自我辯護，一掃新政時期（New Deal）左翼對它的疏離氣氛，以及1950年代在強調國家安全的狀態下（national security state）默許它扮演順從、但僅是工具性的角色。後工業化理論與政府大幅增加研發支出，以及更一般地說，與短暫的美國世紀（the short American century）的「黃金年代」是同時發生。在此脈絡下，冷戰時期的知識分子一般皆同意，正如貝爾在哥倫比亞大學的同事理查·霍夫史塔（Richard Hofstadter）所強調的，尋求與自己的社會建立親善的關係[159]。霍夫史塔有充分的理由指控——謙虛和流暢的洞察力——美國歷史上「反智主義」所造成的週期性的破壞，已經在最近1950年代肆虐的麥

卡錫主義（McCarthyism）得到了證明。他精明地指出：「知識分子在我們的時代遭受眾人憎恨，彰顯的不是他的地位下滑，而是他的地位日益顯赫[160]。」

　　一方面，冷戰時期的知識分子必須透過「反共學者」的考驗，「飽受知識社群中一大群人過去的歪理邪說」[161]。另一方面，他們希冀維持自身剛獲得提升的地位。在意識形態較寬鬆的甘乃迪年代（the Kennedy years），有機會易守為攻的餘裕下，貝爾積極的理論化，完全符合當時知識分子益加重要的社會意義。教育，或「人力資本」，他寫道，越來越清楚地成為「社會技術和生產進步的基本資源。」技術，或是韋伯倫所謂的「工業藝術」（industrial arts），確實構成了「源自於過去經驗的聯合知識庫──一個社會的資產，而非任何人或公司的財產，雖然它常被如是宣稱。」最後，「在未來幾十年裡，無論如何解讀，我們的職業結構的變化皆表明，我們正朝向『後工業社會』發展，其中科學家、工程師和技術員構成了社會上最具關鍵職能的階級。」對貝爾而言，「這一波未來的趨勢」，將建立「技術統治的社會」，而這明白無誤地是一件「好事」[162]。

　　貝爾將韋伯倫的觀點置放在明顯是共生的、但歧異的架構裡。後工業化的論點確實不能脫離「資訊（信息）理論」的出現──如我們在第二章所看到的──作為戰後學術性的傳播研究的重新構造的一個科學的高峰，在各種不同的「系統」中，「資訊的」面向或層面都被特別指認出來。

　　貝爾[163]最終承認，在一個重要的意義上說，「每個人類社會始終存在於知識的基礎之上」。那麼，如何指認和區分出什麼是「資訊（信息）社會」呢？由於資訊（信息）處理人類社會組織中的一個無所不在的特點，他需要做的不僅僅是孤立和分類展開一系列的當代的資訊（信息）之功能、職業和過程。為了區分後工業化社會，後工業化理論家也不得不將資訊與其他顯然不同或已然改變的社會特點連結起來。在《意識形態的終結》（1960），貝爾已經論稱，植根於「家庭資本主義」的「統治階級的破碎」，已經剝除了該階級任何重大的政治角色；而今領導大型企業的「獨立」經理人已經基本上消除了任何對於「虛構」的私人生產資財的道德倚賴，而是「為績效本身的目的」（performance for its own sake）所驅動；引發這場學生的「『寂靜』革命」的因素，是財產繼承的重要性降低，掌握權力的本質從財產轉移到技能，以及政治位置取代財富成為行使權力的基

礎[164]。

在與資訊（信息）理論合流之後，這些信條——從「管理革命」（managerial revolution）的概念擴展而來，而這概念是更早之前由詹姆斯‧伯恩罕（James Burnham）等人提出來的——可以與其他明顯的轉折和轉型相連結。據此，後工業分析家開始不僅強調透過現代科學技術達致理論知識的符碼化（codification of theoretical knowledge）、「知識工人」數量增長與地位的變化，而且也強調微電子學令人驚訝的能力、不斷變遷中的國際分工，以及大學扮演的關鍵角色。但是，他們一致認為，產生社會不連續性的最終來源，顯然是源於本身，也就是資訊本身的殊異本質。

這些鼓吹後工業化社會即將到來的人，把他們的理論立基於資訊本身明顯內在的特殊性。他們對於歷史特殊性（historical specificity）的強調，以一種不安、但平淡的緊張關係，與這種反歷史的衝動（anti-historical impulse）並存。然而，此理論的一個主要分支預先排除了肯認此種緊張關係的可能，透過將後工業主義嫁接為一個強而有力的概念，亦即有所謂可辨識的經濟增長的「階段」存在。後者，還記得，在「不成發展」國家（'underdeveloped' countries）的脈絡下浮出檯面，以支撐所謂有利於發展的政策之適當進程。如今，在資訊（信息）社會的理論裡，增長階段的概念再次被動用，但是被用在一個大不相同的脈絡下。這一次，這個理論被用來支持一個論點，不是關於「不成發展」國家邁向消費者資本主義（consumer capitalism）的理應必要和可欲的路徑，而是關於「先進」經濟進入一個新的、甚至更高階段的發展進程，所謂正在進行的這一股歷史運動。

然而，在這裡，後工業化理論背後的例外主義（exceptionalism）也儼然成為定理。在凡尼‧貝爾的《後工業社會的來臨》（*The Coming of Post-Industrial Society*），這個理論（後工業化理論）的典型軌跡，亦即科學和技術革命——或他所謂的「理論知識作為社會組織的軸心原理」——構成了新的「具社會決定作用的特徵。」然而，與米爾士早年關於白領工作想法，也與霍普後來致力為分離獨立的意識形態領域辯護，有著令人驚訝的相互呼應，貝爾指稱，科學「有一個獨特的性質，不同於其他活動，包括勞動；正是這個特性使得立基於科學的社會和工業分道揚鑣[165]。」這對未經證實的說法很快被接受，這些接受的人強調，

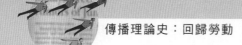

資訊（信息）的獨特性組成了一個浮現中的新時代的重大殊異性。「資訊（信息）」，當時貝爾實驗室執行董事強調，「的特質迴異於我們慣常處理的實質財貨。」他宣布，這些「重大分歧」應該「形成我們思考……這個資訊（信息）時代的背景」[166]。「資訊（信息）資源，」另一個主要倡導者露骨地總結道，「……，與其他資源是不同的類屬。」不受熱力學的法則拘束，按照這個人士的說法，資訊（信息）是「可擴展、可壓縮、可替代、可運輸、可流通與可共享的」。他主張，這些令人傷神的獨特、「固有的特性」，提供了瞭解資訊日益高漲的經濟重要性的重要線索[167]。這兩個假設——亦即資訊（信息）的生產根本不同於其他形式的生產，而且資訊（信息）在本質上不同於其他資源的想法——承載這個想法，亦即資訊（信息）已取代資本和勞動力成為生產的轉化要素。後工業化理論利用其例外主義的前提，援引一項全面的、但無法向人展示的歷史斷裂，從而果斷地撤回生產的主要社會關係，轉而遁入本質上是虛模的和虛假的社會發展模式。

後工業化理論可能輕易地認為，這種假定的社會秩序邁向部分未知的起飛時刻，應該以焦慮或甚至恐懼面對之。但相反地，特別該理論中占有主導地位的分支，卻是沾沾自喜地迎接未來，喜不自勝地相信這終將是好事一樁。這種立場既需要也似乎驗證了從當代社會經驗的重大矩陣導出的一整個系列的抽象（與英國文化研究形成直接對比），而當代社會經驗的重大矩陣包括：經濟停滯、新社會運動對當代社會展開的批判，以及並非最不重要的，越南戰爭爆發了美國帝國的危機，與文化帝國主義的批評交織在一起。在一篇對於貝爾的「識通的反馬克思主義」（informed Marxism）所做的精闢評價中，韋伯斯特（Webster）和羅賓斯（Robins）強調後工業主義的意識形態基礎[168]。然而，這個理論的意識形態工作是基於一個巧妙的手法（a sleight-of-hand）：捨鮮活真實接觸，它提供的是一個歷久不衰的抽象，一路奔向資訊（信息）所謂的固有和至高無上的普遍特性。

資訊例外主義（information exceptionalism）服務此種明顯的意識形態目的，這很容易被證實：「工業社會和後工業或科學技術的社會之間的……這種區別意味著，」貝爾如此宣告[169]，「某些簡化的馬克思主義的概念類別已不再適用。」後者包括所謂的在社會變遷中「工人階級所扮演的領導角色」，以及更一般性

的，所謂各類激進人士倡議的歷史和社會進程、或是社會發展的整體概念。再次，這是對於勞動的重新評估，成為後工業主義方案的關鍵；所謂「價值的知識理論」（knowledge theory of value）從而可能取代勞動價值理論（labor theory of value）。後者的指涉範圍被認定為僅限於工業社會，因此無法包括當時正在浮現中的表面上完全不同的社會形構[170]。

「所謂資訊（信息），」貝爾宣布[171]，「我的意思是指最廣義的資料（數據）處理；資料的儲存、檢索和處理變成所有經濟和社會交換的基本資源。這些包括：紀錄的資料處理……流程的資料處理……資料庫。」此一定義影響所及，造成資訊深深鑲嵌並連結於科學，因此，與此相關的，是表面上的事實或紀錄材料。〔這些已變得明顯，例如，在1950、60年代的公共政策討論中，所謂「科技資訊」（STINFO）越來越重要，亦即「科學和技術資訊（信息）」的簡稱[172]。〕這種科學主義的定義，將「數據處理」或「資訊（信息）」與意義領域（realm of meaning）分隔開來，而後者也正是資訊（信息）理論本身常常無效延伸，以及霍爾和其他學者正在尋求（在一個平行的例外主義的基礎上）建立的一個自主但介入的文化研究之領域。

被後工業化理論從其原本特殊的工程用法切斷，如今被視為「最廣義的資料（數據）處理」，「資訊（信息）」當然可以有效地被用來作為「文化」的同義詞。但若同義，有何需要另鑄新詞？貝爾的用法，正好相反，努力將「資訊（信息）」當作明顯不同於任何可被視為可替換或等同「文化」之詞。那麼，「資訊（信息）」一詞不僅包括，也同時遮蔽了人類學意義上的「文化」。貝爾不用「文化」一詞，因為在1960年代之前，該字詞的主要用法與他所致力的方向截然對立。一方面，「文化的」揮之不去的人文迴響，無助於擴大後工業化理論立足的科學主義。另一方面，更直接的威脅是來自於當時有人重新賦予「文化」新的意義，強調平凡人類經驗的創意和廣泛歷史顯著性，而且這種立場不僅只見於於英國文化研究者的理論[173]。的確，「文化」有時似乎是變態，正如愛德華‧湯普森偏好這麼看，變成一種明顯可見的鬥爭方式。比方說，美國的民權運動，儘管它的政治作用有時可能會被誇大為「反抗文化」（counterculture），給了至少有一些衝突在「文化」之內浮現的跡象。在較不發達國家中，毛澤東的「文化大革

命」和興起的反對「文化帝國主義」的眾聲合唱本身，是其中最明顯的信號，亦即「文化」不再簡單地翻譯成概念，一種強調明顯是永恆的傳統主義。這種用法積極地對抗後工業主義的意識形態潮流。這些都讓「資訊（信息）」的倡議者萬難接受「文化」是他們的主要指涉領域。

「資訊（信息）的」的客觀光環，轉而吸納了一種明顯的經濟主義傾向：這種假設，在公共論述（話語）中如此盛行，亦即所謂「經濟」可以被診斷和預示，彷彿存在於脫離「政治」或「文化」的原始狀態。「資訊社會」與「資訊經濟」這兩個彼此之間沒有任何明確差異的提法，即為徵候。就它本身而論，這些事項固然值得注意，例如資訊服務方面日益增長的貿易、資訊工人數量日增、企業應用信息技術、技能訓練程度和「人力資本形成」不斷開展，俱皆無可非議、甚至有啟發性。但是，經常地，這些主題的考量被用來轉移注意力，無視於繼續存在的社會分裂、嚴重的不平等和政治衝突等經驗。「資訊（信息）」立即使分析脫離「文化的」豐富底蘊：長期一系列、有建設性的透過「高雅文化」、「大眾文化」和「通俗文化」等術語進行的辯論，亦即爭論什麼文化、誰的文化，能夠而且應該是平凡的。「資訊（信息）」同樣被完全從社會生活和社會過程中抽離出去；它用「資訊（信息）社會」這麼一個脈絡化的名詞（contextualizing noun），在這個方向上擴大它的指涉範圍。在將討論轉移到看來是完全新的境界時，「資訊（信息）」理論家都試圖重新建立一個與鮮活和衝突的經驗之間的分析距離。因此，他們的理論與尼克森曾對一位政治助手說的私人評論一致，「要是沒有這些該死的人民，政治會是一個極美妙的事業[174]。」

這個距離是透過丹尼・貝爾的二分法（實際上是三分法）思考。貝爾[175]一貫接受文化應被視為「經驗的符號化表達」（expressive symbolization of experience）。在「文化」與他所指認的「技術經濟秩序」之間，貝爾假定有一個真正的鴻溝存在。在某個姿態上，這與阿圖舍有著一個明顯的、至少是部分的並行關係，他斷言文化、政治和經濟各自構成完全分離的領域，存在於不同的空間，以相互獨立、甚至「相反的」的原理運作著。那麼，可見貝爾之所以把原本大部頭的單本書稿當中的數百頁拿掉，並在《後工業社會的來臨》一書之外另行出版了《資本主義的文化矛盾》（*The Cultural Contradictions of Capitalism*），其

中大有文章[176]！從後工業化理論角度論事，「文化」仍公然與資本主義相連——在資本主義之內和之外繼續進行鬥爭和反對——而「資訊」顯然不是這樣。或更確切地說，「資訊」可以被防衛（迄今為止堪稱成功），拒絕大幅與任何激進異端思想有所關聯，而後者的支點是「文化」。

　　這種防衛中最積極的莫過於它對國際資訊新秩序運動的回應。儘管經歷十年的政治努力，倡議者證明無法為「文化」的政治化開啟一個組織上的空間，有力地將文化深入至「資訊科技」的新模式當中[177]。到了1990年代，貝爾的後工業理論的正宗遺緒，也是托夫勒（Alvin Toffler也曾任職《財星雜誌》）等人不遺餘力地倡議的果實，變形為頑固的、反動的未來主義（reactionary futurism）的強烈跡象，完全有能力既包括共和黨右翼的絕對命令，也包括復興種族主義者一度已聲譽掃地的論點，亦即「智能」是一種遺傳的稟賦[178]。但這個（資訊）理論易受到第一種修正的影響；其最糟糕的特點是始終為部分的社會階層保留驕傲的空間。具體來說，當然，它獨厚專業人士、科學家和管理人員：這個階層是歷史偏見的沈重負荷——正如浸信會教友修伯特（Baptist Hubert）所抱怨的——從未停止被等同於「知識」活動本身。

　　幸好，浮現中的對於後工業化理論的激進批判，也開始發展。透過賀伯・席勒（Herbert I. Schiller）和其他人的著作，吾人得悉在1970年代末期已經出現從「文化」和建制大眾傳媒，到後工業主義者想要通則化的轉變——而且，正如我們所見，在人們尚不熟悉的「資訊（信息）」和「資訊科技（信息技術）」的名義之下，暗地裡重新導向。後者指定了一整套浮現中的工具化（instrumentation），其逐漸多方面的、具影響力的應用，越來越明顯地在1970年代末期，圍繞在電腦通訊（計算機通信）的控制中心。即使是此一事態發展的十年以前，這方面的發展或許可預見於針對文化帝國主義之批判。「當前電子系統傳送情報數量、形式和速度，」賀伯・席勒在1969年寫道，「已在人類和群體關係上產生了新的質素。電信是今天最活躍的動力，對社會的意識形態與物質基礎皆有所影響[179]。」《五月宣言》（May Day Manifesto）也強調，「我們正處於人類有史以來技術變革最深遠的一個時代」；這種「生產力」（forces of production）持續創新所帶來的擴大效果是——正如約翰・費科特（John Fekete）堅持——即

「電子與電腦」可能被視為正在進行中的「新資本主義轉型、重新鞏固與整合」所需的「基本而新穎的生產力」[180]。雖然這僅僅暗示，這樣的評論預示了一個繼續的追尋，尋求一種不將傳媒機械地交付給所謂「上層建築」（superstructure）的另類方案。

十年後，除了國際日益上升的回應，（尤其是跨國公司）應用資訊（信息）技術的速度和規模，有助於將「文化」和「文化帝國主義」的政治經濟學批判拉進一個全新境界。值得注意地，新的關注對象無法局限於任何傳統的表達作品和實作。現在，顯然在傳播與資訊（信息）技術的叢結中——以看似無情的速度從地平線移至眼前——毫不遜於創造性毀滅（creative destruction）的全球風潮。美國職業結構的特徵在轉變中；資訊（信息）技術的商業和其他應用迅速發展。轉進後工業化理論指認的「資訊（信息）」，因而有助於將一系列議程引入激進研究之中。

針對文化帝國主義的批判論稱，「傳播」以諸般新穎而重大的方式影響著當代社會過程。後工業化理論家力謀將其美好未來社會的願景擺脫資本主義生產的社會關係，這些激進學者則剛好將「資訊（信息）」顯然驚人的意義置放在跨國資本主義之內（與為其服務）來討論。「資訊」因此現在提示——並且很值得——其正在進行審查的一系列相互連結的經濟和制度趨勢：現代產業的工作重組、國際分工的改變，以及辦公室科技（office techonology）的歷史和政治經濟學。因此，卓有成效的研究激增，在傳播研究的有效範圍裡帶來了一系列新課題。透過1970和1980年代前所未有的進擊，跨國企業已證明是透過一個前所未有的大範圍活動而成形。

促成這一結果的是：國家引導的私有化運動是把資訊（信息）和資訊科技（信息技術）轉變為企業利潤不受阻礙的媒介；企業依賴爆炸性增長的傳播和資訊處理科技，以實現更全面的跨國生產；利用資訊科技去監測和控制大規模複雜分工下的勞動過程；資訊科技在軍事應用上同樣重要，以遏制和鎮壓任何威脅跨國資本主義的狀況[181]。因此，後工業分析家所指出的大規模變遷，已開始被用極為不同的角度來理解。

但是，貝爾對當代美國社會的描繪中所提出的更深刻的挑戰，當時仍然不

夠清晰。如何、在多大程度上，復甦的激進批判應該接受後工業主義的主要觀念呢？特別是，激進批評者如何權衡和轉化後工業理論核心的歷史階段論（stage theory of history），但又不至於淪為設辭強辯？從農業到製造（工）業，然後呢？後工業化理論家喜言「資訊社會」，而他們的對手逕以「資訊的」或「模控學的」資本主義（'informational' or 'cybernetic' capitalism）稱之。這中間有多少斷裂？癥結何在？這些問題的答案仍然是很不清楚，因為「資訊」顯然殊異的特質大致上仍未被質疑[182]。

把社會轉型的希望寄託在無數真實且明顯的民族解放代理人，正如吾人所見，文化帝國主義的批判已經從國族文化進行抽繹。然而，這是當代的顯著事實，在去殖民的壯烈時刻之後，資本主義不僅繼續存在，甚至大大增強。因此，造成英國文化研究轉向的政治反動，也同樣損及對於文化帝國主義的批判。當然，後者有效地將「資訊」編織轉化為政治經濟學，以便加強其對輪廓日益成熟的跨國資本主義的關切。事實上，由於目前去殖民化和民族解放運動式微，研究資訊科技的政治經濟學者得以對當代企業權力的形式和方式提出獨特的看法。雖然無可匹敵的重要見解從而實現，但一個概念尚在形成中的，亦即「文化」作為積極的人類能動性（active human agency）的實踐，也因此而被擱在一邊。大致含蓄地，社會總體（social totality）這個概念主要被用來當作資本以破竹之勢大舉入侵的空間。跨國資本不再受到民族解放運動的對抗和概念上的抵銷，反而變成阻礙社會變革的壓倒性的優勢力量。激進分析家試圖描繪的「資訊（信息）」圖像，在線條與形狀的應用上無懈可擊，但其對於運動的整體使用方式則是彰顯了重新抬頭的雙元論（resurgent dualism），一如我們發現的，這種現象同樣再度發生在文化研究。

在理論的第三種分支——亦即後結構主義——之中，往往預示著某種重修舊好。不過，再度地，如我們現在可見到的，在最終的理論化時，又一次地物化了「知識的」勞動，因為這後來的理論化方案尋求將自身立基在直接和傷害地否定「勞動」之上。

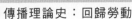

 第四節

　　輕蔑地否定物質與理念，或行動和語言之間的二元對立，豈不透露渴望一個拒絕雙元主義的可行之道？是否後結構主義導致這樣一個劃時代的超越？可嘆的是，它們是完全不同的問題。後結構主義是一個越來越多樣的傳統，不管阿圖舍馬克思主義或後工業化理論，此處我無意冒險宣稱一個全面的評估，無論其起源或是主要宣稱。我只是想強調其自我定義行為的一個主要特徵。因為，無論它宣稱它做什麼或它是什麼，後結構主義只有透過廣泛、重複且全面的否定「勞動」來界定自身。

　　就本身而言這不是什麼新奇之論。例如，馬克・波斯特（Mark Poster）表明，傅科（Michel Foucault）的思想因為持續參照西方馬克思主義一貫疏遠古典馬克思主義所關切的勞動和生產模式而益增光彩[183]。然而，我們應會發現，就像另一位後結構主義要角尚・布西亞（Jean Baudrillard）一樣，傅科定義他的方案，只是透過負面地指涉一個非常特殊的勞動概念。這種理論化反過來又支撐了一系列包山包海的對於「知識」勞動的物化（reifications），而這又變相取代了抽象的時刻——現在各種所謂的「再現」（representation）或「表意」（signification）或「話語實踐」（discursive practice）——變成此理論的重心所在。那麼，我們如何理解這個「勞動」，其對後結構主義的影響即在於它將被證明同時是無所不在與難找到的？

　　不管是好是壞，後結構主義與戰後法國社會思想的一整個禁地（forbidden edifice）緊密相連。在這方面，「勞動」是一個主要、甚或是精華的領域，在後結構主義者及林林總總的其他思想家之間，有著概念上的重疊，包括存在主義者和現象學家（phenomenologists）、獨立的馬克思主義者、結構主義者和天主教思想家。跨越這些異質的思想光譜，「勞動」一般被視為純粹的與經濟性的範疇，由法國共產黨主導、主要存在於正統辯證物質論的思想力場（intellectual force field）。這表明，首先與最重要的是，工業無產階級受到剝削的勞動；任何超越

這層意義的一切都難以被擺進這個範疇。此處有個共同的問題；而且，誠如馬克・波斯特（Mark Poster）所示[184]，透過復興黑格爾的思想，以及密切相關的發現和翻譯前所未知的青年馬克思著作，相當於半個世代的知識分子試圖——雖然透過不同的方式——與這個被窄化的（譯按：勞動概念）架構保持距離。

然而，在他們各自投射出的差異底下仍有一個「勞動」的概念：因為「勞動」不是不能捕捉人類狀況的這些關鍵面向如信念和疏離，以及（如同現象學家所堅持的）意識嗎？人類大範圍的活動、主體性和慾念，怎麼只能夠局限在「勞動的」普羅克拉斯床（procrustean bed）？這一關鍵與多面向的問題，在第一次世界大戰後的法國知識界沸沸揚揚數十年，並且移動到了激進研究的前沿。弔詭的是，這是發生在這樣一個時期——同時受到新社會運動促發的重新理論化的努力，以及大眾政治回應的影響——正值前後一貫、肆意積極的社會主體本身的存在廣泛遭致質疑之時。

結構主義對「人文主義」（humanism）的拒斥——而這又被視為既包括馬克思主義正統和存在主義——預示旋即變成對於「勞動」更為廣泛和具體的反對。例如，即使是到了二十世紀60年代，正是阿圖舍（Althusser），在共產黨內部發出對於「勞動」概念地位的質疑。勞動，他宣稱，只構成「屬於古典政治經濟學和黑格爾哲學的概念系統的其中一種老舊的形式」：

> 在《資本論》一書中，馬克思使用它，但導出某些新概念，使這種形式變得多餘，進而構成對它的批判。知道這一點是極為重要的，以避免把這個詞（勞動）當成一個馬克思主義的概念；否則，正如目前許多例子證明，可能有人不禁會在這個概念之上建造對馬克思主義的所有觀念論和靈性論的詮釋，把它（馬克思主義）當成勞動的、「人創造人」的、人文主義的哲學[185]。

「實踐」，如吾人所見，是阿圖舍所偏好、而且顯然更為嚴謹的替代概念。但是，無論它的其他特性，「實踐」仍然預言了一個複雜結構總體的不同層面之間的連繫。後結構主義，正如它的發展狀況，並不冒險做這樣的承諾。為了尋求

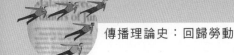

立足於一個全然不同的前提，它迎頭痛擊「生產者論述（話語）」（productivist discourse）和社會總體性的概念，此（生產者）論述（話語）的支持者聲稱，馬克思主義對社會總體性的理論化，長期以來一直如此不利的嵌入。後結構主義留給傳播和文化研究的是不安與有問題的遺產，正是源於這種雙重的（對於生產者論述（話語）和社會總體性概念的）拒斥，而這又往往支撐了「勞心」概念的物化，散見於後結構主義的地景。

身為阿圖舍昔日門生，在出版於1966年的《事物的秩序》（*The Order of Things*）一書中，傅科仍然背叛了結構主義特有的對於總體性概念的偏好。「在任何特定文化和任何時候，」傅科寫道：「總是只有一個定義所有知識（episteme）可能性的條件，不管是以理論表示，或者是默默地投入實踐。」這一組知識法則──「方法，程序，和分類」──表現出來的內部凝聚，統理著傅科所謂的言說（話語）[186]，然而，自此以後這未曾得見。「這對我而言相當特別，」傅科回顧《事物的秩序》時提及，「自然史、文法和政治經濟學這三個不同的領域，大約在十七世紀的同一期間已按照它們的法則組構完成，並且在這一百年經歷類似的轉化⋯⋯。問題是⋯⋯尋找存在於不同論述（話語）實踐的共同點：對內在於科學論述（話語）的程序的比較分析[187]。」「所謂科學實踐，」傅科重申，「我指的是某種規約和建構論述（話語）的方式，論述（話語）接著定義客體的場域，並且同時決定了注定要知曉它們的主體[188]。」然而，這個特性沒有適當強調傅科在方法學上勢在必行之事：雖然與任何祖先的關係都似乎甚為遙遠，他認為每一種知識對先前同樣凝聚的「真理政權」（regime of truth），產生了不亞於「全面修正」（global modification）的效應[189]。

在這個紛雜的思想時刻（其中包括法國結構主義），傅科也與其他人一樣，努力拒絕任何存在主義馬克思主義（existential Marxism）暗示的「對於主體優先性的理論肯定」[190]。因此他聲稱其所實踐的是一種歷史的調查，「能夠考量各種知識、話語與客體領域等，而無需參照主體，不管這主體相對於事件場域的先驗性，或是它穿越歷史進程的空洞的同一性[191]。」然而，他樂於引介出於不同類屬、但同樣包羅萬象的範疇。此一獨特的知識構成原則，咸認成形於十九世紀之交，是三種被傅科本人稱作「準先驗」（quasi-transcendentals）──「勞動、生

活和語言」[192]。這些包羅萬象的範疇並非出於任性的選擇，它們共同構成人類主體這一概念本身，亦即人作為一個「活著、說著和勞動的存有」[193]，而這是傅科繼續尋求顛覆的宏大哲學崇高地位。但是，在定位「語言」和「勞動」作為話語的獨立支點時，傅科從一開始就複製了這兩個範疇在分析上的根深柢固之割裂。

再者，傅科對「勞動」在古典政治經濟學話語裡的功能之描繪，特別依賴同樣這一套熟悉的二元論，以維持他的反人文主義歷史哲學方案（anti-humanist historico-philosophical project）。1775年後，在他對政治經濟學的「知識空間」（the space of knowledge）的說法中，「要角」（fundamental figure）已不再是交換（exchange）或流通（circulation）（據說這些從一開始就支配了政治經濟的話語），而是由勞動（labor）和生產（production）取而代之。在這個新的知識，光是「勞動」本身似乎即足以提供「超克大自然的根本匱乏、以生命一瞬戰勝死亡的工具」[194]，例如傅科將資本主義階級剝削的馬克思主義概念，與經濟窮困越來越嚴峻的論點進行連結，迅速地勾勒「勞動的」的功能：

> ……在它們的存在條件的限制下，歷史所維繫的數量不斷地增長；而且緣於此，這些條件變得越來越不穩定，直到存在本身成為不可能；資本的積累、企業及其能力的增長、工資的經常壓力、生產過剩，所有這些都造成勞動力市場的萎縮、工資降低和失業增加。貧困釋出的推力向瀕死挺進，至此，所有人類皆赤裸裸地體驗著，如其過往一樣，需求、飢餓和勞動為何物[195]。

無論出自馬克思主義或李嘉圖（或者，雖然未曾明言直接來自黑格爾）的影響，政治經濟學表面上承諾致力於解放被傅科輕蔑地稱作人的「物質真相」（material truth）[196]，還有待於構成它的定義典型。

我們可以注意的是，比這更早上一年，愛德華·湯普森也用了非常相似的說法，去處理一個完全相同的問題：「……人這個赤身露體的生物……，並不是在我們能夠觀察的脈絡裡，因為人這個概念本身……有其文化機緣[197]。」一般說來，實質上（若非在名義上），對湯普森和威廉斯而言，與傅

科直接相反，必要努力是去擴大人文主義主體概念的基礎本身。只有讓「勞動」囊括思想和語言，這個前瞻的觀點方得以重返感性的自我客體化（self-objectification），而這為青年馬克思供應了分析「人的自我創造行為」的基礎[198]。作為本書結論所追尋的一個主題的預兆，可能需要強調的是，這種適應歷史變異的「馬克思主義人文主義」（Marxist humanism），對於「勞動」的進步改造而言，仍具有重大意義。但是，就現在來說，我們可以重申，形成傅科的知識概念的時代背景，並非人文主義，而是反人文主義。

在一本出版於1955年的書中，他試圖指出黑格爾和馬克思之間關鍵的連繫，尚・伊波利特（Jean Hyppolite）──一位被傅科推崇為對其思想發展有重大影響的黑格爾學者──寫道：「整個馬克思主義大廈的基本經驗假設，在於這個概念，亦即人是透過勞動過程來生產自己的生命[199]。」儘管他懷疑馬克思所預測的所謂異化會結束於資本時代的超越，伊波利特接受這樣的論點（他強調此一論點為黑格爾與馬克思所共享），亦即分工的歷史重塑和資本主義帶來相應的逐步機械化生產，「已將知識和整合的勞動轉化成麻木和局部的勞動[200]。」這意味著，一方面，「無產階級爭取自由的鬥爭」並不是無用的：「一旦意識到它（異化），為克服無法忍受的異化而做出鬥爭，這從來都不是無用的。」伊波利特這樣做了結論[201]。另一方面，這也意味著伊波利特保留了黑格爾的人文主義主體觀，伊波利特和黑格爾都認為，主體的「勞動」已被資本主義所扭曲。正是這種人文主義的層面，成為傅科瞄準的目標。

諷刺的是，他（傅科）的批駁，竟然依賴伊波利特也寫過的同一個勞動的概念。然而，至關重要的是，伊波利特試圖描繪「知識和整合的勞動」作為工業資本主義的歷史犧牲品（以及，再者，它會被「自覺」到自身狀況的主體們所抗拒），卻被傅科草率地拋棄了。不此之圖，「勞動」被傅科呈現為一個基本上是身體或「物質」的活動，顯然在其言說（話語）的誕生之際，是不著任何象徵或語言外裝的。引進了這個所謂物質生產是完全剝除任何深思熟慮的元素，以及知識被截斷、僵化、但基本上祕密的二分法後，透過在言辭的政治經濟學的作用，據說是煽動了「勞動」本身。透過熟練地利用這一省略的勞動概念，對於人類主體做為一種深沈的「人類學的睡眠」（anthropological sleep）所明示的「知識效

應」（knowledge effect），傅科得以揭示政治經濟所做出的貢獻，於其中，關於人的本質是什麼的前批判分析（precritical analysis），變成可被呈現為人的經驗的任何事物的分析。就此而論，這麼說並不過分，也就是傅科主要是把勞動概念當成一種策略，一種迴避、或更貼切地說是種破壞手段，同時努力在馬克思主義與存在主義的前瞻性解決的這類範疇內，亦即在「人文主義」範疇內，重新思考。因此，傅科系統地將思想從身體分開，從而為自己的修正清理出一條道路：「知識」。「知識」概括那些傅科嚴格排除在政治經濟本身之外的領域：「心智」勞動[202]。難怪在《事物的秩序》面世幾年後，傅科承認有這個二元的本能，當他明確認定知識分子是「與資訊（信息）系統結合，而不是與生產系統緊密結合的傢伙[203]。」傅科，就是保存在「知識」，然後在「言說（話語）」──一個宰制的具體化形象，在社會上似乎是由「知識」勞動所行使的。

就其本身而言，被傅科物化的「知識」勞動並沒有使他的努力無效，其對人類主體的揭露也從其他基地開展。然而，它提供了一個瞭解，亦即傅科的表面異常項目和其他並行物化的「知識」勞動之間，存在著基本的一致性。

因此，在這場以人文主義為對象的哲學大逃殺中，當道的勞動觀念雖然被雙方激烈抨擊，但當時仍未被任何一方所否定。阿圖舍此時轉向「實踐」已經被強調了；但即使是以列斐伏爾（Henri Lefebvre）、沙特（Jean-Paul Sartre）與伊波利特為代表的人文馬克思主義傳統，也無法提出一個徹底重新概念化的「勞動」，這乃是反駁傅科時會需要的[204]。十年後，事實上，另一個人文馬克思主義的哲學繼承者，哈貝馬斯──這個時候立基於迥異的演化和人種的理由──將斷言，歷史物質主義的重建首先必須承認，「馬克思主義的社會勞動概念……無法捕捉特殊的人類生活再製。」對傅科的反人文主義缺乏同情，但哈貝馬斯卻還是再次宣布了需要背離「勞動」。因此，此一根基被用來將理論轉向語言學，特別是以哈貝馬斯來說，轉向了象徵互動（symbolic interaction）[205]。

在傅科的情況裡，這早已有跡可循，亦即他自己的知識概念應是有保留了總體化的企圖心。也許這短暫的傾向似乎變成了一個反射的意象，映照了傅科面對的分析對象：用以建構一個蠱惑人心的所謂統一的人類主體的工具。在任何情況下，一旦他對主體的拆解破壞被置放在一個顯然堅實的基礎，傅科在態度上漸

趨開放和刻意例外於某些社會總體性（social totality）的概念（而最重要的是，馬克思主義的概念）的社會整體。阿圖舍所做的毫無疑問仍然是對資本主義的批判，而傅科則像其他後結構主義者，想要放棄，或至少修正這種作法[206]；而且他最終試圖把「話語」當作是用來做這種修正的可行方法。

若把傅科發動的這種演習說成是機會主義，並不為過[207]。出於精確計算的意圖，傅科尋求，「捨棄任何的總體化（totalization），因為總體化同時是抽象的與限制的（abstract and limiting），轉而開啟儘可能具體的與通則的（as concrete and general as possible）的問題，是那種從背後靠近政治的問題……[208]。」因此，他希望實現「提問的解放」（a liberation of the act of questioning），可能自我呈現為無黨派立場的，達到「政治提問多元化的境界，而不是在既定政治話語框架之內拾人牙慧[209]。」為了實現這一目標，渠等對馬克思主義展開的攻擊既是鋪天蓋地的，也是蓄意為之的[210]，傅科特別沒有必要壓抑「外在關係」（relations of exteriority），他大方地承認，可能同時維持話語與非話語實踐：「揭露論述（話語）事件（discursive events）部署的全然純粹的空間，並不是把它孤立在百毒不侵的狀態下去重建它；不是關閉它本身；而是讓它得以自由地在本身之內與之外描述相互作用的關係[211]。」他也無須承受不利的概念後果，不像布西亞之流的後結構主義者那麼明確堅持表意（signification）或「象徵性的交換」本身就很重要[212]。在話語概念所表示的模式或規則之內，傅科此時為以往的「物質的」和「觀念的」實踐，也為主體和客體，保留了空間。然而，傅科緊抓這種明顯的先驗性（transcendence），如我們所見，他不僅將話語本身界定為一個先驗的類別，而且也用話語斷裂（discursive fracture）的概念，取代他過去主張的統一知識（unitary episteme）的概念，這可見於這段廣為人知的宣告：「話語必須被視為一個不連續的活動……，我們不應該想像，世界向吾人呈現了一張清晰的臉，只勞吾人辨認它……[213]。」因此，知識（episteme）過去的總體化特徵被（傅科）拋棄，而轉向波斯特所稱的一種「去中心的」總體性（"decentered" totality）[214]。

至少有一個真正的優勢能與此種離心的理論化（centrifugal theorization）發生連結。「話語」繼承了結構主義慣常側重於表面上歧異形式與實作之間的連繫，那些通常與慣常的文本概念相距甚遠的活動；因此，剎那間，被賦予傅科式

分析工具的那種文化研究，看起來貌似正式的科學論文、新聞報導、建築、制度結構、經濟實務與性別關係，創造其獨特的一系列光學。在一個早期英國文化研究傳統意想不到的延續裡，不同方式的勞動（藝術、科學、生產、育兒，以及傳統經濟活動的範疇），仍可能著眼於其間具體的交互關係。後結構主義的「話語」觀，若越是容許靈活彈性地分析各式各樣的人類活動，那麼學術實踐越可說是表現越凸出，而其所支持的乃是一個反二元主義（anti-dualitistic）的「文化」概念。

然而，獲得這種新自由，也付出了險峻的代價，因為「話語」從未處理社會存有的分裂，而它本身剛好是這個社會存有的標記。相反地，「話語」只是自己的領地裡把生產或勞動流放出去，因為它們（生產或勞動）構成人文主義魅影主體（phantom subject）的盔甲的一部分。馬克・波斯特（Mark Poster）在1979年對此有非常明確的陳述：

> 傅科的成就，削弱了馬克思賦予勞動的優越地位。傅科的書分析勞動之外的空間——庇護所、診療所、監獄、教室和性場所。在這些社會空間，傅科發現激進性的來源，並未被馬克思和馬克思主義者所理論化。隱含在傅科著作中的是攻擊解放政治中賦予勞動的中心地位。他的思想所本乃基於此一假設，亦即工人階級，透過其在生產過程中的位置，並非社會變遷的先鋒。傅科可能把這當作是先進資本主義社會的生活現實，或更有趣地，他可能會表明，在它的實作活動與透過它的組織（政黨和工會），工人階級其實是資本主義的共犯，而不是它的矛盾。「因此」激進的改變可能不來自於工人階級，而是來自於被排除在這個體系的人——瘋子、罪犯、變態，以及女性[215]。

我留待結論那一章再進一步討論是否確實有這麼一個遠離勞動的「空間」。現在只消補這麼一句就夠了，藉由話語的概念，透露了對於總體性的拒絕，而那遠遠比霍爾的文化研究願意構思的任何概念更為嚴謹[216]。這種拒絕的典型結果，可由約翰・菲斯克最近的討論中，獲得方便的參照：

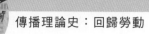

話語不斷越界，如果它實際上並不破壞，穿越物質和文化條件之間的邊界，因為話語，透過其實踐的特殊性，始終有一個物質的層面。……話語之外有個物理的真實存在，但話語是我們近用它的唯一手段。這樣說會有一點點過分，現實是話語的產物：這樣說會比較有幫助，在社會形構中被接受為真實的，都是話語的產物。話語生產關於什麼是真實的知識，然後向我們呈現和再現真實，不斷的流通和使用。事件的確一直在發生，物理的真實的確存在，但我們無法知悉它們，直到它們付諸話語。……話語永遠不是中立或客觀的：其生產和鎮壓的操作，始終政治活躍在特定的社會條件，它總是一個鬥爭的場域[217]。

暫且不論社會鬥爭的問題，我只想強調菲斯克如何從「物理現實」、「事件」和「特定的社會條件」，甚至「社會形構」之間轉換，好像它們是同義詞一般。透過這種鬆散和多重形式的使用，「話語」與周遭似乎仍是某種形式的社會總體性之間的關係，仍被刻意保持距離。「特定社會條件」受到或不受特定「社會形構」影響，與「話語的」「關於真實的知識」生產之間，有什麼樣的關係存在呢？同樣的問題也可以用來質疑霍爾，因為他表明主體是「被特定社會形構的話語形構所定位[218]。」菲斯克以含糊、不可預測的變換說法回答道，「社會條件的變遷意味著，舊的權力政權（regimes of power）已經失其效率[219]。」但是，「效率」（efficiency），或徹底地說，任何原則，有何理由被當成是考量理應異質的話語時的一個全面存在或優先前提？此處，我們發現自己再一次面對存在不可共量的多種知識的問題（the problem of incommensurable epistemes）。誠如詹明信呼應沙特，多年前將此一問題參照傅科自己的著作，「人不能將歷史化約為一種瞭解的形式，然後期望歷史理解這些形式之間的連繫[220]。」接著，對菲斯克而言，「舊（權力）政權」和「社會形構」已成為含糊、主要用來緩解和掩蓋有關總體性這個問題上的歧異立場，分別標記了英國文化研究（無論就其表達的或結構主義的演示）與傅科的話語概念的特色。

且讓我們簡短地專注於後結構主義的第二個具有影響力的分支，它對於傳播研究的顯著影響。其中，表意變成拒絕「勞動」的主要憑藉，（其對於「勞動」

的拒絕程度）比傅科所嘗試的更為徹底與嚴重得多。

　　後者（第二種分支）視勞動這個概念有如糟粕，以揚舉自己的反人文主義概念。布西亞正好相反，他自覺與集中地強調「物質生產」的不足，導致他將「知識」勞動變成截然與全面的物化。我不太想提請注意布西亞自己的神祕化先驗的、總體化的術語——「符碼」（the Code）[221]——再次強調馬克思主義「生產者論述（話語）」的具體描述，而這乃是後者的明確依據。在布西亞不太果斷的反馬克思主義立場中，這是明顯可見的：

　　　　對那些躲在傳奇的唯物主義高牆之內，但只要有人提及符號或任何非手工生產勞動，即大聲疾呼觀念論（idealism）的人，與那些強調有血有肉的剝削觀相左，我們看到，如果「物質主義的」有任何意義（至關重要但非宗教般的），我們自己就是所謂的物質論者。但這並不重要，快樂的是那些對馬克思投以渴望眼神的人，彷彿馬克思總是在那裡認可他們。我們正試圖在這裡看到的是，馬克思主義的邏輯如何解脫它所崛起的政治經濟脈絡，以便解釋我們面對的矛盾[222]。

　　因此，（譯按：布西亞）這位曾是馬克思主義哲學家列斐伏爾門生的人，透露自己重鑄歷史物質論的努力，以充分考量他的業師曾試圖概括為「現代世界中的日常生活」，但最後以失敗告終。

　　沒有馬克思主義的「生產幽靈」（phantom of production），布西亞問道，以任意的體系性（sytematicity）行事，「以所謂的價值、決定性（finaility）及生產，編碼所有人類物質和每個慾望和交換的機緣」？難道生產實際上不是「只是一個強加這種譯碼的一個編碼」？而且，最根本地，這面想像的鏡子的範圍本身預示著，「不再值得以生產之名對再現的秩序提出激進的批評……」[223]？在傅科的軌道上，布西亞歡欣鼓舞地指控道，馬克思主義若只是默許地將「經濟形式的合理性，凌駕在整個廣袤的人類歷史之上，以之為人類變遷的模式」，徒然只會「襄助狡詐的資本」[224]。

　　但是，檢驗這些費解的文字，我們可以看到，與傅科類似、但有著更普遍的意涵，布西亞再次過度誇大了他的客體。布西亞把象徵交換（symbolic exchange）的概念立基在對於「勞動」的全然拒絕。他表明，首先，「或許政治經濟學不能與物質生產的決定性的理論分開，在這種情況下，馬克思主義的政治經濟批判無法擴展為一個通則化的理論。」靈巧地把馬克思和馬庫色的話串在一起，布西亞明確堅持道，對馬克思主義本身而言，「生產帶來的社會財富是物質的；它沒有任何象徵的財富。……」而且再一次地，當「人類將自然和自己都烙印了生產標記時，等於是禁止一切人類自己和自然之間的象徵交換關係。」而且，再一次地，阿圖舍想結合馬克思主義與結構主義的努力未能成功，布西亞對此斷然聲稱「歷史物質論……沒有能力思考意識形態、文化、語言及一般象徵的過程」[225]。這些聲稱證明凱爾納（Douglas Kellner）對布西亞觀點的評論，其大意是，他認為，「要將徹底不同的生產邏輯和表意邏輯結合起來，是不可能的[226]。」難道它們不也提供他的著名宣稱某種基礎，所謂「……我們必須移到一種完全不同的層次……，以允許政治經濟的明確解決」？「這個層次是象徵的交換及其理論。……由於沒有更好的詞，我們將此稱作符號政治經濟學的批判（the critique of the political economy of the sign）[227]」。

　　「生產者論述（話語）」的致命缺陷，在於它被假定為沒有能力掌握與「現代社會的策略性結構」特別相關的「象徵的接合」（symbolic articulation）（從而考量到，例如「藝術作品」「其中的操作和根本差異」）[228]。「重心已經轉移，」布西亞寫道，「當代系統的中心已不再是物質生產過程」[229]。像許多其他戰後知識分子一樣，布西亞所理解的那個廣泛斷裂的消費社會[230]，根本構成了他對生產者論述（話語）的敵意。

　　布西亞斷言，「革命已經發生在資本主義世界，不管馬克思主義者願不願意理解它。」這種邁向「文化……消費……資訊（信息）……意識形態……性別等」的「決定性的突變」，使得消費作為最重要「策略元素」（strategic element）的歷史階段出現：1929年後，「人民從此被動員為消費者；他們的『需求』與他們的勞動力變得一樣重要。」為了符應這個廣泛接受的假設，布西亞聲稱，「這個體系的理論基礎」也需要改變，從政治經濟學轉向「結構主義語言

學、符號學、資訊（信息）理論與模控論等新顯學」。只有這樣，利用「生產意義與差異的功能」的「新的意識形態結構」，方足以與它那「利用勞動力」的前身明顯區分[231]。布西亞的整個概念大廈是建立在這一假定的二分法之上，光是這個就可以支撐他對「象徵交換」的物化。諷刺但恰當地，對某些人而言，語言無限的、不受節制的生產力，其實是基於──儘管負面地──「勞動」表面上的局限。

透過布西亞和其他人，「文化」在1980年代末，開始重新接合當時仍然大致分開的關於「資訊（信息）」的討論[232]。在一個世紀前，美國清教徒知識分子曾試圖區分他們所謂的「文化」（若於勤奮訓練修練和內在增長）與「單純資訊（信息）」（mere information）[233]。如今，重要的是，「資訊（信息）」和「文化」的關係開始反轉。這個變態的預兆，早在1966年就出現在一篇由人類學家吉爾斯所寫的文章中。即使如同後工業理論最早被提出來時一樣，吉爾斯談及「資訊（信息）與文化」這兩個詞，只聚焦於（同時顯然是情有獨鍾地）「文化」而已：

> 從冰河時代開始，我們不得不放棄我們人類行為的鉅細靡遺的基因控制的規律性和精確性，換取一個更通則化的、一樣真實的基因控制的靈活性和適應性。為了提供行動必需的額外資訊（信息），於是我們被迫越來越依賴文化資源──有意義的符號的累積。因此，這些象徵符號不只是表達、工具，或我們的生物、心理和社會存在的係數而已；它們是「我們的生物、心理和社會存在」的先決條件。毫無疑問地，沒有人就沒有文化；但同樣，而且更重要的是，沒有文化，就沒有人[234]。

此處，即使「文化」和「資訊（信息）」被物化和分開，前者仍不可免於被後者殖民的處境：「文化」的概念被吉爾斯賦予了「資訊（信息）」的服飾：指示、程式、「控制機制」、編碼。此處預示的是企圖擴大「資訊（信息）的」在「文化」之內的存在，透過最近的所謂「資訊（信息）文化」（InfoCulture），以及現今呼應布西亞的所謂「資訊（信息）模式」（mode of information）[235]。在

後面這個由波斯特提供概念，其企圖是拒絕後工業理論，但基於新的理由重新引進作為貝爾方案基礎的特殊的例外主義——亦即科學構成了獨特的事業。波斯特承認，後工業化理論家視為極具破壞性的廣泛的社會秩序重組，事實上可能已包含在馬克思提出的「資本勞動關係」之中。然而，顯然地，他認為這種解釋是徒具虛文[236]，因為他還斷然地指出，「這些變化在瞭解社會關係的性質時，不比傳播溝通經驗的結構來得重要[237]。」波斯特和貝爾的主要差異從而再次變成是，對於前者而言，科學被推定的例外本質被看成不是勞動、而是「話語」的功能：

> 科學……是一種知識形式，一種話語。因此，從批判理論的觀點來說，它不能用被旨在揭露勞動支配結構的概念來檢驗。科學的生產、流通和消費，去經濟的概念來說，受到不同於勞動的邏輯所治理。勞動解放的概念踏出的理論步伐，用以解放科學話語，並非理所當然，而需要概念重塑。自然物質被轉化為商品時，並不只有經過手工勞動，而是有經過科學話語的中介，這些科學話語與研究機構、贊助研究的政府單位、學術期刊，以及學術研討會的社會儀式，然後，資本和勞動的主從關係發生了全然的改變[238]。

無論是用後工業理論或看似歧異的後結構主義的措辭，這種對貝爾所謂科學不是勞動的擁抱，終究只會導致另一個無效的物化。因此，它使我們又回到了必須堅持，即使是「腦力勞動」也不能被理解為感官身體的缺席，而且所有人類活動也必然包含思想的成分。

結構馬克思主義、後工業主義與後結構主義：每個都建立在這樣的假設，亦即有一種據稱超越「勞動」的反常空間，可以或事實上必須被賦予出類拔萃的概念特權，然後每個都藉由發展自己關於「知識」勞動的物化概念去打造這個空間。因此，「文化」和「資訊（信息）」被傳播研究吸收，只是因為這種或那種普遍的例外主義的預設前提。對馬克思主義結構主義者而言，這種例外主義涉及一種仍屬暫時、不完全轉向於一個自我封閉的「意識型態」範疇，其支持者不許它被含括在一個更廣泛的總體性之內。後工業理論家更嚴重的例外主義是，尋

求將知識分子的概念轉化為似是而非的普遍階級，包括一個誘人的、但不必要的良性歷史超越的載具。同樣地，對後結構主義者而言，例外主義的概念允許「知識」勞動的承受者或擁有者，僅僅只做為一個表意的代理人，深陷於無限生產的話語系統，後者即可組織和界定社會世界。

　　出於最初似乎完全分開的假設與論證過程，「文化」和「資訊（信息）」於是最終抵達彼此相互界定的終站。當「知識」勞動的物化概念再次成為圍繞著傳播與文化研究形成和重塑的節點，人類實踐的真實範疇也相應地被截斷和改寫。一個新的開始有其必要，因為我們正處在同樣棘手的排斥境況，這種排斥在1950年代促成了文化研究本身的發軔。有此前例，我們再也不能推遲這個問題，它從一開始就已悄悄地騷擾我們的研究：我們如何擺脫物化的陰影？

本章注文

1. Anson Rabinbach, *The Human Motor* (Berkeley, 1992), 72-83.

2. Maurice Cornforth, in E. P. Thompson, "Caudwell," in Ralph Miliband and John Saville, eds., *The Socialist Register* 1977 (New York, 1977), 240.

3. 根據一項權威研究，聲稱與古典馬克思主義採取「同一假設」，沙特的存在主義馬克思主義被用來「避免對馬克思的生產工具概念進行嚴謹的分析」。見Mark Poster, *Existential Marxism in Postwar France from Sartre to Althusser* (Princeton, 1975), 270. 西方馬克思主義的一個特立獨行的代表人物寫道，西方馬克思主義表現出「幾乎完全專注於上層建築問題，對物質和經濟基礎明顯缺乏關注……。」見*Alfred Sohn-Rethell, Intellectual and Manual Labour* (London, 1978), xii. 批判理論有所謂「社會赤字」（social decifit）存在，可從最近阿克塞爾・賀內斯（Axel Honneth）和其他作家所強調的如下說法中窺知：「……如果阿多諾的著作並未支持這個露骨的有關行政世界（administered world）已是前提的聲明，如果他沒有不厭其煩地以徹底社會學的術語表達，所謂，制度化社會的理論結構是可用以分析所有現象的隱藏解釋和必要的交叉參照，這將不僅可用這個事實來解釋，亦即這些物質屬於下層建築的研究範圍，而非意識形態材料的研究範圍，而且它已經隱含在古典馬克思主義經濟學之中，但最重要的是可以感覺到，這種直接的聲明和純粹內容的呈現，在文體上是錯誤的……。」見Fredric Jameson, *Marxism and Form* (Princeton, 1971), 54; Axel Honneth, "Max Horkheimer and the Sociological Deficit of Critical Theory," in Seyla Benhabib, Wolfgang Bonss, and John McCole, eds., *On Max Horkheimer* (Cambridge, 1993), 187-214; and Moishe Postone and Barbara Brick, "Critical Theory and Political Economy," in ibid., 215-256. 。追隨佩里・安德森的觀點，可以將這個「赤字」看作是西方馬克思主義脫離政治實踐時附隨發生的特徵。但是，為什麼這個與政治實踐脫離的現象會發生，還需要進一步解釋。見Perry Anderson, *Considerations on Western Marxism* (London, 1979), 42-48 at 44.

4. See also Perry Anderson, "The Antinomies of Antonio Gramsci," *New Left Review* 100 (Nov. 1976-Jan. 1977): 41-46.

5. Fredric Jameson, Postmodernism; *Or, The Cultural Logic of Late Capitalism* (Durham, 1990), xviii.

6. Martin Jay, *Marxism and Totality: The Adventures of a Concept from Lukacs to Habermas* (Berkeley, 1984), 109.

7. Jay, *Marxism and Totality*, 212, 270-271.

8. Sohn-Rethell, *Intellectual and Manual Labour*, 34.

9. 參見，例如，除了後來的參考書目之外：James O'Connor, "Productive and Unproductive Labor," *Politics and Society* 5 (3) (1975): 297-336; Erik Olin Wright, Class, *Crisis and the State* (London, 1978), 30-61; lan Gough, "Marx's Theory of Productive and Unproductive Labour," *New Left Review* 76 (Nov.-

Dec. 1972): 47-72. 曼德爾（Ernest Mandel）強烈暗示，應強調工資關係作為勞動生產地位的關鍵因素，但即使是他自己對此也不無保留。Mandel, *Marxist Economic Theory* (New York, 1968), I: 191-192, 206.

10. Nicos Poulantzas, *Classes in Contemporary Capitalism* (London, 1975), 211, 213, 214, 222.

11. Harry Braverman, *Labor and Monopoly Capital: The Degradation of Work in the 20th Century* (New York, 1974), 410-423.

12. Paul A. Baran and Paul M. Sweezy, *Monopoly Capital* (New York, 1966), 130-131, 141.

13. Ali Rattansi, *Marx and the Division of Labour* (London, 1982), 139.

14. Braverman, *Labor and Monopoly Capital*, 13.

15. Stuart Hall, "A Sense of Classlessness," *Universities and Left Review* 1 (5) (Autumn 1958): 27, 32. 大約在同時，威廉斯引用馬克思關於上下層建築的區分論稱「上層建築必然用一種不同的、較不精確的調查方式（來分析）。」見Williams, *Culture and Society*, 266.

16. Stuart M. Hall, "The New Conservatism and the Old," *Universities and Left Review* I (1) (Spring 1957): 22, 21.

17. Hall, "A Sense of Classlessness," 26.

18. George Orwell, *The Lion and the Unicorn* (London, 1941), 112, 54. Cf. Cross, *Time and Money*, 74. 霍爾，如我們將會看到的，後來在他對於《圖畫郵報》的深度分析中，採納了歐威爾隱含的建議。

19. Hall, "A Sense of Classlessness," 31 (order of quotations altered). 就在前一年，侯苟論及「一種浮現中的無階級性」，「至少，在某個意義上，我們的確已變得無階級，我們當中的絕大多數正被合併為一個階級。我們在文化上變成無階級的（culturally classless）。」見Hoggatt, *Uses of Literacy,* 279.

20. Hall, "The Supply of Demand," 81, 83.

21. Stuart Hall, "The New Revolutionaries," in T. Eagleton and B. Wicker, eds., *From Culture to Revolution* (London, 1968), 182-222.

22. Williams, *Culture and Society*, 298.

23. Raymond Williams, "Notes on Marxism in Britain since 1945," *New Left Review* 100 (Nov. 1976-Jan. 1977): 87.

24. 1960至1961年間，剛好是霍爾擔任《新左派評論》編輯期間，威廉斯為霍爾「以不同於典型左翼雜誌的語言……強調的新文化風格」提出辯護，化解來自編輯委員會、特別是湯普森的壓力，渠等認為該刊應在左翼運動採取一個較為傳統的政治角色。見Willaims, *Politics and Letters*, 365.

25. Hall, "The Supply of Demand," 86.96, 93, 95-96.

26. Stuart Hall and Paddy Whannel, *The Popular Arts* (New York, 1965), 15, original emphases. 這本著作與英國全國教師工會（National Union of Teachers）淵源甚深，後來在約翰‧史都瑞（John Storey）的書中有所強調，見John Storey, *An Introductory Guide to Cultural Theory and Popular Culture* (Athens, 1993), 60.

27. Hall and Whannel, *Popular Arts*, 67.

28. Ibid., 45.

29. Ibid., 363.

30. Ibid., 384.

31. Ibid., 380, 382. 此書明顯是受惠於李維士和威廉斯的影響，約翰‧史都瑞也強調了這一點。見 Storey, *Guide to Cultural Theory*, 44.

32. Stuart Hall, "The Social Eye of Picture Post," *Working Papers in Cultural Studies* no. 2 (1971/72): 89, 87, 103.

33. Hall, "The Social Eye," 100-101, original emphasis.

34. Stuart Hall, Chas Critcher, Tony Jefferson, John Clarke, and Brian Roberts, *Policing the Crisis: Mugging, the State, and Law and Order* (London, 1978).

35. Stuart Hall, "Signification, Representation, Ideology: Althusser and the Post-Structuralist Debates," *Critical Studies in Mass Communication* 2 (2) (June 1985): 97.

36. Hall, "Williams Interviews," 313-314, original emphasis. 環繞複雜總體性概念的理論議題，霍爾嘗試有所探討，其中最精妙的論證可見於Stuart Hall, "Marx's Notes on Method: A 'Reading' of the '1857 Introduction,'"*Working Papers in Cultural Studies* 6 (1974): 132-170, and Stuart Hall, "The 'Political' and the E 'conomic' in Marx's Theory of Classes," in Alan Hunt, ed., *Class and Class Structure* (London, 1977), 15-60.

37. Alex Callinicos, *Marxism and Philosophy* (Oxford, 1983), 95, as quoted in Gregory Elliott, "Introduction" to Louis Althusser, *Philosophy and the Spontaneous Philosophy of the Scientists* (1965; London, 1990), xii.

38. Hall, "The Rediscovery of 'Ideology,'" 83. 在英國共黨的理論期刊中，霍爾後來重複這個主張：「切莫陷入機械的經濟主義的舊陷阱，相信只要掌握經濟就能支配全盤生活。現代世界的權力本質是它也同時建構在政治、道德、知識、文化、意識形態和性別問題之間。」 Stuart Hall, "Gramsci and Us," *Marxism Today* 31 (6) (June 1987): 20-21, original emphasis.

39. 這些高丁和梅鐸在文章中有所評論，見Peter Golding and Graham Murdock, "Ideology and the Mass Media: The Question of Determination," in Michele Barrett, Philip Corrigan, Annette Kuhn, and Janet Wolff, *Ideology and Cultural Production* (London, 1979), 198-224.

40. Stuart Hall, "Introduction to Media Studies at the Centre," in Center for Contemporary Cultural Studies, *Culture, Media, Language* (London, 1980), 118.

41. Louis Althusser and Etienne Balibar, *Reading Capital* (London, 1970), 13.

42. Louis Althusser, *For Marx* (London, 1990), 113. 霍爾對此曾有語帶感激的評論，見Stuart Hall, "Rethinking the 'Base-and-Superstructure' Metaphor," in Jon Bloomfield, ed., *Papers on Class, Hegemony and Party* (London, 1977), 68.

43. Louis Althusser, "Contradiction and Overdetermination," *New Left Review* 41 (Jan.-Feb. 1967): 31, 32, original emphasis.

44. Louis Althusser, "Theory, Theoretical Practice and Theoretical Formation: Ideology and Ideological Struggle," in Althusser, *Philosophy and the Spontaneous Philosophy*, 6. See also Althusser and Balibar, *Reading Capital*, 58.

45. Althusser, "Theory, Theoretical Practice," 23.

46. Ibid., 24.

47. Althusser, *For Marx*, 233, original emphasis.

48. Althusser, "Theory, Theoretical Practice," 25. 與阿圖舍曾有學術合作夥伴關係的巴力伯（Etienne Balibar）在近期一篇文章中問道，「那麼，所謂意識形態基本上都是無意識的，這意味著什麼？並非他們缺乏意識，而是他們對個人和群體生產了意識，亦即各種再現、『存在於世上』及主體身分認同的方式，總是已經是與非再現元素（例如希望、恐懼、信仰、道德或非道德價值觀、朝向解放或支配或兩者皆是）編織在一起。在這過程中，它們（意識形態）必須依賴的狀況是沒有任何主體有機會主導或創造自我：由於分工造成的物質限制、財產形式等等，以及由於語言、欲望、性別等因素造成的物質限制。意識形態是各種不同的歷史形式，在其中，無意識狀況可再精練為允許個人和群體想像它們自身的實踐。」見Etienne Balibar, "The Non-Contemporaneity of Althusser," in E. Ann Kaplan and Michael Sprinker, *The Althusserian Legacy* (London, 1993), 10. 這本文集包含了許多有用的材料。

49. Terry Eagleton, *Ideology* (London, 1991), 148.

50. 「如果在它的總體性裡，意識形態表達一種真實的再現，意欲認可一個階級剝削和支配的政權，」阿圖舍在1965年寫道，「在某些情況下，它也同時促成受剝削階級對他們受到的剝削表達不滿。」見Althusser, "Theory, Theoretical Practice," 30. 亦可見 Althusser, "Ideology and Ideological State Apparatuses," 這篇1971年出版於英國的文章，也可見於Louis Althusser, *Lenin and Philosophy* (New York, n.d.), 127-186.

51. Hall, "Marx's Notes on Method," 147. 此一提法，值得強調的是，允許霍爾得以回歸（雖然是透過側門）到他和威廉斯可以共享的空間，即使在「經驗主義」的戰爭開打之際：「具體的關係和局勢。」阿圖舍自己對馬克思著作中的這段文字的用法，可見Althusser, *For Marx*, 206. n. 45.

52. 在下不敏，無法提供更深刻的歷史評估，但我會提供英國激進分子使用此概念的早期證據，早在1966年即刊登在《新左派評論》的一篇英國社會主義女性主義者米雪爾（Juliet Mitchell）的文章中。米雪爾問道，有關女性的社會主義思考困境的解方是什麼？直接引用阿圖舍的著作，米雪爾寫道，「它必然有賴於將女性狀況，以比過去更激進的程度，差異化為個別分離的結構，這些結構共同組成了一個複雜而非簡單的統一體。這將意味著拒絕女性狀況可從經濟衍生演繹得出，或是象徵地等同於社會。相反地，它必須被視為一個特殊的結構，是一個包含不同元素的統一體。」見Juliet Mitchell, "Women: The Longest Revolution," *New Left Review* 40 (Nov.-Dec. 1966): 16.

53. Stuart Hall, "Culture, the Media and the'Ideological Effect,'" in James Curran, Michael Gurevitch, and Janet Woollacott, eds., *Mass Communication and Society* (London, 1977), 315, 316.

54. Hall, "Culture, the Media and the 'Ideological Effect,'" 319, original emphasis.

55. 此出於集體的努力，這本少為人知的著作，特別突出與清晰，是霍爾在當代文化研究中心的一位同事所撰寫的，見Charles Woolfson, *The Labour Theory of Culture* (London, 1982).

56. Hall, "Culture, the Media and the 'Ideological Effect,'" 318, original emphasis.

57. David Montgomery, *Workers' Control in America* (Cambridge, 1979).

58. Vincent Mosco and Andrew Herman, "Radical Social Theory and the Communications Revolution," in Emil G. McAnany, ed., *Communications and Social Structure: Critical Studies in Mass Media Research*

(New York, 1981), 58-84; 亦見 Vincent Mosco, *Pushbutton Fantasies* (Norwood, 1982), 119-138.

59. James D. Halloran, Philip Elliott, and Graham Murdock, *Demonstrations and Communication: A Case Study* (Harmondsworth, 1970); Philip Elliott, *The Making of a Television Series: A Case Study in the Sociology of Culture* (London, 1972); Jeremy Tunstall, *Journalists at Work: Specialist Correspondents, Their News Organisations, News Sources, and Competitor-Colleagues* (London, 1971); Peter Golding and Philip Elliott, Making the News (London, 1979); Philip Schlesinger, *Putting "Reality" Together* (London, 1978). A rare (U.S.) effort to apply the same techniques of analysis to non-news production is Michael Intintoli, *Taking Soaps Seriously* (New York, 1987). 此種研究與一系列相關的美國研究呈現匯流之勢，係受到現象學和組織社會學的影響。見 Gaye Tuchman, "Objectivity as a Strategic Ritual: An Examination of Newsmen's Notions of Objectivity," *American Journal of Sociology* 77 (1971-1972): 660-679; Harvey Molotch and Marilyn Lester, "News as Purposive Behavior," American Sociological Review 39 (1974): 101-112; idem, "Accidental News," *American Journal of Sociology* 81 (2) (1975): 235-260.

60. Dallas W. Smythe, "Communications: Blindspot of Western Marxism," *Canadian Journal of Political and Social Theory* I (3) (Fall 1977): 1-27. 史麥塞將消費視為勞動的立論並不孤單；另有學者與史麥塞所見略同，可見James O'Connor, "Productive and Unproductive Labor," *Politics and Society* 5 (3) (1975): 297-336, esp. 314-315.

61. *Jean Baudrillard: Selected Writings*, ed. Mark Poster (Stanford, 1988), 21. 有位權威學者寫道，對布西亞而言，「整個需求和客體的體系之動力需要大量的勞動，用以瞭解產品、主導產品如何使用，還要賺錢，並且需要有閒暇去購買和使用它們。消費因此是生產活動」，甚至也是「一種勞動」。見Douglas Kellner, *Jean Baudrillard: From Marxism to Postmodernism and Beyond* (Stanford, 1989), 13, 19.

62. Althusser, "Theory, Theoretical Practice," 16.

63. Althusser, *Philosophy and the Spontaneous Philosophy*, 82.

64. Althusser, "Theory, Theoretical Practice," 30-31, original emphasis. 然而，阿圖舍也補充說，「（共產）黨拒絕將理論知識當作某些專家領導和知識分子的禁臠……。」同前註，頁41。知識分子（作為想當然耳的正確理論的持有者）與勞工階級（作為所謂實踐的擔任者）之間的連結，在馬克思主義裡一直是個深刻的問題。

65. Althusser, "Theory, Theoretical Practice," 37-38, original emphasis.

66. Cf. ibid., 16.

67. Althusser, "On Theoretical Work: Difficulties and Resources" (orig. 1967), in Althusser, *Philosophy and the Spontaneous Philosophy*, 51, 45.

68. Althusser, "Theory, Theoretical Practice," 26.

69. Althusser and Balibar, *Reading Capital*. For "anthropological ideology of labour," 172.

70. Ibid., 59.

71. Jay, *Marxism and Totality*, 394, 399-401.

72. 參見Gregory Elliott, "Althusser's Solitude," in E. Ann Kaplan and Michael Sprinker, eds., *The*

Althusserian Lesacy (London, 1993), 26; and Ted Benton, *The Rise and Fall of Structural Marxism: Althusser and His Influence* (London, 1984), 36.

73. In Elliott, "Althusser's Solitude," 31. See also Sebastiano Timpanaro, *On Materialism* (London, 1980), 170, 176.

74. Frederick J. Newmayer, *The Politics of Linguistics* (Chicago, 1986), 6, 28.

75. Fredric Jameson, *The Prison-House of Language* (Princeton, 1973), 106.

76. 論及實踐這個概念時,阿圖舍寫道,「因為那裡不是單面的理論,一種無身體或物質的純粹知識願景,或是另一面是完全是物質實踐負責『把手弄髒』。」Althusser and Balibar, *Reading Capital*, 58.

77. Thompson, *Poverty of Theory*.

78. Williams, "Notes on British Marxism," 90. Later, Williams would use even tougher language. See Williams, *Politics of Modernism*, 170-171.

79. Williams, "Notes," 87-88. 威廉斯的目標當然不只是阿圖舍,而是更貼近的,當時伊格頓代表的文學和文化理論潮流。Terry Eagleton, *Criticism and Ideology* (London, 1978).

80. Williams, *Culture*, 28, 29.

81. Althusser, *For Marx*, 166; quoted in Hall, "Rediscovery of 'Ideology,'" 77. 霍爾有代表性地正當化這個新的取向,他論稱「媒體已滲透至現代生產與勞動過程本身的心臟之中」。Hall, "Culture, the Media and the 'Ideological Effect,'" 340.

82. Hall, "Signification, Representation, Ideology," 98.

83. 雖然霍爾有所讓步,但未進一步明言說,「確實可從此一取徑獲得某些洞見。」Hall, "Rediscovery of 'Ideology,'" 68. 立場較不那麼極端的版本是,無論如何它強調「生產的制度社會關係必須透過語言的言說(話語)規則,其產物才能『被實現』」,因此引發一個時刻「言說(話語)和語言的形式規則在其中居支配地位」。Stuart Hall, "Encoding/Decoding," in Center for Contemporary Cultural Studies, *Culture, Media, Language* (London, 1980), 130.

84. Hall, "Encoding/Decoding," 128.

85. Hall, "Rediscovery of 'Ideology,'" 68.

86. Ibid. 阿圖舍的提法可見Althusser, *For Marx*, 166-167, 173, 182-183.

87. Stuart Hall, *The Hard Road to Renewal* (London, 1988), 9.

88. Benton, *Rise and Fall of Structural Marxism*, 42.

89. Hall, "Signification, Representation, Ideology," 103-104, original emphasis.

90. Ibid., 103. 在1980年,霍爾指出傅科的言說(話語)概念,雖然有其迷人處,它仍然「高度地曖昧含糊」,因為它「模糊了這個關鍵議題——如果所有的『實踐』都受到語言的中介,那麼一個實踐還有什麼面向不是語言?——而且偏好不同意義之間的滑動游移,而非與不同的意義對抗……。」Hall, "Cultural Studies and the Centre," 286 n. 97. 雖然如此,霍爾旋即開始納入傅科的概念,即使他尋求拉回到對他來說更好的根據地:「言說(話語)是透過語言的知識生產,但它本身是由實踐所生產的:『言說(話語)實踐』——亦即生產意義的實踐。由於所有的社會實踐皆有其意義,所有的實踐也有論述(話語)的面向。所以,論述進入並影響所有的社會實踐。」

但是，鑑於「言說（話語）」的主要長處是它一反「思想與行動、語言與實踐之間」封閉的雙元主義，那麼實踐是否「進入並影響」言說（話語）本身？在霍爾1985年所作的描繪中，他所強調的仍完全是反其道而行。「言說（話語）實踐」變成「表意實踐」的繼承者，後者穿上傳科式的新裝，主要是抗拒真正相互構成的思想(the thought of truly mutual constitution)。不此之圖，表意被重建為未明說的分離的面向。Stuart Hall, "The West and the Rest: Discourse and Power," in Stuart Hall and Bram Gieben, eds., *Formations of Modernity* (Cambridge, 1992), 291. 此書保存了霍爾典型的緊張關係，將言說（話語）置放在「四個主要的社會過程……：政治、經濟、社會和文化」的場域之中。Ibid., 1.

91. 在他對社會總體性精神抖擻辯護中，社會總體性包含獨特但「差異化」的事例。Hall, "Marx's Method," 147-151.

92. Hall, "Signification, Representation, Ideology," 100.

93. Jay, *Marxism and Totality*, 412.

94. Antonio Gramsci, *Selections from the Prison Notebooks* (New York, 1971), 8.

95. Hall, "Cultural Studies and the Centre: Some Problematics and Problems," 30.

96. E. P. Thompson, "Caudwell," in Miliband and Saville, eds., *Socialist Register* 1977, 242.

97. Larry Grossberg, *We Gotta Get Out of This Place* (New York, 1992), 43, 47. 霍爾後來對結構主義的批評中從未承認這一點：「結構主義的影響，吾人必須再強調一次，並不包含完全無保留地接受的立場。我們必須承認一個主要的理論介入……它促使我們真正重新思考『文化』作為一組實踐：思考表意及其必要決定性的物質條件。」見Hall, "Cultural Studies and the Centre: Some Problematics and Problems," 31.

98. 意識形態能銘刻這麼廣大不同立場與興趣，但又似乎能代表每個人的一小部分的，其本質究竟是什麼？……柴契爾主義作為一種意識形態，如何討論人民的恐懼、焦慮和失落的身分認同。」Hall, "Gramsci and Us," 19.

99. E. Veron, quoted in Hall, "Rediscovery of 'Ideology,'" 71, 70. 這種誇大意識形態範疇的傾向也受到抨擊，以其未能直面將「文化的特殊性」置放在明顯不同基礎之上的需要，見Nicholas Abercrombie, Stephen Hill, and Bryan S. Turner, *The Dominant Ideology Thesis* (London, 1980). Cf. Eagleton, *Ideology*, 149.

100. John Fiske, "Television: Polysemy and Popularity," *Critical Studies in Mass Communication* 3 (4) (Dec. 1986): 405, 392.

101. Cf. Jay, *Marxism and Totality*, 390.

102. Stuart Hall, "Recent Developments in Theories of Language and Ideology: A Critical Note," in Centre for Contemporary Cultural Studies, *Culture, Media, Language*, 157-162; and Chris Weedon, Andrew Tolson, and Frank Mort, "Introduction to Language Studies at the Centre," in ibid., 177-185. 邁向「符號學與主體理論」的新提法，可見於Rosalind Coward and John Ellis, *Language and Materialism* (London, 1977).

103. 「雖然意識形態和語言密相連，它們並非同一個東西。」見Hall, "Rediscovery of 'Ideology,'" 80.

104. Hall, "Cultural Studies and the Centre," 283 n. 58.

105.Hall, "Rediscovery of 'Ideology,'" 65.

106.Stuart Hall, "The 'Political' and the 'Economic' In Marx's Theory of Classes,"in Alan Hunt, ed., *Class and Class Structure* (London, 1977), 23.

107.Hall, "Marx's Notes," 151. 再者，在柴契爾首相無情反擊英國工人階級時所宣布的歷史鴻溝的另一邊，霍爾的社會主義產生對於形式更加明顯的觀念論（唯心論）的不安，現在橫行於學術界。霍爾現在宣布，他希望能「脫離」，從「言說（話語）理論取徑來分析整個社會形構，或……這樣的想法，亦即生產新的主體，就本身而言，提供了適當的意識形態理論（相對於其功能運作的批判面向）。」Stuart Hall, "Authoritarian Populism: A Reply to Jessop et al.," *New Left Review* 151 (May-June 1985): 121. 另見 Hall, *The Hard Road to Renewal*, 10. 大約在同一時間，霍爾也將文化研究刻劃為已「一頭栽進結構主義和理論主義」。"Stuart Hall: Discussion," in Cary Nelson and Lawrence Grossberg, eds., *Marxism and the Interpretation of Culture* (Urbana, 1988), 69. 有這樣一種免責聲明，霍爾從未假設「經濟問題是剩餘的或不重要的」，以及有能力指出真實但有限的證據，在整個1970年代，威廉斯所偏好的整合研究確實在當代文化研究中心的研究成果中仍有一席之地，霍爾此時提供了這樣一個相當感同身受的自我辯護：「我致力研究政治／意識形態層面，是(a)因為我的能力正好在這方面，和(b)因為它往往被左翼忽視或化約地對待……。」Hall, "Authoritarian Populism," 121. 霍爾最接近至一個整合統一的是去統一「文化」（現在朝向「意識形態」）和國家；不過，經濟被擺在一邊的作法在1970年代招致彼得‧高丁與格雷姆‧梅鐸的批評：「史都華‧霍爾像威廉斯一樣，都主張一些經濟決定作用問題對馬克思主義文化社會學非常重要。然而，與威廉斯不同的是，它們（一些經濟決定作用問題）並未在他對當代大眾傳媒的實質分析有任何顯著地位。它們只是被宣布，然後束諸（理論）高閣。」Golding and Murdock, "Ideology and the Mass Media," 204.

108.David Morley, *Television, Audiences and Cultural Studies* (New York, 1992); Hall et al., *Policing the Crisis*.

109.Paul Willis, *Learning to Labor* (1977; New York, 1981), 192.

110.Carey, *Communication as Culture*, 51.

111.James W. Carey, "Communications and Economics," in Robert E. Babe, ed., *Information and Communication in Economics* (Boston, 1994), 325, 329.

112.Wilbur Schramm and Donald F. Roberts, *The Process and Effects of Mass Communication*, 3d ed. (Urbana, 1971), 5. 梅鐸與高丁在他們1978年寫的文章中表達反對此一取徑的立場。Murdock and Golding took issue with this approach in their 1978 article, "Theories of Communication and Theories of Society."

113.Stuart Hall, "Negotiating Caribbean Identities," *New Left Review* 209 (Jan./Feb. 1995): 12-13.

114.Hall et al., *Policing the Crisis*, 55. 約翰‧菲斯克的語言概念，受到傅科和巴赫汀的影響：「語言是關鍵的鬥爭場域，因為在所有的流通系統中，它有著最廣泛操作範圍。它的作用跨越全球和國族，擴展延伸它所偏好的思考方式，並且密集地將相同的文化工作帶進最深層的意識領域。每種語言都是歷史的產物，其中隱含了服務支配歷史的社會形構之利益的各種知識。雖然它是一種資源，可讓社會所有成員取用，但它絕非是中立或均等分配的。」John Fiske, *Power Plays, Power Works* (London, 1993), 31.

傳播理論史：回歸勞動

115.Hall, "The Structured Communication of Events," 4-5. 這個洞察已變成大衛・莫利（David Morley）研究成果的核心，現在收錄在Morley, *Television, Audiences and Cultural Studies*.

116.在〈傳播與經濟學〉（Communications and Economics）一文中，凱里把勢均力敵的各方勢力當成他的研究重點。值得再次強調的是，文化研究採納的語言概念本身可被視為構成一個動態選擇性的傳統，或許最顯著的是，他們幾乎一致堅持結構取向，尤其是索緒爾和他的後繼者。在1970年代期間，英國文化研究容忍多種相當不同的語言概念，但在1970年代以後，選項變得較為固定。有關凱里的一般立場，參見James W. Carey, "Abolishing the Old Spirit World," *Critical Studies in Mass Communication* 12 (1) (March 1995): 82-89. 晚近有其他的一些嘗試，試圖啟動這種共享經驗的形式主義概念。舉例言，能度見甚高的關於「媒介事件」的研究——奧林匹克運動會、甘乃迪喪禮——都是將一個想像的「神聖中心」戲劇化，被認為是在排練「共識的價值觀」，促使社會達成「整合」與「和解」。Daniel Dayan and Elihu Katz, Media Events: The Live Broadcasting of History (Cambridge, 1992), 1-12. 這點乃來自蘇珊・戴維斯（Susan G. Davis）給我的啟發。"Media Events," *Library Quarterly* 60 (1) (Jan. 1993): 129-131.

117.E. P. Thompson, *Customs in Common* (London, 1991), 6. 湯普森堅持，確實有個「整體」值得特別強調。

118.霍爾對他與威廉斯之間的關係有所討論，見Hall, "Williams Interviews"; also see Hall, "Signification, Representation, Ideology," 以及 Stuart Hall, "Culture, Community, Nation," *Cultural Studies* 7 (3) (Oct. 1993): 349-363.

119.Raymond Williams, "Developments in the Sociology of Culture," *Sociology* 10 (3) (Sept. 1976): 505.

120.Williams, *Culture*, 14.

121.Althusser, "Contradiction and Overdetermination," 33.

122.Williams, "Developments in the Sociology of Culture," 505.

123.進一步證明產生此種知識分離主義的時刻的流動性，值得一提的是歐內斯特・拉克勞，他的一個主要支持者，也是一個在馬克思主義陣營中早年主張重返生產關係的主要人物，並遠離（例如華勒斯坦和法蘭克的）廣為人所接受的「流通主義者」（circulationist）的立場。Immanuel Wallerstein and Andre Gundar Frank. Ernesto Laclau, *Politics and Ideology in Marxist Theory* (London, 1977), 15-50.

124.Adrian Melior, "Discipline and Punish? Cultural Studies at the Crossroads," *Media Culture and Society* 14 (4) (Oct. 1992): 663-670 at 664, 665. 證據表明，在側翼的「較不惱人」的變種是有，除了其他著作之外，弗萊德・英格利斯（Fred Inglis）的著作。Fred Inglis, *Cultural Studies* (Oxford, 1993).

125.Jane M. Gaines, *Contested Culture* (Chapel Hill, 1991), 243.

126.在美國，一個體制性支持的重要來源是洛克斐勒基金會。還記得，在1930年代和1940年代初，洛克斐勒的慷慨捐輸對後來很快成為主導的傳播研究方向非常關鍵（透過哈德利・坎特里爾，保羅・拉查斯斐等）。現在，洛克斐勒基金會也選擇成為在另一個新興領域扮演要角。它贊助主要（儘管不是唯一的）設在菁英研究機構的各種跨學科中心；而非選擇在大多數工薪階層和少數民族學生入學的社區學院和四年制綜合大學。見"Fellowships," *Chronicle of Higher Education* (Oct. 14, 1992): Al5.

274

127.Hall, "Cultural Studies and the Centre: Some Problematics and Problems," 26.

128.霍爾繼續說，這只是「透過其他手段的政治」，但這個「撤退」仍然至為關鍵。 Stuart Hall, "The Emergence of Cultural Studies and the Crisis of the Humanities," *October* 53 (Summer 1990): 12.

129.Hall, "Emergence of Cultural Studies," 12.

130.Perry Anderson, *English Questions* (London, 1992), 238. 亦見 Perry Anderson, "Components of the National Culture," in Alexander Cockburn and Robin Blackburn, eds., *Student Power/Problems, Diagnosis, Action* (Baltimore, 1969), 268-276.

131.Perry Anderson, *In the Tracks of Historical Materialism* (London, 1983), 33, 68, 74.

132.Ahmad, *In Theory*, 192.

133.Graham Murdock, "Across the Great Divide: Cultural Analysis and the Condition of Democracy," *Critical Studies in Mass Communication* 12 (1) (March 1995): 91.

134.For some indications, see Ellen Meiksins Wood, *The Retreat from Class* (London, 1986).

135.Hall, "Gramsci and Us," 16.

136.Stuart Hall, "Notes on Deconstructing 'The Popular,'" in Raphael Samuel, ed., *People's History and Socialist Theory* (London, 1981), 238.

137.John Fiske, in "Popular Cultures: Summary Perspectives," *civitas: Cultural Studies at MIT, 2*, no. 3 (Spring 1993): 12.

138.George Lipsitz, *A Life in the Struggle* (Philadelphia, 1988).

139.Fredric Jameson, "Reification and Utopia in Mass Culture," *Social Text* I (1) (1979): 139.

140.John Fiske, "Television: Polysemy and Popularity," 392. 人們可能往往難以區分，為什麼這場「鬥爭」應被視為優於下一場。即使是善意強調抵抗的影響，正如理查德·布區（Richard Butsch）指出，也因此往往以「將支配問題從議程上抹除」。Richard Butsch, "Introduction: Leisure and Hegemony," in idem, ed., For Fun and Profit (Philadelphia, 1990), 5. See Mike Budd, Robert M. Entman, and Clay Steinman, "The Affirmative Character of U.S. Cultural Studies," *Critical Studies in Mass Communication* 7, no. 2 (June 1990): 169-184.

141.Fiske, *Power Plays*.

142.愛德華·薩伊德（Edward Said）的《文化與帝國主義》（*Culture and Imperialism*），（紐約，1992年），從這個早期的立場上退卻。Edward Said, *Culture and Imperialism* (New York, 1992), retreats from this earlier position. Bill Ashcroft, Gareth Griffiths, and Helen Tiffin, *The Empire Writes Back: Theory and Practice in Post-Colonial Literatures* (London, 1989). 見 Ahmad, *In Theory*.

143.Paul Gilroy, *The Black Atlantic* (Cambridge, 1993), 31, 32.

144.討論這個主題的最佳著作是Oscar H. Gandy, Jr., The Panoptic Sort: *A Political Economy of Personal Information* (Boulder, 1993). A congenial counterpart is Stuart Ewen, *All Consuming Images* (New York, 1988).

145.想瞭解新聞媒體對同性戀者、少數民族和婦女的再現方式，可分別參考Andrew Jacobs, "Mainstream Advertisers Dare Speak Their Names in Formerly Taboo Media," *San Diego Union-Tribune*, May 22, 1994, p. I 1; Bruce Horovitz, "Major Sponsors Warming Up to the Gay Games," *Los Angeles Times*, June

7, 1994, p. D1; Bruce Horovitz, "More Advertisers Are Tailoring TV Spots to Ethnicity of Viewers," *Los Angeles Times*, May 3, 1994, p. D 1; Catherine Jordan, "Go Ahead, Make Her Day," *Los Angeles Times*, April 26, 1994, p. D1. 正如我所寫的，即使平權政策措施（alfmnative action）受挫，「族群行銷」（ethnic marketing）似乎持續擴張。Leah Rickard and Jeanne Whalen, "Retail Trails Ethnic Changes," *Advertising Age, May* 1, 1995, p. 1, 41.

146.霍爾譴責這種依賴，因為可能一直重新陷入「一種複雜的階級化約主義（class reductionism）」的危機。 Hall, "Cultural Studies and the Centre," 38. See also Joan Scott, *Gender and the Politics of History* (New York, 1988). 對於某些「文化種族主義」表示異議的知名人物，背後有一些左翼的立場。見 Paul Gilroy, *There Ain't No Black in the Union Jack* (Chicago, 1987), 49-50; Hall, "Culture, Community, Nation," 357-61; for a further extension see Gauri Viswanathan, "Raymond Williams and British Colonialism: The Limits of Met- ropolitan Cultural Theory," in Dennis L. Dworkin and Leslie G. Roman, *Views Beyond the Border Country: Raymond Williams and Cultural Politics* (New York, 1993), 217-230.

147.Hall, "Culture, Community, Nation," 361.

148.Fiske, *Power Plays*, 43.

149.Krishan Kumar, *Prophecy and Progress: The Sociology of Industrial and Post- Industrial Society* (Harmondsworth, 1978), 235.

150.Marshall S. Shatz, *Jan Waclaw Machajski: A Radical Critic of the Russian Intelligentsia and Sodalism* (Pittsburgh, 1989); 貝爾有所提及此一傳統，見Daniel Bell, *The End of Ideology* 2nd cd. (Cambridge, 1988), 355-357. 一份很有參考價值的文獻評價，見 Alvin W. Gouldner, *The Future of the Intellectuals and the Rise of the New Class* (London, 1979), 94-101.

151.貝爾不僅花了許多年時間為魯斯（Luce）的《財星雜誌》（*Fortune*）報導「勞工」新聞，透過學習和個人交遊（除其他人外，與劉易斯·柯瑞和麥斯·諾碼德），他也非常熟悉特別引進到馬克思主義的謎，有必要掌握「知識」工作。

152.後者特別強調「獨特的語言行為」或「言說（話語）文化」，和同樣奇特的「人力資本」，據稱已體現在這個新的階級。Gouldner, *Future of Intellectuals*, 7, 5, 21-27.

153.Daniel Bell, "Introduction to the Harbinger Edition," in Thorstein Veblen, *The Engineers and the Price System* (New York, 1963), 34-35.

154.Thorstein Veblen, *The Engineers and the Price System* (New York, 1921), 28.

155.Ibid., 132, 133, 55; Bell, "Introduction," 28.

156.Lewis Corey, *The Crisis of the New Middle Class* (New York, 1992), 323, 194; cf. 349.

157.Harold D. Lasswell, "The Psychology of Hitlerism," *Political Quarterly* 4 (1933): 376-377.

158.Michael Rogers Rubin and Mary Taylor Huber, *The Knowledge Industry in the United States*, 1960-1980 (Princeton, 1986), 194-195.

159.「大眾文化產業與越來越多學院和大學系統，新的工作如雨後春筍不斷擴散，這使得知識分子被吸納進永久性的戰爭經濟（permanent war economy）當中」，歷史學家霍夫史塔（Hofstadter）整理了這些發展招致的主要批評。 Richard Hofstadter, Anti-Intellectualism in American Life (New York,

1963), 394, 396.

160.Ibid., 6.

161.Ibid., 21.

162.Bell, "Introduction," 29, 34, 35.

163.Daniel Bell, "The Third Technological Revolution," *Dissent* 36 (2) (1989): 169.

164.Bell, *End of Ideology*, 44, 45.

165.Daniel Bell, *The Coming of Post-lndustrial Society* (New York, 1976), 112, 109.

166.Robert W. Lucky, *Silicon Dreams* (New York, 1989), 5.

167.Harlan Cleveland, *The Knowledge Executive* (New York, 1985), 33, 25, 34, 29.

168.Frank Webster and Kevin Robins, *Information Technology: A Luddite Analysis* (Norwood, 1986), 33. 詹明信也恰如其分地指出，這一後工業社會理論「為了它們自身的慰藉，有明顯的意識形態任務去展示，新的社會形構不再服膺古典資本主義的法則，亦即工業生產的首要性和無處不在的階級鬥爭」。Fredric Jameson, *Postmodernism; or, The Cultural Logic of Late Captialism* (Durham, 1991), 3.

169.Bell, *Coming of Postindustrial Society*, 107, 108.

170.Daniel Bell, "The Social Framework of the Information Society," in Michael L. Dertouzos and Joel Moses, eds., *The Computer Age: A Twenty-Year View* (Cambridge, 1979), 178; cf. Webster and Robins, *Information Technology*, 32-48.

171.Bell, "Social Framework," 168.

172.Cf. Burton W. Adkinson, *Two Centuries of Federal Information* (Stroudsburg, Pa., 1978), 29-78.

173.1960年代中期在芝加哥自家接受訪問的一位非洲裔美國屠宰工人兼工會人士（Studs Terkel, *Division Street America* (1967; New York, 1993), (134-135)），「信步走向鋼琴，移去塑膠（塑料）護套，邊彈奏一些粗野的藍調邊說。」「我稱這個為文化。這是我對文化下的最好定義。當人們受到壓迫，有時他們必須有某種方式⋯⋯瑪哈莉雅【傑克森】（Mahalia [Jackson]）就是我想說的一個典型的例子。像我母親過世時，她（瑪哈莉雅）的音樂讓我痛哭，但它也給了我希望。」

174.John P. Sears, "With Nixon: 'Politics Is Great-Except for People,'" *Los Angeles Times*, April 24, 1994, p. M6.

175.Daniel Bell, "The Eclipse of Distance," *Encounter* 20 (5) (May 1963): 54; idem, *The Cultural Contradictions of Capitalism* (New York, 1976), xi, 12.

176.Bell, *Cultural Contradictions*, xii, xv, 10-15; cf. Fred Block, *Postindustrial Possibilities: A Critique of Economic Discourse* (Berkeley, 1990), 7.

177.Eileen Marie Mahoney, "Negotiating New Information Technology and National Development: The Role of the Intergovernmental Bureau for Informatics" (Ph.D dissertation, Temple University, 1986).

178.See Gingrich's "Forward" to Alvin and Heidi Toffier, *Creating a New Civilization* (Atlanta, 1995), 13-18; and Richard J. Hermstein and Charles Murray, *The Bell Curve: Intelligence and Class Structure in American Life* (New York, 1994). 後一著作的知識脈絡完整地被建立在Russell Jacoby and Naomi Glauberman, eds., *The Bell Curve Debate: History, Documents, Opinions* (New York, 1995). 簡短但同樣嚴屬的批評可見於Steven Fraser, ed., *The Bell Curve Wars: Race, Intel-ligence, and the Future of*

America (New York, 1995).

179.Herbert I. Schiller, *Mass Communications and American Empire* (New York, 1969), 33.

180.John Fekete, "McLuhanacy: Counterrevolution in Cultural Theory," *Telos* no. 15 (Spring 1973): 77. 值得指出的是，這種連繫變得越來普遍。那個時期一份常被提及的激進媒體宣言開宗明義就說：「隨著發展的電子媒體，形塑意識的產業已變成後工業化時代社會經濟發展的心律調整器（心臟起搏器）。它滲透到所有其他的生產部門之中……。」Hans Magnus Enzensberger, "Constituents of a Theory of the Media," *New Left Review* 64 (Nov.-Dec. 1970): 13.

181.Herbert I Schiller, *Who Knows: Information in the Age of the Fortune* 500 (Norwood, 1981); idem, *Information and the Crisis Economy* (New York, 1988); idem, *Culture, Inc.* (New York, 1989). Hamid Mowlana, George Gerbner, and Herbert I. Schiller, eds., *Triumph of the Image* (Boulder, 1992); Webster and Robins, *Information Technology*; Mosco, *Pushbutton Fantasies; idem, The Pay-per Society* (Norwood, 1990); Dan Schiller, *Telematics and Government* (Norwood, 1982).

182.See, for example, J. Davis and M. Stack, "Knowledge in Production," *Race & Class* 34 (3) (Jan.-March 1993): 1-14; Tessa Morris-Suzuki, "Capitalism in the Computer Age," *New Left Review* 160 (Nov.-Dec. 1986): 81-91; and Nicholas Garnham, *Capitalism and Communication* (London, 1990), 38-40.

183.Mark Poster, *Foucault, Marxism and History: Mode of Production versus Mode of Information* (Oxford, 1984).

184.Mark Poster, *Existential Marxism in Postwar France from Sartre to Althusser* (Princeton, 1975), esp. 52-75.

185.Althusser, "On Theoretical Work," 62, see also 45-46; and cf. Althusser and Balibar, *Reading Capital*, 171-172.

186.Michel Foucault, *Remarks on Marx: Conversations with Duccio Trombadori* (New York, 1991), 98.

187.Foucault, *Remarks on Marx*, 101-102.

188.Ibid., 101.

189.「此處所缺乏的，」他後來有個說法是這樣說的，「是這個『言說（話語）政權』（discursive regime）的問題，也就是權力對於言詞聲明的影響。我把這個混進了太多的系統性、理論形式，或是像典範這樣的東西。」Michel Foucault, "Truth and Power," in Paul Rabinow, ed., *The Foucault Reader* (New York, 1984), 55.

190.Foucault, *Remarks on Marx*, 85-86. A useful examination of this encounter may be found in Poster, *Existential Marxism*.

191.Rabinow, *Foucault Reader*, 59.

192.Michel Foucault, *The Order of Things* (New York, 1973), 168, 217.

193.Michel Foucault, *The Use of Pleasure* (New York, 1990), 7.

194.Foucault, *Order of Things,* 252, 257.

195.同前註，頁261。想瞭解共產黨對「貧困漸增公式」（the formula of increasing pauperization）的繼續依賴，請參考 Poster, *Existential Marxism*, 362.

196.Foucault, *Order of Things,* 261.

197.E. P. Thompson, "An Open Letter to Leszek Kolakowski," idem, *Poverty of Theory*, 159.

198.此一特性描述是綜合參考自Karl Marx, *Economic and Philosophic Manuscripts*, in Loyd D. Easton and Kurt H. Guddat, eds., *Writings of the Young Marx on Philosophy and Society* (Garden City, 1967), 332, quoted in Poster, *Existential Marxism*, 67; and from ibid., 66; Adamson, *Marx and the Disillusion of Marxism*. 對此持異見者，見Thompson, "Caudwell," 228-276; and Williams, Marxism and Literature.

199.Jean Hyppolite, *Studies on Marx and Hegel* (New York, 1969), 138.伊波利特關於經濟貧困過程的討論是在第七十九至八十頁，而且波斯特對此也有所討論，見Poster, *Existential Marxism*, 30-31.

200.Hyppolite, *Studies,* 80.

201.Ibid., 87.

202.Foucault, *Order of Things*, 341.

203.Michel Foucault, "L'Intellecmel sert a rassembler les idees," *Liberation, May* 26, 1973, quoted in Didier Eribon, *Michel Foucault* (Cambridge, 1991), 253.

204.See Poster, *Existential Marxism*, for Lefebvre, 238-260, esp. 241,246; for Sartre, 72-105, 161-205, 282; for Hgppolite, 18-32, and also Hyppolite, *Studies*, 87.

205.Jurgen Habermas, *Communication and the Evolution of Society* (Boston, 1979), 135, 138. 一位犀利的評論家寫道，對哈貝馬斯而言，「馬克思主義的社會勞動概念被化約為『工具行動』（instrumental action）、最終是（化約為）生產力，馬克思主義的生產關係和上層建築等概念，被化約為象徵（符號）互動的發展領域。後者導致哈貝馬斯忽視一切，只看到生產關係的溝通面向，或者將其他面向用溝通的術語予以重新理解（例如，資本主義財產關係和其他的支配結構，看成是溝通的「扭曲」）。更重要的是，哈貝馬斯被迫忽視生產力發展的規範性和象徵性之面向，以及溝通行動系統發展的目的理性面向。」Adamson, *Marx and the Disillusion of Marxism*, 141. See also Anthony Giddens, "Labour and Interaction," in John B. Thompson and David Held, eds., *Habermas: Critical Debates* (Cambridge, 1982), 149-161.

206.Jay, *Marxism and Totality*, 512-514.

207.傅科的著作持續投機地提及「資產階級社會」的總體性。傅科對總體性的攻擊，可被看作是主要是一種方法學的指令，這一點我追隨加里‧卡廷（Gary Gutting）。見Gary Gutting, "Michel Foucault: A User's Manual," in Gary Gutting, ed., *The Cambridge Companion to Foucault* (Cambridge, 1994), 1-27, esp. 21. 基於類似原因，霍爾在1980年對傅科的批評指出，前者的「有關言說（話語）形構之間的連繫關係之不可知論，仍然棘手與含糊不清。」 Hall, "Cultural Studies and the Centre," 286 n. 98.

208.Michel Foucault, "Politics and Ethics: An Interview," in Rabinow, *Foucault Reader*, 375-376, original emphases.

209.Michel Foucault, "Polemics, Politics, and Problemizations," in ibid., 385, 386.

210.傅科是要表明，法國結構主義的知識巔峰期集中在這個問題：「……到什麼程度才可能進行理論、合理與科學的研究方案，可以超越辯證物質論（唯物論）的法則和教條主義？」Foucault, *Remarks on Marx*, 95.

211.Michel Foucault, *The Archaelogy of Knowledge* (New York, 1972), 125, 29.

212.例如，傅科後來批評用符號學方法來研究衝突事件（戰爭是這類事件的原型），等於是「藉由把它化約為沈靜的語言和對話形式，來避免其暴力、血腥和致命的特性。」Foucault, "Truth and Power," 57.

213.Foucault, *Archaelogy of Knowledge*, 229.

214.Mark Poster, "Foucault's True Discourses," *Humanities in Society* 2 (2), 1979, 157.

215.Poster, "Foucault's True Discourses," 156; and idem, *Foucault, Marxism and History*.

216.正如我們所看到的，霍爾發現他需要工具去區分他偏好的那種文化研究和對手的文化研究，但諷刺的是，最後卻只有把自己長期的密切關係轉變成硬梆梆的假設。霍爾自己強烈意識到有這種緊張關係，可見於Stuart Hall, "Re-Thinking the 'Base-and-Superstructure' Metaphor," in Jon Bloomfield, ed., *Papers on Class, Hesemony and Party* (London, 1977), 43-72.

217.Fiske, *Power Plays*, 14-15.

218.Hall, "Signification, Representation, Ideology," 106.

219.Fiske, *Power Plays*, 48.

220.Jameson, *Prison-House of Language*, 194.

221.關於人類需要及其他方面，布西亞有「紮稻草人馬克思」的傾向，這在道格拉斯‧凱爾納（Douglas Kellner）的書中有清楚的記載。Douglas Kellner, *Jean Baudrillard: From Marxism to Postmodernism and Beyond* (Stanford, 1989), 35, 36, 41.

222.Jean Baudrillard, *The Mirror of Production* (St. Louis, 1975), 123.

223.Ibid., 17, 19, 20.

224.Ibid., 33, 31, original emphasis.

225.Ibid., 118-119, 42-43, 58, 109.

226.Kellner, *Baudrillard*, 52.

227.Baudrillard, *Mirror*, 51.

228.Ibid., 107, 99, 108.

229.Ibid., 130.

230.Kellner, *Baudrillard*, 1-32, 凱爾納這本書的前三十二頁詳細說明了布西亞早期著作的這種特質。

231.Baudrillard, *Mirror*, 121, 120, 144, 122. 布西亞受到列斐伏爾（Lefebvre）的影響很深，這裡尤其凸顯，因為後者強調說，由於衰退與法西斯主義的雙重危機，廣告和宣傳效應漸成為一個「巨大的替代品」：「工作和作為主體（個人和集體）的工人，消費者已取而代之。」見 Poster, *Existential Marxism*, 253.

232.例如，參考：Mark Poster, *The Mode of Information: Poststructuralism and Social Context* (Chicago, 1990). 與波斯特關於此一匯流的看法漸行漸進，社會學家弗雷德‧布拉克（Fred Block）如此形容，是「選擇這個後現代或後工業化標籤去描述建構（理論）的知識方案」，一種在當前能夠理解人民經驗的理論。Block, *Postindustrial Possibilities*, 4.

233.Joan Shelley Rubin, *The Making of Middlebrow Culture* (Chapel Hill, 1992), 7.

234.Clifford Geertz, "The Impact of the Concept of Culture on the Concept of Man" (orig. 1966), in idem, *The Interpretation of Cultures* (New York, 1973), 49. 吉爾斯（Geertz）與貝爾（Bell）假定「文化」和

「信息」這兩個毗鄰概念之間的不一致關係，也同樣在激進思想裡被保留，而且也沒有被解釋，例如賀伯‧席勒（Herbert I. Schiller）寫道：「高度工業化社會的文化核心（是）……資訊（信息）本身。」"Herbert I. Schiller, *Information and the Crisis Economy* (Norwood, 1984), 77.

235.關鍵處在於強調經驗不僅已完全從社會階級切開，並且與科技緊密連結。「我稱此資訊（信息）、通信與娛樂機器的新世界為『資訊（信息）文化』。我用『資訊（信息）文化』這個詞，是因為這些機器，以及它們作為社會結構一部分，已經定義了我的文化，至少也同樣影響了族群、種族和地理。我們怎樣感覺我們周圍的世界，瞭解彼此，甚至對自己的瞭解，已經被這些機器和我們選擇使用它們的方式所改變。」Steven Lubar, *InfoCulture* (Boston, 1993), 4.

236.時代變化真大！在更早以前對法國1968年5月事件的討論中，波斯特曾期待「舊中產階級、技術員和服務業白領工人的無產階級化，（使）這些群體能夠認識到自身處境和這些學生和藍領工人是一樣的。」Poster, *Existential Marxism*, 396.

237.Poster, *Mode of Information*, 29, 30.

238.Ibid., 33.

第五章　邁向一個統整的概念架構

生產（勞動），是開花，或是舞蹈。

而身體並不會為取悅靈魂而受損。

最美的女性，也不是因為絕望而誕生，

炫目的智慧，並非來自焚膏繼晷的努力。

啊！栗子樹，偉大深根的開花者，

你究竟是葉、是花、還是枝幹？

啊！隨著音樂搖擺的肢體，啊！璀璨無比的閃光！

我們應如何辨別舞蹈和舞者呢？

　　　　　　　　　　　　　　　　　　　　　葉慈[1]

存有疑問的是……透過必要的社會過程，一個物質論者的志業定義
且重新定義它的程序、發現與概念，在這一過程中，超越一個又一個的
「物質論」。

　　　　　　　　　　　　　　　　　　　　　威廉斯[2]

　　在謎樣的客體半明半暗的幽微中，我們的主體一再重新創造自身。穿越一代
又一代的傳播研究視野的領域，關於「知識」勞動這個史詩般的問題，一再被重
新調製與重塑。

　　在第一次世界大戰前的時期，普遍流行的關注聚焦在一系列伴隨著壟斷電報和新聞的企業崛起而來的社會問題。提煉自這個尖銳瞄準的批評，杜威傾向於——盛行於十九世紀末期的生產者共和論思想（producer republican thought）的——傳播的互惠概念（the mutualistic concepts of communication）。杜威的工具主義證明成功地負面孤立二元思考的局限與缺陷，但卻未同樣成功地提出可取而代之的正面整合。不是選擇將生產者共和論的知識遺產——勞動——置於同情的批評和修訂，杜威選擇透過一個自由浮動的「經驗」（experience）概念，去理解人類的自我活動。經驗的導引機制是對他而言是「有組織的情報」這個本質良善的概念。當「勞動」被移置，「智力」勞動一連串的物化當中的第一個，係在傳播研究的領域內展開。

　　在兩次大戰相隔的幾十年間，最初的這個移置被大規模地擴展，即使人們對於傳播的關注變得生猛有力。儘管「有組織的情報」的一些有影響力的支持者充滿熱情，但別人開始在建制機構——包括企業和國家——的意識形態動員下退縮；後者（國家）越來越依賴「大眾說服」（mass persuasion），而這也給了這些機構強大和令人擔憂的反民主——對於某些人來說，「極權主義」——的潛力。我們發現，即使在二次世界大戰前，對於「群眾說服」的關注即已開始延伸到新聞和資訊（信息）的媒體之外，以便進入私人生活和領域，包括「大眾文化」或「文化工業」。當大蕭條時代的大規模衝突危機逐漸消散，而美國占據了戰後國際霸主地位之後，激進評論者說大眾文化組成了極其重要但神祕的社會新頁。後者的特徵是它給予當代支配的意識形態基礎，一種植根於不僅是由上而下的操控、也出現在白領階層的反常地位的特性。

　　當挑戰美國國際霸主地位變得明顯以後，傳播研究再次重製自身。透過批判文化帝國主義，一個跨國企業傳播政治經濟的重新整合，遭遇了是一個仍有待組建的國族認同。大約在同一期間，人類社會能動性的概念，也開始促成知識界對於英國工人階級歷史與現狀，投入深刻的研究能量，而且反種族主義和女權運動旋即開始再度萌芽。在這兩種狀況下，「文化」似乎滿足，或者至少是提高了令人感到滿足的前景，需要概念上大幅度修正根深柢固的馬克思主義思想。

　　但是其所必需的修正在本質上仍不明確，而且，出於這些與馬克思主義的

直接對抗，終將發生的徒然是一套新的物化 。結果得到的傳播概念，似乎與之共存的不是一些有限的媒體，而是一套徹底取代的社會總體觀（visions of social totality），受到據稱是自主的表意所驅使。腦力勞動能獲得認可、並且被徒具虛名地概括為社會組織的支配因素或原理，只因為透過馬克思主義結構主義、後工業理論與後結構主義，「腦力勞動」卸除了它的「勞動」身分。

這段歷史最後揭露了一個重要的新問題：我們如何可以從層層積澱的物化限制之下進行研究？也就是說，我們如何找到辦法繞過我們已看到附帶發生、且一再具有破壞性的假設，亦即有所謂「知識勞動」這個可單獨孤立存在的範疇，而且可被賦予實質意義？

我認為，此種嘗試需要我們找到一個有效替代任何例外主義的概念。簡言之，「文化」或「資訊（信息）」，絕不能被看作是異常、自我封閉邏輯的表現。相反地，它們需要置放——無論它們的獨特殊異有多少——根據某些更為通則和包容性的範疇原則。

這種生成的範疇，正如我一再敦促，可見於勞動之中，那麼它必須同樣支持「勞動文化理論」（labor theory of culture）[3]。然而，正如我們所看到的，將「文化」當作生產予以掌握，已證明是極其困難的事。尤其是困擾我們許久的物化之顯著後果，是我們被迫繼續依賴這個範疇的不適當概念。透過回到威廉斯，我想我們可開始闡述這樣一個勞動文化理論的前景，威廉斯的歷史和理論取向——現在終於可以強調——是在與「文化」的替代特徵之間緊張日益升高的1970和1980年代發展出來的。

在著手之前，該做個澄清。威廉斯的著作並不容易表現出尖銳的命題結構，因此我試著引伸其義。要不然，它在積極論證的鷹架上覆蓋了一系列交錯的、有時甚至相當混淆、不完整的理論主張。「我現在宣稱已經達到的，」威廉斯在1976年寫道，「……是一個文化作為一種（社會和物質）生產過程、具體實踐、『藝術』的理論，作為物質生產工具的社會使用（從語言作為物質的『實踐意識』，特定的書寫技術和書寫形式，一直到機械和電子傳播系統）[4]。」無論它怎麼暗示，此一威廉斯稱為「文化物質主義」的提法，產生了一種模稜兩可的擺盪，因為它明確賦予語言、溝通和意識「一個與其他形式的物質社會進程平起平

坐的首要性，包括……「勞動」或「生產」[5]。一個至關重要的混淆，不是源自於促使這一論斷的改正的衝動，而是在於它被用來傳達的不精確性：威廉斯複製了這個根深柢固的傾向，把「語言」（或「意識」）放在一邊，把「生產」（或「存有」）放在另一邊。討論的用詞，弔詭地，跌回到威廉斯原本反對的那個框架，一如我們將看到的，威廉斯力求對之提出無懈可擊的反對。但由於重提這個二元論，如何還有可能──像他原本早在《漫長的革命》一書中所希望的──將「藝術……生產、貿易、政治、養家」當成生產來看待？

因此，直到1980年，霍爾能夠合理地宣稱，在他刻正進行的修正工作中，「威廉斯在定義『文化物質主義』時負面地表列出一些位置（一方面是『一個完全精神層面的文化生產』，另一方面是『它被降級到次要地位』），比他對自己理論的正面內容之澄清，更為清晰穩當[6]。」在日益擴展和自信的文化研究裡，威廉斯默許的「語言和書寫形式的物質性」本身倒轉過來變成偏好的強調所在。這些試圖這樣做的人，可能會把威廉斯讀成彷彿他關心的是包括和排斥勞動的表意，而非一如現在與過往，必要時，延展、挑戰與重新導向更多面向的「文化與社會」傳統（the more multifaceted "culture and society" tradition）[7]。因此，讓我們直接轉向這個正在進行和不完整的修正。

威廉斯相信自己犯的錯誤，在於假定「一個文化和教育方案本身就足以重振左翼，或改變民意，改變勞工運動的傳統體制[8]。」現在他認為，新左派（the New Left）為早期對文化變遷的看法付出了昂貴代價──長期和嚴重「低估了在當代資本主義社會中未嘗改變的一切事物」，特別是包括「資本主義國家的政治權力」[9]。無論嘗試復興「傳統馬克思主義觀點」造成什麼樣的痛楚，如同威廉斯在1950年代所做的，他並沒有摒棄這樣的討論，有利偏好於「探索文化經驗的當前變遷」，簡單地說，仍然是「必要的」。這一工作被忽視已久，又構成了「一個後來將付出慘重代價的弱點」[10]。因此，威廉斯也直接轉向馬克思，對「文化」和「社會」的思考做了相應的延伸細察和修正。

首先，「文化的」形式和活動，必須理解為發生在威廉斯此時認定為一個更加包羅萬象、總是動態的「社會過程」。他開始稱作「文化社會學」（sociology of culture），從而繼承了他先前曾經投注於「文化」本身的合成的動力。「社

會」，在這個後來的提法中，

> 從來不只是個限制了社會和個人實現的「死軀殼」（dead husk），
> 它也始終是一個組構的過程，有著非常強大的壓力，表現在政治、經
> 濟、文化形構之中，並且為了充分體現「組構的」，這些（壓力）是內
> 在化的，變成「個人意志」（individual wills）。這整個的決定作用——
> 一個複雜和相互關聯的限制與壓力過程，是在整個社會過程本身，別無
> 他處[11]。

「社會」，而非「文化」，現在是可以被指認的，儘管偶爾失誤，仍然是具
包容性的——實際上，總體的（totalizing）——詞語。事實上，太少人注意到，
在他開展「文化社會學」之際，威廉斯相應地著手，相當刻意地，限縮這個一度
極重要的關鍵字的意義參照範圍。他把「文化」輕描淡寫為「一個整體的生活方
式」，再次為了強調「全部的表意形式……在實際的生產工具和狀況之內」[12]，
其後，更確切地說，以便「具體規定和強化文化作為一種實現的表意系統（a
realized signifying system）的概念」[13]。這種限制是必要的，威廉斯論稱，為了遂
行更大的知識控制，「對實踐狀況（conditions of practice）能夠提出適當的理論
解釋」，同時申明特定實踐中的具體決定特性，而仍然還繼續保持探索「不同實
踐活動之間的必然關係」[14]。

不同於文化研究的主體，威廉斯以最嚴肅的態度採取這一指令。他謹慎接
受了馬克思主義「決定性」（determination）的概念，卻仍然頑固拒絕給予「經
濟」——他過去在《漫長的革命》一書中是比較願意——任何更大的首要性。利
用霍爾恰當稱作「徹底的互動論概念」[15]，威廉斯反而是繼續強調需要在「實踐
活動」之間「發現和描述關係的整個困難過程」，從而跨越過去被物化為分開
的「基礎」和「上層建築」[16]。然而，因為他才剛剛開始提出一套理論術語，以
指導其對於社會關係性（social relationality）的追尋——當然，因為吾人不能期
待「壓力」和「限制」會簡單地自己招認（是壓力和限制）——威廉斯的「決定
性」概念可被看成是，正如霍爾在1980年偏好這麼看，「只不過是一個防止現狀

惡化的措施」[17]。然而，這一判斷絕不能蒙蔽吾人承認威廉斯正在努力的進一步突破。

雖然他正嘗試提出的綜攝概念，「一種整體的生活方式」，乃對於社會民主共識被拒絕的無力回天，如我們所見，（「一種生活方式」的概念）從未讓道給湯普森早年偏好的提法——「一種鬥爭方式」（a way of struggle）[18]。挪用葛蘭西的重要概念，威廉斯逐漸論稱，在結構當代資本主義社會的階級定義的「霸權」之中，支配和持續鬥爭都扮演組構的角色。但威廉斯並未賦予「文化」（更不用說「意識形態」）在實現此一霸權時的上位角色（此處可見霍爾在名義上的同意，但諷刺地，霍爾以同樣的缺陷批評威廉斯）[19]。威廉斯的概念事實上提供了空間，即使它並未積極強調，武力部署和經濟權力，脅迫和同意，乃是維繫階級支配的核心手段[20]。因此，對威廉斯而言，「社會」或「社會過程」現在已不只是等同於、而是遠遠超過重新命名他曾仰賴的人類學的「文化」概念。

更為重要的第二次轉型，雖然從未完全正式化，環繞在威廉斯對於人類自我活動本質（the nature of human self-activity）的所做的複雜概念重塑。同樣在《漫長的革命》，威廉斯曾試圖運用人類學的文化概念，包括「藝術……作為一個活動，與生產、交易、政治、養家活口一樣[21]。」都是社會過程的構成機制。這個通則化的要旨後來怎麼了？到1970年代中期，在一個關鍵的重述中，相同的一系列活動有許多被重新構思為「生產力」（productive forces），而且重要的是，「生產」本身[22]：

> 維護資本主義市場的社會和政治秩序，就像創造了它的社會和政治鬥爭一樣，必然是一種物質生產。從城堡、宮殿、教堂、監獄、工廠和學校；從戰爭武器到受到控制的報業：任何統治階級，以多變但總是物質的方式，生產出一種社會和政治秩序。這些從來都不是上層建築的活動。它們是必要的物質生產，其中一個顯然是自我維繫的生產方式能夠單獨進行[23]。

相較於他曾經做的，威廉斯當時並沒有很努力，曾經閃躲（現在則是積極超

越）歷史鑲嵌的「基礎和上層建築」的遺緒。他匠心獨運地重新整合這些範疇，正如佩里・安德森（Perry Anderson）後來如此評論道，「不是基於尋常的理由，所謂後者的理想領域無法辯護地被化約為它的物質支持，而是因為前者錯誤地（如果有的話）太過狹隘和抽繹，而且文化生產的的力量被排除在外」；因此，「威廉斯指責馬克思主義，因為它的物質主義太少，而不是太多[24]。」

應當強調的是，威廉斯的新修正與頑強的——而且，從制度化社會主義的觀點——傳統是協和一致的，從黑格爾和青年馬克思尋求啟發。後者曾寫道，「人類本質……是總體的社會關係」[25]；另在他處說道，「宗教、家庭、國家、法律、道德、科學、藝術等等，只是特定的生產方式，服膺一般的法則[26]。」此後這個信條有多人反覆致意，包括威廉・莫里斯（William Morris）（在1880年代和1890年代），以及哲學家馬庫色（在1933年）[27]和盧卡斯。後者（盧卡斯）論稱，生產活動——勞動——具有根本的本體論的意義。生產活動對他而言變成是亞瑟（C. J. Arthur）所謂的「初級中介」（primary mediation），因此人類的自我創造始得以發生[28]。正如盧卡斯所說的，關於人類進化的「向勞動躍進」（evolutionary "leap to labour"），亦即對社會存有（social being）及歷史而言，勞動在社會與自然之間持續進行的代謝機制和基本條件。

> 透過勞動，一個目的論的主張是在物質存有之內實現，作為崛起的一種新的客觀性。其第一個後果是，勞動力成為任何社會實踐的模型[29]……。

類似於馬庫色，盧卡斯一直未能毫無保留地將藝術、科學和其他據稱「更高級」和「相對自主的」活動置放在勞動的範圍之內；勞動被賦予「模式」而非「來源」或「能動性」的地位[30]。然而，在1970年代和1980年代初期，威廉斯正巧朝向此一構思：勞動構成完整的人類自我活動的範疇，盡括全範圍的「知識的」的追求——藝術、法律、科學和宗教——以及更熟悉的直接的「經濟」生產的範疇。

威廉斯統合「知識」和「手工」勞動於單一概念框架之內的初步嘗試，可見

於許多方式。首先是在簡略探討當代經濟趨勢的脈絡下，他初步地和有限地同化「資訊（信息）」：

> 在現代資本主義經濟及其特殊的社會秩序裡，文化機構如報業出版、電影、廣播、電視和唱片工業，已不再像更早以前的市場，那樣邊緣或次要的，而是無論它們本身或是它們與其他生產機構的頻繁扣連和整合，都是最全面和盛行的整體社會和經濟組織的一部分[31]。

以上是這些趨勢的驚鴻一瞥，威廉斯短暫地轉而思索「文化」和「資訊（信息）」的匯聚點。「資訊（信息）過程，」他寫道，在文化本身這一端——吸收了他在後工業主義中發現有用的，以及或許是相關的對於「資訊（信息）」的激進批評——「已變成經濟組織的質性的一部分。」然而，他也立即注意到，這意味著「整個現代勞動過程的一個主要部分，在定義時必須把它當作不易在理論上與傳統『文化』活動分開的方式處理[32]。」「文化」和「資訊（信息）」，從而指涉的是同一個實踐活動的歷史連續體的重疊面向或部分，而後面這個概念——「實踐」——未對「知識」勞動的物化做出任何讓步。

有徵兆地，在討論「新形式的文化生產」時，威廉斯強調，與日俱增的「職業分途」，不僅作家、演員和設計師，還有「攝影師、錄音師、編輯和各類具有輔助技能的人手」，以及「電工、木工、（和）後勤工作人員」，變得「不可或缺」[33]。威廉斯圍繞「生產」的修正努力也表現得越來越好——不像霍爾的——也強調傳播媒介政治經濟的研究[34]。對威廉斯而言，或許最重要的是，「工作」明確地開始近似於「媒介」，其中表意和非表意的元素俱在，在任何分離的個案中達到某個比重。為此，他引介了他所謂的「解方的隱喻」（the metaphor of solution）——一個有容乃大和充滿見地的用法，旨在強調「明顯的表意機構、實踐與工作」是「深沈地現身於」其他活動之中，反之亦然。這一提法，顯然取自於他早年努力闡釋的「感覺結構」（structure of feeling），此刻也即將受到前所未有的重視和歡迎。

這樣說——威廉斯的提法意味著人類生產活動中的每一種社會實踐創造了

其自身的特定「知識」和「手工」的元素，亦即思想和活動的結合——會太過分嗎？彼時，蘇聯心理學家維果茨基（Lev Vygotsky）為這樣的概念提供了重要支持，試圖展示語言——在個人發展的層次上——如何不斷與活動結合，而且融入於活動之中。維果茨基寫道，「我們的分析賦予象徵活動一種特定的組織作用，滲透於工具使用的過程，生產了徹底新穎形式的行為[35]。」對維果茨基而言，形塑兒童發展的核心角色是由自我活動的概念所扮演的，它（自我活動的概念）與整合的勞動概念幾無二致。後者的獨特境界，因此適當地被維果茨基劃分為所謂的「更高層次的心理功能」——用語言表達的思想、充滿知性的演說、自主記憶和注意、理性的意志——維果茨基把這些功能的發展，歸因於前述語言和工具（包括身體）使用的匯流。在重要的延伸意義上，其他學者——在維果茨基的見解上進一步發展——強調「日常認知」（everyday cognition）[36]遍及整個分工範圍的所有活動之中。

此處我們或許也可回顧約瑟夫・狄次根（Joseph Dietzgen）與修伯特（Baptist Hubert）一百多年前提供的論點。根據狄次根的看法，思考是勞動，因為它是由一個體現感性的能動者所展現的；轉向修伯特，不管多麼平凡或「非技術」的勞動——或實踐、人類自我活動，隨便你叫它什麼——總是包含了思想的成分。「知識」勞動，或狄次根所謂的「腦力勞動」，不能被視為一個分開的成分或東西；而是，根據修伯特的觀點，它是與「勞動」共存的。表意，在這個觀點上，並不是一個單獨和自主的實踐活動，甚至也不是包括活動的一個複合構念的半體；而是本體論意義上優先存在的社會勞動範疇中的一個有機的面向[37]。勞動於焉透過歷史過程體現在無數具體的活動之中，其中一些我們慣常稱之為「知識」勞動。

這本書試圖表明，當我們將這命名的方便與活動本身混淆時，無異於致力於追求一種幻想。與此相反，一個包容、整合的「勞動」概念可指向一個更有希望的方向。然而，這一「勞動」概念作為有感覺、自我積極的社會主體參與的全方位實踐，並非只是唾手可得的熟梅。只有當一系列額外的概念位移生效之後，一個長期受阻的道路方得再次敞開。

隱而不彰的概念如「遊戲」和「閒暇」，構成了這樣一個參與的領域。我

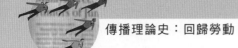

們面前有一個世紀多的女性主義論點，主張家務勞動應被當作「真實」勞動[38]，勸阻我們勿輕忽那些──只用主導和支配的類別來看待時──乍看遙遠或獨特的活動。最近一些女性主義傳播研究的著作可用來總結出了這一點。女性主義學者轉向研究大眾媒體閱聽人，以抵制一般和長期的邊緣化。女性由於相對的歷史缺席於這種位置，歷來未能被當作製作人或電視網主管人員來研究；只能被認真對待為觀眾、聽眾和讀者[39]。女性主義觀眾研究備受好評；是時候了，這個社會自我活動的廣大領域，割讓給市場研究和政治民意調查已久，該當收復為批判研究的領土。將性別置放在重新理論化閱聽人的中心位置是同樣必要的，因為只有這樣，分析才能承擔社會分工的具體歷史形式。

然而，需要強調的是，歷久不衰的物化「知識」勞動的趨勢，也從這一脈絡下興起。女性主義轉向觀眾有時是建立在一個不切實際的行為，其中接近純粹假設有個表意的首要領域，幾乎只被等同於消費領域，或是如洪美恩（Ien Ang）那樣甚至遁入推想的「使用價值」的領域，與受「交換價值」主導的領域嚴格分隔開來，然後研究就圍繞著觀眾成員如何與為何賦予意義（make meaning）[40]，彷彿這個問題可以得到有效的答案，無須對媒介生產體系──當然充滿了自身的限制和壓力──中的性別角色，進行系統性的調查。的確，複製消費和生產這個二分法本身，係受到文化產業制度化的影響所致，這樣的研究可能會斬斷自身的批判潛力，反諷地與那些操縱、干預觀眾反應，協助將二次戰後婦女重新臣服在家庭之中的研究者別無二致。凡此種種，克拉克（John Clarke）已恰當地指出了：

這種文化創造力（cultural creativity）的觀點，將消費強調為一種主動的社會實踐，並將交換和商品關係貶低為背景因素。我們所看到的是符號過量（excess of signs），而非使符號被產製出來的生產、分配和交換的狀況。反諷地，其效應是以資本主義最樂見的方式複製了資本主義的觀點：市場的豐饒和自由選擇的消費者。另一邊，生產結構和近用市場的不平等，則是付之闕如，強調符號的「自由浮動」特性，因此可用任何方式使用或附加任何意義……。在某種意義上，這些取向錯過了消費的結構次要性（structured secondariness of consumption）[41]。

　　然而，這歸因的「次要性」（secondariness）反過來暗示了一個熟悉的貶低（putdown）：資本主義優於且壓倒父權體制。我們該如何調整自己，遠離像這樣逼近死胡同？我認為，唯一的辦法是明確反對吾人熟悉的「生產」和「消費」二分法，朝向我所提議的這種方案。難道我們無權堅持，在這個脈絡下，「生產」本身需要的不是一個、而是兩個時刻：一是傳媒作為制度化的文化生產場域，二是閱聽人成員作為生產者，貢獻出自己的自我瞭解（self-understanding）[42]？若然，那麼我們就必須付出更大的努力，將閱聽人研究培養成不只是作為觀眾或讀者，參與的只是重複的觀看行為，而是作為人，其勞動包括閱讀或觀看媒體[43]。我們必須做好準備，以這種方式構想出更奇特的一些活動。

　　進一步修訂也必須考慮。追隨威廉斯的理論，生產活動延伸到基礎和上層建築，包括「知識」以及「手工」（勞動）實踐活動，透過這個明顯的機制去理解和分析「生產」，已變得不可或缺。人類的許多活動仍是非正式的；但是，正如人類學家早已知道的，這並不意味著它是無秩序的或臨時性的。為了理解歧異、廣袤的實踐（也就社會），我們需要工具，能夠描述和分類這些歷史性決定的、相互關聯與動態的人類活動叢結的工具。「困難在於，」威廉斯本人指出，「如果我們……將生產性的力量描述為社會過程中的所有和任何活動，一個整體，我們已然作出了一個必要的批判，但至少在第一種情況裡（將生產性的力量描述為社會過程中的所有活動），也失去了優勢和特殊性。為了超越這一困難，將會是（我）以後要論證的問題[44]……。」威廉斯辭世前未能充分和明確地克服這一挑戰。然而，他確實開啟了這樣的一個理論化的工作；的確，賦予「生產」一個決定形式的問題，相當接近他持續知識努力的核心。在《文化》一書中，再一次，我們找到了暫時的成果：

　　　　在整體範圍的社會實踐之中，我們可以區分，特定實踐活動與組
　　織它們（特定實踐活動）的社會關係之間不同的與可變距離測量。……
　　某些形式的工作，包括……文化工作，是在工資勞動的狀況之外運
　　作。……因此，假設一種實踐活動與其最密切的社會關係的有組織形
　　式之間，有程度不等的距離存在，似乎是一種有用操作程序，有助於

建立差異化的社會學，瞭解組成一個文化和一個社會的實踐活動的範
圍[45]。

「文化，」顯然地，需要不僅在相互主體性或經驗的層次，而且也應該用更
具體和決定的條件下追求：「社會關係組織了……特定的實踐活動。」

這個新的提法——與立場相近的修正主義歷史學家所提供的建議——是協調
的：即不同的社會關係，圍繞著離散的勞動系統而凝聚起來[46]：家務勞動和各種
非自由的勞動，以及工資賺取；獨立的商品生產，以及供使用的各種不同的生產
系統[47]。這是顯而易見地，在他特別感興趣的脈絡中——文學表意系統——威廉
斯正是以這些語彙將「生產活動」具體化。他的《文化》（1981）一書依賴（雖
然「暫時地」）這些術語，不只為特定「生產工具」及像「贊助」這樣的「制
度」，也為威廉斯特地指出的勞動的工匠（artisan）、後工匠（post-artisan）、市
場專業（market professional）及企業專業系統（corporate professional system）創
造了空間[48]。正如威廉斯一向堅持，即使現今顯然已非事實，資本主義除工資勞
動外排拒所有其他（的勞動），工匠勞動系統已被免除，商品形式在「文化」部
門變得無孔不入[49]。研究制度化的傳播——亦即這一部分的分工，其工作是正式
地傳播——相應地必須嘗試理解其全部範圍，努力認識和闡明所有形塑和限制傳
播過程的這個勞動系統；也就是說，從不停止關照那些生產關係，（因為它們）
影響甚鉅地直接「組織」——雖不等於全部——的文化實踐。不同的勞動系統的
性質和範圍，以及它們之間的連繫與緊張關係，必須成為恆久的研究課題。

透過這些組織的勞動系統，最後，許多表意實踐可能是置放在一個更廣泛
的社會關係場域。此處我們必須謹慎，因為我們正趨近社會總體性這個糾結的概
念。然而，我們不能推卸知識分子的責任和謙遜，容許承擔諸如這般的通則化努
力。相互連結亦以在地發展為優先的需要，不可輕易放棄；確實，甚至可以說它
們永遠無法真正被放棄，而只是隱或顯而已。有必要尋求這種相互關係，這種認
識從未遠離威廉斯後續研究的中心。

然而，由於他在1960年代失之於未明確區分共同文化（a common culture）
和資本主義制度的既有叢結（the existing complex of capitalist institutions），威廉

斯刻意將他的形成中的理論化，與表達總體性的任何預設保持距離。他這樣做，首先，是企圖複數化先前形成的單一概念——比方說，以便觀照他現在特別強調的「差異化的感覺結構（differentiated structures of feeling）與差異化階級之間的複雜關係」[50]。然後，即使這個殘餘的部分也明顯地被拋棄；在出版於1981年關於「文化」的這部主要著作中，「感覺結構」一詞甚至沒有被介紹，儘管有些場合明顯該這麼做[51]。著眼於1970年代初期以降，發展不均等的歷史現實，威廉斯也開始探索「殘餘的」（residual）和「浮現的」（emergent）文化形式；而透過「另類」、「反對」或「支配」的文化形式和實踐等概念，他尋求（他過去未能夠一直強調的）新的區分方式，那些應被視為社會經驗當中的持續的、關係結構的差異（sustained, relationally structured differences）。但也有更直接的跡象表明放棄（或它實際上是一種重新定義）社會總體性的概念。威廉斯開始自覺地利用「總體性的概念……當作一種批判武器，用以『對抗』日益主導地位的資本主義經濟活動和其價值超過所有其他形式的人類活動[52]。」比方說，在1977年，他寫道：「沒有一種生產方式，因此並沒有任何支配的社會秩序，因此也沒有任何現實中存在的支配文化，容納或耗盡全部的人類實踐、人類能量和人類意圖[53]。」李維士（Leavis）對已逝的、虛幻的有機社群的渴望，不知何故已變形並進入了一個空間，威廉斯自己持續追尋的共同文化，即在這個空間中設法存續。但什麼樣的（一些）原則，若不是純粹的工資關係，能夠相互關聯且系統化如此廣泛的「人類實踐」？怎麼可能有跨越「社會形構」，而導入有秩序的一些原則呢？毫無疑問，「霸權」作為這個鬆散架構的主體，威廉斯提供來解決這些問題。但是他似乎無力直接地提出問題，可見我們至此已經到達他的不斷演進思想的最遠邊界了。

　　環繞傳播機構與制度之內與其外的各種生產關係，必然只能存在於特定的社會領域或社會形構之中。不過，我們如何理解社會形構？其次，我們如何適當地介入「歷史資本主義」的長期動態過程[54]？——薪資（僱用）關係（wage relation）本身的存在確實局部依賴於勞動體系（labor systems），事實上與勞動體系並存的「資本主義」，其範疇遠遠超越了薪資（僱用）關係——如果我們要能夠踏實地呼應這個（譯按：有別於流俗意見的）異議，我們就不應該認定有哪

一種勞動具有優越性，不應認定有任何的先驗律令之存在，因此也就沒有任何一種勞動形式能夠決定勞動的體系。依此論事，依據薪資契約的工作並無任何本體論層次上的優先位置，得以超越家務勞動、農民生產或奴隸勞動。如果我們不再認為特定的一種勞動形式——薪資關係——具有先驗的優先位置、不再認為它具有普遍性，那麼我們就別無選擇可言，我們就只能將見諸於社會的所有生產活動納入分析。唯其如此，湯普森所說的概括宣稱，才能從我們這裡得到具體的定義與內涵，湯普森所說的「資本主義的邏輯已經體現在社會的所有活動之中，並對其發展與形式施加一種決定性的壓力……[55]。」至此才算——得到了活生生的歷史壓力及限制。進入這個理解與論事情境之後，我們終究可以洞悉，「文化／資訊」場域當前刻正進入了有其決定性意義的擴張階段，歷史壓力趨向於生產資本化的長遠進程已經兵臨城下，即將席捲「文化／資訊」場域[56]。然則，那個故事的數說與開展，還得另待來日。

本 章 注 文

1. "Among School Children," in Richard J. Finneran, ed., *The Collected Poems of W. B. Yeats* (New York, 1989), 217; cited in E. P. Thompson, William Morris: Romantic to Revolutionary (New York, 1961), 801-802.

2. Raymond Williams, "Problems of Materialism," *New Left Review* 109 (May-June 1978): 17.

3. 正如在1970年代伯明罕辯論的參與者如此期待。見Charles Woolfson, *The Labour Theory of Culture* (London, 1981).

4. Raymond Williams, "Notes on Marxism in Britain since 1945," *New Left Review* 100 (Nov. 1976-Jan. 1977): 88.

5. Ibid., 88-89.

6. Stuart Hall, "The Williams Interviews," in Manuel Alvarado, Edward Buscombe, and Richard Collins, eds., *The Screen Education Reader* (New York, 1993), 317.

7. 例如，威廉斯論稱，傳播工具應被當作一種活躍發展中的生產工具，但它們不該被當成是唯一的生產工具。Raymond Williams, "Means of Communication as Means of Production," in idem, *Problems of Materialism and Culture* (London, 1982), 50-63.

8. Raymond Williams, *Politics and Letters* (London, 1981), 364.

9. Ibid., 364.

10. Ibid., 362.

11. Raymond Williams, *Marxism and Literature* (New York, 1977), 87-88.

12. Raymond Williams, "Marxism, Structuralism and Literary Analysis," *New Left Review* 129 (Sept.-Oct. 1981): 64-65.

13. Raymond Williams, *Culture* (n.p., 1981), 207-210, original emphasis.

14. Ibid., 145, original emphasis.

15. Hall, "Williams Interviews," 313.

16. Williams, *Marxism and Literature*, 94.

17. Hall, "Williams Interviews."

18. 「威廉斯已對一些自己的文化主義立場進行了自我批判，比我1961年所做的還要更徹底，」湯普森在1981年觀察到，「如今在理論關鍵點上，我確實和威廉斯非常接近。」E. P. Thompson, "The Politics of Theory," in R. Samuel, ed., *People's History and Socialist Theory* (London, 1981), 399. 把文化看作「一種鬥爭方式（a way of struggle）」，見 Thompson, "The Long Revolution," 33. 在一篇寫於1970年代中期的文章中，湯普森暗示他已走向威廉斯的立場：「因為價值最常見於特定的歷史脈絡，特別是特定男女和其他特定男女之間的鬥爭、調整或愛欲。」Thompson, "Caudwell," in Ralph

Miliband and John Saville, eds., *The Socialist Register* 1977 (New York, 1977), 256.

19. 葛蘭西始終堅持，霸權不完全是一種意識形態的現象。缺少「有決定作用的經濟核心」，就沒有任何霸權能夠存在。Stuart Hall, "Gramsd and Us," *Marxism Today* 31 (6) (June 1987): 20. 對於葛蘭西而言，霍爾早在1980年寫道，「在社會生產生活的組織方式中，『霸權』保留其基礎。」霍爾宣稱，當代文化研究中心使用這概念的方式，可能與威廉斯（應是在《馬克思主義與文學》一書中）有所區分，後者試圖「把它限制在『文化力』和意識形態問題」。Stuart Hall, "Cultural Studies and the Centre: Some Problematics and Problems," in Centre for Contemporary Cultural Studies, Culture, *Media, Language* (London, 1980), 36 and 286 n. 94.

20. 「對意識形態的國家機器的強調，並不具有可靠的經驗證據，可被更為合理主張取代，亦即具支配地位的階級所控制的意識形態控制機器，運作在一般體制和市場條件之中，以及（或不是）直接透過國家組織。」Williams, *Culture*, 222. 恩威並濟（在脅迫與同意之間維平衡）的重要性，佩里，安德森（Perry Anderson）也有所強調。Perry Anderson, "The Antinomies of Antonio Gramsci," *New Left Review* 100 (Nov. 1976-Jan. 1977): 5-78, esp. 44-49.

21. Williams, *Long Revolution*, 63.

22. Williams, *Marxism and Literature*, 90-94.

23. 同前註，頁93。威廉斯同樣地寫道，經過早期現代之後，「勞動」，在其最普遍的用法上，意味著「所有生產性工作」。只有在資本主義發展之後，它才開始專指沒有賺取工資的工作。Raymond Williams, *Keywords* (New York, 1983), 177.

24. Perry Anderson, English Questions (London, 1992), 239. Cf. Williams, *Marxism and Literature*, 92-94.

25. Karl Marx, "Theses on Feurbach," in Karl Marx and Frederick Engels, *Selected Works* (New York, 1980), 29.

26. Karl Marx, "Economic and Philosophic. Manuscripts of 1844," in Karl Marx and Frederick Engels, *Collected Works 3, Marx and Engels: 1843-1844* (Moscow, 1975), 297. 對青年馬克思的勞動概念的評論，見Douglas Kellner, Jean Baudrillard (Stanford, 1989), 41, 53; Rabinbach, *Human Motor*, 72-83; Adamson, *Marx and the Disillusion of Marxism*, 81-82.

27. Herbert Marcuse, "On the Philosophical Foundation of the Concept of Labor in Economics," *Telos* no. 16 (Summer 1973): 9-37.

28. C. J. Arthur, Dialectics of Labour: Marx in His Relation to Hegel (Oxford, 1986), 5.

29. Georg Lukacs, *The Ontology of Social Being: Labour* (London, 1980), 39, iv, 3.

30. See, for example, ibid., 57, 118.

31. Williams, Culture, 54.

32. 同前註，231，232。

33. 同前註，114-115。

34. 關於他心目中的文化社會學，威廉斯在1981年寫道，「與經濟分析也有直接的重疊，而這對現代資本主義的文化組織，特別是媒體研究，也變得尤其重要。最近『文化的政治經濟學』（見Schiller (1969), Murdock and Golding (1974), Garnham (1977)）的發展，特別有其必要與值得歡迎，而且應該被看作不只是不同於，而且也與文化社會學互補。」同前註，31-32。也請參考Herbert

I. Schiller, *Mass Communications and American Empire* (New York, 1969); Peter Golding and Graham Murdock, "For a Political Economy of Mass Communication," in Ralph Miliband and John Saville, eds., *Socialist Register* 1973 (London, 1974), 205-234; and Nicholas Garnham, "Towards a Political Economy of Culture," New Universities Quarterly (Summer 1977), 延伸與更為成熟的發展見同一作者的另一文章，Garnham, "Contribution to a Political Economy of Mass Communication," *Media Culture & Society* I (2) (1979).

35. L. S. Vygotsky, "Tool and Symbol in Child Development," in his Mind in Society: *The Development of Higher Psychological Processes*, ed. Michael Cole, Vera John-Steiner, Sylvia Scribner, and Ellen Souberman (Cambridge, 1978), 24. 有用的二手文獻，請見：David J. Bakhurst, "Social Memory in Soviet Thought," in David Middleton and Derek Edwards, eds., *Collective Remembering* (London, 1990), 203-226; James V. Wertsch, *Vygotsky and the Social Formation of Mind* (Cambridge, 1985); and Rene Van Der Veer and Jaan Valsiner, *Understanding Vygotsky: A Quest for Synthesis* (Oxford, 1991).

36. Sylvia Scribner, "Studying Working Intelligence," in Barbara Rogoff and Jean Lave, eds., *Everyday Cognition: Its Development in Social Context* (Cambridge, 1984), 9-40. 感謝柯爾（Michal Cole）提供此一建議。

37. Cf. Len Doyal and Roger Harris, "The Practical Foundations of Human Understanding," *New Left Review* 139 (May-June 1983): 59-78.

38. An important historical study of the origins of this development in the U.S. context is Jeanne Boydston, *Home & Work: Housework, Wages, and the Ideology of Labor in the Early Republic* (New York, 1990).

39. Lynn Spigel, *Make Room for TV: Television and the Family Ideal in Postwar America* (Chicago, 1992), 5. Ien Ang, *Watching Dallas: Soap Opera and the Melodramatic Imagination* (London, 1985): esp. 17-20; Janice A. Radway, *Readlng the Romance: Women, Patriarchy, and Popular Literature* (Chapel Hill, 1991). 拉德威所研究的羅曼史讀者，深深地致力於實現成功和自我奮鬥的資產階級倫理，不斷試圖區分她們在教育和自我教導上的努力和理應低劣和無益的肥皂劇觀看活動。這兩種類型從而將出現（以社會階級來說）顯著的相互關聯。對於在媒體觀眾的脈絡裡連接性別與階級，普瑞絲（Andrea L. Press）做了難得的努力。Andrea L. Press, *Women Watching Television: Gender, Class, and Generation in the American Television Experience* (Philadelphia, 1991).

40. 洪美恩（Ien Ang）和史拜格爾（Spigel）都表現出強烈傾向，用觀眾的經驗替代假定代理的文本，這又替代更加包羅萬象的理論化，這兩位作者都對此都有所暗示。洪美恩依靠的是讀者私人信件表達對（電視劇）《朱門恩怨》（*Dallas*）或詳或簡的感受。此外，史拜格爾的研究有同樣主觀的問題，對體制性置入和女性雜誌的偏見，欠缺討論，而這卻構成她的證據主體。後面這一點，在最近一本對這類雜誌的研究專著中表現得特別清晰，見Ellen McCracken, *Decoding Women's Magazines: From Mademoiselle to* Ms. (New York, 1993).

41. John Clarke, *New Times and Old Enemies* (London, 1991), 85, 102.

42. Cf. Dallas Smythe, "Communications: Blindspot of Western Marxism," *Canadian Journal of Political and Social Theory* 1 (3) (Fall 1977): 1-27; 以及同一作者，"Rejoinder to Graham Murdock," Canadian Journal of Political and Social Theory 2 (2) (Spring-Summer 1978): 120-127, 兩篇皆收錄在 Dallas

Smythe, *Counterclockwise: Perspectives on Communication*, ed. Thomas Guback (Boulder, 1994).

43. 有大量女性工作且明顯作為通信傳播生產者，例如當電話接線生，女性主義學者已經大方地實現正好像這樣的一種有益和重要的接合。Michele Martin, "*Hello, Central?*": Gender, *Technology, and Culture in the Formation of Telephone Systems* (Montreal, 1991); Stephen Norwood, *Labor's Flaming Youth: Telephone Operators and Worker Militancy, 1878-1923* (Urbana, 1990). 這種連繫在第一次世界大戰期間工人階級婦女看電影的相關研究，也鍛造了此一連結，將性別不平等和支配的交互作用，放在世代、族群和社會階層衝突的脈絡下。Elizabeth Ewen, "City Lights: Immigrant Women and the Rise of the Movies," *Signs: Journal of Women in Culture and Society* 5 (3) (Supplement, 1980): S45-65; Kathy Peiss, *Cheap Amusements* (Philadelphia, 1986), 139-162; Roy Rosenzweig, *Eight Hours for What We Will* (Cambridge, 1983), 191-221.

44. Williams, *Marxism and Literature*, 93.

45. Williams, *Culture*, 189-191.

46. 我在這裡依靠的，除了別的之外，是Marcus B. Rediker和Peter Linebaugh持續做的研究。我認為這可能表明，在1970年代後期，愛德華‧湯普森也有類似的思考。在加州大學聖地牙哥分校，勞拉‧托布（Lora E. Taub）的博士論文採用勞動體系的概念去分析第一個資本主義的文化產業，這其中透過伊麗莎白劇院而發展，而且在我自己正在當時正在撰寫的著作中會有更多關於勞動體系中的討論。見Dan Schiller, "The Information Commodity from Grub Street to the Information Highway."

47. 正如我寫的，勞倫斯‧格羅斯伯格（汲取約翰‧克拉克的想法）也同樣指出，「生產不能僅僅是資本化製造的文化商品。」Lawrence Grossberg, "Cultural Studies vs. Political Economy: Is Anybody Else Bored with this Debate?," *Critical Studies in Mass Communication* 12 (1) (March 1995): 74. 感謝勞拉‧托布提供這份參考資料。

48. 在「生產工具」這個問題上，威廉斯只是繼續保留《五月宣言》對傳播科技作為生產力的關注，此後他進一步聲稱，傳播科技可能使跨國公司資本有時「影響、改變，並在某些情況下控制我們整個社會過程」。Raymond Williams, *Television: Technology and Cultural Form* (London, 1974), 151.

49. 儘管如此，正如法蘭克福學派的支持者繼續如此宣示。史坦利‧亞諾維茲（Stanley Aronowitz）聲稱，「挪用文化來服務商品生產，是晚期資本主義的顯著特點。」Stanley Aronowitz, *False Promises* (New York, 1973), 15; 正如我們在前一章所知道的，詹明信（Fredric Jameson）也同意這一點；Jameson, "Reification and Utopia in Mass Culture," *Social Text* 1 (1) (1979): 131, 134. For Williams, *Culture*, 46, 50.

50. Williams, *Marxism and Literature*, 128, 134.

51. For example, Williams, *Culture*, 76.

52. Williams, "Literature and Sociology," 11.

53. Williams, *Marxism and Literature*, 125, original emphasis.

54. Immanuel Wallerstein, *Historical Capitalism* (London, 1983).

55. E. P. Thompson, *The Poverty of Theory* (London, 1978), 254.

56. Bernard Miege, *The Capitalization of Cultural Production* (New York, 1989).

跋一
傳播、文化與勞動[1]

　　打從青年時期開始，《傳播理論史》（*Theorizing Communication: a history*）的作者就「覺得傳播學門會讓我有個獨特的特許狀，讓我對於文化批評與政治經濟學的興趣，得以結合」[2]。席勒（Dan Schiller）作此「綺思暇想」，進而努力二十餘載後，成就了這本書。他要通過「文化」與「勞動」這兩組關鍵詞，書寫「傳播理論史」。

　　作者認為，美國的行為研究固然誤導美國傳播研究於歧途，但上焉者從杜威（John Dewey）至米爾士（C. Wright Mills）……等人，同樣沒有能夠超越實用主義與工具哲學的侷限，致使他們固然深知傳播資本體制的深層缺陷，但往往不願意、怯於綢繆利潤歸私以外的媒介系統，有何樣貌，或者，即便有心就此構思，他們經常難以釐清推動另類傳播模式的動能，何處可尋。於是，杜威號稱民主而重視一般人的能力，在此怪異地與菁英論者李普曼（Walter Lippmann），彷彿仍有共識。

　　對於歐陸的結構與後結構、後現代派別，席勒也有不少的微詞。阿圖舍（Louis Althusser）過度側重理論實踐的闡述，以致流於揚舉、奉為律令，而不是適度地看重知識份子導引勞工階級激進化的功能；傅柯（Michel Foucault）研究社會的邊緣群體有很大的啟發與貢獻，卻否定激進地改變社會的重要動力，還禁不起排除勞工階級；布西亞（Jean Baudrillard）指人類的重心不再是物質生產，而是文化、消費、資訊、意識形態，這就使得有關生產的論述，不僅是不充分、有缺失而有待補充與糾正，而是遭致「敵視」。席勒還說，哈伯瑪斯（Jürgen Habermas）聲稱勞動這個概念無法捕捉人類生活再生產的特殊部分，他借重語言學，強調「理想溝通情境」的時代意義及重要性固然有其敏銳的洞見，卻又似乎

有誇大其力量之嫌，並且可能在重新建構歷史物質論的過程，拋棄了珍貴的理論遺產[3]。在席勒看來，這些各有所偏的現象，顯示歐陸諸位思想家在這方面與美洲大儒相類，都是二分勞心與勞力的囚徒，他們都沒有能夠盡力鋪陳二者如何可以同時是「文化的勞動理論」（labor theory of culture）之構成要素。

面對英國的「文化研究」，席勒說，霍爾（Stuart Hall）不接受言說之外別無社會實踐的說法，一語中的，但他覺得霍爾有些搖擺、駁斥不夠徹底，以致霍爾在談及意識形態時，忽略媒介組織必然涉及的技術勞動。對於1980年代以後，文化研究跨洋至美再流傳於世，席勒有其不安，他同意梅鐸（Graham Murdock）的觀察：文化研究通過美國而流行許多國家的同時，恰巧是新自由主義經濟學之霸權浮現、流傳、鞏固與擴張之際，二者的同步進展可能不是偶然。（後）結構、後現代主義化的文化研究羞赧於大論述與啟蒙之說，並非沒有歷史原因，但不再認知執守信念而更是鍾情於修辭、言說與論述，以致無意或說認為無須追究社會（是否有其）真實可言，並為此而放棄連結二者之後，這個類型的文化研究固然拓展了一些批評的空間、讓人有了些許釋放，代價卻是刀口鈍化，對於當道政商體制的威脅跟著減少，等而下之則被挪用於商品行銷，於是得以興旺。

席勒比較首肯的是第一代的英國文化研究健將，特別是威廉斯（Raymond Williams）。論述威廉斯的中文碩博士論文或專書，至少15本[4]。他勇於想像與規劃，對於財團主導之外的媒介體制，威廉斯多所發揮[5]。不過，53歲以前，他對於「文化」的描述，少了衝突的著墨，反倒是浮現人類學的界定方式，強調文化是普通的、總體生活方式的、是所有人都能共同享有的面向[6]。1971年，他才提出「主導的、浮現的與殘存的」三層次文化觀[7]，到了1974年，他在《電視：科技與文化形式》大量引述北美的政治經濟學者賀伯·席勒（Herbert Schiller）的著述[8]。哥丁（Peter Golding）與媒鐸發表於1978年的論文，表明威廉斯的理論陳述雖然未能確立是哪些力量在優先發生影響，卻已經在具體分析時，率先解剖了傳播體制[9]。岡漢（Nicholas Garnham）當時認為，哥丁與媒鐸的這篇文章是分水嶺，清晰標誌了英國傳播政治經濟學所堅持的信念及其與英國主要傳媒路徑的分際[10]。1980年，在英語世界第一本標舉傳播政經取向的學術期刊，岡漢聯手威廉斯製作了布迪厄（Pierre Bourdieu）的文化社會學專題[11]。1981年的《文化》[12]出版將近

三十年來，屢屢為威廉斯贏得熱烈的響應，不獨見於本書。迄今，青壯輩的何孟哈夫（David Hesmondhalph）之力作《文化產業》，對於威廉斯前作仍然仰仗有加，他將威廉斯與英國，以及法國的激進傳播政經學並舉共列[13]。加拿大的貝比（Robert Babe）去（2009）年推出《文化研究與政治經濟學：邁向新的整合》，列舉威廉斯是政經取向的文化研究代表人之一[14]。

然而，就在威廉斯的思考有了轉向，日後人們稱之為「新自由主義」經濟學的意識形態，其邏輯、論述及行動已經在1973年發端於流血政變中，從拉丁美洲的智利[15]擴散至英、美……等國。它的兩大名言是「沒有社會只有個人」（...there is no such thing as society. There are individual men and women...）[16]，以及「政府不能解決問題，政府就是問題」（Government is not a solution to our problem, government is the problem.）[17]，它強調生產工具私有化與利潤歸私才能帶來效率、聲稱勞動者的福利與社會的健全已經盡在資本的效率中。在這這個階段，「文化」這個字眼的語意連結，開始悄悄發生變化。

1960年代的「文化」，「人文影響」揮之不去。文化一詞在前，抵抗（官商）的意識與資源跟進，是以有法蘭克福學派的文化工業批判、文化帝國主義批判與中國的「文化大革命」……等等，甚至，主流學界之大儒如貝爾（Daniel Bell）還在1976年出版《資本主義的文化矛盾》。身處這個格局，資本增值與文化的意向，天各一方，難以連結。另一個相關的語彙是「資訊」，它沒有那麼強烈的對抗性質，卻也沒有完全進入資本的懷抱。作為傳播理論的早期源流之一，「資訊理論」是一種機械觀點，認定資訊純屬中性，並無政治的蘊含。1973年貝爾的《後工業社會的來臨》延伸其「意識形態的終結」之說。貝爾認定「資訊科技」與「理論知識」超越了資本的範疇，為1970年代末登場的「資訊社會」，預先鋪路。雖有這些想要替資本進行納編的修辭，資訊另有一種面貌，尤其是「新世界資訊與傳播秩序」的南北鬥爭貫穿整個1970年代，延燒至1980年代初期與中期。在這個背景下，「資訊」還不完全是保守眼界的禁臠，「誰的」資訊這個提問，還是熾熱的國際政治議題；事實上，到了本世紀，這個爭議還未落定，派生為網路的管理、網址設定……等等規則究竟是要由美國商務部管轄的民間組織肩負權責，還是要讓各主權國家有更多的介入空間，歷經2003與2005年「世界資訊

社會高峰會議」的兩次議論，以及2006年開始、預計進行五年的「網路論壇」協談，迄今都還沒有取得各方都能接受的解決方案[18]。

從英國外散至澳洲的文化研究人士從1980年代開始提倡「文化政策」，強調文化研究的實用性[19]。一方面，這與政經學者岡漢早在1983年為介入大倫敦議會（Greater Loundon Council）之政治而作的〈文化的諸概念：公共政策與文化工業〉一文[20]，並不相同；另一方面，它的某些實用色彩被另一些文化研究者質疑[21]，文化的意象逐漸轉向。英國政府在工黨於1997年上臺後，刻意捨棄並開始包裝「創意產業」，流風所及，一時蔚為時尚[22]。臺灣在1995年由文化建設委員會首度主辦「文化產業」研討會，試圖以此作為社區總體營造的「核心」，「間接帶動地方的繁榮」[23]，至2002年起聯用二詞，稱之為「文化創意產業」，2004年立馬有了跨部會完成的《2003年臺灣文化創意產業發展年鑑》，2009年5月再有昧於實況的「創意臺灣：文化創意產業發展方案」，宣稱要以體質羸弱的電視與電影（及流行音樂）作為旗艦產業，領航文創。中國大陸文化體制的調整與改革年年增溫，文化產業之說很快就使得法蘭克福文化工業的批判「短暫興盛」後，從1990年代中期左右走向衰落[24]，至2004年國家統計局頒發「文化及相關產業分類」，2005年國務院頒行《關於非公有資本進入文化產業的若干決定》，到了2009年7月，國務院遂有「文化產業振興規劃」；此外，文化創意產業的用法在北京與上海等地，另見流行。

進入這個時期之後，「文化是個好生意」、「文化是新的經濟增長點」……等等修辭應運出籠，從流行媒介、類書出版至高教院系所的文化創意座談、會議、學程、科系、中心或基地的設置，熱鬧登場。挹注文化活動的正當性，不再是文化所帶來的啟迪、陶冶、怡情悅性、變化氣質或鼓動人生，所有非經濟或社會的文化意義，進不了檯面，文化值得政府提供資源的正當性，如今得由經濟語彙給予支持、甚至證成。是以，即便是具有批判思維的「文化研究學會」也無法視而不見，該會在2010年會時，刻意以中文的特性，製造模稜兩可的主題宣稱：「文化生意：重探符號／資本／權力的新關係」。

文化（創意）產業變成流行語彙之前，「關稅暨貿易總協定」（GATT）的第七回、烏拉圭回合談判已經從1986年啟動，重點之一就是要將「自由貿易」的

主張，從製造業向「文化事業」滲透。其中，美、法（歐）以影視產業等文化產品為標的，彼此拉鋸。由於無法在GATT的多邊場合取得優勢，美國於是繞道，逐次與個別國家談判（各個擊破）或在其他場合（如投資協定）推進影音產品自由貿易的主張。歐洲聯盟在法國主導下，結合加拿大、南韓……等國開始從1998年展開「文化政策國際網絡部長會議」，聯手相關的媒改與文化社運團體，雙方共通的訴求就是要求「各國可以根據自己的需要制訂影音政策」，他們強調各國有權依據本身的認知與需要，以及本國不同主張者之折衝結果，決定市場是否開放及其開放額度，也有權是否給予特定對象國民待遇及最惠國待遇。這個爭執迄今尚未解決，歐盟想要釜底抽薪，試圖將規範與仲裁影音文化流通的機構，從1995年掛牌的「世界貿易組織」（WTO）移轉至1946年成立的「聯合國教科文組織」（Unesco）。各國文化部長會議結合相關NGO的推動，三年有成，他們在2001年就成功地促成Unesco發表宣言，並在2005年通過《保護文化內容和藝術表現形式多樣化公約》後，使公約在2007年生效施行。這個時候，「聯合國教科文組織「保障及促進文化表現多樣性公約」與世界貿易組織規範之潛在衝突與調和」不得不成為世人必須面對的課題[25]。

　　文化研究學會的「文化生意」命題是一種刻意的曖昧，美、法對於影音文化的不同主張不會定於一尊。然則，當前「文化」的主流稱謂確實以史無前例的規模，連繫於「商品」的意象，人們在接觸這樣的文化時，其感受為何，是漠不關心、協商、不疑有他而逆來順受或不以為然而怒目相向，也許仍是問題，但並非資本所關心的重點，資本在意、沒有把握的是，這樣的文化意象真能成為資本的增值來源嗎？這就涉及「勞動」這組關鍵詞。

　　作為政治經濟學的重要旗手，對於美國十九世紀末「生產者共和論」以來，勞心與勞力的日趨二分，席勒扼腕再三。在此之前，備受馬克斯與恩格斯稱讚的德裔皮革工人狄次根（Joseph Dietzgen）在著作中，屢屢表示「思考是一種體能的運作過程……一種勞動的過程」。是有一段時期，論者都能主張言談與思索（speaking and thinking）、行動與活力（action and energy），以及物理的生產或形體的勞役，通通都是「勞動」所不能缺少的部分。

　　席勒主張，「生產力勞動（productive labor, PL）」是解開勞心勞力區分的重

要鑰匙。馬克斯主義政治經濟學認定，只要該勞動為資本所僱用而投入於價值的生產並且能生產剩餘，而該剩餘價值為私人占有的勞動，就是PL。所以，PL是一種僱用「關係」，PL不是勞動的「內容」究竟是農林漁牧礦、製造、服務或當今所謂的文化（創意）產業。不過，席勒的PL似乎與這個傳統只有局部接合，二者並不完全相同。他說，PL是「人的自我活動，具有兼容並蓄及整合的性質」，於是，薪資勞動固然是PL，家務勞動及其他並不是為了薪資而進行的活動，乃至於「休閒」時候所進行的活動，都可以是PL，「觀眾、聽眾與讀者（的活動）……是有償及無償工作的勞動」。乍看之下，這個界定方法勢將因為無所不包，致使失去傳統馬克斯主義的色彩與作用，但是，「歷史資本主義」的發展似乎反而向讀者昭示，席勒界定PL的方法，很有可能已經為當下及未來的傳媒走向及其研究，另闢蹊徑，雖然這個提法還不能說完全是新創。

曾經擔任美國聯邦傳播委員會首任經濟學家、英語學界傳播政治經濟學界的第一代學者史麥塞（Dallas Smythe）早在1977年就已經提出一個論點[26]。他說，西方馬克斯主義者沒有從「經濟」，而是從文化／意識形態角度，研究「傳播」媒體，這是盲點。史麥塞指出，在商業傳媒體制下，傳媒（又以電視最為明顯）生產了一種他稱之為「受眾（閱聽人）商品」（audience commodity）的物件，並將這個商品日以繼夜地賣給廣告廠商。這個觀點不但在傳播政治精義學界引發爭議，最慢在1989年，後現代派文化研究者費斯克（John Fiske）也開始提及這個名詞，或者，準確地說是「閹割」該論點後，留用該詞[27]。那麼，「受眾商品」能夠成立嗎？其論述的細部說及其疑點何在，筆者在其他地方已經交待[28]，這裡只針對本世紀以來，相關專書對該論點之引述，以及新的情勢對該論點的可能意義，續作引伸。

2001年出版的《全球好萊塢》[29]沒有提及史麥塞，但對於（電影）「消費的勞動理論」有相當篇幅的敘述，原因是否該書作者之一麥斯威爾（Richard Maxwell）早年參與了「閱聽人商品」的辯駁，不得而知。《受眾經濟學》引用史麥塞多次，指該概念「太過簡化」[30]。席勒的新作《信息拜物教：批判與解構》（2006）如同本書，依舊遵循史麥塞的基本視野，惟對於網路的使用、廣告與勞動的商品化現象[31]，尚未深入分析。2007年的《網路受眾》[32]則出現史麥塞至

少八次，語帶贊同，但旋即轉入介紹與討論相關測量的「技術」演進，而不是理論內涵。

　　然而，技術形式日新月異，從部落客（blog）、第二人生（Second Life）、臉書（Facebook）、宅窟（Jaiku）、噗浪（plurk）等等網路及「社交傳媒」⋯⋯等等都在爭先恐後，致使「使用者創生的內容」的意義遠遠超出1980年代以來的「消費者也是生產者」（prosumer）⋯⋯等概念的指涉，更是有待理論的探索。完整掌握其意義「需要多層次方法論」[33]，不是政治經濟學所能獨自完成，但至少可以從「經濟」與「文化」兩個角度，鳥瞰受眾商品的蘊含。

　　先說經濟。2008年世界各國的國民生產毛額是61兆70億美元[34]，大約3%（1兆9300億美元）用於資訊科技，其中，直接與受眾商品之生產相關的「通訊傳播業」採購與使用的資訊科技額度是2020億，遠遠落後於2007年以來造成經濟核爆的金融業之5030億，也相去製造業（4330）與政府部門（3900）甚遠，甚至還略低於零售與躉售業（2110），只高過服務業（1720）[35]。不過，這個額度再加上兩組數字後，就會相當可觀。一是2008年的世界總廣告額（受眾商品賴以表達其形式的價格），以貨幣表達是6660億美元。二是受眾通過自己的勞動而配合資本將自己轉化為可供資本增值的商品時，另外得自掏腰包，購買相應的平面傳媒（報章雜誌）、增添日新月異的消費性類比或數位電子器材（收音機、電視機、錄放影機、電腦及其周邊設備、各種儲存器材如DVD等）與通訊器材（手機等）、支付網路使用費、按片按次或按日週月年訂購特定內容（假使這些內容不被廣告贊助，或廣告贊助不夠），最後，還得支付電費才能接觸或使用電子形式的圖文影音等等「內容」。後面這些林林總總的費用還待精確估算，惟不但應該不致低於前者（廣告），反倒應該會是其若干倍。如此，受眾商品表現為直接與間接的經濟產值形式，若在3%或更多的世界生產毛額，應該是合理的估計。這三組數字之外，通過網路空間所創生的虛擬物品（virtual wares）之銷售額，2009年在美國估計約10億美元，雖不大，似乎還是應該加上[36]。

　　相較於形式的經濟產值，受眾投入實質「時間」並通過自身的閱聽勞動，全神投入或漫不經心地進入有如空氣與陽光的傳媒（包括網路）「環境」，其完整的意義還待闡述與辯駁。

　　根據尼爾森公司的調查，2007與2008年12月的全球網民，單是使用「社交傳媒」的時間已經有130與183分鐘。到了2009年12月，這個項目攀爬快速，上升至第一位，達335分鐘（美國高於平均，達369分鐘；另依不同組織的調查，美國人2009年7至10月一週上網13小時），網民用於「線上電玩遊戲」與「即時短訊」的時間，只能分居第二與第三[37]。與此對應，2008與2009年的美國總廣告額相比於前一年，接連下跌3%與8%，但大量運用社交傳媒的企業公關，其支出逆勢成長4%與3%[38]；2008年8月，美國社交傳媒的廣告收入是4900萬美元，2009年8月達1億800萬美元[39]。這兩組數據是個小的佐證，顯示資本對於人的生產或非生產的勞動走向，具有同步監理的能力。

　　假使保守地估計，美國人接觸「傳統」傳媒（聽廣播、看電視及讀報章雜誌）的日均時間是360分鐘[40]，再加上接觸網路等「新」傳媒的120分鐘，那麼扣除睡眠、通勤與工作之後，他們在清醒的時候幾乎就離不開新舊傳媒組合而成的「環境」，意思是指進入這個環境的人多到了一個水平，致使即便有些人主觀上不想參與（使用）、客觀上也確實沒有參與（使用），其所思所想及行為舉止都會受制於這個環境，「人們在自己生活的社會中發生一定的、必然的、不以他們的意志為移轉的關係」的道理，同樣可以轉用於傳媒環境與人的關係。

　　當然，在這個號稱融合與匯流的年代，傳統媒體的內容同樣並且也事實上通過新傳媒而擴大流通，因此傳統媒體設定議題的能力不變，依舊可以是主流輿論的主導。傳統與新媒體的差異，主要展現在兩方面。第一，傳統媒體迄今還是文化資本增值的絕對重要來源，2008年，世界各國的所有廣告是6660億美元，網路廣告不及其十分之一（650億），社交傳媒又只居20億[41]。第二，新媒體的重要性還不能匹配於它目前的經濟之形式產值（廣告份額），其使用者而特別是社交傳媒的使用者，人數相對少；然而，新媒體得到的社會關注，卻遠超乎其人口比例及形式的經濟產值，原因或有四端。

　　一因如前所說，新媒體用戶接觸的內容仍有相當數量來自傳統媒體；二因新用戶大致都會是傳統媒體使用者，反之則未必；三因新媒體使用者的其經濟能力可能遠高於平均（2009年10月約有8億[42]，不含行動電話用戶），其職業類型按理也是遠離農林漁牧工礦。新媒體備受矚目的第四個可能的原因，也應該最為關鍵

者，在於新之所以為新，是它的發展對於未來社會的走向，影響能耐漸增。

其一是作為另類乃至對抗現存體制的能量，傳統媒體雖然不能也不宜被放棄，但世界各角落，從形式自由與民主的國度，至威權乃至極權的地方，通過網路（與手機結合）的各種工具（含社交傳媒）所能產生，以及已經引發或觸動的小規模社會動員，仍然可觀，其效應有多種面貌，有些是改變了政治選舉結果，有些是（暫時）改變不合社會正義或環保價值的產業政策或措施。其二是數位傳媒如網路提供平臺，讓原本存在於人類社群之間的「合作」與「分享」行為，通過其更為及時的互動及參與而擴大，形成一種思維與實踐模式，有別於主流政經秩序所偏重的競爭排他與私人獨占，等於是新技術賦予人類一個機會，開發及踐履固有的、但因為備受踐踏而逐漸隱而不顯的價值。其中，維基百科的運作及其刻意排斥廣告贊助，也就是明白拒絕商品化，是迄今相當讓人矚目的一種實踐模式，同樣起於2001年但稍晚的創意公有（creative commons）國際運動也相當可觀，值得提倡，雖然其創始人的信念並不排斥商品化，而大型資本也可能藉此省約其研究與開發的成本。

然而，這裡另有一個弔詭。於1992年辭世的史麥塞還來不及鑽研的這些現象，亦即電腦、網路與手機等新技術條件所復甦、擴大或催生的參與、合作與分享的生產模式，固然蓬勃進行，惟這種有償、無償、志願與非志願的勞動，究竟是一種偏向讓人產生培力（empowering）經驗的「參與」之旅，還是滑向資本增殖的航道，從而遭到資本剝削（exploitation）的成分會濃厚些？網路及其相關軟硬體與設計所形成的新傳媒之未來，究竟是昭示人類的新天地，或是終將落入窠臼，重新戴上商業的緊箍咒？或者，新傳播科技召喚與迎合的是人的另一種性質，爭強致勝、霸凌與耀武揚威，而非關其使用是商業模式與否？或者，即便技術確有其「自主」的成分，惟其開發及擴張的動力來自於資本增值邏輯的多寡仍然事關緊要。為利潤而作，並且由私人占有的色彩愈是濃厚，網路所提供的電玩、社交傳媒⋯⋯的使用，就會在比較大的範圍，殖民人的非薪資勞動之時間、縮小隱私的範圍，而透明與監理化自我以換取生活便利的代價，就會太高，人與人的友誼、親情、愛情與社會關係的商品化幅度，就愈有可能為之增加，以致超出「合適」的水平。雖然，有人會質疑，能有「僅在限定範圍內殖民」或「適度

商品化」這一回事嗎？

對於這類問題，最慢在2008年初就有研究者提出這樣的論文：〈輪家創生的內容：從參與至剝削〉[43]。2009年夏，胡綺珍在長期浸淫之後，有一發現，她說「新自由主義……的競爭與表演、自我訓練與自我成長、自我興趣與自我利益、計算理性與自我治理等技術，被巧妙地納入中國字幕組的工作倫理……一種結合新自由主義工作倫理與非盈利的利他主義的特殊勞動新價值」[44]。2009年底，紐約「新學院」（New School）舉辦三日研討，主題就是「網路作為遊戲場與工廠」，由薛茲（Trebor Scholz）撰寫的會議說明文，尖銳地指出：「我們生存在全盤勞動的社會，我們就此被納入商品化、種族化與性別化的方式，卻又深邃地被當作是正常了，我們備感困惑與不滿……尋常的薪資與非薪資勞動之對立在此崩解了……」，薛茲最後提問：

> 「同儕協力生產（而不依賴利潤歸私之動力）的規劃方案之未來，
> 其希望何在？」[45]

對於這個提問，班克拉（Yochai Benkler）的回應是「社會政策」。他寄望透過政府的介入，讓「分享」這個存在既久的資源分配機制，得以因為傳播科技的發達而發揚光大，但他也深知當前的所謂智慧財產權在資本夾持下，要讓這些技術條件實現其潛能，難度很高，因此他說：

> 「早先的那些安排也許曾經是最有效率的，或也許是當時生產體
> 系所絕對必須的。然而，在新出現的這些科技條件下，早先的那些安排
> 可能就折損了、破壞了，而不是改進了新科技條件所能生產並提供的財
> 貨、資源或功能，社會政策應該以此作為分析對象[46]。」

這段話與馬克思在1859年〈政治經濟學批判序言〉的話語，不無神似之處：

> 「社會的物質生產力發展到一定階段，便同它們一直在其中活動的

現存生產關係或財產關係……發生矛盾。於是這些關係便由生產力的發
展形式變成生產力的桎梏。那時社會革命的時代就到來了。」

　　當然，這兩段話也存在著重要的差異。班克拉沒有訴求革命的修辭，他是將
人的施為（動能）、國家之公共政策的必要及配套，召喚了進來。二十一世紀的
世界格局顯示新自由主義經濟學已經千瘡百孔，雖然金融核爆未必是最後一記喪
鐘，雖然百足之蟲即便死亡仍不僵硬。解構與建構的工作都還沒有完成。格拉思
堡（Larwence Grossberg）說的不錯：「一旦你瞭解『經濟』無法脫離脈絡而抽象
存在；如果你體認言說對於經濟關係的構成有其重要性；假使你體認各經濟體的
複雜性質與多重性質，又如果你體認到，經濟可以當作是一種脈絡化的與言說的
現象而存在，那麼，你會怎麼閱讀與搞、研究（do）經濟[47]？」解構主流經濟學
的冷冰冰、脫離現實社會及其優勢修辭，這是值得文化研究者拓展、強調與實踐
的觀點；對於更新與豐富激進政治經濟學，同樣會有貢獻。

馮建三

2010/2/14

虎年香江港龍脊健行後

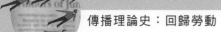

跋一注文

1. 曹晉與趙月枝博士引介本書的中譯，並建議中文書名，在此致謝。

2. 除另有註解，本文的引述均出自譯本。

3. 這是賀翠香（2005）的看法：《勞動、交往、實踐：論哈貝馬斯對歷史唯物論的重建》，北京：中國社會科學出版社。

4. 碩士論文撰寫完成年代，依序是謝國雄（1985）《文化取向的傳播研究——雷蒙‧威廉斯（Raymond Williams）論點之探討》政治大學新聞研究所；李蕙芝（1994）《雷蒙‧威廉士：交界域的文化理論家》（高雄）中山大學外國語文研究所育研究所；郭品潔（1997）《威廉士的文化寫作研究》（新竹）清華大學社會人類學研究所；方佳惠（2002）《Raymond Williams的文化理論及其教育蘊義》臺灣師範大學教；劉穎（2005）《雷蒙德‧威廉斯文化地域觀的美學意義》廣西師範大學；劉穎（2005）《雷蒙德‧威廉斯文化地域觀的美學意義》廣西師範大學；郭敏（2008）《威廉斯主要劇作中的家庭觀和愛情觀》蘇州大學；黃斌峰（2008）《以雷蒙‧威廉斯之觀點重新審視葉慈戲劇世界中的融合哲學》臺灣師範大學英語學系；梁錦才（2008）《雷蒙德‧威廉斯文化唯物主義理論研究》廣西師範大學；傅振玲（2008）《雷蒙德‧威廉斯的文化思想研究》大連理工大學；宋冬瑋（2009）《威廉斯「戲劇三部曲」中的人性悲劇》黑龍江大學；辛春（2009）《論雷蒙德‧威廉斯的文化唯物主義思想》黑龍江大學；晏萍遼（2009）《威廉斯文化研究視閾中的文學理論及意義》寧師範大學。博士論文至少有劉進（2008）《文學與「文化革命」：雷蒙德‧威廉斯的文學批評研究》四川大學（另由四川大學出版社以專書形式出版）；專書有趙國新（2009）《新左派的文化政治：雷蒙‧威廉斯的文化理論》，北京：外語教學與研究出版社。

5. 威廉斯早在1962年*Communication*一書，就討論了另類傳播體制的面貌，另見Brennen, Bonnie (1993) 'Newsworkers in Fiction: Raymond Williams and Alternative Communication History', *Journal of Communication Inquiry*.117: 95-10，威廉斯不憚於構思另類傳媒，自與他對（傳播）科技的非命定觀有關，見Freedman, D. (2002) 'A 'Technological Idiot'? Raymond Williams and Communications Technology', Information, Communication and Society, 5(3:425-442).

6. 湯普森曾特意批評這一點，Thompson, E.P.(1961)'Long Revolution', New Left Review, May/June及July/August.

7. 指Williams, Raymond (1971) 'Literature and sociology', in *Problems in Materialism and Culture* (1980), London:Verso, pp.11-30。Dennis Dwokin（1997）也指出，威廉斯前文是對湯普森當年書評（見前註）的回應，這是他「首次」的「思想轉變」。《文化馬克思主義在戰後英國：歷史學、新左派和文化研究的起源》（李鳳丹譯2008，北京：人民出版社，頁143, 206）。

8. Williams, Raymond（1974／馮建三譯1992）《電視：科技與文化形式》，臺北：遠流。

9. 〈意識型態與大眾媒介─關於決定論的問題〉，（馮建三譯，1990）《新聞學研究》42期：149-170。

10. Nicholas Garnham(1983) 'Editoria', Media, Culture & Society 1983 5: 1-5.

11. Garnham, Nicholas and Raymond Williams (1980) 'Bourdieu and the Sociology of Culture', Media, Culture & Society 2: 209-223.

12. Williams, Raymond (1981) Culture, London: Fontana (original) Paperbacks.

13. Hemondshalph, Davis (2007) Culture Industries, London: Sage.p.53, 79.該書第一版出版於2002年。

14. Babe, Robert E (2009) Cultural Studies and Political Economy : toward a new integration, Lexington Books.

15. 論及經濟新自由主義時，一般都以英美的保守政權為始，但在美國支持下的智利1973年軍事政變之殘暴鎮壓與震撼，實為開端；該政變與美國及經濟新自由主義芝加哥幫等人如傅立曼（Milton Friedman），及其與日後英國的連繫，見以下兩書：Grandin, Greg (2006) Empire's Workshop: Latin America, the United States, and the Rise of the New Imperialism, Metropolitan，以及 Noami Klein（2007/ 吳國卿、王柏鴻譯）《震撼主義：災難經濟的興起》，臺北：時報公司出版。

16. 英國首相柴契爾夫人（Margaret Thatcher,1925-）1987年10月31日受訪談話。

17. 美國總統雷根（Ronald Reagan, 1911-2004）第一任就職演說詞（1981年1月20日）。

18. 參見Raboy, Marc & Normand Landry (2005) Civil society, communication, and global governance : issues from the World Summit on the Information Society, New York:Peter Lang，以及左正東（2009）〈網路言論管制和網路自由運動〉《資訊社會研究》，17期：239-55。

19. Bennett, Tony（李永新、王杰譯2007）《本尼特：文化與社會》，廣西師範大學出版社。該書是Bennett自選集，作者並自述研究文化之旅。

20. 該文四年後重印，Garnham, Nicholas (1987) 'Concepts of culture: public policy and the cultural industries', Cultural Studies,1:23-37.

21. 如McGuigan, Jim (2004) Rethinking Cultural Policy, Open University Press.

22. 批判該「政策」之近作見Banks, Mark and Hesmondhalgh, David(2009) 'Looking for work in creative industries policy', International Journal of Cultural Policy, 15(4:415-30).

23. 文建會（2004）。《文化政策白皮書》，頁194。

24. 趙勇（2009）〈未結碩果的思想之花：文化工業理論在中國的興盛與衰落〉《文藝爭鳴》月刊第11期。

25. 徐揮彥的論文名，收於《第七屆國際經貿法學發展學術研討會論文集》，頁425-536，楊光華（2008編），政治大學國際經貿法中心印行。另見趙月枝（2006/2007）〈文化產業、市場邏輯和文化多樣性：可持續的公共文化傳播理論與實踐〉《新聞大學》，90:1-7及91:56-62.

26. Smythe, Dallas（1977／馮建三譯1992）〈傳播：西方馬克斯主義的盲點〉，《島嶼邊緣》，4:6-33.

27. Fiske, John（1989／陳正國等人譯1993）《瞭解庶民文化》，臺北：久大萬象公司，頁27-8，陳等人的譯詞是「商品化了的觀眾」。費斯克在Television Culture (1987, London: Methuen) 尚未提及史麥塞，何以二年後引述及其是否另有意義，待考。另見陳立旭（2009）《重估大眾的文化創造

力：費斯克大眾文化理論研究》，重慶出版社，頁114-7。

28. Sut Jhally（1987／馮建三譯1992）《廣告的符碼》（臺北：遠流）譯者導讀。

29. (Miller et al.,2001)，2005年出第二版，擴充篇幅百頁，增加作者、十餘頁圖表及中國與印度個案。

30. Napoli, Philop M. (2003) Audience Economics: Media Institutions and the Audience Marketplace, Columbia University Press. p.2,32,110-1.

31. 理論簡述見頁11-15，受眾商品現象與數字見頁223,232,235-40，英文書名是How to Think About Information，刑立軍、方軍祥、淩金良譯(2008)，北京：社會科學文獻出版社。.

32. Bermejo, Fernando (2007) The Internet Audience: Constitution & Measurement, Peter Lang, pp.23-24, 29, 33-35, 55, 105.

33. van Dijck, Jose (2009) Users like you? Theorizing agency in user-generated content, Media, Culture & Society, 31(1): 41-58.

34. http://en.wikipedia.org/wiki/List_of_countries_by_GDP_(nominal)

35. 資訊科技支出是2009年預估值（Economist, 2009. 12.55:73）。美國政府與各大小企業2008年的（含資訊）科技支出是1.75兆美元， Schiller, Dan(2009) 'The Communications Revolution-It's a Wired World'，Le Monde Diplomatique 12月號首發，這裡取自www.counterpunch.org/schiller12162009.html

36. *A special report on social networking* Economist(2010-1-30, special survey).

37. http://blog.nielsen.com/nielsenwire/online_mobile/social-networking-and-blog-sites-capture-more-internet-time-and-advertisinga/, http://blog.nielsen.com/nielsenwire/global/led-by-facebook-twitter-global-time-spent-on-social-media-sites-up-82-year-over-year, http://gigaom.com/2009/12/24/1999-2009-hours-spent-on-internet-nearly-doubled/

38. Economist, 2010.1.16:55-6.

39. http://blog.nielsen.com/nielsenwire/online_mobile/social-networking-and-blog-sites-capture-more-internet-time-and-advertisinga/

40. 各種新舊傳媒使用時間的統計常有出入，但趨向一致，依「國家專家小組」對40個國家的跨年調查，美國人2007年日均看電視已有297分鐘，http://www.ip-network.com/tvkeyfacts/Tables/ViewingTime08.pdf

41. http://www.bloomberg.com/apps/news?pid=conewsstory&tkr=SCOR:US&sid=a.ow1Lh6Bh.A http://www.marketingcharts.com/television/worldwide-internet-advertising-spending-to-surpass-106-billion-in-2011-5068/

42. 市場調研公司ComScore對各國大型社交網站的估計，轉引自註36。

43. Petersen, Soren Mork (2008) 'Loser generated content: from participation to exploitation', First Monday, 13(3)，http://firstmonday.org/htbin/cgiwrap/bin/ojs/index.php/fm/article/view/2141/1948；主流學科同樣注意這個現象，《傳媒管理國際期刊》（International Journal on Media Management）2008年第3期的專題就是「超越互動：參與及個人傳媒年代的傳媒管理」。

44. 胡綺珍（2009）〈中國字幕組與新自由主義的工作倫理〉，《新聞學研究》季刊，101期：177-214。

45. http://digitallabor.org/，該會議在2009年11月12-14日舉行。引文中的「括弧（）」內的原用語是

「非市場」（non-market），但這個用法很容易會將市場本質化為只有一種，排除了其他形式（如市場社會主義）的「市場」，因此我擅自調整之。

46. Benkler, Yochai (2004) 'Sharing nicely: on shareable goods and the emergence of sharing as a modality of economic production', p.331, *The Yale Law Journal*, Vol.114, pp.273-358.

47. Cho, Younghan (2008) "We know where we're going, but we don't know where we are: An Interview with Lawrence Grossberg" Journal of Communication Inquiry , 32(2: 102- 122).

跋二
傳播政治經濟學與
文化研究會師臺北

左一席勒（Herbert Schiller, 1919-2000，本書作者父親）及左二加力專政治經濟學，右
二澳洲Murdoch大學教授John Hatley與右一新竹清華大學教授陳光興攻文化研究，1994
年5月5日在臺北師大和平東路某冷飲店月旦世局。（馮建三攝）

　　當薩‧加力（Sut Jhally）「唱作俱佳、技驚全場」，邊放影像、邊作講解的
時候，上週四在中央圖書館國際會議廳的近百位人士可能不知道，這位屆滿不惑
年歲的美國麻州大學傳播教授，先前已花費將近十年作此「表演」，因此能夠得
到這份火候。

　　伴隨《廣告的符碼：商品崇拜與消費社會的意義政治經濟學》而在臺灣小有
知名度的加力說，除了研究所的小班討論，他每年在大學部都必須面對上百人的
大班十數次以上，為了吸引學生，他慢慢地發展出影像與講解並行的方式，行之

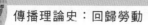

既久，也就覺得講壇有若舞臺，上課直如表演，相當享受、過癮。甚至，三年多前，他更進一步，將課堂經驗再作提煉，由他與學生共同策畫並拍攝錄影帶，非但對外流通，並且成績不惡，至今得有一萬二千餘美元的盈餘，足以充作後續影帶的製作基金。

當然，這些影帶絕非汎汎或保守的商業作品，事實上，有感於反資本文明的人，還沒有能夠充分開發圖像的潛能，加力製作這些另類（alternative）影帶的動機之一，是希望能夠藉此刺激較少接觸文字，而久已被商品迷得團團轉、只求從消費找認同或出路的心靈。目前他總共推出了四卷每部長在四十分鐘上下的影帶，內容包括音樂影帶、菸草、影像的批判之外，更有意義的一部是教導公眾如何善用影像科技進行另類傳播，還有一部探討暴力、媒體與社會的影帶，也已接近完成。

擁有雙碩士學位的加力，成長於英格蘭的印度移民家庭，在約克大學攻讀社會學碩士時，開始對媒體產生興趣，但在開始著手這些另類影帶的攝製以前，他一直沒有影帶的實作經驗。他說，電子技術學來不難，短期可以奏效，但涵育看世界的方法並不容易，有賴長期耕耘，尤其是在市場機能像癌細胞般地腫脹，瀰漫社會而使人誤惡為善的當下，更是要有角度與立場之後，才能弄清楚這個世界到底怎麼一回事，唯其如此，影帶或其他符號活動才能不致落入純消費的被動窠臼，才能得有契機催化積極的行動意義。

加力對於改變現狀的強調，連帶讓他對所謂「生涯規劃」頗有微辭。以自己及家人為例，他說，大英帝國肆虐，使他父母流離肯亞而後英格蘭，與個人規劃有何相干？他本人因為「幸運」（luck）而得到獎學金到加拿大，正式進入傳播政經學門大老史麥塞門下，並由此取得博士學位，再赴美國找到教職，都是「機緣多過眼光」，何來規劃？

真的點丁計畫都沒有嗎？加力稍作思索，兩束長眉往上推擠：「也許，說是方向感還來得真確一些罷！」在他看來，目前那麼多大學生有「徬徨少年時」的現象，很可能必須從資本文明以利為尚，致使生活其間的人不能沒有焦慮這樣的事實，找尋原因，而他既然早從青年時代就對此不滿，有了「反」建制的方向，自然也就不興作那些規劃，不會為其所苦。

　　說到這裡，他忍不住要說一下美國傳播學界頗具影響力的薛德森（Michael Schudson）。他說，薛氏的《廣告：說服匪易也》（沒有中譯木），狀似份量十足，但卻歸結於「我們先要有文化理論，才能理解廣告，才能批評廣告」，實在讓人啼笑皆非，標準是沒有方向感的產物。「是啊，這簡直是只為現狀說抱歉（apologist），然後袖手旁觀」，端坐加力旁座，七十多歲但鬥志依然高昂的媒體政經老前輩席樂（Herbert Schiller），淡出一句，點頭稱是。

譯按：本文由「敦誠」以「薩‧加力推動『另類傳播』」為題，發表在《中國時報》開卷版（1994.5.12: 42），邀稿編輯是簡正聰。

國家圖書館出版品預行編目資料

傳播理論史：回歸勞動/Dan Schiller著；馮
建三， 羅世宏譯．－－初版．－－臺北市：
五南，2010.05
　　面；　公分
譯自：Theorizing communication:a history
ISBN 978-957-11-5953-9 (平裝)
1.傳播學　2.傳播史
541.831　　　　　　　　　99005161

1ZB3

傳播理論史：回歸勞動

作　　　者― Dan Schiller

譯　　　者― 馮建三　羅世宏（413.2）

發 行 人― 楊榮川

總 編 輯― 龐君豪

主　　　編― 陳念祖

責任編輯― 謝麗恩　李敏華

封面設計― 童安安

出 版 者― 五南圖書出版股份有限公司

地　　　址：106台北市大安區和平東路二段339號4樓

電　　　話：(02)2705-5066　　傳　　真：(02)2706-6100

網　　　址：http://www.wunan.com.tw

電子郵件：wunan@wunan.com.tw

劃撥帳號：01068953

戶　　　名：五南圖書出版股份有限公司

台中市駐區辦公室/台中市中區中山路6號

電　　　話：(04)2223-0891　　傳　　真：(04)2223-3549

高雄市駐區辦公室/高雄市新興區中山一路290號

電　　　話：(07)2358-702　　傳　　真：(07)2350-236

法律顧問　元貞聯合法律事務所　張澤平律師

出版日期　2010年5月初版一刷

定　　　價　新臺幣380元

※版權所有·欲利用本書內容，必須徵求本公司同意※